DIOS NOS CUIDA

Lecturas devocionales
para cada día del año

ELENA G. DE WHITE

Pacific Press Publishing Association
Boise, Idaho
Oshawa, Ontario, Canada

Spanish—*Our Father Cares*

Título de este libro en inglés:
Our Father Cares
Diseño de la tapa y contratapa:
Bill Kirstein

Nota: El nombre de la autora en la tapa es una réplica artística
de su firma original, adaptada al español.

Editado e impreso por
PUBLICACIONES INTERAMERICANAS
División Hispana de la Pacific Press Publishing Association
● P.O. Box 7000, Boise, Idaho 83707, EE. UU. de N. A.

Primera edición: 1991
10 000 ejemplares en circulación

ISBN 0-8163-9800-3
Offset in U.S.A.

AL LECTOR

Este es el decimosexto devocional compilado de los escritos de Elena G. de White. El primero en esta serie, *Radiant Religion* (Religión radiante), fue publicado en 1946 para usarse el siguiente año. Tres años más tarde se lo siguió con *With God at Dawn* (Con Dios al amanecer). Los materiales para estas dos matutinas fueron tomados en su totalidad de libros impresos de Elena G. de White.

Comenzando con *My Life Today,* publicada en 1952 e impresa en español con el título de *Meditaciones matinales,* se ha recurrido consistentemente a la abundancia de materiales inéditos en los archivos de manuscritos y cartas de Elena G. White. Los títulos y los años de publicación en español de estos devocionales (con excepción de los primeros dos) son como sigue:

- *Radiant Religion,* 1946
- *With God at Dawn,* 1949
- *Meditaciones matinales,* 1953
- *La fe por la cual vivo,* 1959
- *Nuestra elevada vocación,* 1961
- *A fin de conocerle,* 1965
- *"En los lugares celestiales",* 1968
- *Conflicto y valor,* 1971
- *La maravillosa gracia de Dios,* 1974
- *¡Maranata: el Señor viene!,* 1976
- *Hijos e hijas de Dios,* 1978
- *Cada día con Dios,* 1979
- *Alza tus ojos,* 1982
- *Reflejemos a Jesús,* 1985
- *Exaltad a Jesús,* 1988

Los registros de la Review and Herald revelan un aumento en la venta de estos libros con el correr de los años. En la década de los cincuenta, se vendieron 24.000 ejemplares de *Meditaciones matinales* (*My Life Today*); de *Hijos e hijas de Dios* se vendieron 33.000. En la década de los sesenta, *A fin de conocerle* y *"En los lugares celestiales"* tuvieron ventas superiores a los 63.000 ejemplares. De varias de las matutinas más recientes se han vendido más de 90.000 copias. Muchos de estos libros han tenido ventas cuantiosas en español, portugués y otros idiomas.

Una encuesta informal de los miembros de iglesia revela que en general se desconocen los ricos materiales que se publicaron en las matutiras más antiguas. Se ha publicado este libro para remediar esta situación. Consiste de selecciones de doce de los libros mencionados arriba: un libro por cada mes de 1992.

Elena de White declara que "el tema favorito de Cristo era el carácter paternal y el amor abundante de Dios" (*Testimonies*, t. 6, p. 55). Este también parece ser el tema de Elena de White. Por esa razón los compiladores han escogido el tema *Dios nos cuida* (*Our Father Cares* en inglés). El título tiene un doble significado. No sólo se han seleccionado lecturas sobre el tema del gran amor de Dios y del interés que tiene por nosotros, sino que también reflejan el hecho de que Dios se interesa por cada aspecto de nuestra vida cotidiana. Se interesa en nuestra salud, nuestros hogares, nuestro estudio de la Palabra, nuestra victoria sobre el pecado, nuestra preparación para su segunda venida. También anhela que estemos con él en su reino, que pronto será establecido sobre la tierra. ¡Cuánto nos cuida!

Lo invitamos a leer la meditación para cada día con ambos aspectos del interés de Dios en mente, confiando en que, al meditar en cada pasaje, usted llegue a apreciar más que nunca cuánto Dios lo ama y lo cuida.

Los Fideicomisarios de la Corporación
Editorial Elena G. de White.

LA AUTORA*

Elena Gould Harmon de White, cofundadora de la Iglesia Adventista del Séptimo Día, escritora, conferenciante y consejera y alguien a quien se concedió el don de profecía, según las creencias adventistas, nació en Gorham, Maine, el 26 de noviembre de 1827. Elena era una de los ocho hijos de Roberto y Eunice Harmon.

Durante los setenta años de servicio activo que le dedicó a la iglesia, encontró tiempo para escribir profusamente. Cuenta en su haber con la escritura de cien mil páginas de manuscritos. Este legado extraordinario que le dejó a la iglesia pudo haber ocupado la vida entera de Elena de White, si no hubiera dedicado su tiempo a otra cosa que a escribir.

Sin embargo, el servicio que le rindió a su iglesia abarca muchísimo más que su producción literaria. Sus diarios revelan la extensión de sus trabajos públicos, sus viajes, su labor personal, hospedaje, relación con sus vecinos, además de sus tareas de madre y esposa. Dios la bendijo abundantemente en la realización de estas actividades. Sus ambiciones y su preocupación, sus satisfacciones y alegrías, sus tristezas —toda su vida— se concentraban en la causa que amaba.

De todos los autores en la historia norteamericana, Elena G. de White tiene el honor de ser la autora cuyas obras se han traducido a más idiomas que las de ningún otro. Por ejemplo, su libro *El camino a Cristo* se encuentra traducido en más de cien idiomas.

Después de vivir una vida entera dedicada al servicio de Dios y de sus prójimos, murió el 16 de julio de 1915, confiando totalmente en Aquel en quien había creído.

* Tanto esta página como las notas biográficas de Elena G. de White que figuran en el Apéndice, se han tomado del libro *The Upward Look*, págs. 7-13.

CONTENIDO

LLAMADOS HIJOS DE DIOS

Mirad cuál amor nos ha dado el Padre, para que seamos llamados hijos de Dios; por esto el mundo no nos conoce, porque no le conoció a él. 1 Juan 3:1.

Mientras Juan pensaba en el amor de Cristo, se sintió impulsado a exclamar: "Mirad cuál amor nos ha dado el Padre, para que seamos llamados hijos de Dios".

La gente considera un gran privilegio ver a un personaje de la familia real, y miles viajan grandes distancias para contemplar a uno de ellos. ¡Cuánto mayor es el privilegio de ser hijos e hijas del Altísimo! ¿Qué prerrogativa más grande se nos podría conferir que la de permitirnos formar parte de la familia real?

A fin de llegar a ser hijos e hijas de Dios, debemos separarnos del mundo. "Salid de en medio de ellos, y apartaos, dice el Señor,... y seré a vosotros Padre, y vosotros me seréis a mí hijos e hijas".

Hay un cielo delante de nosotros, una corona de vida que ganar. Pero sólo se dará la recompensa al vencedor. El que gane el cielo debe entrar revestido del manto de justicia. "Y todo aquel que tiene esta esperanza en él, se purifica a sí mismo, así como él es puro" (1 Juan 3:3). En el carácter de Cristo no había desarmonía de ninguna especie. Y ésta debe ser nuestra experiencia. Nuestra vida debe estar dominada por los principios que regían la suya.

Por medio de la perfección del sacrificio hecho en favor de la raza culpable, los que creen en Cristo, al venir a él, pueden ser salvados de la ruina eterna...

Que nadie sea engañado de tal manera por el enemigo como para pensar que es una condescendencia para algún hombre, por talentoso o culto o digno que sea, la aceptación de Cristo. Cada ser humano debe mirar al cielo con reverencia y gratitud, y exclamar con asombro: "Mirad cuál amor nos ha dado el Padre, para que seamos llamados hijos de Dios".

Año bíblico: Gén. 1-3

SEAMOS PUROS COMO CRISTO

Y todo aquel que tiene esta esperanza en él, se purifica a sí mismo, así como él es puro. 1 Juan 3:3.

Cristo elevará y refinará la mente del hombre, purificándola de toda escoria a fin de que pueda apreciar el amor incomparable.

Por medio del arrepentimiento, la fe y las buenas obras, él puede perfeccionar un carácter justo, y reclamar, por los méritos de Cristo, los privilegios de los hijos de Dios. Los principios de la verdad divina, recibidos y atesorados en el corazón, nos elevarán a alturas de excelencia moral que no nos hubiera sido posible pensar que alcanzaríamos... "Y todo aquel que tiene esta esperanza en él, se purifica a sí mismo, así como él es puro".

La santidad de corazón y la pureza de vida eran los grandes temas de las enseñanzas de Cristo. En su Sermón del Monte, después de especificar lo que se debe hacer a fin de ser benditos, y lo que no se debe hacer, dice: "Sed, pues, vosotros perfectos, como vuestro Padre que está en los cielos es perfecto". La perfección, la santidad, nada menos que eso, les otorgará el éxito en la aplicación de los principios que les ha dado. Sin la santidad, el corazón humano es egoísta, pecaminoso y vicioso. La santidad hará que su poseedor sea fructífero y que abunde en buenas obras. Nunca se cansará del bien hacer, ni tratará de escalar posiciones en este mundo, sino que esperará ser elevado por la Majestad del cielo cuando exalte a sus santificados en su trono... La santidad de corazón producirá actos rectos.

Así como Dios es puro en su esfera, el hombre ha de ser puro en la suya. Y será puro si Cristo se forma en su interior, la esperanza de gloria; porque imitará la vida de Cristo y reflejará su carácter.

La dignidad principesca del carácter cristiano brillará como el sol y los rayos de luz del rostro de Cristo se reflejarán sobre aquellos que se han purificado a sí mismos como él es puro.

La pureza del corazón conducirá a la pureza de vida.

Año bíblico: Gén. 4-7

LLEGAMOS A SER SUS HIJOS

Mas a todos los que le recibieron, a los que creen en su nombre, les dio potestad de ser hechos hijos de Dios. Juan 1:12.

La filiación divina no es algo que obtenemos por nosotros mismos. Sólo a los que reciben a Cristo como su Salvador se les da la facultad de llegar a ser hijos e hijas de Dios. El pecador no puede librarse del pecado por ningún poder inherente. Para el logro de este resultado, debe buscar un poder superior. Juan exclamó: "He aquí el Cordero de Dios, que quita el pecado del mundo". Sólo Cristo tiene poder de limpiar el corazón. El que busque perdón y aceptación sólo puede decir: "Nada traigo en mi mano; sólo me aferro a la cruz". Pero la promesa de la filiación se brinda a todos aquellos que "creen en su nombre". Todo el que venga a Jesús con fe, recibirá perdón.

La religión de Cristo transforma el corazón. Convierte a un hombre mundano en espiritual. Bajo su influencia el egoísta se convierte en abnegado, porque tal es el carácter de Cristo. El hombre deshonesto y maquinador se convierte en recto, y llega a ser una segunda naturaleza para él hacer a los demás lo que le agradaría que le hicieran. El profano pasa de la impureza a la pureza. Adopta hábitos correctos, porque el Evangelio de Cristo ha llegado a ser para él un sabor de vida para vida.

Dios habría de manifestarse en Cristo, "reconciliando consigo al mundo". El hombre había sido degradado tanto por el pecado que era imposible para él, en sí mismo, entrar en armonía con Aquel cuya naturaleza es pureza y bondad. Pero Cristo, después de redimir al hombre de la condenación de la ley, podía impartir poder divino que se uniría al esfuerzo humano. Así, por el arrepentimiento para con Dios y la fe en Cristo, los hijos caídos de Adán podrían nuevamente convertirse en "hijos de Dios".

Cuando un alma recibe a Cristo, recibe poder para vivir la vida de Cristo.

Año bíblico: Gén. 8-11

CERCA DE LOS QUE LO INVOCAN

Cercano está Jehová a todos los que le invocan, a todos los que le invocan de veras. Sal. 145:18.

Dios se complace cuando mantenemos el rostro orientado hacia el Sol de justicia... Cuando estamos en dificultades y oprimidos por la ansiedad, el Señor está cerca de nosotros, y nos insta a que depositemos toda nuestra solicitud en él, porque él cuida de nosotros...

Se acerca a todos sus hijos en su aflicción. Es su refugio en tiempo de peligro. Les ofrece su gozo y consuelo cuando están dolientes. ¿Nos apartaremos del Redentor, la fuente de agua viva, para cavarnos cisternas rotas que no pueden detener agua? Cuando se aproxime el peligro, ¿buscaremos la ayuda de los que son tan débiles como nosotros, o acudiremos al que es poderoso para salvar? Sus brazos están abiertos ampliamente y formula esta invitación llena de gracia: "Venid a mí todos los que estáis trabajados y cargados, que yo os haré descansar"...

No es la manifestación de su gracia, terrible majestad y poder incomparable lo que nos dejará sin excusa si le rehusamos nuestro amor y nuestra obediencia. Es el amor, la compasión, la paciencia, la longanimidad que ha manifestado, lo que testificará en contra de aquellos que no han ofrecido el servicio voluntario de sus vidas. Los que se convierten a Dios con corazón, alma y mente, encontrarán en él apacible seguridad...

El conoce justamente lo que necesitamos, justamente lo que podemos soportar, y nos dará gracia para soportar toda prueba que sobrevenga. Mi oración constante es que nos acerquemos más a Dios.

Se ha hecho toda provisión para satisfacer las necesidades de nuestra naturaleza espiritual y moral... Luz e inmortalidad son traídas por medio del Señor Jesucristo. Jesús ha dicho que ha puesto delante de nosotros una puerta abierta, y nadie puede cerrarla. La puerta abierta está delante de nosotros, y por la gracia de Cristo, rayos de luz misericordiosa dimanan desde los portones entreabiertos.

Año bíblico: Gén. 12-15

LA FE EN EL ES VIDA ETERNA

El que cree en el Hijo tiene vida eterna. Juan 3:36.

Cuando el alma se entrega a Cristo, un nuevo poder se posesiona del nuevo corazón. Se realiza un cambio que ningún hombre puede realizar por su cuenta. Es una obra sobrenatural, que introduce un elemento sobrenatural en la naturaleza humana. El alma que se entrega a Cristo, llega a ser una fortaleza suya, que él sostiene en un mundo en rebelión, y no quiere que otra autoridad sea conocida en ella sino la suya. Un alma así guardada en posesión por los agentes celestiales, es inexpugnable a los asaltos de Satanás.

Cristo está dispuesto a impartir todas las influencias celestiales. Conoce todas las tentaciones que asaltan a los humanos y la capacidad de todo instrumento humano. Mide su fortaleza. Ve el hoy y el mañana, y presenta ante la mente las obligaciones que debe cumplir, e insta para que no se permita que las cosas comunes y terrenales absorban las eternas de tal modo que se pierdan de vista.

Los dones de su gracia mediante Cristo son gratuitos para todos. No hay elección, excepto la propia, por la cual alguien haya de perecer. Dios ha expuesto en su Palabra las condiciones de acuerdo con las cuales se elegirá a cada alma para la vida eterna: la obediencia a sus mandamientos, mediante la fe en Cristo. Dios ha elegido un carácter que está en armonía con su ley, y todo el que alcance la norma requerida, entrará en el reino de la gloria.

¡Qué posición exaltada la de ser identificados con uno en quien se centra toda perfección, quien es verdaderamente la Majestad del cielo, pero quien, aunque caídos, nos amó tanto que las palabras no pueden expresarlo! Por nosotros él depuso su manto real, descendió del trono del cielo y condescendió hasta vestir su divinidad de humildad y llegó a ser como uno de nosotros, pero sin pecado, para que su vida y carácter sean el modelo que todos copien, y para que puedan tener el precioso don de la vida eterna.

Año bíblico: Gén. 16-19

NOS DA SABIDURIA E INTELIGENCIA

Y reposará sobre él el Espíritu de Jehová; espíritu de sabiduría y de inteligencia, espíritu de consejo y de poder, espíritu de conocimiento y de temor de Jehová. Isa. 11:2.

Mientras el Espíritu Santo os abra la verdad, atesoraréis las experiencias más preciosas, y desearéis hablar a otras personas sobre las enseñanzas consoladoras que se os han revelado. Cuando os juntéis con ellas, les comunicaréis un pensamiento nuevo sobre el carácter o la obra de Cristo. Tendréis nuevas revelaciones del amor compasivo de Dios para hacerlas a los que le aman y a los que no le aman.

"Dad, y se os dará", porque la Palabra de Dios es una "fuente de huertos, pozo de aguas vivas, que corren del Líbano". El corazón que probó el amor de Cristo, anhela incesantemente beber de él con más abundancia, y mientras lo impartimos a otros, lo recibiremos en medida más rica y copiosa. Cada revelación de Dios al alma aumenta la capacidad de saber y de amar. El clamor continuo del corazón es: "Más de ti", y a él responde siempre el Espíritu: "Mucho más". Dios se deleita en hacer "mucho más abundantemente de lo que pedimos o entendemos". A Jesús, quien se entregó por entero para la salvación de la humanidad perdida, se le dio sin medida el Espíritu Santo. Así será dado también a cada seguidor de Cristo cuando le entregue su corazón como morada. Nuestro Señor mismo nos ordenó: "Sed llenos del Espíritu", y este mandamiento es también una promesa de su cumplimiento. Era la voluntad del Padre que en Cristo "habitase toda la plenitud"; y "vosotros estáis completos en él".

Dios ha derramado su amor sin escatimar, al igual que las lluvias que refrescan la tierra. El dice: "Rociad, cielos, de arriba, y las nubes destilen la justicia; ábrase la tierra, y prodúzcanse la salvación y la justicia; háganse brotar juntamente"... "De su plenitud tomamos todos, y gracia sobre gracia" (Isa. 45:8; Juan 1:16).

Año bíblico: Gén. 20-22

SIRVEN A LOS SALVOS

¿No son todos espíritus ministradores, enviados para servicio a favor de los que serán herederos de la salvación? Heb. 1:14.

Dios tiene ángeles cuya única obra consiste en atraer a los que serán herederos de la salvación... La obra de los ángeles consiste en retener los poderes de Satanás.

La obra de estos seres celestiales consiste en preparar a los habitantes de este mundo para que lleguen a ser hijos de Dios, puros, santos e incontaminados. Pero los hombres, a pesar de que profesan ser seguidores de Cristo, no se ponen en tal situación que puedan comprender este ministerio, y de esta manera dificultan la labor de estos mensajeros celestiales. Los ángeles, que siempre contemplan el rostro del Padre en el cielo, preferirían permanecer junto a Dios, en la atmósfera pura y santa del cielo; pero debe hacerse una obra que consiste en traer la atmósfera celestial a las almas que están tentadas y probadas, para que Satanás no las descalifique para el lugar que Dios quiere que llenen en las cortes celestiales. Los principados y las potestades en lugares celestiales se combinan con estos ángeles en su servicio en favor de los que serán herederos de la salvación.

Los ángeles, que harán por vosotros lo que no podéis hacer por vosotros mismos, esperan vuestra cooperación. Esperan que respondáis a la atracción de Cristo. Acercaos a Dios y el uno al otro. Mediante vuestros deseos, vuestras oraciones silenciosas, vuestra resistencia a los instrumentos satánicos, poned vuestra voluntad de parte de la de Dios. Mientras tengáis el deseo de resistir al diablo, y oréis sinceramente diciendo: "Líbrame de la tentación", tendréis fortaleza para el día. La obra de los ángeles consiste en acercarse a los probados, tentados y sufrientes. Trabajan mucho tiempo e incansablemente para salvar a las almas por las cuales Cristo murió. Y cuando las almas aprecian sus avances, aprecian la asistencia celestial que se les envía, responden a la obra del Espíritu Santo a su favor; cuando colocan su voluntad de parte de la voluntad de Cristo, los ángeles llevan las noticias al cielo... y hay gozo en el ejército celestial.

Año bíblico: Gén. 23-25

LA FE OBRA POR EL AMOR

Porque en Cristo Jesús ni la circuncisión vale algo, ni la incircuncisión, sino la fe que obra por el amor. Gál. 5:6.

Cuando presentáis vuestras peticiones al Señor, debéis hacerlo humildemente, sin vanagloriaros de dotes superiores, sino con verdadera hambre del alma por las bendiciones de Dios. Cristo siempre sabe lo que atesora el corazón. Debemos venir con fe en que el Señor oye y responde nuestras oraciones; porque "todo lo que no es de fe, es pecado". La fe genuina es la que obra por el amor, y purifica el alma. Una fe viviente será una fe que obre. Si fuéramos al jardín y encontráramos que no hay savia en las plantas, ni frescura en las hojas, ni brotes ni pimpollos de flores, ni ninguna señal de vida en los troncos y las ramas, diríamos: "Las plantas están muertas. Desarraigadlas del jardín, porque son fealdad para el suelo". Lo mismo ocurre con los que profesan el cristianismo y no tienen espiritualidad. Si no hay señales de vigor religioso, si no se ponen en práctica los mandamientos del Señor, es evidente que Cristo, la Vid viviente, no mora allí.

La fe y el amor son los elementos esenciales y poderosos que obran en el carácter cristiano. Los que los poseen son uno con Cristo, y están cumpliendo su misión. Debemos sentarnos a los pies de Cristo como alumnos constantes y obrar con sus dones de fe y amor. Entonces llevaremos el yugo de Cristo, y llevaremos sus cargas, y Cristo nos reconocerá como uno con él; en el cielo se dirá: "Son colaboradores de Cristo". ¿Recordará nuestra juventud que sin fe es imposible agradar a Dios? Y debe ser la fe que obra por amor y purifica el alma.

No podemos sobreestimar el valor de una fe sencilla y una obediencia confiada. El carácter obtiene perfección siguiendo el camino de la obediencia con una fe sencilla.

Año bíblico: Gén. 26-27

DEPENDENCIA DE DIOS

Porque separados de mí nada podéis hacer. Juan 15:5.

La primera lección que debe enseñarse... es la lección de la dependencia de Dios... Como la flor del campo tiene su raíz en el suelo, y debe recibir aire, rocío, lluvia y luz del sol, así debemos recibir de Dios lo que debe sostener la vida del alma.

La presencia de Dios es una garantía para el cristiano. Esta Roca de fe es la presencia viviente de Dios. El más débil puede depender de ella. Los que se creen más fuertes pueden convertirse en los más débiles a menos que dependan de Cristo como su eficiencia y su dignidad. Esta es la Roca sobre la cual podemos edificar con éxito. Dios está cerca en el sacrificio expiatorio de Cristo, en su intercesión, su amor, su tierno poder guiador en la iglesia. Sentado junto al trono eterno, los observa con intenso interés. Mientras los miembros de la iglesia obtengan savia y alimento de Jesucristo por medio de la fe, y no de las opiniones, las invenciones y los métodos de los hombres; si tienen una convicción de la cercanía de Dios en Cristo, y ponen su entera confianza en él, tendrán una relación vital con Cristo, como la rama tiene una relación con el tronco. La iglesia no está fundada sobre teorías de hombres, sobre formas y planes vacíos de significado hace ya tiempo. Depende de Cristo, su justicia. Está edificada sobre la fe en Cristo "y las puertas del infierno no prevalecerán contra ella"...

La fortaleza de toda alma reside en Dios y no en el hombre. La quietud y la confianza han de ser la fuerza de todos los que dediquen su corazón a Dios. Cristo no manifiesta un interés casual en nosotros; el suyo es más fuerte que el de una madre por su hijo... Nuestro Salvador nos ha comprado por medio de sufrimientos y penas, por insultos, reproches, abuso, burlas, rechazo y muerte. El te está mirando, tembloroso hijo de Dios. El te dará seguridad bajo su protección... Nuestra débil naturaleza humana no impedirá nuestro acceso al Padre celestial, porque él [Cristo] murió para interceder por nosotros.

Año bíblico: Gén. 28-30

UN CORAZON RENOVADO

Un mandamiento nuevo os doy: Que os améis unos a otros; como yo os he amado, que también os améis unos a otros. Juan 13:34.

Jesús dice: "Como yo os he amado, que también os améis unos a otros". El amor no es simplemente un impulso, una emoción transitoria que depende de las circunstancias; es un principio viviente, un poder permanente. El alma se alimenta de las corrientes del puro amor que fluyen del corazón de Cristo, una fuente que nunca falla. Oh, ¡cómo se vivifica el corazón, cómo se ennoblecen sus motivos, cómo se profundizan sus afectos, mediante esta comunión! Bajo la educación y la disciplina del Espíritu Santo, los hijos de Dios se aman mutuamente, lealmente, sinceramente y sin afectación, "sin incertidumbre ni hipocresía" (Sant. 3:17). Y esto porque el corazón está enamorado de Jesús. Nuestros afectos mutuos surgen de una común relación con Dios. Somos una familia y nos amamos los unos a los otros como él nos amó. Cuando se compara este afecto verdadero, santificado y disciplinado, con la cortesía ampulosa del mundo, las expresiones carentes de significado de la amistad efusiva son como paja de la era.

Amar como Cristo amó significa manifestar abnegación en todo momento y lugar, mediante palabras amantes y un continente agradable... El amor genuino es un precioso atributo que se origina en el cielo, y cuya fragancia crece en proporción a la forma en que se lo dispensa a los demás...

El amor de Cristo es profundo y ferviente y fluye como una corriente irresistible para todos los que lo aceptan. No hay egoísmo en su amor. Si este amor de origen celestial es un principio que mora en el corazón, se manifestará, no sólo a aquellos que amamos más dentro de una relación sagrada, sino a todos con los que entramos en contacto. Nos guiará a otorgar pequeños actos de atención, a hacer concesiones, a ejercer acciones bondadosas, a hablar palabras tiernas, verdaderas y animadoras. Nos conducirá a simpatizar con aquellos cuyos corazones tienen sed de simpatía.

Año bíblico: Gén. 31-33

MEDITEMOS EN DIOS

Estad quietos, y conoced que yo soy Dios; seré exaltado entre las naciones; enaltecido seré en la tierra. Sal. 46:10.

Los cristianos debieran... cultivar amor por la meditación, y atesorar el espíritu de devoción. Muchos parecieran tener repugnancia por los momentos dedicados a la meditación, como si la investigación de las Escrituras y la oración fueran tiempo perdido. Yo quisiera que todos vosotros vierais estas cosas en la luz en que Dios quiere que las veáis, porque entonces haríais del reino de los cielos lo más importante. El mantener el corazón en el cielo dará vigor a todas vuestras facultades, y pondrá vida en todos vuestros deberes. El disciplinar la mente para que se espacie en las cosas celestiales pondrá vida y fervor en todo vuestro comportamiento.

Que todo el que desee participar de la naturaleza divina aprecie el hecho de que debe huir de la corrupción que está en este mundo a través de la concupiscencia. Debe haber una lucha del alma, constante y ferviente, contra los malos pensamientos. Debe haber una resistencia decidida contra la tentación a pecar en pensamiento o acto. El alma debe mantenerse libre de toda mancha, por fe en Aquel que es capaz de guardaros sin caída. Debemos meditar en las Escrituras, pensando con sobriedad y candidez en las cosas que se refieren a nuestra eterna salvación. La infinita misericordia y el amor de Jesús, el sacrificio hecho en nuestro favor, requieren la más seria y solemne reflexión. Debiéramos espaciarnos en el carácter de nuestro querido Redentor e Intercesor. Debemos tratar de comprender el significado del plan de salvación. Debemos meditar sobre la misión de Aquel que vino a salvar a su pueblo de sus pecados. Al contemplar constantemente los temas celestiales, nuestra fe y amor se fortalecerán. Nuestras oraciones serán más y más aceptables para Dios, porque estarán más y más mezcladas con fe y amor. Serán más inteligentes y fervientes.

Cuando la mente está llena de este modo... el creyente en Cristo será capaz de sacar sus tesoros del almacén del corazón.

Año bíblico: Gén. 34-36

ACERQUEMONOS CONFIADAMENTE

Acerquémonos, pues, confiadamente al trono de la gracia, para alcanzar misericordia y hallar gracia para el oportuno socorro. Heb. 4:16.

Jesús conoce las necesidades de sus hijos y le gusta escuchar sus oraciones. Que sus hijos se aparten del mundo y de todo lo que pudiera apartar los pensamientos de Dios, y que sientan que están solos con el Señor, que su ojo contempla lo más profundo del corazón y lee los deseos del alma, y que pueden hablar con Dios. Con fe humilde, podéis pedir el cumplimiento de sus promesas y sentir que aunque no tenéis nada en vosotros mismos que pudiera serviros para suplicar el favor de Dios, debido a los méritos y la justicia de Cristo podéis acercaros confiadamente al trono de la gracia, para hallar socorro en el momento oportuno. Nada puede fortalecer tanto al alma para resistir las tentaciones de Satanás en el gran conflicto de la vida, como buscar a Dios en humildad, y presentar delante de él vuestra alma en toda su indigencia, a la espera de que él será vuestro Ayudador y Defensor.

Con la fe confiada de un niñito, hemos de acudir a nuestro Padre celestial, contándole todas nuestras necesidades. Siempre está listo para perdonarnos y ayudarnos. La fuente de sabiduría divina es inagotable, y el Señor nos anima a sacar abundantemente de ella. El anhelo que podríamos tener de bendiciones espirituales se describe en estas palabras: "Como el ciervo brama por las corrientes de las aguas, así clama por ti, oh Dios, el alma mía". Necesitamos una profunda hambre espiritual por los ricos dones que el cielo puede concedernos. Debemos tener hambre y sed de justicia.

Oh, que podamos tener un deseo consumidor de conocer a Dios por experiencia, para llegar hasta la cámara de audiencia del Altísimo, extendiendo la mano de fe, y vaciando nuestras almas impotentes sobre Aquel poderoso para salvar. Su bondad amante es mejor que la vida.

El desea conceder a los hijos de los hombres las riquezas de una herencia eterna. Su reino es un reino eterno.

Año bíblico: Gén. 37-39

REGOCIJEMONOS EN SUS TESOROS

Y te alegrarás en todo el bien que Jehová tu Dios te haya dado a ti y a tu casa, así tú como el levita y el extranjero que está en medio de ti. Deut. 26:11.

Debiera manifestarse gratitud y alabanza a Dios por las bendiciones temporales y por todo consuelo que nos conceda. Dios desea que toda familia que se está preparando para habitar en las mansiones celestes, le dé gloria por los ricos tesoros de su gracia. Si los niños, en la vida de hogar, fueran educados y preparados para ser agradecidos al Dador de todo bien, veríamos manifestarse la gracia celestial en nuestras familias. Se vería alegría en la vida de hogar, y al proceder de tales hogares, los jóvenes llevarán con ellos un espíritu de respeto y reverencia al aula y a la iglesia. Habrá atención en el santuario donde Dios se reúne con su pueblo, reverencia por todos los servicios del culto, y se ofrecerán alabanzas y acción de gracias por todos los dones de su providencia...

Toda bendición temporal será recibida con gratitud, y toda bendición espiritual llegará a ser doblemente preciosa debido a que la percepción de tal miembro del hogar, se ha santificado por la Palabra de verdad. El Señor Jesús está muy cerca de aquellos que aprecian de ese modo sus dones de gracia, que descubren el origen de todos sus bienes en un Dios benevolente, amante y cuidadoso, y que reconocen en él a la gran Fuente de toda consolación, la vertiente inagotable de la gracia.

Si expresáramos más nuestra fe y nos regocijáramos más en las bendiciones que sabemos que tenemos —la gran merced y amor de Dios—, tendríamos más fe y mayor gozo. Ninguna lengua puede expresar, ninguna mente finita puede concebir, la bendición que resulta de la apreciación de la bondad y el amor de Dios. Aun en la tierra podemos tener gozo como vertiente, que nunca deja de fluir, porque se alimenta de la corriente que surge del trono de Dios.

Año bíblico: Gén. 40-42

LA PLENITUD DE DIOS

Porque de su plenitud tomamos todos, y gracia sobre gracia. Juan 1:16.

Cristo trató de salvar al mundo, no conformándose a él, sino revelándole el poder transformador de la gracia de Dios que modela el carácter humano de acuerdo con la semejanza del de Cristo.

Satanás presentaba a Dios como un ser egoísta y opresor, que lo pedía todo y no daba nada, que exigía el servicio de sus criaturas para su propia gloria, sin hacer ningún sacrificio para su bien. Pero el don de Cristo revela el corazón del Padre... Declara que aunque el odio que Dios siente por el pecado es tan fuerte como la muerte, su amor hacia el pecador es más fuerte que la muerte. Habiendo emprendido nuestra redención no escatimará nada, por mucho que le cueste, de lo que sea necesario para la terminación de su obra. No se retiene ninguna verdad esencial para nuestra salvación, no se omite ningún milagro de misericordia, no se deja sin empleo ningún agente divino. Se acumula un favor sobre otro, una dádiva sobre otra. Todo el tesoro del cielo está abierto a aquellos a quienes él trata de salvar. Habiendo reunido las riquezas del universo, y abierto los recursos de la potencia infinita, lo entrega todo en las manos de Cristo y dice: "Todas estas cosas son para el hombre. Usalas para convencerlo de que no hay mayor amor que el mío en la tierra o en el cielo. Amándome hallará su mayor felicidad".

El Padre aprecia cada alma que su Hijo ha comprado con la dádiva de su vida. Se ha tomado toda medida para que recibamos el poder divino que nos permitirá vencer la tentación. El alma es preservada para vida eterna por medio de la obediencia a todos los requisitos de Dios.

Dios tiene un cielo lleno de bendiciones que quiere otorgar a aquellos que buscan seriamente la ayuda que sólo el Señor puede proveer.

Año bíblico: Gén. 43-45

TRANSFORMADOS DE GLORIA EN GLORIA

Por tanto, nosotros todos, mirando a cara descubierta como en un espejo la gloria del Señor, somos transformados de gloria en gloria en la misma imagen, como por el Espíritu del Señor. 2 Cor. 3:18.

Cuando recibe la iluminación del Espíritu de Dios, el creyente contempla la perfección de Jesús, y al considerarla, se regocija con gozo inexpresable. En el yo ve pecado y desesperanza; en el Redentor ve un carácter inmaculado y un poder infinito. El sacrificio que Cristo hizo a fin de poder impartirnos su justicia, es el tema en el cual podemos meditar con entusiasmo más y más profundo. El yo no vale nada; Jesús es supremo...

El poder transformador de la gracia puede hacer de mí un participante de la naturaleza divina. En Cristo ha resplandecido la gloria de Dios, y al contemplar a Cristo, contemplamos su abnegación recordando que en él mora toda la plenitud de la Divinidad corporalmente, y el creyente se acerca más y más a la Fuente de poder...

Cuán esencial es que tengamos la iluminación del Espíritu de Dios porque sólo de esa manera podemos ver la gloria de Cristo, y al contemplarlo, nuestro carácter se transforma debido a nuestra fe en Cristo y por medio de ella... [El] tiene gracia y perdón para toda alma. Al mirar por la fe a Jesús, nuestra fe atraviesa las sombras, y adoramos a Dios por su maravilloso amor al dar a Jesús el Consolador...

El pecador puede llegar a ser un hijo de Dios, un heredero del cielo. Puede levantarse del polvo y permanecer revestido con la vestimenta de la luz... Con cada paso que da, ve nuevas bellezas en Cristo, y se asemeja más y más a él en carácter.

El amor que se manifestó hacia él en la muerte de Cristo despierta una respuesta de amor agradecido, y como una contestación a la oración sincera el creyente es conducido de gracia a gracia, de gloria en gloria, hasta que al contemplar a Cristo, sea cambiado a la misma imagen.

Año bíblico: Gén. 46-47

EN AMOR POR LOS DEMAS

Sed, pues, imitadores de Dios como hijos amados. Y andad en amor, como también Cristo nos amó, y se entregó a sí mismo por nosotros, ofrenda y sacrificio a Dios en olor fragante. Efe. 5:1-2.

Debéis seguir a Dios como hijos amados, ser obedientes a sus requerimientos, caminar en amor como él nos amó y se dio por nosotros, una ofrenda y sacrificio a Dios en olor suave. El amor era el ambiente en el cual Cristo se movía, caminaba y trabajaba. Vino a rodear al mundo con los brazos de su amor...

Hemos de seguir el ejemplo presentado por Cristo y hacer de él nuestro modelo, hasta que tengamos el mismo amor por el prójimo que él manifestó por nosotros. Trata de impresionarnos con la profunda lección de su amor... Si vuestro corazón se ha dado al egoísmo, que Cristo lo llene de su amor. Desea que lo amemos plenamente, y nos anima, y aún más, nos manda que nos amemos los unos a los otros de acuerdo con el ejemplo que nos ha dado. Ha hecho del amor la insignia de nuestro discipulado... Esa es la medida que debéis alcanzar: "Que os améis los unos a los otros, como yo os he amado". ¡Qué amor más alto, más profundo y más ancho! Este amor no debe abarcar solamente a unos cuantos favoritos, sino que debe llegar hasta la más baja y humilde de las criaturas de Dios. Jesús dice: "En cuanto lo hicisteis a uno de estos mis hermanos más pequeños, a mí lo hicisteis"...

El amor y la simpatía que Jesús quisiera que brindáramos a los demás no tiene sabor a sentimentalismo, que es una trampa para el alma; es un amor de origen celestial, que Jesús practicó por precepto y ejemplo. Pero en lugar de manifestar ese amor, nos sentimos separados y enajenados los unos de los otros... El resultado es una separación de Dios, una experiencia malograda, el menoscabo del crecimiento cristiano.

El amor de Jesús es un principio activo que une corazón con corazón en lazos de comunión cristiana. Cada persona que entre en el cielo habrá sido perfeccionada en amor en la tierra; porque en el cielo los objetos de nuestro interés lo serán el Redentor y los redimidos.

Año bíblico: Gén. 48-50

VENCEDORES COMO EL

Estas cosas os he hablado para que en mí tengáis paz. En el mundo tendréis aflicción; pero confiad, yo he vencido al mundo. Juan 16:33.

Satanás lanzó ataques más poderosos contra Cristo que los que nunca lanzará contra nosotros. Del triunfo de Cristo o de él dependían consecuencias mucho más importantes. Si Cristo resistía sus más poderosas tentaciones, y Satanás no podía obtener éxito en su intento de inducirlo a pecar, sabría que había perdido su poder y que finalmente sería castigado con eterna destrucción. Por lo tanto Satanás obró con mucho poder para inducir a Cristo a cometer un acto erróneo, porque entonces obtendría ventaja sobre él... Nunca podéis ser tentados en forma tan decidida y cruel como lo fue nuestro Salvador. Satanás estuvo en su senda en cada momento.

¿Se aferrará el hombre del poder divino, y resistirá con determinación y perseverancia a Satanás, tal como Cristo le ha dado ejemplo en su conflicto con el enemigo en el desierto de la tentación? Dios no puede salvar al hombre contra su voluntad del poder de los artificios de Satanás. El hombre debe obrar con todo su poder humano, ayudado por el poder divino de Cristo, para resistir y conquistar a toda costa. En resumen, el hombre debe vencer como Cristo venció. Entonces, gracias a la victoria que tiene el privilegio de obtener mediante el todopoderoso nombre de Jesús, puede convertirse en heredero de Dios y coheredero con Jesucristo. Este no sería el caso si Cristo solo obtuviera la victoria. El hombre debe hacer su parte; debe ganar la victoria por sí mismo, por medio de la fortaleza y la gracia que Cristo le da. Debe ser colaborador de Cristo en la obra de vencer, y entonces participará con él en su gloria.

El Salvador venció para mostrarle al ser humano cómo puede vencer. Cristo venció todas las tentaciones de Satanás con la Palabra de Dios. Confiando en las promesas de Dios, recibió poder para obedecer los mandamientos de Dios, y el tentador no pudo obtener ventaja.

Año bíblico: Exo. 1-4

MAS UNIDO QUE UN HERMANO

Y amigo hay más unido que un hermano. Prov. 18:24.

Tendréis desilusiones, pero siempre tened en mente que Jesús, el Salvador viviente y resucitado, es vuestro Redentor y Restaurador. El os ama, y es mejor compartir su amor que sentarse con príncipes y estar separado de él...

Venid diariamente a Jesús, quien os ama. Abridle francamente vuestro corazón. No hay desilusiones en él. Nunca encontraréis otro consejero mejor, y un guía más seguro o una defensa más tierna.

En medio de todas vuestras tribulaciones... habéis tenido un amigo que nunca falla, que os ha dicho: "Yo estoy con vosotros todos los días, hasta el fin del mundo".

¡Pero cuán a menudo se desprecia al Señor persiguiendo la sociedad de otros, y cosas sin valor!... No nos atrevamos a permitir que su nombre languidezca en nuestros labios, y que su amor y su memoria mueran en nuestro corazón. "Bien —dice el frío y formal profeso cristiano—, esto equivale a humanizar demasiado a Cristo". Pero la Palabra de Dios nos insta a tener esas ideas. Es la carencia de estas concepciones prácticas y definidas acerca de Cristo lo que impide a muchos tener una genuina experiencia en el conocimiento de nuestro Señor y Salvador Jesucristo. Esta es la razón por la cual muchos temen, dudan y están de duelo. Sus ideas acerca de Cristo y el plan de salvación son vagas, tristes y confusas.

Si alguna vez hubo un momento cuando los hombres necesitaron la presencia de Cristo a su diestra es ahora, de manera que cuando el enemigo llegue como una inundación, el Espíritu del Señor levante un estandarte contra él.

La comunión con Cristo, ¡qué indescriptiblemente preciosa! Si la buscamos, es nuestro privilegio gozar de tal comunión.

Tendréis la eterna seguridad de que poseéis un amigo más unido que un hermano.

Año bíblico: Exo. 5-8

LOS BUENOS HABITOS Y LA SALUD

Mas yo haré venir sanidad para ti, y sanaré tus heridas, dice Jehová. Jer. 30:17.

La mente no se desgasta ni sucumbe tan a menudo por causa del empleo diligente y el estudio constante, como debido a que se comen alimentos inadecuados y en momentos no apropiados, y al descuido de las leyes de la salud... Las horas irregulares para comer y dormir minan las fuerzas mentales. El apóstol Pablo declara que quien quiera tener éxito en su propósito de alcanzar una elevada norma de piedad, debe ser temperante en todas las cosas. El comer, el beber y la vestimenta tienen una influencia directa sobre nuestro progreso espiritual.

La salud es una bendición que pocos aprecian... Muchos comen a toda hora sin considerar las leyes de la salud. Entonces la mente se cubre de lobreguez. ¿Cómo puede el hombre ser honrado con iluminación divina cuando es tan descuidado en sus hábitos, tan desatento a la luz que Dios le ha dado con respecto a estas cosas?... La vida es un cometido sagrado que sólo Dios puede capacitarnos para conservar, y para usar en tal forma que lo glorifique. Pero el que formó esta maravillosa estructura del cuerpo, tendrá especial cuidado de mantenerlo en orden si el hombre no interfiere en sus propósitos.

La salud, la vida y la felicidad son el resultado de la obediencia a las leyes físicas que gobiernan nuestro cuerpo. Si nuestra voluntad y nuestros métodos están en armonía con la voluntad y los métodos de Dios; si hacemos lo que al Creador le place, él mantendrá el organismo humano en buenas condiciones, y restaurará las facultades morales, mentales y físicas, a fin de poder obrar por medio de nosotros para su gloria... Si cooperamos con él en esta obra, la salud y la felicidad, la paz y la utilidad serán el resultado seguro.

El no murió por nosotros para que nos convirtamos en esclavos de hábitos malignos, sino para que nos convirtamos en hijos e hijas de Dios, sirviéndole a él con cada poder de nuestro ser.

Mis queridos amigos jóvenes, avancen paso a paso, hasta que todos sus hábitos estén en armonía con las leyes de la vida y la salud.

Año bíblico: Exo. 9-11

SABIDURIA DIVINA

Porque mejor es la sabiduría que las piedras preciosas; y todo cuanto se puede desear, no es de compararse con ella. Prov. 8:11.

Si Adán y Eva nunca hubieran tocado el árbol prohibido, el Señor les hubiera impartido sabiduría, sabiduría sin mancha de pecado, sabiduría que les habría proporcionado alegría eterna. El único conocimiento que obtuvieron por su desobediencia fue el del pecado y sus resultados...

A través de los siglos, la curiosidad ha inducido a los hombres a buscar el árbol de la sabiduría, y a menudo piensan que están cosechando los frutos más esenciales, cuando, a semejanza de la investigación de Salomón, descubren que todo es completa vanidad, en comparación con la ciencia de la verdadera santidad que les abrirá los portales de la ciudad de Dios. La ambición humana ha estado buscando esa clase de sabiduría que brindará gloria, exaltación propia y supremacía. De ese modo obró Satanás sobre Adán y Eva, hasta que las restricciones de Dios fueron dejadas de lado, y comenzó su educación bajo el maestro de mentiras, a fin de que pudieran tener el conocimiento que Dios les había rehusado.

La verdadera sabiduría es un tesoro tan duradero como la eternidad. Muchos de los que el mundo llama sabios lo son sólo en su propia estima. Contentos con las adquisiciones de la sabiduría mundanal, nunca entran en el jardín de Dios, para llegar a relacionarse con los tesoros de sabiduría contenidos en su Santa Palabra. Considerándose sabios, son ignorantes con respecto a la sabiduría que todos deben tener para alcanzar la vida eterna... El hombre ignorante, si conoce a Dios y a Jesucristo, tiene una sabiduría más duradera que la del hombre más sabio que desprecia la instrucción de Dios.

La sabiduría divina ha de ser una lámpara a sus pies... Todo lo que pueda ser sacudido, lo será; pero arraigado y basado en la verdad, usted podrá mantenerse con aquellas cosas que no pueden ser conmovidas.

Año bíblico: Exo. 12-13

ESTUDIE LAS ESCRITURAS

Porque las cosas que se escribieron antes, para nuestra enseñanza se escribieron, a fin de que por la paciencia y la consolación de las Escrituras, tengamos esperanza. Rom. 15:4.

Este santo Libro ha resistido los asaltos de Satanás, quien se ha unido con hombres malignos para que todo lo que tenga carácter divino resulte rodeado de nubes y tinieblas. Pero el Señor ha preservado este santo Libro, mediante su propio poder milagroso, en la forma en que lo encontramos actualmente, a saber, como un mapa o guía para mostrar a la familia humana el camino que conduce al cielo... Dios encomendó la preparación de su Palabra divinamente inspirada a hombres finitos. Esta Palabra... es el texto guía de los habitantes de un mundo caído, legado a ellos para que al estudiarlo y obedecer sus indicaciones nadie pierda el camino que conduce al cielo.

Nunca hubo una época como ahora en la que fuera tan importante que los seguidores de Cristo estudiaran la Biblia. Encontramos influencias engañosas a todos lados y es esencial que recibáis consejo de Jesús, vuestro mejor Amigo... David declara: "En mi corazón he guardado tus dichos, para no pecar contra ti". Cuántos han sido traicionados y han caído en pecado debido a que no han comprendido, mediante el estudio de la Palabra de Dios, con oración, la pecaminosidad del pecado, ni han descubierto cómo podían resistirlo firmemente. Cuando la tentación los asalta, parece que no están en guardia, y que están ignorantes de las trampas del enemigo. Estamos viviendo en tiempos peligrosos, y a medida que nos acerquemos al fin de la historia de la tierra, no habrá seguridad para los que no se familiarizan con la Palabra de Dios... Todo lo que pueda ser sacudido, lo será... Los hijos de Dios han alcanzado la parte más difícil de su peregrinación porque las redes y trampas del enemigo están a cada lado. Sin embargo, con la conducción del Señor, con aquello que ha sido claramente revelado en su Palabra, podemos caminar seguros y sin tropiezos... Una voz del cielo se dirige a nosotros desde sus páginas.

La obediencia a la Palabra de Dios es nuestra única salvaguardia contra los males que están arrastrando el mundo a la destrucción.

Año bíblico: Exo. 14-15

PARA CAMINAR POR SU SENDA

El camino de Jehová es fortaleza al perfecto; pero es destrucción a los que hacen maldad. Prov. 10:29.

Si desde el principio hubiéramos caminado de acuerdo con el consejo de Dios, miles más se hubieran convertido a la verdad presente. Pero muchos han avanzado por senderos tortuosos. Hermanos míos, que vuestra senda sea recta, no sea que el cojo se aparte de su camino. Que nadie siga una senda torcida que haya hecho otro antes, porque de ese modo no sólo os desviaréis vosotros, sino que haréis más fácil caminar por esa senda torcida a algún otro prójimo. Decidíos que en lo que os concierne, caminaréis en la senda de la obediencia. Aseguraos de que estáis bajo el amplio escudo del Omnipotente. Comprended que las características de Jehová deben revelarse en vuestra vida, y que debe realizarse en vosotros una obra que modelará vuestro carácter de acuerdo con la semejanza divina. Someteos a la dirección del que es Cabeza sobre todos...

Estamos haciendo nuestro trabajo para el juicio. Seamos aprendices de Cristo. Necesitamos su dirección en todo momento. A cada paso debemos preguntar: "¿Es esta la voluntad del Señor?" y no, "¿Es esta la voluntad de mi superior?" Sólo debemos preocuparnos por si estamos caminando en el camino del Señor.

Dios honrará y elevará a todo corazón leal, a toda alma ferviente que está tratando de caminar ante él en la perfección de la gracia de Cristo. Nunca abandonará a un alma humilde y temblorosa. ¿Creeremos que obrará en nuestro corazón? ¿Creeremos que si se lo permitimos, nos hará puros y santos, y mediante su rica gracia nos habilitará para ser obreros juntamente con él? ¿Podremos apreciar, con percepción aguda y santificada, la fortaleza de sus promesas, y podremos apropiarnos de ellas, no porque somos dignos, sino porque mediante una fe viviente pedimos la justicia de Cristo?

No hay nada tan grande y poderoso como el amor de Dios por sus hijos.

Año bíblico: Exo. 16-17

CRISTO ATRAE A TODOS

Y yo, si fuere levantado de la tierra, a todos atraeré a mí mismo. Juan 12:32.

Nunca antes se tuvo un conocimiento más amplio de Cristo, que cuando pendió de la cruz. Fue levantado de la tierra para atraer a todos a sí mismo. La luz de la verdad había de brillar en el corazón de muchos de los que contemplaban la escena de la crucifixión, y oían las palabras de Cristo. Proclamarían con Juan: "He aquí el Cordero de Dios, que quita el pecado del mundo". Allí estaban los que no descansarían hasta que, después de escudriñar las Escrituras y comparar versículo con versículo, vieran el significado de la misión de Cristo. Vieron que Aquel cuya tierna misericordia abarcaba todo el mundo, proporcionaba amplio perdón. Leyeron las profecías relativas a Cristo, y las promesas tan generosas y amplias, que señalaban una fuente abierta en favor de Judá y de Jerusalén.

El sacrificio de Cristo como expiación del pecado es la gran verdad en torno a la cual se reúnen todas las otras. Para poder comprender y apreciar correctamente toda verdad de la Palabra de Dios, desde el Génesis hasta el Apocalipsis, deben ser estudiadas a la luz que fluye de la cruz del Calvario, en relación con la extraordinaria verdad central de la expiación efectuada por el Salvador. Los que estudian el maravilloso sacrificio del Redentor, crecen en gracia y conocimiento.

Os presento el grandioso monumento de misericordia y regeneración, salvación y redención: el Hijo de Dios levantado en la cruz del Calvario. Este debe ser el tema de todo discurso.

Jesús está invitando y atrayendo hacia sí mismo por medio del Espíritu Santo los corazones de jóvenes y ancianos... Cuando se predica a Cristo crucificado se demuestra el poder del Evangelio por la influencia que ejerce sobre el creyente. En lugar de permanecer muerto en sus errores y pecados, se despierta.

Colocad al Hombre del Calvario en alto y aun más alto; hay poder en la exaltación de la cruz de Cristo.

Año bíblico: Exo. 18-20

RECONCILIADOS CON DIOS

Porque si siendo enemigos, fuimos reconciliados con Dios por la muerte de su Hijo, mucho más, estando reconciliados, seremos salvos por su vida. Rom. 5:10.

La cruz está revestida con un poder que el lenguaje no puede expresar. El sacrificio de Cristo en favor de la raza humana avergüenza nuestros pobres esfuerzos y métodos para alcanzar y elevar a la humanidad, para ayudar a hombres y mujeres pecadores a encontrar a Jesús.

La obra de los hijos e hijas de Dios debe ser de un carácter distinto al manifestado por un gran número de personas. Si aman a Jesús, tendrán ideas más amplias acerca del amor que se ha manifestado por el hombre caído, que requirió la provisión de una ofrenda tan costosa para salvar a la especie humana. Nuestro Salvador pide la cooperación de cada hijo e hija de Adán que ha llegado a convertirse en hijo o hija de Dios... Nuestro Salvador declara que trajo del cielo el don de la vida eterna. Había de ser levantado en la cruz del Calvario para atraer a todos los hombres a sí mismo. ¿Cómo trataremos entonces la herencia adquirida por Cristo? Debiera manifestársele ternura, aprecio, bondad, simpatía y amor. Entonces podremos trabajar para ayudar y bendecir a los demás. Tenemos la exaltada compañía de los ángeles celestiales. Cooperan con nosotros en la obra de iluminar a los encumbrados y a los humildes.

Habiendo emprendido la obra, la admirable obra de nuestra redención, Cristo decidió en el concilio con su Padre que no había de escatimarse nada, por más costoso que fuera, no había que guardar nada, por más alto que se lo estimara, para rescatar al pobre pecador. El daría todo el cielo para esta obra de salvación, para restaurar la imagen moral de Dios en el hombre... Ser hijo de Dios significa ser uno con Cristo y bendecir a las almas que perecen en sus pecados. Debemos comunicarles lo que Dios nos ha comunicado a nosotros.

Año bíblico: Exo. 21-23

SE COMIENZA EN EL HOGAR

Ambos eran justos delante de Dios, y andaban irreprensibles en todos los mandamientos y ordenanzas del Señor. Luc. 1:6.

Al establecer una relación con Cristo, el hombre renovado no hace sino volver a la relación con Dios que ya se le había señalado... Su primer deber es hacia sus hijos y sus parientes más cercanos. Nada puede excusarle por descuidar el círculo de sus más allegados para atender el círculo externo más amplio. En el día del ajuste final de cuentas... se les preguntará a los padres y a las madres qué hicieron para asegurar la salvación de las almas de los que ellos se hicieron responsables trayéndolos al mundo. ¿Descuidaron sus corderos dejándolos al amparo de extraños?... Una gran cantidad de bien realizado en favor de otros no cancelará la deuda que tenéis ante Dios de cuidar a vuestros hijos. El bienestar espiritual de su familia está en primer lugar.

En entrenar correctamente y moldear las mentes de sus hijos, se les ha confiado a las madres la misión más importante dada alguna vez a los mortales.

Siempre que cumplamos con el deber que tenemos más a mano, Dios nos bendecirá y escuchará nuestras oraciones. Hay demasiadas personas que realizan obra misionera fuera del hogar, mientras que en su propia casa no se hace nada en ese sentido, y como consecuencia de ese descuido, su hogar va a la ruina... El primer trabajo misionero consiste en cuidar de que el amor, la luz y el gozo reinen en el hogar. No tratemos de realizar alguna gran campaña en favor de la temperancia, o alguna gran empresa misionera, antes de cumplir con los deberes hacia nuestro hogar. Cada mañana debiéramos pensar: ¿Qué acto bondadoso puedo realizar hoy? ¿Qué palabra tierna puedo pronunciar? Las palabras bondadosas en la intimidad del hogar se asemejan a los rayos del sol. El esposo necesita de ellas, como también las necesitan la esposa y los niños... Cada corazón debiera aspirar a conseguir que exista aquí abajo tanto del cielo como sea posible.

Un alma salvada en su propio círculo familiar o en su propio vecindario, gracias a su labor paciente y esmerada, traerá tanto honor al nombre de Dios, y brillará tanto en su corona, como si hubiese encontrado esa alma en la China o la India.

Año bíblico: Exo. 24-27

TRATEMOS BIEN A NUESTROS VECINOS

No te niegues a hacer el bien a quien es debido. Prov. 3:27.

Tan dispuesto y ansioso está el corazón del Salvador a recibirnos como miembros de la familia de Dios, que incluso en las primeras palabras que debemos emplear para acercarnos a Dios, él expresa la seguridad de nuestra relación divina: "Padre nuestro".

Al llamar a Dios nuestro Padre, reconocemos a todos sus hijos como nuestros hermanos. Todos formamos parte del gran tejido de la humanidad; todos somos miembros de una sola familia. En nuestras peticiones hemos de incluir a nuestros prójimos tanto como a nosotros mismos. Nadie ora como es debido si solamente pide bendiciones para sí mismo.

Estáis unidos al Señor por los lazos más fuertes, y la manifestación del amor de nuestro Padre debiera despertar el afecto más filial y la gratitud más ardiente. Las leyes de Dios se fundan en una inmutable rectitud, y han sido conformadas para promover la felicidad de los que las obedecen...

En la lección de fe que Cristo enseñó en el monte se revelan los principios de la verdadera religión. La religión conduce al hombre a una relación personal con Dios, pero no exclusivamente con él; porque los principios del cielo han de vivirse de manera que puedan ayudar y bendecir a la humanidad. Un verdadero hijo de Dios lo amará con todo su corazón, y amará a su prójimo como a sí mismo. Se interesará en sus semejantes. La verdadera religión es el resultado de la obra de la gracia en el corazón, que hace que la vida fluya en forma de buenas obras, como lo hace una fuente alimentada de corrientes vivas. La religión no consiste meramente de meditación y oración. La luz del cristiano se manifiesta en buenas obras, y así lo reconocen los demás. No habrá de divorciarse la religión de la vida de los negocios. Debe penetrar y santificar sus compromisos y empresas. Si un hombre está verdaderamente conectado con Dios y el cielo, el espíritu que mora en el cielo influirá en todas sus palabras y acciones. Glorificará a Dios en sus obras y conducirá a otros a honrarle.

Año bíblico: Exo. 28-29

UNAMONOS COMO HIJOS DE DIOS

Pues todos sois hijos de Dios por la fe en Cristo Jesús. Gál. 3:26.

Nunca encontramos a dos personas exactamente iguales. Entre los seres humanos como en las cosas del mundo natural existe la diversidad. La unidad en la diversidad entre los hijos de Dios, la manifestación de amor y tolerancia, a pesar de las diferencias de disposición, éste es el testimonio de que Dios envió a su Hijo al mundo para salvar a los pecadores.

La unidad que existe entre Cristo y sus discípulos no destruye la personalidad de uno ni otro. Son uno en mente, propósito y carácter, pero no en persona. El hombre, al someterse a la ley de Dios y participar de su Espíritu, llega a ser participante de la naturaleza divina. Cristo conduce a sus discípulos a una unión viva consigo mismo y con el Padre. El hombre se completa en Cristo Jesús mediante la obra del Espíritu Santo en su mente. La unidad con Cristo establece un vínculo de unión de los unos con los otros. Esta unidad es para el mundo la prueba más convincente de la majestad y la virtud de Cristo, y de su poder para quitar el pecado.

Los poderes de las tinieblas tienen poca ocasión contra los creyentes que se aman mutuamente como Cristo los amó, que rehúsan crear desunión y contienda, que permanecen juntos, que son bondadosos, corteses y compasivos, fomentando la fe que obra por amor y purifica el alma. Debemos poseer el Espíritu de Cristo, o no somos suyos.

En la unidad está la fortaleza; en la división está la debilidad.

Mientras más íntima sea nuestra unión con Cristo, más íntima será nuestra unión con el prójimo. La discordia y el desafecto, el egoísmo y el orgullo, están luchando por la supremacía. Estos son los frutos de un corazón dividido y abierto a las sugerencias del enemigo de las almas. Satanás se goza cuando puede sembrar las semillas de la disensión.

En la unidad hay una vida, un poder, que no puede obtenerse de ninguna otra manera.

Año bíblico: Exo. 30-31

NOS ALEGRAMOS EN EL SEÑOR

Dulce será mi meditación en él; yo me regocijaré en Jehová. Sal. 104:34.

Descanse plenamente en los brazos de Jesús. Contemple su gran amor, y mientras medite en su abnegación, su sacrificio infinito hecho en nuestro favor para que creyésemos en él, su corazón se llenará de gozo santo, paz serena y amor indescriptible. Mientras hablemos de Jesús y lo busquemos en oración, se fortalecerá nuestra confianza de que él es nuestro Salvador personal y amante, y su carácter aparecerá más y más hermoso... Debemos gozarnos con ricos festines de amor, y mientras más plenamente creamos que somos suyos por adopción, tendremos un goce anticipado del cielo.

Esperemos con fe en el Señor. El impulsa al alma a la oración, y nos imparte el sentimiento de su precioso amor. Nos sentimos cerca de él, y podemos mantener una dulce comunión a su lado. Obtenemos un panorama claro de su ternura y compasión, y nuestro corazón se abre y enternece al considerar el amor que se nos concede. Sentimos en verdad morar a Cristo en el alma...

Nuestra paz es como un río, ola tras ola de gloria ruedan hacia el interior del corazón, y verdaderamente cenamos con Jesús y él con nosotros. Sentimos que comprendemos el amor de Dios, y descansamos en su amor. Ningún lenguaje puede describirlo; está más allá del entendimiento. Somos uno con Jesús; nuestra vida se esconde con Cristo en Dios. Tenemos la seguridad de que cuando él, que es nuestra vida, aparezca, entonces también apareceremos con él en gloria. Con toda confianza podemos decir que Dios es nuestro Padre. Ya sea que vivamos o muramos, pertenecemos al Señor. Su Espíritu nos hace semejantes a Cristo Jesús en temperamento y disposición, y representamos a Cristo ante los demás. Cuando él mora en el alma, no es posible ocultar este hecho, porque es como una fuente de aguas que mana vida eterna. No podemos dejar de representar la semejanza de Jesús en nuestro carácter, y nuestras obras, nuestro comportamiento, producen en otros un amor profundo y permanente hacia Jesús, y manifestamos... que somos conformados a la imagen de Jesucristo.

Año bíblico: Exo. 32-33

LLENAD LA MENTE DE LA VERDAD

Por medio de las cuales nos ha dado preciosas y grandísimas promesas, para que por ellas llegaseis a ser participantes de la naturaleza divina, habiendo huido de la corrupción que hay en el mundo a causa de la concupiscencia. 2 Ped. 1:4.

Llenar la mente de la verdad divina es el deber de cada hijo de Dios; y mientras más lo haga, tendrá más fortaleza y claridad de mente para captar las cosas profundas de Dios. Y en la medida que los principios de verdad se desarrollan en su vida diaria, será hecho cada vez más serio y vigoroso.

Lo que bendecirá a la humanidad es la vida espiritual. El que está en armonía con Dios, dependerá constantemente de él para obtener fortaleza. "Sed vosotros perfectos, como vuestro Padre que está en los cielos es perfecto". La obra de nuestra vida debería consistir en avanzar constantemente para alcanzar la perfección del carácter cristiano, esforzándonos siempre por conformarnos a la voluntad de Dios. Los esfuerzos iniciados en la tierra continuarán por toda la eternidad. Los adelantos hechos aquí nos pertenecerán cuando entremos en la vida futura.

Los que son participantes de la humildad, la pureza y el amor de Cristo, se gozarán en Dios, y esparcirán luz y alegría a todo su alrededor. El pensamiento de que Cristo murió para conseguirnos el don de la vida eterna, basta para poner de manifiesto en nuestro corazón la gratitud más sincera y ferviente, y obtener de nuestros labios la alabanza más entusiasta. Las promesas de Dios son ricas, plenas y gratuitas. Cualquiera que, en la fortaleza de Cristo, cumpla con los requisitos, podrá reclamar estas promesas con toda su riqueza de bendición como propias. Y al recibir abundante provisión del almacén de Dios, podrá, en el viaje de la vida, "andar como es digno del Señor, agradándole en todo", bendiciendo a sus semejantes y honrando a Dios con su ejemplo piadoso. Mientras nuestro Salvador previene a sus seguidores con la advertencia: "Sin mí nada podéis hacer", ha unido a ella para nuestro estímulo la grata seguridad de que "el que está en mí, y yo en él, éste lleva mucho fruto".

Año bíblico: Exo. 34-36

COMO ARBOL JUNTO A LAS AGUAS

Será como árbol plantado junto a corrientes de aguas, que da su fruto en su tiempo, y su hoja no cae; y todo lo que hace prosperará. Sal. 1:3.

Los peligros obstruyen todo sendero, y aquel que resulta vencedor también tendrá una canción triunfante para cantar en la ciudad de Dios. Algunos tienen fuertes rasgos de carácter que necesitarán reprimir constantemente. Si se someten a la dirección del Espíritu de Dios, esos rasgos serán una bendición; pero si no lo hacen, resultarán una maldición. Si los que ahora se encuentran en la cresta de la ola de la popularidad no se marean, será un milagro de la misericordia. Si se apoyan en su propia sabiduría, como muchos en su misma situación lo han hecho, ésta les resultará insensatez. Pero mientras se entreguen abnegadamente para hacer la obra de Dios, no apartándose en lo más mínimo de los principios, el Señor extenderá alrededor de ellos su brazo eterno y llegará a ser su poderoso ayudador...

Esta es una época peligrosa para todo hombre que tenga talentos valiosos susceptibles de ser empleados en la obra de Dios, porque Satanás está acosando constantemente con sus tentaciones a toda persona, y siempre tratando de llenarlas de orgullo y ambición. Y cuando Dios podría usarlas, es muy frecuente el caso que hayan llegado a considerarse independientes, a llenarse de suficiencia propia, y a creerse capaces de permanecer firmes por su cuenta...

Oración y esfuerzo, esfuerzo y oración, debe ser la ocupación de vuestra vida. Deberíais orar como si la eficiencia y la alabanza fueran sólo de Dios, y deberíais trabajar como si el deber fuese sólo de vosotros. Si deseáis poder, podéis tenerlo; está esperando que vayáis en su busca. Creed sólo en Dios, aferraos a su Palabra, obrad por fe, y las bendiciones llegarán... Dios acepta y escucha la oración de aquellos que tienen un corazón humilde, confiado y contrito; y cuando Dios ayuda, todos los obstáculos serán vencidos... Las bendiciones del cielo, obtenidas por la suplicación diaria, serán como el pan de vida para el alma y causarán un aumento en la fortaleza moral y espiritual, como un árbol plantado junto a corrientes de aguas.

Año bíblico: Exo. 37-38

HEREDAREMOS TODAS LAS COSAS

El que venciere heredará todas las cosas, y yo seré su Dios, y él será mi hijo. Apoc. 21:7.

Para heredar todas las cosas, debemos resistir y vencer el pecado. Podremos gozarnos en el Señor si guardamos sus mandamientos. Si nuestra ciudadanía es ciertamente celestial, y si aspiramos a una herencia inmortal, una propiedad eterna, tendremos esa fe que obra por el amor y purifica el alma... Somos miembros de la familia celestial, hijos del Rey del cielo, herederos de Dios y coherederos con Cristo. Cuando él venga [Cristo] poseeremos la corona de vida que no se marchita.

El Monarca del cielo desearía que poseyerais todo lo que puede ennoblecer, expandir y exaltar vuestro ser, y que disfrutarais de ellos, para prepararos con el propósito de morar con él eternamente, con una existencia que se mida con la vida de Dios. ¡Qué perspectivas encierra la vida venidera! ¡Cuántos encantos posee! ¡Cuán amplio, profundo e inconmensurable es el amor de Dios manifestado al hombre!

Los privilegios concedidos al hijo de Dios son ilimitados: vincularse con Jesucristo, quien, en todo el universo del cielo y de los mundos no caídos, es adorado por cada corazón, y sus alabanzas entonadas por cada lengua; ser hijo de Dios, llevar su nombre, llegar a ser un miembro de la familia real; alistarse bajo el estandarte del Príncipe Emanuel, el Rey de reyes y Señor de señores.

El Hijo de Dios era el heredero de todas las cosas, y a él se le prometieron el dominio y la gloria de los reinos de este mundo... Así como Cristo estuvo en el mundo, deben estarlo sus seguidores. Son los hijos de Dios, y coherederos con Cristo; y el reino y el señorío les pertenece.

En lugar del mundo él le dará, a cambio de una vida de obediencia, el reino bajo todo el cielo. Le dará un eterno peso de gloria y una vida tan permanente como la eternidad.

Año bíblico: Exo. 39-40

ENTREGO MI CORAZON

Dame, hijo mío, tu corazón, y miren tus ojos por mis caminos. Prov. 23:26.

El Señor os dice a cada uno de vosotros: "Dame, hijo mío, tu corazón". El ve vuestra confusión. El sabe que vuestra alma está enferma de pecado, y desea deciros: "Tus pecados te son perdonados". El Gran Médico tiene un remedio para cada dolencia. El entiende tu caso. Sean cuales fueren tus errores, él sabe cómo arreglarlos. ¿No te encomendarás a él?

La bendición de Dios reposará sobre cada alma que se consagre plenamente a él. Cuando busquemos a Dios de todo corazón, lo encontraremos. Dios tiene celo por nosotros, y quiere que hagamos una obra cabal para la eternidad. El volcó todo el cielo en un don, y no hay razón para dudar de su amor. Contemplemos el Calvario...

Dios te pide que le des tu corazón. Tus facultades, tus talentos, tus afectos, todo debes consagrarle para que pueda obrar en ti el querer y el hacer su voluntad y te haga apto para la vida eterna.

Cuando Cristo mora en el corazón, el alma está llena de su amor, del gozo de su comunión, que se une a él; y pensando en él, se olvida de sí misma. El amor de Cristo es el móvil de la acción. Aquellos que sienten el constructivo amor de Dios no preguntan cuánto es lo menos que pueden darle para satisfacer los requerimientos de Dios; no preguntan cuál es la más baja norma aceptada, sino que aspiran a una vida de completa conformidad con la voluntad de su Salvador. Con ardiente deseo entregan todo, y manifiestan un interés proporcionado al valor del objeto que buscan.

Lo que Dios quiere es el espíritu sumiso, susceptible de enseñanza. Lo que otorga a la oración su excelencia es el hecho de que emana de un corazón amante y obediente.

Año bíblico: Lev. 1-4

ORACION MATINAL

Oh Jehová, de mañana oirás mi voz; de mañana me presentaré delante de ti, y esperaré. Sal. 5:3.

La primera aspiración del alma por la mañana debe ser la de acudir a la presencia de Jesús. "Sin mí —dice Cristo— nada podéis hacer". Jesús es lo que necesitamos: su luz, vida y espíritu deben ser nuestros constantemente. Lo necesitamos cada hora. Y por la mañana debemos pedir en oración que tal como el sol ilumina la campiña y llena el mundo de luz, el Sol de justicia brille en los recintos de la mente y el corazón, y nos haga todo luz en el Señor. No podemos vivir un momento sin su presencia. El enemigo sabe cuándo empezamos a hacer a un lado a nuestro Señor, y allí está él, listo para envenenar nuestra mente con sus malvadas sugestiones para que perdamos la firmeza; pero el Señor desea que momento tras momento moremos en él, y así en él seremos plenos...

Dios tiene el propósito de que cada uno de nosotros sea perfecto en él, para que podamos presentar ante el mundo la perfección de su carácter. El quiere que nos libertemos del pecado, que no defraudemos al cielo, que no contristemos a nuestro divino Redentor. El no desea que profesemos el cristianismo, y que luego no nos apropiemos de la gracia que nos podrá hacer perfectos, para que no seamos hallados faltos.

La oración y la fe harán lo que ningún poder en la tierra podrá hacer. Raramente nos encontramos dos veces en la mismísima situación. Tenemos que atravesar continuamente por nuevas situaciones y pruebas, donde la experiencia pasada no puede ser guía suficiente. Debemos tener la luz continua que viene de Dios. Cristo manda continuamente mensajes a los que escuchan su voz.

Forma parte del plan divino el sernos concedido en respuesta a la oración de fe lo que no nos sería dado de otro modo.

Año bíblico: Lev. 5-7

LA BIBLIA INFUNDE NUEVA VIDA

Siendo renacidos... por la palabra de Dios que vive y permanece para siempre. 1 Ped. 1:23.

En la Biblia se revela la voluntad de Dios. Las verdades de la Palabra de Dios son la expresión del Altísimo. El que convierte esas verdades en parte de su vida llega a ser en todo sentido una nueva criatura. No recibe nuevas facultades mentales; en cambio, desaparecen las tinieblas que debido a la ignorancia y el pecado entenebrecían su entendimiento. "Te daré un corazón nuevo" quiere decir: "Te daré una mente nueva". Al cambio de corazón acompaña siempre una clara convicción del deber cristiano, y la comprensión de la verdad. El que con oración da atención estricta a las Escrituras tendrá conceptos claros y juicios sanos, como si al volverse hacia Dios hubiera alcanzado un plano superior de inteligencia.

La Biblia contiene los principios que cimentan la verdadera grandeza, la verdadera prosperidad, se trate del individuo o del país. La nación que permite la libre circulación de las Escrituras brinda oportunidades para que la mente de la gente se desarrolle y amplíe. La lectura de las Escrituras hace brillar la luz en medio de las tinieblas. Cuando se escudriña la Palabra de Dios, se encuentran verdades vivificadoras. En la vida de aquellos que siguen sus enseñanzas habrá una corriente invisible de felicidad que beneficiará a todos aquellos con quienes lleguen a relacionarse.

Millares de personas han sacado agua de esas cisternas de vida, sin embargo el caudal no ha disminuido. Millares han tomado al Señor como ejemplo, y al contemplarlo han sido transformados a su imagen. Su espíritu arde en su interior cuando hablan de su carácter y revelan lo que Cristo hizo por ellos y cuánto significan para él... Miles más pueden entregarse a la tarea de escudriñar los misterios de la salvación... Cada nueva búsqueda revelará algo de más profundo interés que lo que hasta entonces se había descubierto.

Año bíblico: Lev. 8-10

ME HARA SABER MAS DE CRISTO

El me glorificará; porque tomará de lo mío, y os lo hará saber. Juan 16:14.

Con estas palabras Cristo declara la obra culminante del Espíritu Santo. El Espíritu glorifica a Cristo convirtiéndolo en el supremo objeto de estima, y el Salvador llega a ser la delicia y el regocijo del elemento humano en cuyo corazón se obra esa transformación...

El arrepentimiento frente a Dios y la fe en Jesucristo son los frutos del poder renovador de la gracia del Espíritu. El arrepentimiento representa el proceso por medio del cual el alma trata de reflejar la imagen de Cristo ante el mundo.

Cristo les da el aliento de su propio espíritu, la vida de su propia vida. El Espíritu Santo despliega sus más altas energías para obrar en el corazón y la mente. La gracia de Dios amplía y multiplica sus facultades, y toda perfección de la naturaleza divina los auxilia en la obra de salvar almas. Por la cooperación con Cristo, son completos en él, y en su debilidad humana son habilitados para hacer las obras de la Omnipotencia.

La obra de la vida de un cristiano debería ser vestirse de Cristo y asemejarse más perfectamente a él. Los hijos de Dios deben progresar en su obra de asemejarse a Cristo, nuestro modelo. Deben contemplar diariamente su gloria e incomparable excelencia.

¡Ah, si el bautismo del Espíritu Santo descendiera sobre vosotros, para que fuerais impregnados del Espíritu de Dios! Entonces, día tras día os iríais asemejando cada vez más a la imagen de Cristo, y cada acción de vuestra vida encerraría la pregunta: "¿Glorificará esto al Maestro?" Haciendo el bien paciente y constantemente, buscaréis la gloria y el honor, y recibiréis el don de la inmortalidad.

Año bíblico: Lev. 11-12

ILUMINARA TODA LA TIERRA

Después de esto vi a otro ángel descender del cielo con gran poder; y la tierra fue alumbrada con su gloria. Apoc. 18:1.

Se acerca el fin de todas las cosas. Dios se acerca a cada entendimiento que se abre para recibir las impresiones de su Santo Espíritu. Está enviando mensajeros con la misión de amonestar cada localidad. Dios está poniendo a prueba la devoción de sus iglesias, y su disposición a obedecer las indicaciones del Espíritu. Aumentará el conocimiento. Se verá a los mensajeros del cielo que correrán de aquí para allá, tratando, por todos los medios posibles, de advertir a la gente respecto al juicio venidero, y de presentar las alegres nuevas de salvación por medio de nuestro Señor Jesucristo. Se exaltará la norma de justicia. El Espíritu de Dios se acercará a los corazones de los hombres, y los que respondan a su influencia se convertirán en luces para el mundo. Por todas partes se los verá ir de un lado al otro para transmitir a los demás la luz que habrán recibido, tal como ocurría después del derramamiento del Espíritu Santo, en el día de Pentecostés. Y al dejar brillar su luz, recibirán cada vez más poder del Espíritu. La tierra se iluminará con la gloria de Dios.

Este mensaje culminará con poder y fortaleza que excederán en mucho al clamor de medianoche. Los siervos de Dios, dotados de poder de lo alto, iluminados sus rostros, irradiando santa consagración, saldrán a proclamar el mensaje del cielo.

Muchos alababan a Dios. Los enfermos eran sanados y se efectuaban otros milagros. Se advertía un espíritu de oración como lo hubo antes del gran día de Pentecostés. Veíase a centenares y miles de personas visitando las familias y explicándoles la Palabra de Dios. Los corazones eran convencidos por el poder del Espíritu Santo, y se manifestaba un espíritu de sincera conversión. En todas partes las puertas se abrían de par en par para la proclamación de la verdad. El mundo parecía iluminado por la influencia divina.

Año bíblico: Lev. 13-14

LA PAZ ESTA EN CRISTO

La paz os dejo, mi paz os doy; yo no os la doy como el mundo la da. No se turbe vuestro corazón, ni tenga miedo. Juan 14:27.

Siempre hubo y habrá dos clases de personas hasta el fin del mundo: los que creen en Jesús y los que lo rechazan. Los pecadores, por impíos, abominables y corruptos que sean, por fe en él serán purificados y quedarán limpios al cumplir su Palabra... Los que rechazan a Cristo y se niegan a creer la verdad se llenarán de amargura contra los que aceptan a Jesús como Salvador personal. Pero los que reciben a Cristo se quebrantan y se dejan subyugar por la manifestación de su amor y humillación, y por el hecho de que sufrió y murió por ellos...

La paz que Cristo dejó a sus discípulos y por la cual oramos, es la paz que proviene de la verdad, que no se puede apagar a causa de las divisiones. Afuera puede haber guerras y rencillas, envidias, celos, odio y revueltas; pero la paz de Cristo no es la que el mundo da o quita. Puede permanecer en medio de la persecución de los espías y la más enconada oposición de los enemigos de Dios... Cristo no trató nunca de conseguir la paz traicionando sagrados cometidos. No se podría lograr la paz transigiendo con los principios... Es un grave error el que cometen los hijos de Dios cuando pretenden salvar el abismo que separa a los hijos de la luz de los hijos de las tinieblas, apartándose de los principios y transigiendo con la verdad. Eso sería perder la paz de Cristo para hacer la paz o fraternizar con el mundo. Hacer la paz con el mundo abandonando los principios de la verdad es un sacrificio demasiado caro para los hijos de Dios... Los seguidores de Cristo deben afirmar en su mente la decisión de que nunca transigirán, ni cederán en un ápice sus principios para atraerse el favor del mundo. Tienen que aferrarse a la paz de Cristo.

Año bíblico: Lev. 15-16

AMAR COMO CRISTO AMO

En esto conocerán todos que sois mis discípulos, si tuviereis amor los unos con los otros. Juan 13:35.

Si deseamos ser verdaderas luces en el mundo, debemos manifestar el espíritu bondadoso y compasivo de Cristo. Para amar como Cristo amó debemos poner en práctica el dominio propio. Tenemos que revelar abnegación en todo momento y lugar. Debemos emplear palabras amables y tener una expresión agradable. Todo esto no cuesta nada al dador, y sin embargo al pasar deja una deliciosa fragancia. No es posible estimar la influencia benéfica que esas acciones ejercen. Son una bendición no solamente para el favorecido, sino también para el dador; porque se reflejan sobre este último. El amor genuino es un valioso atributo de origen celestial, que se vuelve más fragante a medida que se entrega a los demás...

Dios desea que sus hijos recuerden que, para glorificarle, deben depositar su afecto en aquellos que más lo necesitan. No se debe descuidar a ninguna persona con quien nos relacionemos. No debemos manifestar egoísmo ante nuestros semejantes por palabra, acción ni con nuestra mirada, sean éstos ricos o pobres, humildes o poderosos. El amor que dirige palabras bondadosas a unos pocos, pero trata a otros con frialdad e indiferencia, no es amor, sino egoísmo. Nunca obrará para el bien de las almas o la gloria de Dios. No debemos concentrar nuestro amor en uno o dos objetos del mismo.

Los que reciben el resplandor de la justicia de Cristo, pero se niegan a transmitirlo a la vida de los demás, pronto perderán los dulces y esplendorosos rayos de la gracia celestial, que reservaban egoístamente para prodigarlos sobre unos pocos... No se debe permitir que el yo reúna unos pocos escogidos junto a sí, sin dejar nada para los que necesitan más ayuda que nadie. No debemos reservar nuestro amor para un grupo especial. Quebremos el frasco, y el aroma saturará toda la casa.

Año bíblico: Lev. 17-19

ALABO AL SEÑOR

El que sacrifica alabanza me honrará; y al que ordenare su camino, le mostraré la salvación de Dios. Sal. 50:23.

Acercaos a Jesús tal como sois, pecaminosos, débiles y necesitados, y él os dará el agua de la vida. Necesitáis una fe que atraviese las tinieblas infernales que Satanás tiende sobre vuestro sendero. El archienemigo se dedica activamente a inventar diversiones y modas que absorban la mente de los hombres de tal manera que éstos no dispongan de tiempo para la meditación. Enseñad a vuestros niños a glorificar a Dios y no a satisfacer sus propios deseos. Ellos son hijos del Señor, por la creación y por la redención. Enseñadles a apartarse de las diversiones y locuras de esta época corrupta. Mantened sus mentes limpias y puras a la vista de Dios... Alabad a Dios. Permitid que vuestra conversación, música y cantos alaben al que hizo tanto por vosotros. Alabad a Dios en este mundo, y luego estaréis preparados para uniros al coro celestial al entrar en la ciudad del Señor. Entonces echaréis vuestras coronas resplandecientes a los pies de Jesús, tomaréis las arpas de oro, y henchiréis el cielo de melodías. Lo alabaremos con lenguaje inmortal.

Al conducirnos nuestro Redentor al umbral de lo infinito, inundado con la gloria de Dios, podremos comprender los temas de alabanza y acción de gracias del coro celestial que rodea al trono, y al despertarse el eco del canto de los ángeles en nuestros hogares terrenales, los corazones serán acercados más a los cantores celestiales. La comunión con el cielo empieza en la tierra. Aquí aprendemos la clave de su alabanza.

Alabad al Señor; hablad de su bondad; dad a conocer su poder. Embelleced el ambiente que rodea vuestra alma... Alabad con vuestra voz, alma y corazón, al que es el salvamento delante de ti, el Salvador y Dios tuyo.

Año bíblico: Lev. 20-22

JEHOVA DA GRACIA Y GLORIA

Porque sol y escudo es Jehová Dios; gracia y gloria dará Jehová. No quitará el bien a los que andan en integridad. Sal. 84:11.

Hay muchos que no crecen en la gracia porque no cultivan la religión en el hogar.

Los miembros de la familia deben demostrar que se encuentran en constante posesión de una fuerza recibida de Cristo. Deben mejorar todos sus hábitos y prácticas para demostrar que constantemente tienen presente lo que significa ser cristiano.

Los que son cristianos en el hogar lo serán también en la iglesia y en el mundo.

La gracia puede prosperar únicamente en el corazón que constantemente está preparándose para recibir las preciosas semillas de verdad. Las espinas del pecado crecen en cualquier terreno; no necesitan cultivo; pero la gracia debe ser cuidadosamente cultivada. Las espinas y las zarzas siempre están listas para surgir, y de continuo debe realizarse la obra de purificación.

Lo que logrará que el carácter sea encantador en el hogar también conseguirá que lo sea en las mansiones celestiales. Para que seáis... la luz del mundo, ésta debe brillar en vuestro hogar. Estáis aquí para dar ejemplo de las virtudes cristianas, y para manifestar amor, paciencia, bondad y firmeza... Constantemente debéis tratar de adquirir la cultura más elevada del espíritu y el alma... Como humilde hijo de Dios, aprended en la escuela de Cristo; tratad constantemente de mejorar vuestras facultades, para que podáis efectuar la obra más perfecta y cabal en vuestro hogar, por precepto y ejemplo... Permitid que la luz de la gracia celestial ilumine vuestro carácter, para que podáis ser el sol del hogar.

La calidad de vuestro cristianismo se mide por el carácter de la vida que reina en vuestro hogar. La gracia de Cristo capacita a sus poseedores para transformar el hogar en un lugar feliz, lleno de paz y serenidad.

Año bíblico: Lev. 23-25

LOS TALENTOS Y SU RECOMPENSA

Y su señor le dijo: Bien, buen siervo y fiel; sobre poco has sido fiel, sobre mucho te pondré; entra en el gozo de tu señor. Mat. 25:21.

Dios nos ha dado talentos a fin de que los usemos para su gloria. A uno le concede cinco talentos, a otro, dos; a un tercero, uno. El que tiene un solo talento no lo debe esconder de Dios. El Señor sabe dónde está oculto. Sabe que no está haciendo nada por él. Cuando venga, el Señor preguntará a sus siervos: ¿Qué habéis hecho con los talentos que os encomendé? Y cuando los que recibieron cinco y dos le cuenten que duplicaron la cantidad mediante varias transacciones, él les dirá: "Bien, buen siervo y fiel; sobre poco has sido fiel, sobre mucho te pondré; entra en el gozo de tu señor". Lo mismo le dirá al que haya comerciado con el talento que se le prestó...

Al que tiene un solo talento le dirá: ¿Sabías que un solo talento, bien usado y aprovechado, dará al Señor otros cien? ¿Cómo es posible?, preguntáis. Usad vuestro don para convertir a un hombre inteligente, que comprende lo que Dios significa para él, y lo que debería significar él para Dios. Al ponerse de parte del Señor, y al impartir luz a los demás, se podrán llevar almas al Salvador. Mediante el uso correcto de un talento, cien almas pueden recibir la verdad. No son los que poseen mayor cantidad de talentos los que escuchan el "Bien, buen siervo", sino los que con sinceridad y fidelidad han usado sus dones para gloria del Maestro...

Hay una gran obra que hacer en nuestro mundo, y se nos pedirá cuenta por cada rayo de luz que brilla sobre nuestra senda. Impartid esa luz, y recibiréis más luz para seguir impartiendo. Gran bendición descenderá sobre los que usan debidamente sus talentos.

Año bíblico: Lev. 26-27

NUESTRO CUERPO ES UN TEMPLO

¿No sabéis que sois templo de Dios, y que el Espíritu de Dios mora en vosotros? 1 Cor. 3:16.

Dios os ha dado una morada que debéis cuidar y conservar en la mejor condición posible para su servicio y gloria. Vuestros cuerpos no os pertenecen... "¿No sabéis que sois templo de Dios, y que el Espíritu de Dios mora en vosotros?"

La salud es una bendición cuyo valor pocos aprecian... La vida es un sagrado cometido; y sólo Dios puede capacitarnos para conservarla y usarla para su gloria. Pero el que formó la maravillosa estructura del cuerpo tendrá especial cuidado de mantenerla en buenas condiciones si los hombres no se ponen en pugna con el divino proceder. El nos ayudará a aprovechar cada talento que se nos ha encomendado y a usarlo de acuerdo con la voluntad del Dador.

La juventud es la época en que se deben establecer buenos hábitos, corregir las malas costumbres ya contraídas, adquirir y conservar el dominio propio, y confeccionar el plan futuro y acostumbrarse a ordenar todos los actos de la vida con relación a la voluntad de Dios.

Hay que mantener puro y sin contaminación el sagrado templo del cuerpo, para que el Santo Espíritu de Dios pueda morar en él. Debemos conservar fielmente la propiedad del Señor, porque cualquier exceso que cometamos con nuestras facultades acortará el tiempo en que nuestra vida pueda ser usada para gloria de Dios. Tened presente que debemos consagrar todo, alma, cuerpo y espíritu, a Dios. Todo es la propiedad que él ha adquirido, y debemos usarla con discernimiento, a fin de conservar el talento de la vida. Al usar nuestras facultades en forma conveniente y al máximo con un propósito útil, al conservar sanos nuestros órganos, al mantener nuestro organismo en buenas condiciones de manera que la mente, los tendones y los músculos trabajen en armonía, podemos rendir valiosísimo servicio al Señor.

Cuando hacemos cuanto está de nuestra parte para estar bien de salud, podemos esperar benéficos resultados, y podemos pedir a Dios con fe que bendiga nuestros esfuerzos por conservar la salud.

Año bíblico: Núm. 1-3

LA ALEGRIA ES BUENA MEDICINA

El corazón alegre es una buena medicina. Prov. 17:22, VM.

La relación que existe entre la mente y el cuerpo es muy íntima. Cuando la primera está afectada, el otro simpatiza con ella. La condición de la mente influye en la salud mucho más de lo que generalmente se cree. Muchas de las enfermedades que padecen los hombres son resultado de la depresión mental. Penas, ansiedad, descontento, remordimiento, sentimiento de culpabilidad, desconfianza, todo esto menoscaba las fuerzas vitales, y lleva al decaimiento y a la muerte.

La enfermedad es muchas veces originada y reagravada por la imaginación. Muchos hay que llevan vida de inválidos cuando podrían estar bien si pensaran que lo están...

El valor, la esperanza, la fe, la simpatía, el amor: todas estas cosas fomentan la salud y alargan la vida. Un espíritu satisfecho y alegre es como salud para el cuerpo y fuerza para el alma.

El agradecimiento, la alegría, la benevolencia, la confianza en el amor y en el cuidado de Dios, son otras tantas incomparables salvaguardias de la salud.

Se debería mostrar el poder de la voluntad, y la importancia del dominio propio, tanto en la conservación como en la recuperación de la salud, el efecto depresivo y hasta ruinoso de la ira, el descontento, el egoísmo, o la impureza, y, por otra parte, el maravilloso poder vivificador que se encuentra en la alegría, la abnegación, y la gratitud.

Hay en la Escritura una verdad fisiológica que necesitamos considerar: "El corazón alegre es una buena medicina".

Los verdaderos principios del cristianismo abren ante todos nosotros una fuente de inestimable felicidad.

Deberíamos cultivar un estado de ánimo alegre, optimista y apacible; porque nuestra salud depende de ello.

Año bíblico: Núm. 4-6

ACCION DE GRACIAS Y ALABANZA

Entrad por sus puertas con acción de gracias, por sus atrios con alabanza; alabadle, bendecid su nombre. Sal. 100:4.

Si consagráramos corazón y mente al servicio de Dios, e hiciéramos la obra que él nos encomendó y siguiéramos las huellas de Jesús, nuestros corazones se convertirían en arpas sagradas, y todas sus cuerdas vibrarían para elevar alabanzas y acciones de gracias en honor del Cordero enviado por Dios para quitar el pecado del mundo...

Cristo quiere que nuestros pensamientos se concentren en él... Apartad vuestra mirada de vosotros y contemplad a Jesucristo, esencia de toda bendición y gracia, esencia de todo lo que es precioso y valioso para los hijos de Dios...

El Señor Jesús es nuestra fortaleza y felicidad; es el gran depósito del cual los hombres pueden sacar fortaleza en cualquier ocasión. Al analizarlo, al hablar con él, nos ponemos en mejores condiciones de contemplarlo: al apropiarnos de su gracia y recibir las bendiciones que nos prodiga, tenemos algo con lo que podemos ayudar a los demás. Llenos de gratitud, transmitimos a los demás las bendiciones que se nos dieron gratuitamente. Al recibir e impartir de esa manera, crecemos en gracia; y un constante himno de alabanza y gratitud fluye de nuestros labios; el dulce espíritu de Jesús enciende el reconocimiento en nuestro corazón, y el alma adquiere elevado sentido de seguridad. La infalible e inagotable justicia de Cristo se convierte en nuestra justicia por fe.

Que las frescas bendiciones de cada nuevo día despierten la alabanza en nuestros corazones por estas señales de su cuidado amoroso. Al abrir vuestros ojos por la mañana, dad gracias a Dios por haberos guardado en la noche. Dadle gracias por la paz con que llena vuestro corazón. Que por la mañana, a mediodía y por la noche suba vuestro agradecimiento hasta el cielo cual dulce perfume.

Los ángeles de Dios, millares sobre millares y millones de millones, son comisionados para atender a los que han de ser herederos de la salvación. Nos guardan del mal y repelen las fuerzas de las tinieblas que procuran destruirnos. ¿No tenemos motivos de continuo agradecimiento, aun cuando al parecer nuestro camino esté sembrado de dificultades?

Año bíblico: Núm. 7-8

EL AMOR MUTUO

Amados, amémonos unos a otros; porque el amor es de Dios. Todo aquel que ama, es nacido de Dios, y conoce a Dios. 1 Juan 4:7.

Desde el punto de vista del cristiano, el amor es poder. Este principio involucra fuerza intelectual y espiritual. El amor puro tiene especial eficacia para hacer el bien, y no puede hacer sino bien. Acaba con la discordia y la miseria y reporta la felicidad más genuina. La riqueza a menudo corrompe y destruye; la fuerza puede dañar; pero la verdad y la bondad son propiedades del amor puro.

Un hombre que está en paz con Dios y sus semejantes no puede sentirse miserable. La envidia no entrará en su corazón; las malas sospechas no hallarán cabida allí, ni podrá existir el odio. El corazón que está en armonía con Dios se eleva por encima de los disturbios y las pruebas de esta vida.

Lo que Satanás siembra en el alma: envidia, celos, sospechas, maledicencia, impaciencia y prejuicios, egoísmo, codicia y vanidad, debe ser desarraigado. Si se permite que esas cosas malas permanezcan en el alma, darán frutos que podrían corromper a muchos. ¡Ah, cuántos cultivan las plantas venenosas que matan los preciosos frutos del amor y mancillan el alma!

Solamente el amor que fluye del corazón de Cristo puede sanar. Sólo aquel en quien fluye ese amor, como la savia en el árbol, o la sangre en el cuerpo, puede restaurar al alma herida.

Los agentes del amor tienen poder maravilloso, porque son divinos. La respuesta suave que "aparta el enojo"; el amor que "es sufrido y benigno"; el amor que "cubre una multitud de pecados"; si aprendiéramos esta lección ¡de qué poder sanador serían dotadas nuestras vidas! La vida sería transformada y la tierra llegaría a ser la misma semejanza y el goce anticipado del cielo.

Año bíblico: Núm. 9-11

LA PALABRA ADECUADA

Manzana de oro con figuras de plata es la palabra dicha como conviene. Prov. 25:11.

Cuando asistía a una fiesta, Cristo dominaba la conversación e impartía muchas lecciones valiosas. Los presentes lo escuchaban; ¿acaso no había sanado a los enfermos, consolado a los afligidos y llevado a los niños en sus brazos? Los publicanos y pecadores se sentían atraídos hacia él; y cuando hablaba, clavaban su atención en el Señor.

Cristo les enseñó a sus discípulos a conducirse en compañía de otros. Les enseñó las obligaciones y reglas de la verdadera vida social, que son las mismas que aparecen en la ley del reino de Dios. Por medio de su ejemplo, les enseñó a sus discípulos que cuando asistieran a cualquier reunión pública no tendrían necesidad de quedarse sin palabras. Su conversación en medio de una fiesta difería decididamente de la que se solía escuchar en los banquetes. Cada palabra que pronunciaba tenía sabor de vida para vida. Hablaba con claridad y sencillez. Sus palabras eran como manzanas de oro con figuras de plata.

¡Qué inexpresable valor el de la comunión con Cristo! Y hoy tenemos el privilegio de gozar de una comunión tal... Cuando oyeron las palabras de Cristo, los primeros discípulos sintieron cuánto lo necesitaban. Lo buscaron, lo hallaron, y lo siguieron. Estaban con él en la casa, a la mesa, en la cámara, en el campo. Andaban con él como los alumnos con el maestro, recibiendo lecciones de santa verdad de sus labios. Lo miraban como siervos a su amo... Le servían con regocijo y alegría.

Las compañías tienen gran importancia. Podemos formar muchas amistades agradables y provechosas; pero ninguna es tan valiosa como la que se forma cuando el hombre finito se relaciona con el Dios infinito. Cuando estamos unidos a él de esa manera, las palabras de Cristo moran en nosotros... El resultado se revelará en un corazón purificado, una vida sobria, un carácter inmaculado. Pero sólo merced al trato y asociación con Cristo podemos asemejarnos a él, ejemplo único e impecable.

Año bíblico: Núm. 12-14

JESUS Y SUS AMIGOS

Y amaba Jesús a Marta, a su hermana y a Lázaro. Juan 11:5.

Había un hogar que [Jesús] se deleitaba en visitar: la casa de Lázaro, María y Marta; porque en la atmósfera de fe y amor, su espíritu hallaba descanso.

Entre los más constantes discípulos de Cristo se contaba Lázaro de Betania. Desde la primera ocasión en que se encontraron, su fe en Cristo había sido fuerte; su amor por él, profundo, y el Salvador lo amaba mucho. En favor de Lázaro se realizó el mayor de los milagros de Cristo. El Salvador bendecía a todos los que buscaban su ayuda. Ama a toda la familia humana; pero está ligado con algunos de sus miembros por lazos peculiarmente tiernos. Su corazón estaba ligado con fuertes vínculos de afecto con la familia de Betania, y para un miembro de ella realizó su obra más maravillosa.

Jesús hallaba con frecuencia descanso en el hogar de Lázaro. El Salvador no tenía hogar propio; dependía de la hospitalidad de sus amigos y discípulos; y con frecuencia, cuando estaba cansado, sediento de compañía humana, le era grato refugiarse en este hogar apacible, lejos de las sospechas y los celos de los airados fariseos. Allí encontraba una sincera bienvenida, y amistad pura y santa. Allí podía hablar con sencillez y perfecta libertad, sabiendo que sus palabras serían comprendidas y atesoradas.

Nuestro Salvador apreciaba un hogar tranquilo y oyentes que manifestasen interés. Sentía anhelos de ternura, cortesía y afecto humanos. Los que recibían la instrucción celestial que él estaba siempre listo para impartir, eran grandemente bendecidos... Las multitudes eran duras de entendimiento, y en el hogar de Betania, Cristo hallaba descanso del pesado conflicto de la vida pública. Allí abría ante un auditorio apreciativo el libro de la providencia. En estas entrevistas privadas, revelaba a sus oyentes lo que no intentaba decir a la multitud heterogénea. No necesitaba hablar en parábolas a sus amigos.

Año bíblico: Núm. 15-16

DAD EL AGUA DE VIDA

Mas el que bebiere del agua que yo le daré, no tendrá sed jamás; sino que el agua que yo le daré será en él una fuente de agua que salte para vida eterna. Juan 4:14.

En su conversación con la samaritana, en vez de desacreditar el pozo de Jacob, Cristo le presentó algo mejor... El dirigió la plática al tesoro que tenía para regalar, ofreciendo a la mujer algo mejor de lo que ella poseía: el agua de vida, el gozo y la esperanza del Evangelio.

¡Cuánto interés manifestó Cristo en esta mujer! ¡Qué fervientes y elocuentes fueron sus palabras! Después de escucharlas, la mujer dejó el cántaro, y se fue a la ciudad diciéndoles a todos cuantos encontraba: "Venid, ved a un hombre que me ha dicho todo cuanto he hecho. ¿No será éste el Cristo?" Sabemos, por haberlo leído, que muchos samaritanos de esa ciudad creyeron en él. ¿Y quién puede estimar la influencia que esas palabras ejercieron para salvar almas en los años que pasaron desde entonces?

Jesús se relacionaba personalmente con los seres humanos. El no se alejaba ni apartaba de los que necesitaban su ayuda. Entraba en las casas de los hombres, confortaba a los tristes, sanaba a los enfermos, instigaba al descuidado e iba haciendo bienes. Y si seguimos sus pasos, debemos hacer lo que él hizo. Debemos brindar a los hombres la misma ayuda que él les extendía.

El Señor desea que su palabra de gracia penetre en toda alma. En gran medida esto debe realizarse mediante un trabajo personal. Este fue el método de Cristo. Su obra se realizaba mayormente por medio de entrevistas personales. Dispensaba una fiel consideración al auditorio de una sola alma. Por medio de esa sola alma a menudo el mensaje se extendía a millares... Hay multitudes que nunca recibirán el Evangelio a menos que éste les sea llevado.

Año bíblico: Núm. 17-19

LOS MIEMBROS DE LA IGLESIA

Así que, según tengamos oportunidad, hagamos bien a todos, y mayormente a los de la familia de la fe. Gál. 6:10.

En cierto sentido especial, Cristo ha impuesto a su iglesia la obligación de velar por los miembros necesitados de la misma. El permite que sus pobres estén dentro de los límites de cada iglesia. Estos siempre estarán entre nosotros, y Cristo nos impone la responsabilidad personal de velar por ellos. Tal como los miembros de una familia se cuidan unos a otros, atendiendo a los enfermos, sosteniendo a los débiles, enseñando al ignorante, adiestrando al inexperto, los "de la familia de la fe" deben velar por los hermanos necesitados y desvalidos.

Cada iglesia tiene la obligación de hacer arreglos cuidadosos y juiciosos para atender a los pobres y enfermos de la misma.

Cualquier muestra de negligencia de parte de los que pretenden ser seguidores de Cristo, o cualquier descuido en lo que respecta a aliviar las necesidades de un hermano o hermana que lleva el yugo de la pobreza o aflicción, se registra en el libro de los cielos como si hubiera sido una afrenta hecha a Cristo en la persona de sus santos. ¡Qué arreglo de cuentas hará el Señor con muchos, muchísimos que presentan las palabras de Cristo a los demás, pero no manifiestan tierna compasión y consideración por un hermano en la fe que tiene menos suerte y éxito que ellos mismos!

Un verdadero cristiano es amigo de los pobres. Trata con su hermano atribulado y desventurado como si fuera una planta delicada y sensible. Dios quiere que sus obreros procedan como mensajeros de su amor y misericordia entre los enfermos y afligidos. El nos mira para ver cómo nos tratamos entre nosotros, para ver si reflejamos a Cristo en nuestra conducta con los demás, sean éstos encumbrados o humildes, ricos o pobres, libres o siervos.

No hay discusión en lo que respecta a los pobres del Señor. Hay que ayudarlos en cualquier caso que tienda a su beneficio.

Año bíblico: Núm. 20-21

LA HERMOSURA DE JEHOVA

Y sea la hermosura de Jehová nuestro Dios sobre nosotros. Sal. 90:17, VM.

Dios ama lo hermoso, pero lo que más le agrada es un carácter bello... La hermosura de carácter no perecerá, sino que perdurará a través de los infinitos siglos de la eternidad.

El gran Artífice Maestro pensó en los lirios, haciéndolos tan hermosos que superan la gloria de Salomón. ¡Cuánto mayor interés ha de tener por el hombre, que es la imagen y gloria de Dios! Anhela ver a sus hijos revelar un carácter según su semejanza. Así como el rayo del sol imparte a las flores sus variados y delicados matices, imparte Dios al alma la hermosura de su propio carácter.

Todos los que eligen el reino de amor, justicia y paz de Cristo, considerando sus intereses superiores a todos los demás, están vinculados con el mundo celestial, y son dueños de toda bendición necesaria para esta vida. En el libro de la providencia divina, el volumen de la vida, se nos da a cada uno una página. Esa página contiene todo detalle de nuestra historia. Aun los cabellos de nuestra cabeza están contados. Dios no se olvida jamás de sus hijos.

La ostentación mundana, por imponente que sea, carece enteramente de valor a los ojos de Dios. Por encima de lo visible y temporal, él aprecia lo invisible y eterno. Lo primero no vale sino para expresar lo segundo. Los productos más escogidos del arte no tienen belleza comparable con la del carácter, que es el fruto de la obra del Espíritu Santo en el alma... Cristo vino a la tierra, y se presentó ante los hijos de los hombres con el amor acumulado de la eternidad, y éste es el tesoro que, por medio de nuestra unión con él, hemos de recibir para manifestarlo y comunicarlo...

Hemos de quedar distinguidos del mundo porque Dios imprimió su sello sobre nosotros, y porque él manifiesta en nosotros su propio carácter de amor.

Año bíblico: Núm. 22-24

PARTICIPAMOS DE SU NATURALEZA

Por medio de las cuales nos ha dado preciosas y grandísimas promesas, para que por ellas llegaseis a ser participantes de la naturaleza divina, habiendo huido de la corrupción que hay en el mundo a causa de la concupiscencia. 2 Ped. 1:4.

Cada promesa que se encuentra en el libro de Dios nos alienta indicándonos que podemos ser participantes de la naturaleza divina. Tal es la posibilidad: confiar en Dios, creer en su Palabra, hacer sus obras; todo esto podemos hacerlo cuando nos aferramos a la divinidad de Cristo. Esta posibilidad vale más para nosotros que todas las riquezas del mundo. No hay nada en la tierra que pueda comparársele. Cuando de esa manera nos asimos del poder que se nos ofrece, recibimos una esperanza tan poderosa que nos permite confiar plenamente en la promesa divina; y aferrándonos a las posibilidades que hay en Cristo, nos convertimos en hijos de Dios...

Aquel que cree plenamente en Cristo llega a ser un participante de la naturaleza divina, y el poder así recibido le servirá para hacer frente a cualquier tentación. No caerá en la tentación ni será derrotado por falta de ayuda. En los momentos de prueba podrá valerse de las promesas y por medio de ellas escapar de la corrupción que hay en el mundo a causa de la concupiscencia...

Para hacernos participantes de la naturaleza divina, el cielo entregó su tesoro más valioso. El Hijo de Dios se quitó su manto real y su corona y descendió a la tierra en la forma de un niño. Resolvió vivir una vida perfecta desde la infancia hasta la madurez. Se comprometió a permanecer como representante del Padre en un mundo caído. Y hasta moriría en beneficio de la raza caída. ¡Qué obra maravillosa ésta!... No sé cómo presentar estas verdades; son tan maravillosas, tan maravillosas...

Por su vida de sacrificio y muerte vergonzosa consiguió que nos fuera posible participar de su divinidad y escapar de la corrupción que está en el mundo a causa de la concupiscencia... Si sois participantes de la naturaleza divina, día tras día os iréis capacitando para aquella vida que se asemeja a la de Dios. Día tras día purificaréis vuestra confianza en Jesús y seguiréis su ejemplo y creceréis a su semejanza hasta que os presentéis perfectos ante él.

Año bíblico: Núm. 25-27

REVERENCIA EN LA CASA DE DIOS

Mis sábados guardaréis, y mi santuario tendréis en reverencia: Yo Jehová. Lev. 19:30, RVA.

Dios es santo y sublime; y para el alma humilde y creyente, su santuario terrenal, el lugar donde su pueblo se reúne para adorarlo, es una puerta del cielo. El canto de alabanza, las palabras pronunciadas por los ministros de Cristo, son los elementos que Dios ha destinado a la preparación de un pueblo para la iglesia del cielo, y para el culto superior.

Cuando los adoradores entran en el lugar de la reunión, deben hacerlo con decoro, pasando quedamente a sus asientos... La conversación común, los cuchicheos y las risas no deben permitirse en la casa de culto, ni antes ni después del servicio. Una piedad ardiente y activa debe caracterizar a los adoradores.

Si algunos tienen que esperar unos minutos antes de que empiece la reunión, conserven un verdadero espíritu de devoción meditando silenciosamente, manteniendo el corazón elevado a Dios en oración, a fin de que el servicio sea de beneficio especial para su propio corazón, y conduzca a la convicción y conversión de otras almas. Deben recordar que los mensajeros celestiales están en la casa. Todos hemos perdido mucha dulce comunión con Dios por nuestra inquietud, por no fomentar los momentos de reflexión y oración...

Elevad la norma del cristianismo en la mente de vuestros hijos; ayudadles a entretejer a Jesús en su experiencia; enseñadles a tener la más alta reverencia por la casa de Dios, y a comprender que cuando entran en la casa del Señor, deben hacerlo con corazón enternecido y subyugado por pensamientos como éstos: "Dios está aquí; ésta es su casa. Debo tener pensamientos puros y los más santos motivos... Este es el lugar donde Dios se encuentra con su pueblo y lo bendice"...

Los padres no deben sólo enseñar, sino ordenar a sus hijos que entren en el santuario con seriedad y reverencia.

Practicad la reverencia hasta que ésta se convierta en parte de vuestro ser.

Año bíblico: Núm. 28-30

DIOS CUIDA DE MI

No temas, porque yo estoy contigo; no desmayes, porque yo soy tu Dios que te esfuerzo; siempre te ayudaré, siempre te sustentaré con la diestra de mi justicia. Isa. 41:10.

El Señor se mantiene en activa comunicación con cada parte de sus vastos dominios. Se lo representa inclinándose hacia la tierra y sus habitantes. El escucha cada palabra que se pronuncia y oye cada gemido; presta atención a cada oración; observa los movimientos de cada ser...

Dios siempre ha velado por su pueblo... Cristo enseñó a sus discípulos que la medida de atención divina concedida a cualquier objeto o ser depende de la jerarquía que le corresponde dentro de la creación de Dios. Les señaló los pájaros, y les dijo que ni siquiera un gorrión cae en tierra sin que el Padre celestial lo advierta. Y si Dios se preocupa por un gorrioncillo, con toda seguridad las almas por las cuales Cristo murió son de inmenso valor para él. El valor del hombre, la estima en que Dios lo tiene, se revela en la cruz del Calvario...

La misericordia y el amor de Dios hacia la raza caída no han dejado de multiplicarse, ni han cambiado de dirección.

Es cierto que sufriremos chascos y que nos aguardan tribulaciones; pero debemos encomendar todo, sea grande o pequeño, a nuestro Dios. A él no lo aturden la multitud de nuestros sinsabores, ni lo abruma el peso de nuestras cargas. Su protección se extiende a todos los hogares y vela por cada individuo. A él le preocupan todos nuestros negocios y pesares. El anota cada lágrima; se conmueve al advertir nuestras debilidades. Todas las aflicciones y pruebas que nos sobrecogen son permitidas a fin de que obren los divinos propósitos de amor en nuestro beneficio, "para que recibamos su santificación", y así participemos de la plenitud del gozo que se halla en su presencia.

Año bíblico: Núm. 31-32

CRISTO ES MI HERMANO MAYOR

Por lo cual debía ser en todo semejante a sus hermanos, para venir a ser misericordioso y fiel sumo sacerdote en lo que a Dios se refiere, para expiar los pecados del pueblo. Heb. 2:17.

El Hermano mayor de nuestra raza está junto al trono eterno. Desde allí mira a toda alma que vuelve su rostro hacia él como al Salvador. Sabe por experiencia lo que es la flaqueza humana, lo que son nuestras necesidades, y en qué consiste la fuerza de nuestras tentaciones; pues fue "tentado en todo según nuestra semejanza, pero sin pecado" (Heb. 4:15). Está velando sobre ti, tembloroso hijo de Dios. ¿Eres tentado? Te librará. ¿Eres débil? Te fortalecerá. ¿Eres ignorante? Te iluminará. ¿Estás herido? Te curará. Jehová "cuenta el número de las estrellas"; y no obstante él es también el que "sana a los quebrantados de corazón, y venda sus heridas" (Sal. 147:3-4).

Cualesquiera que sean tus angustias y pruebas, expónlas al Señor. Tu espíritu encontrará sostén para sufrirlo todo. El camino te será despejado para que puedas librarte de todo enredo y aprieto. Cuanto más débil y desamparado te sientas, más fuerte serás con su ayuda. Cuanto más pesadas tus cargas, más dulce y benéfico tu descanso, al echarlas sobre Aquel que se ofrece a llevarlas por ti.

Las circunstancias pueden separar a los amigos; las aguas intranquilas del amplio mar pueden agitarse entre nosotros y ellos. Pero ninguna circunstancia, ninguna distancia pueden separarnos del Salvador. Dondequiera que estemos, él está siempre a nuestra derecha, para sobrellevar, conservar, sostener y animar. Más grande que el amor de una madre por su hijo, es el amor de Cristo por sus rescatados. Es nuestro privilegio descansar en su amor y decir: "En él confiaré; pues dio su vida por mí".

El amor humano puede cambiar; el de Cristo no conoce mudanza. Cuando clamamos a él por auxilio, su mano se extiende para salvar.

El desea que comprendamos que él regresó al cielo como Hermano mayor nuestro y que ha puesto a nuestra disposición el inconmensurable poder que se le confirió a él.

Año bíblico: Núm. 33-34

LOS ANGELES ME GUIAN

He aquí yo envío mi Angel delante de ti para que te guarde en el camino, y te introduzca en el lugar que yo he preparado. Exo. 23:20.

Todo el cielo está empeñado en la obra de preparar un pueblo que permanezca firme en el día del Señor. Es evidente que la relación que hay entre el cielo y la tierra es muy estrecha...

Los seres celestiales aguardan con fervor casi impaciente la oportunidad de hacernos conocer a Dios, para que podamos colaborar con ellos al presentar a Jesús, el Redentor del mundo, lleno de gracia y de verdad...

La primera lágrima de arrepentimiento crea gozo entre los ángeles de los atrios celestiales. Los mensajeros angélicos están listos para volar a socorrer al alma que busca a Jesús...

Grandes y gloriosas cosas ha preparado Dios para quienes lo aman. Los ángeles esperan con ansiosa expectativa el momento en que se decidirá el triunfo definitivo del pueblo de Dios, ocasión en que los serafines y querubines y "millones de millones" elevarán los himnos de los bienaventurados y celebrarán los triunfos de las hazañas mediadoras que permitieron la restauración del hombre.

Jesús calculó el costo de la salvación de cada hijo e hija de Adán. Tomó generosas medidas a fin de que, en caso de estar dispuestos a cumplir las condiciones impuestas, nadie tuviera que perecer, sino que pudiera poseer la vida eterna... Cada ser celestial labora como agente del Señor en la tarea de ganar al hombre para Dios.

Los ángeles de gloria hallan su gozo en dar... amor y cuidado incansable a las almas que están caídas y destituidas de santidad. Los seres celestiales desean ganar el corazón de los hombres; traen a este oscuro mundo luz de los atrios celestiales; por un ministerio amable y paciente, obran sobre el espíritu humano, para poner a los perdidos en una comunión con Cristo aun más íntima que la que ellos mismos pueden conocer.

Año bíblico: Núm. 35-36

LA FORTALEZA DE CRISTO

¿O forzará alguien mi fortaleza? Haga conmigo paz; sí, haga paz conmigo. Isa. 27:5.

El enemigo no puede vencer al humilde alumno de Cristo, al que ora y anda en presencia del Señor. Cristo se interpone entre ambos como un escudo, un refugio, para desviar los ataques del malo. Se ha prometido lo siguiente: "Porque vendrá el enemigo como río, mas el Espíritu de Jehová levantará bandera contra él"...

Se le permitió a Satanás que tentara al confiado Pedro, tal como se le había permitido que tentara a Job; pero una vez terminada su obra, tuvo que retirarse. Si a Satanás se le hubiera permitido cumplir su propósito, no habría habido esperanza para Pedro. Su fe habría naufragado. Pero el enemigo no se atrevió a excederse de la jurisdicción que se le había asignado. No hay poder en todo el ejército satánico que pueda desarmar al alma que confía, con sencilla fe, en la sabiduría que desciende de Dios.

Cristo es la torre de nuestra fortaleza, y Satanás no tiene poder sobre el alma que anda con Dios con humildad de espíritu. El dijo: "¿O forzará alguien mi fortaleza? Haga conmigo paz; sí, haga paz conmigo". En Cristo, el alma tentada encuentra ayuda perfecta y completa. Los peligros acechan en todos los senderos, pero todo el universo celestial se mantiene en actitud de alerta para no permitir que nadie sea tentado más de lo que puede soportar. Algunos tienen rasgos muy fuertes de carácter, que tendrán que ser reprimidos constantemente. Si se los mantiene bajo el dominio del Espíritu de Dios, esas características serán una bendición; en caso contrario, resultarán una maldición... Si nos entregamos generosamente a la tarea, sin desviarnos en lo más mínimo de los principios, el Señor nos circundará con sus brazos eternos, y se revelará como un poderoso ayudador. Si miramos a Jesús como el Ser en quien podemos confiar, jamás nos abandonará en ninguna situación apremiante.

Año bíblico: Deut. 1-3

REFORMEMOS NUESTRO ENTENDIMIENTO

No os conforméis a este siglo, sino transformaos por medio de la renovación de vuestro entendimiento, para que comprobéis cuál sea la buena voluntad de Dios, agradable y perfecta. Rom. 12:2.

Nada puede apartaros de Dios fuera de la voluntad rebelde.

La voluntad es el poder que domina en la naturaleza humana. Si se afirma la voluntad debidamente, todo el resto del ser quedará bajo su dominio. La voluntad no es el gusto o la inclinación, sino la capacidad de elegir y decidir, la capacidad suprema, que obra en los hijos de los hombres para obedecer o desobedecer a Dios.

Estaréis en constante peligro hasta que comprendáis cuál es el verdadero poder de la voluntad. Podréis creer y prometer todo, pero vuestras promesas y fe no tendrán valor a menos que uséis la voluntad como se debe. Si lucháis la batalla de la fe con vuestra fuerza de voluntad, sin duda venceréis.

Lo que os corresponde es volcar vuestra voluntad en el bando de Cristo. Cuando le entregáis vuestra voluntad, él inmediatamente toma posesión de vosotros, y obra en vosotros el querer y el hacer por su buena voluntad. Entonces vuestra naturaleza queda sometida a su Espíritu. Hasta vuestros pensamientos quedan sujetos al Señor. Si no podéis dominar vuestros impulsos y emociones como deseáis, a lo menos podéis dominar la voluntad, de modo que se efectúe un gran cambio en vuestra vida. Cuando entregáis vuestra voluntad a Cristo, vuestra vida queda escondida con Cristo en Dios. Hace alianza con el poder que supera a todos los principados y las potestades. Tenéis fuerza divina que os mantiene asidos a su fortaleza; y se abre ante vosotros la posibilidad de una nueva vida, la vida de la fe.

Jamás lograréis elevaros a menos que vuestra voluntad esté de parte de Cristo, y colabore con el Espíritu de Dios. No creáis que no podéis vencer; en cambio, decid: "Puedo y quiero". Y Dios se ha comprometido a concederos su Santo Espíritu para ayudaros cuando empeñáis vuestro decidido esfuerzo.

Año bíblico: Deut. 4-6

ASEGURO MI LLAMAMIENTO

Por lo cual, hermanos, tanto más procurad hacer firme vuestra vocación y elección; porque haciendo estas cosas, no caeréis jamás. 2 Ped. 1:10.

Aquí se nos ofrece un seguro de vida que nos garantiza la vida eterna en el reino de Dios. Os ruego que estudiéis estas palabras del apóstol Pedro. Cada cláusula encierra entendimiento e inteligencia. Al asirnos del Dador de vida, que se entregó por nosotros, recibimos la vida eterna.

Cada uno de nosotros decide su destino eterno, y de nosotros depende en absoluto que alcancemos la vida perdurable. ¿Viviremos las enseñanzas encerradas en la Palabra de Dios, que es el incomparable libro de texto de Cristo? Este es el libro más grandioso aunque el más sencillo y comprensible de todos cuantos se han escrito para dar instrucciones respecto a la conducta apropiada en lo que a modales, lenguaje y sentimientos se refiere. Es el único libro que puede preparar a los seres humanos para la vida que se compara con la vida de Dios. Y los que estudien diariamente esta Palabra serán los únicos que merecerán el diploma que les dará derecho para educar y preparar a los niños para entrar en la escuela superior, donde serán coronados como triunfantes vencedores.

Cristo Jesús es el único que puede juzgar si los seres humanos están en condiciones de recibir la vida eterna. Los portales de la santa ciudad se abrirán ante los que hayan sido humildes, mansos y sencillos seguidores de Cristo, ante los que aprendieron sus lecciones y recibieron el seguro de vida de Jesús por haber formado caracteres según la divina semejanza.

Cuando los rescatados sean redimidos de la tierra, la ciudad de Dios se abrirá ante vosotros... Entonces recibiréis el arpa, y elevaréis vuestra voz para entonar himnos de alabanza en honor de Dios y del Cordero, cuyo sacrificio os hizo participantes de su naturaleza y os brindó una herencia inmortal en el reino de Dios.

Año bíblico: Deut. 7-8

CRISTO RESERVA CORONAS

Por lo demás, me está guardada la corona de justicia, la cual me dará el Señor, juez justo, en aquel día; y no sólo a mí, sino también a todos los que aman su venida. 2 Tim. 4:8.

Antes de entrar en la ciudad de Dios, el Salvador confiere a sus discípulos los emblemas de la victoria, y los cubre con las insignias de su dignidad real. Las huestes resplandecientes son dispuestas en forma de un cuadrado hueco en torno de su Rey, cuya estatura sobrepasa en mucho en majestad a la de los santos y de los ángeles, y cuyo rostro irradia sobre ellos lleno de amor benigno. De un cabo a otro de la innumerable hueste de los redimidos, toda mirada está fija en él, todo ojo contempla la gloria de Aquel cuyo aspecto era tan desfigurado "más que cualquier hombre, y su forma más que los hijos de Adán". Sobre la cabeza de los vencedores, Jesús coloca con su propia diestra la corona de gloria. Cada cual recibe una corona que lleva su propio "nombre nuevo", y la inscripción: "Santidad a Jehová". A todos se les pone en la mano la palma de la victoria y el arpa brillante. Luego que los ángeles que mandan dan la nota, todas las manos tocan con maestría las cuerdas de las arpas, produciendo dulce música en ricos y melodiosos acordes. Dicha indecible estremece todos los corazones, y cada voz se eleva en alabanzas de agradecimiento: "¡Al que nos amó, y nos lavó de nuestros pecados con su sangre, y nos hizo reyes y sacerdotes para Dios, su Padre, a él sea gloria e imperio por los siglos de los siglos!"

¡Ah, qué gozo inenarrable el de ver al que amamos, el de ver la gloria de Aquel que nos amó tanto que se entregó por nosotros, el de contemplar cómo se extienden para bendecirnos y acogernos esas manos que fueron horadadas para lograr nuestra redención!

Los que... se entregan en las manos de Dios... verán al Rey en su hermosura. Contemplarán su incomparable encanto, y, pulsando las áureas arpas, henchirán el cielo de exquisita música y harán oír los cantos del Cordero.

Año bíblico: Deut. 9-10

LIBRE COMUNION CON DIOS

Y no vi en ella templo; porque el Señor Dios Todopoderoso es el templo de ella, y el Cordero. Apoc. 21:22.

El pueblo de Dios tiene el privilegio de comunicarse directamente con el Padre y el Hijo. "Ahora vemos oscuramente como por medio de un espejo". Nosotros vemos la imagen de Dios reflejada como en un espejo en las obras de la naturaleza y en su modo de obrar para con los hombres; pero entonces le veremos cara a cara sin velo que nos lo oculte. Estaremos en su presencia y contemplaremos la gloria de su aspecto.

Podemos dirigirnos al Señor usando la cariñosa expresión: "Padre nuestro", que es nuestra del afecto que profesamos y una garantía de su tierna preocupación y amistad hacia nosotros. Y el Hijo de Dios, al contemplar a los herederos de la gracia, "no se avergüenza de llamarlos hermanos". La relación de éstos con Dios es más sagrada aun que la de los ángeles que nunca pecaron.

Todo el amor paterno que se ha manifestado en el curso de todas las generaciones a través del corazón humano, todos los manantiales de ternura que surgieron en el alma de los hombres, no son más que un fino arroyuelo comparado con un océano ilimitado, frente al amor infinito e inagotable de Dios.

El cielo consiste en acercarse incesantemente a Dios por Cristo. Cuanto más tiempo gocemos de este cielo de bienaventuranza, tanto más de la gloria se abrirá ante nosotros; y cuanto más conozcamos a Dios, tanto más intensa será nuestra felicidad.

¿Y cuál será la dicha del cielo sino ver a Dios? ¿Qué gozo mayor podrían gozar los pecadores salvados por la gracia de Cristo que el de contemplar el rostro de Dios y conocerlo como Padre suyo?

¡Qué consuelo infunde contemplarlo con el ojo de la fe, de manera que contemplándolo nos asemejemos a él! Y ¡cuánto mayor será el gozo de contemplarlo tal cual es, sin que se interponga un velo nublador entre nosotros!

Año bíblico: Deut. 11-12

UNA MESA PREPARADA DELANTE DE MI

El que come mi carne y bebe mi sangre, tiene vida eterna; y yo le resucitaré en el día postrero. Porque mi carne es verdadera comida, y mi sangre es verdadera bebida. Juan 6:54-55.

Recibir los elementos vitales de las Escrituras y hacer la voluntad de Dios, traen vida eterna. Esto es lo que significa comer la carne y beber la sangre del Hijo de Dios. Todos tienen el privilegio de participar del pan del cielo al estudiar la Palabra, y de este modo obtener nervios y músculos espirituales.

Cada cual puede apropiarse de la bendición para beneficio de su propia alma, de lo contrario no se alimentará... Sabéis que no podríais alimentaros por el solo hecho de contemplar una mesa bien preparada y ver a otros comer. Languideceremos si no participamos del alimento físico; del mismo modo, perderemos nuestra fuerza y vitalidad espirituales si no nos alimentamos del pan espiritual...

La mesa ha sido preparada, y Cristo nos invita a la fiesta. ¿Permaneceremos alejados rechazando su generosidad y declarando: "Esto no se refiere a mí"? Hay un himno que describe una fiesta donde la familia feliz se reúne para participar de los generosos manjares que ofrece el padre. Mientras los niños alegres rodean la mesa, hay una hambrienta niñita mendiga que se ha detenido en el umbral. Se la invita a entrar, pero con tristeza se retira exclamando: "Mi padre no está allí". ¿Asumiréis vosotros esta actitud ante la invitación de Jesús? ¡Oh, si tenéis un Padre en las cortes celestiales, os suplico que lo manifestéis! El quiere haceros participantes de sus riquezas y bendiciones. Todos los que acudan con el amor confiado de un niñito, hallarán a un padre allá.

Venid al agua de vida y bebed. No os mantengáis apartados y quejándoos de sed. El agua de vida es gratis para todos.

Aquellos que coman y digieran su Palabra, haciéndola parte de cada acción y cada atributo de carácter, se harán fuertes en la fortaleza de Dios. Esto dará un vigor inmortal al alma, perfeccionando la experiencia y produciendo goces que permanecerán para siempre.

Año bíblico: Deut. 13-16

PREPARACION PARA EL DIA SANTO

Acuérdate del día de reposo para santificarlo. Exo. 20:8.

Al mismo comienzo del cuarto mandamiento el Señor dijo: "Acuérdate". El sabía que en medio de la multitud de cuidados y perplejidades el hombre se vería tentado a excusarse de satisfacer todo lo requerido por la ley, o se olvidaría de su importancia sagrada. Por lo tanto dijo: "Acuérdate del día de reposo para santificarlo".

Cuando el sábado es así recordado, no se permitirá que lo temporal usurpe lo que pertenece a lo espiritual. Ningún deber que pertenece a los seis días hábiles será dejado para el sábado. Durante la semana nuestras energías no serán agotadas de tal manera en el trabajo temporal que, en el día en que el Señor descansó y fue refrigerado, estemos demasiado cansados para dedicarnos a su servicio...

Termínense el viernes los preparativos para el sábado. Cuidad de que toda la ropa esté lista y que se haya cocinado todo lo que debe cocinarse... El sábado no ha de destinarse a reparar ropas, a cocinar alimentos, a los placeres o a ningún otro empleo mundanal. Antes de que se ponga el sol debe ponerse a un lado todo trabajo secular y todos los periódicos de ese carácter deben ser puestos fuera de la vista. Padres, expliquen su trabajo y su propósito a sus hijos, y permitan que ellos compartan en su preparación para guardar el sábado conforme al mandamiento.

Hay otra obra que debe recibir atención en el día de la preparación. En este día todas las diferencias entre los hermanos, sean en la familia o en la iglesia, deberán dejarse a un lado. Expulsemos del alma toda amargura, furia o malicia. En un espíritu de humildad, "confesad vuestras faltas los unos a los otros y orad los unos por los otros".

Antes de la puesta del sol congréguense los miembros de la familia para leer la Palabra de Dios y para cantar y orar.

Debemos cuidar celosamente las extremidades del sábado. Recordemos que cada momento es tiempo santo y consagrado.

Año bíblico: Deut. 17-19

EL DON DE DIOS A LA RAZA HUMANA

Porque de tal manera amó Dios al mundo, que ha dado a su Hijo unigénito, para que todo aquel que en él cree, no se pierda, mas tenga vida eterna. Juan 3:16.

El corazón de Dios suspira por sus hijos terrenales con un amor más fuerte que la muerte. Al dar a su Hijo nos ha vertido todo el cielo en un Don.

Es por medio del don de Cristo que recibimos toda bendición. Por medio de este don desciende sobre nosotros día tras día sin interrupción el raudal de la bondad de Jehová. Todas las flores, con sus delicados tintes y fragancia, nos son dadas para nuestro deleite por medio de este único Don. El sol y la luna fueron hechos por él. No hay una sola estrella que embellezca el cielo que él no haya hecho. Cada gota de lluvia que cae, cada rayo de luz derramado sobre nuestro ingrato mundo, testifica del amor de Dios en Cristo. Todo nos es suministrado por medio del único Don inefable, el unigénito Hijo de Dios. Fue clavado en la cruz para que todas estas mercedes corrieran hacia la creación de Dios.

Al tomar nuestra naturaleza, el Salvador se vinculó con la humanidad por un vínculo que nunca se ha de romper. A través de las edades eternas, queda ligado con nosotros... Para asegurarnos los beneficios de su inmutable consejo de paz, Dios dio a su Hijo unigénito para que llegase a ser miembro de la familia humana, y retuviese para siempre su naturaleza humana. Tal es la garantía de que Dios cumplirá su promesa. "Un niño nos es nacido, hijo nos es dado; y el principado sobre su hombro". Dios adoptó la naturaleza humana en la persona de su Hijo, y la llevó al más alto cielo... El cielo está incorporado en la humanidad, y la humanidad envuelta en el seno del Amor Infinito.

Cristo se postró en humildad incomparable, para que al ser exaltado al trono de Dios, también pudiese exaltar a aquellos que creen en él a un asiento con él sobre su trono.

Año bíblico: Deut. 20-22

EL CREADOR ENCARNADO

E indiscutiblemente, grande es el misterio de la piedad: Dios fue manifestado en carne, justificado en el Espíritu, visto de los ángeles, predicado a los gentiles, creído en el mundo, recibido arriba en gloria. 1 Tim. 3:16.

La encarnación de Cristo es el misterio de todos los misterios.

Cristo era uno con el Padre, y sin embargo estuvo dispuesto a descender de la exaltada posición de quien era igual a Dios.

Para poder cumplir su plan de amor para la raza caída, él se convirtió en hueso de nuestro hueso y carne de nuestra carne.

Habría sido una humillación casi infinita para el Hijo de Dios revestirse de la naturaleza humana, aun cuando Adán poseía la inocencia del Edén. Pero Jesús aceptó la humanidad cuando la especie se hallaba debilitada por cuatro mil años de pecado. Como cualquier hijo de Adán, aceptó los efectos de la gran ley de la herencia. Y la historia de sus antepasados terrenales demuestra cuáles eran aquellos efectos. Mas él vino con una herencia tal para compartir nuestras penas y tentaciones, y darnos el ejemplo de una vida sin pecado.

Qué tremendo contraste entre la divinidad de Cristo y el impotente niñito nacido en el pesebre de Belén... Y sin embargo, el Creador de los mundos, Aquel en quien habitaba la plenitud de la divinidad corporalmente, se manifestó en el desvalido bebé del pesebre... La divinidad y la humanidad estaban misteriosamente combinadas y el hombre y Dios se fusionaron.

Aquellos que aseveran que no era posible que Cristo pecara, no pueden creer que él verdaderamente tomó sobre sí la naturaleza humana. ¿Pero acaso Cristo no fue tentado, no sólo en el desierto por Satanás, sino a través de toda su vida, desde la niñez hasta su edad adulta?

Nuestro Salvador tomó la humanidad con todos sus riesgos. Se vistió de la naturaleza humana, con la posibilidad de ceder a la tentación. No tenemos que soportar nada que él no haya soportado.

Año bíblico: Deut. 23-25

LAS SALVADORAS PROVIDENCIAS DE DIOS

Y sabemos que a los que aman a Dios, todas las cosas les ayudan a bien, esto es, a los que conforme a su propósito son llamados. Rom. 8:28.

El hecho de que somos llamados a sufrir pruebas muestra que el Señor Jesús ve en nosotros algo precioso, que él quiere desarrollar. Si no viera en nosotros nada con que glorificar su nombre, no perdería tiempo en purificarnos. El no echa piedras inútiles en su hornillo. Lo que él purifica es metal precioso.

Dios no guía jamás a sus hijos de otro modo que el que ellos mismos escogerían, si desde un principio pudieran ver el desenlace, y discernir la gloria del designio que están cumpliendo como colaboradores de Dios.

Todo lo que nos ha dejado perplejos de las providencias de Dios nos será aclarado en el mundo futuro. Las cosas difíciles de entender entonces encontrarán explicación. Los misterios de la gracia se revelarán ante nosotros. Donde nuestras mentes finitas descubrieron sólo confusión y promesas quebrantadas, veremos la armonía más bella y perfecta. Conoceremos que el amor infinito prescribió las experiencias que parecieron más angustiosas.

El que está lleno del Espíritu de Cristo mora en Cristo. El golpe que se le dirige a él, cae sobre el Salvador, que lo rodea con su presencia. Todo cuanto le venga, viene de Cristo. No tiene que resistir el mal, porque Cristo es su defensor. Nada puede tocarle sino con el permiso de nuestro Señor; y "todas las cosas" que son permitidas "a los que aman a Dios,... les ayudan a bien".

Nuestro Padre celestial tiene mil maneras de proveer a nuestras necesidades, las cuales ignoramos completamente. Los que aceptan el único principio de hacer del servicio de Dios el asunto supremo, verán desvanecerse sus apuros y extenderse delante de sus pies un camino despejado.

Como niños, confiad en la dirección de Aquel que guarda los pies de sus santos.

Si le encomendamos nuestros caminos, él dirigirá nuestros pasos.

Año bíblico: Deut. 26-28

UN SALVADOR DESDE LA ETERNIDAD

Bendito sea el Dios y Padre de nuestro Señor Jesucristo, que nos bendijo con toda bendición espiritual en los lugares celestiales en Cristo, según nos escogió en él antes de la fundación del mundo, para que fuésemos santos y sin mancha delante de él. Efe. 1:3-4.

Desde la caída del hombre, el Señor ha estado llevando a cabo sus designios en el plan de la redención, un plan por el cual procura restaurar en el hombre su perfección original. Gracias a la muerte de Cristo en la cruz, Dios recibe y perdona a cada alma arrepentida.

Mientras el divino Doliente pendía de la cruz, los ángeles lo rodeaban, y mientras lo contemplaban y oían su clamor se preguntaban con intensa emoción: "¿No lo salvará el Señor Jehová...?" Entonces se pronunciaron las palabras: "El Señor ha jurado y no se arrepentirá". El Padre y el Hijo han jurado cumplir los términos del pacto eterno. "De tal manera amó Dios al mundo, que ha dado a su Hijo unigénito, para que todo aquel que en él cree, no se pierda, mas tenga vida eterna".

Cristo no estaba solo al consumar el gran sacrificio. Este era el cumplimiento del pacto convenido entre él y su Padre desde antes de la fundación del mundo. Se habían estrechado la mano al pronunciar la solemne promesa de que Cristo llegaría a ser el fiador de la raza humana si ésta era vencida por las sofisterías de Satanás.

La salvación de la raza humana siempre ha sido el objeto de los concilios celestiales. El pacto de misericordia fue hecho antes de la fundación del mundo. Ha existido desde toda la eternidad y se lo llama el pacto eterno. Tan cierto como que nunca hubo un momento en que Dios no existiese, así de seguro nunca hubo un momento en que manifestar su gracia a la humanidad no fuese la delicia de la mente eterna.

Cuanto más consideramos este tema, más profundo lo hallamos, y aún hay profundidades que no podemos alcanzar al estudiar la gloria del Redentor... Los ángeles mismos desean mirar dentro de este tema misterioso y maravilloso, la redención de la raza humana.

Año bíblico: Deut. 29-31

¿LA FE ANULA LA OBEDIENCIA?

¿Luego por la fe invalidamos la ley? En ninguna manera, sino que confirmamos la ley. Rom. 3:31.

La fe no es un narcótico, sino un estimulante. El mirar al Calvario no adormecerá al alma en el cumplimiento de su deber, sino que despertará una fe que obra purificando el alma de todo egoísmo.

La fe en Cristo que redime el alma no es lo que muchos representan que es. "Creed, creed", es su clamor; "sólo creed en Cristo y seréis salvos. Eso es todo lo que tenéis que hacer". Mientras que la verdadera fe confía totalmente en Cristo para la salvación, conducirá a una perfecta conformidad con la ley de Dios.

Hay dos errores contra los cuales los hijos de Dios, particularmente los que apenas han comenzado a confiar en su gracia, deben especialmente guardarse. El primero... es el de fijarse en sus propias obras, confiando en alguna cosa que puedan hacer, para ponerse en armonía con Dios. El que está procurando llegar a ser santo mediante sus propios esfuerzos por guardar la ley, está procurando una imposibilidad...

El error opuesto y no menos peligroso es que la fe en Cristo exime a los hombres de guardar la ley de Dios; que puesto que solamente por la fe somos hechos participantes de la gracia de Cristo, nuestras obras no tienen nada que ver con nuestra redención.

Pero nótese aquí que la obediencia no es un mero cumplimiento externo, sino un servicio de amor. La ley de Dios es una expresión de su misma naturaleza; es la personificación del gran principio del amor, y, en consecuencia, el fundamento de su gobierno en los cielos y en la tierra... En vez de la fe eximir al hombre de la obediencia, es la fe y sólo la fe, la que lo hace participante de la gracia de Cristo, y lo capacita para obedecerle.

Lo que Cristo fue en la naturaleza humana, Dios espera que sean sus discípulos. Con su fuerza hemos de vivir la vida de nobleza y pureza que el Salvador vivió.

Año bíblico: Deut. 32-34

EL PODER SALVADOR DE JESUS

Y me ha dicho: Bástate mi gracia; porque mi poder se perfecciona en la debilidad. Por tanto, de buena gana me gloriaré más bien en mis debilidades, para que repose sobre mí el poder de Cristo. 2 Cor. 12:9.

Nuestro precioso Salvador nos ha invitado a unirnos a él, y unir nuestra debilidad con su fortaleza, nuestra ignorancia con su sabiduría, nuestra indignidad con su virtud.

La precisión rígida en la obediencia a la ley no dará el derecho a ningún hombre a entrar en el reino de los cielos.

Es necesario un nuevo nacimiento, una mente nueva por la operación del Espíritu de Dios que purifique la vida y ennoblezca el carácter. Esta relación con Dios prepara al hombre para el glorioso reino de los cielos.

Debe haber un poder que obre en el interior, una vida nueva de lo alto, antes de que el hombre pueda convertirse del pecado a la santidad. Ese poder es Cristo. Solamente su gracia puede vivificar las facultades muertas del alma, y atraerlas a Dios, a la santidad... La idea de que solamente es necesario desarrollar lo bueno que existe en el hombre por naturaleza, es un engaño fatal. "El hombre natural no percibe las cosas que son del Espíritu de Dios, porque para él son locura, y no las puede entender, porque se han de discernir espiritualmente" (1 Cor. 2:14). De Cristo está escrito: "En él estaba la vida, y la vida era la luz de los hombres", el único "nombre bajo el cielo, dado a los hombres, en que podamos ser salvos" (Juan 1:4; Hech. 4:12).

El apóstol Pablo... ansiaba la pureza, la justicia que no podía alcanzar por sí mismo, y dijo: "¡Miserable de mí! ¿quién me librará de este cuerpo de muerte?" (Rom. 7:24). La misma exclamación ha subido en todas partes y en todo tiempo, de corazones sobrecargados. No hay más que una contestación para todos: "He aquí el Cordero de Dios, que quita el pecado del mundo" (Juan 1:29).

Año bíblico: Jos. 1-4

EL JUSTO VIVIRA POR FE

Por tanto, de la manera que habéis recibido al Señor Jesucristo, andad en él. Col. 2:6.

Nuestro crecimiento en la gracia, nuestro gozo, nuestra utilidad, todo depende de nuestra unión con Cristo. Solamente estando en comunión con él diariamente, a cada hora permaneciendo en él, es como hemos de crecer en la gracia. El no es solamente el autor sino también el consumador de nuestra fe. Cristo es el principio, el fin, el todo. Estará con nosotros no solamente al principio y al fin de nuestra carrera, sino en cada paso del camino...

Preguntaréis, tal vez: "¿Cómo permaneceremos en Cristo?" Del mismo modo en que lo recibisteis al principio. "De la manera que habéis recibido al Señor Jesucristo, andad en él" (Col. 2:6). "El justo vivirá por [la] fe" (Heb. 10:38). Os entregasteis a Dios para ser completamente suyos, para servirle y obedecerle, y aceptasteis a Cristo como vuestro Salvador. No podíais por vosotros mismos expiar vuestros pecados o cambiar vuestro corazón; pero habiéndoos entregado a Dios, creísteis que por causa de Cristo, el Señor hizo todo aquello por vosotros. Por la fe llegasteis a ser de Cristo, y por la fe tenéis que crecer en él, dando y tomando a la vez. Tenéis que darle todo: el corazón, la voluntad, la vida, daros a él para obedecer todos sus requerimientos; y debéis tomar todo: a Cristo, la plenitud de toda bendición, para que habite en vuestro corazón, y para que sea vuestra fuerza, vuestra justicia, vuestra eterna ayuda, a fin de que os dé poder para obedecerle.

Conságrate a Dios todas las mañanas; haz de esto tu primer trabajo. Sea tu oración: "Tómame ¡oh Señor! como enteramente tuyo. Pongo todos mis planes a tus pies. Usame hoy en tu servicio. Mora conmigo, y sea toda mi obra hecha en ti". Este es un asunto diario. Cada mañana conságrate a Dios por ese día. Somete todos tus planes a él, para ponerlos en práctica o abandonarlos según te lo indicare su providencia. Sea puesta así tu vida en las manos de Dios, y será así cada vez más semejante a la de Cristo.

Año bíblico: Jos. 14-17

LA VERDADERA CONFESION ES INDISPENSABLE

Si confesamos nuestros pecados, él es fiel y justo para perdonar nuestros pecados, y limpiarnos de toda maldad. 1 Juan 1:9.

El apóstol dice: "Confesaos vuestras ofensas unos a otros, y orad unos por otros, para que seáis sanados" (Sant. 5:16). Confesad vuestros pecados a Dios, quien sólo puede perdonarlos, y vuestras faltas unos a otros. Si has dado motivo de ofensa a tu amigo o vecino, debes reconocer tu falta, y es su deber perdonarte libremente. Debes entonces buscar el perdón de Dios, porque el hermano a quien has ofendido pertenece a Dios, y al perjudicarlo has pecado contra su Creador y Redentor.

La verdadera confesión es siempre de un carácter específico y declara pecados particulares. Pueden ser de tal naturaleza que solamente puedan presentarse delante de Dios. Pueden ser errores que deban confesarse individualmente a los que hayan sufrido daño por ellos; pueden ser de un carácter público, y en ese caso deberán confesarse públicamente. Toda confesión debe ser definida y al punto, reconociendo los mismos pecados de que seáis culpables.

Muchísimas confesiones no debieran ser pronunciadas jamás ante oídos mortales; porque los resultados son tales que ningún juicio limitado y finito de los seres humanos puede anticipar... Dios será glorificado mejor si confesamos la corrupción secreta e innata del corazón a Cristo solamente, en vez de abrir sus cámaras secretas ante el hombre finito y errante, que no puede juzgar justamente a menos que su corazón esté continuamente imbuido con el Espíritu de Dios... No confiéis a oídos humanos aquello que sólo Dios debiera oír.

La confesión que brota de lo íntimo del alma sube al Dios de piedad infinita.

Tus pecados podrán parecer montañas delante de ti; pero si humillas tu corazón y confiesas tus pecados, confiando en los méritos de un Salvador crucificado y resucitado, él te perdonará y te limpiará de toda injusticia... Desead la plenitud de la gracia de Cristo. Permitid que vuestro corazón se llene con un anhelo intenso por su justicia.

Año bíblico: Jos. 18-21

SE NECESITA UN CAMBIO DE CORAZON

Respondió Jesús y le dijo: De cierto, de cierto te digo, que el que no naciere de nuevo, no puede ver el reino de Dios. Juan 3:3.

Nicodemo ocupaba un puesto elevado y de confianza en la nación judía... Como otros, había sido conmovido por las enseñanzas de Jesús... Las lecciones que habían caído de los labios del Salvador le habían impresionado grandemente, y quería aprender más de estas verdades maravillosas.

Nicodemo había venido al Señor pensando entrar en una discusión con él, pero Jesús descubrió los principios fundamentales de la verdad. Dijo a Nicodemo: No necesitas conocimiento teórico tanto como regeneración espiritual. No necesitas que se satisfaga tu curiosidad, sino tener un corazón nuevo. Debes recibir una vida nueva de lo alto, antes de poder apreciar las cosas celestiales.

El cambio de corazón representado por el nuevo nacimiento puede realizarse únicamente por la obra efectiva del Espíritu Santo... El orgullo y el amor propio resisten al Espíritu de Dios; cada inclinación natural del alma se opone al cambio que transforma la altivez y el orgullo en la mansedumbre y humildad de Cristo. Pero si hemos de caminar en la senda de la vida eterna no debemos prestar oído al susurro del yo... Al recibir la luz divina y cooperar con las inteligencias celestiales, nacemos de nuevo, liberados de la corrupción del pecado por el poder de Cristo.

El tremendo poder del Espíritu Santo obra una transformación entera en el carácter del agente humano, convirtiéndolo en una nueva criatura en Cristo Jesús... Las palabras y acciones expresan el amor del Salvador. No hay competencia por el lugar más alto. Se renuncia al yo. El nombre de Jesús está escrito en todo lo que se dice y hace.

¿No es la renovación del hombre el mayor milagro que puede hacerse? ¿Qué no puede hacer el agente humano que por fe se aferra del poder divino?

Año bíblico: Jos. 22-24

SANTIDAD DE VIDA

Seguid la paz con todos, y la santidad, sin la cual nadie verá al Señor. Heb. 12:14.

No es una evidencia concluyente de que un hombre sea cristiano el que manifieste éxtasis espiritual bajo circunstancias extraordinarias. La santidad no es arrobamiento; es una entrega completa de la voluntad a Dios; es vivir de toda palabra que sale de la boca de Dios; es hacer la voluntad de nuestro Padre celestial; es confiar en Dios en las pruebas y en la oscuridad tanto como en la luz; es caminar por fe y no por vista; y fiarse de Dios con confianza que no vacile, y descansar en su amor.

Nadie puede ser omnipotente, pero todos pueden limpiarse de la impiedad de la carne y del espíritu, perfeccionando la santidad en el temor del Señor. Dios requiere que cada alma sea pura y santa. Tenemos tendencias hereditarias hacia el mal. No necesitamos continuar con ellas a cuestas. Es una debilidad humana abrigar el egoísmo porque es un rasgo natural del carácter. Pero a menos que desechemos todo egoísmo, a menos que crucifiquemos el yo, jamás llegaremos a ser santos como Dios es santo. En la humanidad hay una tendencia a imaginar sospechas, a las que las circunstancias se encargan de dar un crecimiento acelerado. Si se le da rienda suelta a este rasgo, echa a perder el carácter y arruina el alma.

Dios requiere en todo la perfección moral. Los que han recibido luz y oportunidades como mayordomos de Dios debieran perseguir la perfección y jamás rebajar la norma de justicia a fin de acomodarla a sus tendencias heredadas y cultivadas hacia el mal. Cristo tomó sobre sí nuestra naturaleza y vivió nuestra vida para mostrarnos que es posible para nosotros ser semejantes a él... Debiéramos ser santos tal como Dios es santo; y cuando comprendemos el significado total de esta declaración, y disponemos nuestro corazón para hacer la obra de Dios, para ser santos como él es santo, nos acercaremos a la norma establecida para cada individuo en Cristo Jesús.

Año bíblico: Juec. 1-3

LA SAETA DE LA MUERTE

¡Ojalá fueran sabios, que comprendieran esto, y se dieran cuenta del fin que les espera! Deut. 32:29.

El Señor "no aflige ni entristece voluntariamente a los hijos de los hombres" (Lam. 3:33). "Como el padre se compadece de los hijos, se compadece Jehová de los que le temen. Porque él conoce nuestra condición; se acuerda de que somos polvo" (Sal. 103:13-14). El conoce nuestro corazón, porque lee cada secreto del alma... Conoce el fin desde el principio. Muchos bajarán al reposo antes de que la rigurosa prueba de fuego de los últimos días caiga sobre el mundo...

Si Jesús, el Redentor del mundo, oró diciendo: "Padre mío, si es posible, pase de mí esta copa; pero no sea como yo quiero, sino como tú" (Mat. 26:39), cuán conveniente es que los mortales finitos se sometan de la misma manera a la sabiduría y la voluntad de Dios.

No podemos contar sino con una vida muy breve, y no sabemos cuándo la saeta de la muerte nos atravesará el corazón. Tampoco sabemos cuándo tendremos que desprendernos del mundo y de todos sus intereses. La eternidad se extiende ante nosotros. El velo está a punto de descorrerse. Unos pocos años más, y para cada uno de nosotros, contado en el número de los vivos, ha de consumarse el mandato: "El que es injusto, sea injusto todavía;... y el que es justo, practique la justicia todavía; y el que es santo, santifíquese todavía" (Apoc. 22:11).

¿Estamos preparados? ¿Nos hemos familiarizado con Dios, el Gobernador de los cielos, el Legislador, y con Jesucristo a quien mandó al mundo por representante suyo? Cuando la obra de toda nuestra vida haya terminado ¿podremos decir, como Cristo nuestro ejemplo dijo: "Yo te he glorificado en la tierra; he acabado la obra que me diste que hiciese... he manifestado tu nombre"? (Juan 17:4-6.)

Los ángeles de Dios procuran desviarnos de nosotros mismos y de las cosas terrenales. No permitáis que laboren en vano.

Año bíblico: Juec. 4-5

DOLOR CON ESPERANZA

Tampoco queremos, hermanos, que ignoréis acerca de los que duermen, para que no os entristezcáis como los otros que no tienen esperanza. 1 Tes. 4:13.

A los atribulados quiero decirles: consolaos en la esperanza de la mañana de la resurrección. Las aguas que habéis bebido son tan amargas a vuestro paladar como eran las aguas de Mara para los hijos de Israel cuando viajaban por el desierto, pero Jesús puede endulzarlas con su amor...

Dios ha provisto un bálsamo para cada herida. Hay bálsamo en Galaad, hay un Médico allá. ¿No estudiaréis como nunca antes las Escrituras? Buscad al Señor pidiéndole sabiduría en cada emergencia. En cada prueba rogad a Jesús que os muestre un camino a través de vuestras dificultades; entonces vuestros ojos serán abiertos para ver el remedio y para aplicar en vuestro caso las promesas sanadoras que se registran en su Palabra. De este modo el enemigo no podrá conduciros al desaliento y la incredulidad; en cambio tendréis fe, esperanza y valor en el Señor. El Espíritu Santo os dará claro discernimiento para ver y apropiaros de cada bendición que obrará como un antídoto para el dolor, como una rama sanadora para cada sorbo amargo que es acercado a vuestros labios. Cada sorbo amargo se mezclará con el amor de Jesús y en vez de lamentaros con amargura comprenderéis que el amor y la gracia de Jesús están de tal manera mezclados con el dolor que éste se ha transformado en gozo santificado, sumiso y glorioso...

Cuando nuestro hijo mayor Enrique estaba a las puertas de la muerte, dijo: "El lecho de dolor es un lugar precioso cuando contamos con la presencia de Jesús". Cuando nos vemos obligados a beber de las aguas amargas, apartémonos de lo amargo y contemplemos lo precioso y brillante. Cuando el alma humana está sometida a pruebas, la gracia puede proporcionarle seguridad, y cuando estamos junto al lecho de muerte y vemos cómo el cristiano puede soportar el sufrimiento y pasar por el valle de muerte, reunimos fuerza y valor para trabajar, y no flaqueamos ni nos desanimamos en la tarea de conducir las almas a Jesús.

Año bíblico: Juec. 6-8

ETERNA SALVACION PARA SUS HIJOS

Mas éste, por cuanto permanece para siempre, tiene un sacerdocio inmutable; por lo cual puede también salvar perpetuamente a los que por él se acercan a Dios, viviendo siempre para interceder por ellos. Heb. 7:24-25.

Se ha hecho toda provisión para nuestras flaquezas, se nos ofrece todo ánimo para que acudamos a Cristo.

Cristo ofreció su cuerpo quebrantado para comprar de nuevo la herencia de Dios, a fin de dar al hombre otra oportunidad. Cristo intercede por la raza perdida mediante su vida inmaculada, su obediencia y su muerte en la cruz del Calvario. Y ahora, no como un mero suplicante intercede por nosotros el Capitán de nuestra salvación, sino como un Conquistador que reclama su victoria. Su ofrenda es completa, y como Intercesor nuestro ejecuta la obra que él mismo se señaló, sosteniendo delante de Dios el incensario que contiene sus méritos inmaculados y las oraciones, las confesiones y las ofrendas de agradecimiento de su pueblo. La ofrenda se hace completamente aceptable, y el perdón cubre toda transgresión.

Cristo se entregó a sí mismo para ser nuestro sustituto y nuestra seguridad, y no descuida a nadie. Aquel que no podía ver a los seres humanos expuestos a la ruina eterna sin derramar su alma hasta la muerte en su favor, mirará con misericordia y compasión cada alma que advierte que no puede salvarse por sí misma.

El no mirará a ningún suplicante tembloroso sin levantarlo. El que mediante su propia expiación proveyó para el hombre un caudal infinito de poder moral, no dejará de emplear ese poder en nuestro favor. Podemos llevar nuestros pecados y tristezas a sus pies, pues él nos ama... El conformará y modelará nuestro carácter de acuerdo con su propia voluntad.

Todas las fuerzas satánicas no tienen poder para vencer a un alma que con fe sencilla se apoya en Cristo. "El da esfuerzo al cansado, y multiplica las fuerzas al que no tiene ningunas" (Isa. 40:29).

Año bíblico: Juec. 9-10

LOS PECADOS BORRADOS

El que venciere será vestido de vestiduras blancas; y no borraré su nombre del libro de la vida, y confesaré su nombre delante de mi Padre, y delante de sus ángeles. Apoc. 3:5.

A medida que los libros de memoria se vayan abriendo en el juicio, las vidas de todos los que hayan creído en Jesús pasan ante Dios para ser examinados por él. Empezando con los primeros que vivieron en la tierra, nuestro Abogado presenta los casos de cada generación sucesiva y termina con los vivos. Cada nombre es mencionado, cada caso cuidadosamente investigado. Habrá nombres que serán aceptados, y otros rechazados. En caso de que alguien tenga en los libros de memoria pecados de que no se haya arrepentido y que no hayan sido perdonados, su nombre será borrado del libro de la vida, y la mención de sus buenas obras será borrada de los registros de Dios...

A todos los que se hayan arrepentido verdaderamente de su pecado, y que hayan aceptado con fe la sangre de Cristo como su sacrificio expiatorio, se les ha inscrito el perdón al lado de sus nombres en los libros del cielo;... sus pecados les serán borrados, y ellos mismos serán juzgados dignos de la vida eterna... El divino Intercesor aboga porque a todos los que han vencido por la fe en su sangre se les perdonen sus transgresiones...

Mientras Jesús intercede por los que participan de su gracia, Satanás los acusa ante Dios como transgresores...

Jesús no disculpa sus pecados, pero muestra su arrepentimiento y su fe, y, reclamando el perdón para ellos, levanta sus manos heridas ante el Padre y los santos ángeles, diciendo: "Los conozco por sus nombres. Los he grabado en las palmas de mis manos". Sus nombres están escritos en el libro de la vida, y acerca de ellos se escribe: "Andarán conmigo en vestiduras blancas, porque son dignos" (Apoc. 3:4).

Los cristianos pueden cultivar su fe diariamente contemplando a Aquel que se ha comprometido a defenderlos, su misericordioso y fiel sumo sacerdote.

Año bíblico: Juec. 11-12

ARTIMAÑAS DE SATANAS

Sed sobrios, y velad; porque vuestro adversario el diablo, como león rugiente, anda alrededor buscando a quien devorar. 1 Ped. 5:8.

No es seguro el confiar en sentimientos o impresiones: estos son guías indignos de confianza. La ley de Dios es la única norma correcta de conducta. El carácter ha de juzgarse por esta ley. Si uno que busca la salvación preguntara: "¿Qué debo hacer para heredar la vida eterna?", los maestros modernos de la santificación le responderían: "Sólo cree que Jesús te salva". Pero cuando a Cristo se le hizo esta pregunta, él dijo: "¿Qué está escrito en la ley? ¿Cómo lees?" Y cuando el que preguntaba contestó: "Amarás al Señor tu Dios con todo tu corazón,... y a tu prójimo como a ti mismo", Jesús le dijo: "Bien has respondido; haz esto, y vivirás" (Luc. 10:26-28).

No se da ningún valor a una mera profesión de fe en Cristo; sólo el amor que se muestra en las obras se tiene por amor genuino... El egoísmo escondido de los hombres aparece en los libros del cielo... Harto tristes son los apuntes que los ángeles llevan al cielo. Seres inteligentes que profesan ser discípulos de Cristo están absorbidos por la adquisición de bienes mundanos, o por el goce de los placeres terrenales. El dinero, el tiempo y las energías son sacrificados a la ostentación y al egoísmo; pero pocos son los momentos dedicados a la oración, al estudio de las Sagradas Escrituras, a la humillación del alma y a la confesión de los pecados.

Satanás inventa medios sinnúmero para distraer nuestras mentes de la obra en que precisamente deberíamos estar más ocupados. El archiseductor aborrece las grandes verdades que hacen resaltar más la importancia de un sacrificio expiatorio y de un Mediador todopoderoso. El sabe que para él todo está en distraer las mentes de Jesús y de su obra.

Los que desean participar de los beneficios de la mediación del Salvador, no deberían consentir en que nada interfiera para impedirles cumplir con su deber de perfeccionarse en la santificación en el temor de Dios.

Año bíblico: Juec. 13-16

DEPOSITANDO EN EL BANCO DEL CIELO

La religión pura y sin mácula delante de Dios el Padre es esta: Visitar a los huérfanos y a las viudas en sus tribulaciones, y guardarse sin mancha del mundo. Sant. 1:27.

Las tiernas simpatías de nuestro Salvador se suscitaron a favor de la humanidad caída y sufriente. Si ustedes desean ser sus seguidores, deben cultivar la compasión y la simpatía... La viuda, el huérfano, el enfermo y el moribundo siempre necesitarán ayuda. Aquí hay una oportunidad para proclamar el Evangelio, para elevar a Jesús, la esperanza y el consuelo de todos los hombres. Cuando se ha aliviado al cuerpo sufriente,... se abre el corazón y se puede derramar dentro el bálsamo celestial.

Un grupo de creyentes puede ser pobre, sin educación y desconocido; sin embargo, estando en Cristo puede hacer en el hogar, el vecindario y la iglesia, y aun en regiones lejanas, una obra cuyos resultados serán tan abarcantes como la eternidad.

Debido a que esta obra es descuidada, muchos jóvenes discípulos no pasan nunca más allá del mero alfabeto de la experiencia cristiana. Ayudando a los menesterosos, podrían haber mantenido viva la luz que resplandeció en su corazón cuando Jesús les dijo: "Tus pecados te son perdonados". La inquieta energía que es con tanta frecuencia una fuente de peligro para los jóvenes, podría ser encauzada en conductos por los cuales fluiría en raudales de bendición.

Las horas que con tanta frecuencia se dedican a las diversiones que no refrigeran ni el cuerpo ni el alma, debieran dedicarse a visitar a los pobres, los enfermos y los dolientes, o a ayudar a algún necesitado.

Cada oportunidad de socorrer a un hermano necesitado o de ayudar a la causa de Dios en la promulgación de la verdad, es una perla que enviáis de antemano al cielo para ser depositada en el banco celestial donde es guardada con toda seguridad.

El amor, la cortesía, la abnegación, nunca se pierden... Por los méritos de la justicia imputada de Cristo se conserva para siempre la fragancia de tales dichos y hechos.

Año bíblico: Juec. 17-19

¿QUE CLASE DE HERENCIA?

Entonces Manoa dijo: Cuando tus palabras se cumplan, ¿cómo debe ser la manera de vivir del niño, y qué debemos hacer con él? Juec. 13:12.

Las palabras habladas a la mujer de Manoa contienen una verdad que las madres actuales harían bien en estudiar.

Los hábitos de la madre influirán en el niño para bien o para mal. Ella misma debe regirse por buenos principios y practicar la temperancia y la abnegación, si procura el bienestar de su hijos.

Si antes del nacimiento de su criatura ella es inestable, si es egoísta, malhumorada y exigente, la disposición de su prole llevará las marcas de su proceder erróneo... Pero si ella se adhiere a la verdad sin desviarse, si es amable, tierna y desinteresada, le dará a su hijo estos rasgos de carácter.

Tanto los padres como las madres están comprendidos en esta responsabilidad. Ambos padres transmiten a sus hijos sus propias características, mentales y físicas, su temperamento y sus apetitos... La pregunta de todo padre y madre debe ser: "¿Cómo obraremos con el niño que nos ha de nacer?" Muchos han considerado livianamente el efecto de las influencias prenatales; pero las instrucciones enviadas por el cielo a aquellos padres hebreos... nos indican cómo mira nuestro Creador el asunto.

La madre si ha de ser una maestra idónea para sus hijos, antes del nacimiento de éstos debe formar hábitos de abnegación y dominio propio; porque ella les transmite sus propias cualidades, sus propios malos o buenos rasgos de carácter. El enemigo de las almas entiende mejor este asunto que muchos padres. Presentará tentaciones a la madre sabiendo que si ella no lo resiste, el niño será afectado por esto. La única esperanza de la madre está en Dios. Debe buscar en él gracia y fortaleza. No buscará en vano esta ayuda; Dios la capacitará para transmitir a sus descendientes cualidades que les ayudarán a tener éxito en esta vida y a ganar la vida eterna.

Año bíblico: Juec. 20-21

EL DIA MAS IMPORTANTE

Y santificad mis sábados, y sean por señal entre mí y vosotros, para que sepáis que yo soy Jehová vuestro Dios. Eze. 20:20, RVA.

El sábado debiera hacerse tan interesante para nuestras familias que su regreso cada semana sea recibido con gozo. La escuela sabática y la reunión del culto ocupan sólo una parte del sábado. La parte que queda para la familia puede ser hecha la más sagrada y preciosa de todas las horas del sábado.

En la mente de los niños, el solo pensamiento del sábado debería estar ligado al de la belleza de las cosas naturales... Felices los padres que pueden enseñar a sus hijos la Palabra escrita de Dios con ilustraciones sacadas de las páginas abiertas del libro de la naturaleza; que pueden reunirse bajo los árboles verdes, al aire fresco y puro, para estudiar la Palabra y cantar alabanzas al Padre celestial.

En el tiempo agradable, paseen los padres con sus hijos por los campos y huertos. En medio de las cosas hermosas de la naturaleza, háblenles de la razón de la institución del sábado. Descríbanles la gran obra creadora de Dios. Díganles que cuando la tierra salió de su mano era santa y hermosa. Cada flor, cada arbusto, cada árbol, respondía al propósito de su Creador... Mostradles que fue el pecado lo que manchó la obra perfecta de Dios; que las espinas y los cardos, la tristeza y el pesar y la muerte, son todos resultados de la desobediencia a Dios. Invitadlos a ver cómo la tierra, aunque estropeada por la maldición del pecado, todavía revela la bondad de Dios.

Si podemos cultivar dentro nuestro una belleza del alma correspondiente a la belleza de la naturaleza que nos rodea, habrá una mezcla de las agencias divinas y humanas.

Al bajar el sol, que la voz de la oración y el himno de alabanza señalen el fin de las horas sagradas, e invitad a Dios a acompañaros en los cuidados de la semana de trabajos.

Así los padres pueden hacer del sábado, como debe ser, el día más gozoso de la semana. Pueden hacer que sus hijos lo consideren como una delicia, el día mejor de todos, el santo del Señor, el día honorable.

Año bíblico: Rut

BIENVENIDA AL HOGAR CELESTIAL

Abrid las puertas, y entrará la gente justa, guardadora de verdades. Isa. 26:2.

La vida en la tierra es el comienzo de la vida en el cielo.

Somos hijos del Rey celestial, miembros de la familia real, herederos de Dios y coherederos con Cristo. Las mansiones que Jesús ha ido a preparar recibirán únicamente a los que son veraces y puros, a los que aman y obedecen su Palabra... Si hemos de disfrutar de la eterna bienaventuranza, debemos cultivar la religión en el hogar... Deben cultivarse persistentemente cada día la paz, la armonía, el afecto y la felicidad hasta que estas preciosas virtudes se arraiguen en los corazones de los miembros de la familia.

Aquello que hará el carácter agradable en el hogar, es lo que lo hará agradable en las mansiones celestiales.

Si manifestamos aquí el carácter de Cristo, guardando todos los mandamientos de Dios, seremos alegrados y bendecidos con destellos del placentero hogar que tendremos en las mansiones que Jesús ha ido a preparar.

Que todo lo que es bello en nuestro hogar terrenal nos recuerde a nuestro hogar celestial: el río de cristal y los campos verdes, los árboles ondulantes y las fuentes vivas, la ciudad brillante y el coro de vestiduras blancas, a ese mundo de belleza que ningún artista puede pintar, ni lengua humana describir.

Allí hallarán aplicación más dulce y verdadera el amor y las simpatías que Dios ha implantado en el alma. La comunión pura con seres celestiales, la armoniosa vida social con los ángeles bienaventurados y los fieles de todas las épocas, el sagrado compañerismo que une "toda la familia en los cielos y en la tierra", se cuentan entre los incidentes del más allá... Con delicia inexpresable entraremos en el gozo y la sabiduría de los seres no caídos.

Es el privilegio de los padres llevar a sus hijos con ellos a las puertas de la ciudad de Dios y decir: "He tratado de enseñar a mis hijos a amar al Señor, hacer su voluntad y glorificarlo". Delante de los tales la puerta se abrirá y padres e hijos entrarán.

Año bíblico: 1 Sam. 1-3

¿QUIENES RECIBIRAN EL SELLO DE DIOS?

Vi también a otro ángel que subía de donde sale el sol, y tenía el sello del Dios vivo; y clamó a gran voz a los cuatro ángeles, a quienes se les había dado el poder de hacer daño a la tierra y al mar, diciendo: No hagáis daño a la tierra, ni al mar, ni a los árboles, hasta que hayamos sellado en sus frentes a los siervos de nuestro Dios. Apoc. 7:2-3.

El sello del Dios viviente será colocado únicamente sobre los que tengan un carácter semejante a Cristo.

Así como la cera toma la impresión del sello, así el alma debe recibir la impresión del Espíritu de Dios y retener la imagen de Cristo.

El sello de la ley de Dios se halla en el cuarto mandamiento. Es el único de los diez que presenta el nombre y el título del Legislador. Lo declara Creador de los cielos y la tierra y de ese modo demuestra su derecho a la reverencia y la adoración. Fuera de este mandamiento no hay nada en el Decálogo que revele por autoridad de quién se da la ley.

Los israelitas colocaron una señal de sangre en los dinteles de sus puertas para demostrar que eran la propiedad de Dios. Del mismo modo los hijos de Dios llevarán el signo que Dios ha señalado. Se pondrán en armonía con la santa ley de Dios. Se coloca una marca sobre cada uno del pueblo de Dios tan ciertamente como se colocó una marca sobre las puertas de los hebreos para librar al pueblo de la destrucción general. Dios declara: "Y diles también mis sábados, que fuesen por señal entre mí y ellos" (Eze. 20:12, RVA).

Tan pronto como el pueblo de Dios sea sellado en sus frentes —no es un sello o marca que puede verse, sino un asentamiento en la verdad, intelectual y espiritualmente, de modo que no pueden ser movidos—, tan pronto como el pueblo de Dios sea sellado y preparado para el zarandeo, éste vendrá. De hecho, ya ha comenzado; los juicios de Dios ya están sobre la tierra,... para que sepamos lo que se avecina.

Año bíblico: 1 Sam. 4-6

JESUS, NUESTRO EJEMPLO DE HUMILDAD

Pues si yo, el Señor y el Maestro, he lavado vuestros pies, vosotros también debéis lavaros los pies los unos a los otros. Porque ejemplo os he dado, para que como yo os he hecho, vosotros también hagáis. Juan 13:14-15.

Hay en el hombre una disposición a estimarse más que a su hermano, a trabajar para sí, a buscar el lugar más alto; y con frecuencia esto produce malas sospechas y amargura de espíritu. El rito que precede a la Cena del Señor, está destinado a aclarar estos malentendidos, a sacar al hombre de su egoísmo, a bajarle de sus zancos de exaltación propia, a la humildad de corazón que le inducirá a servir a su hermano.

El rito del lavamiento de los pies ilustra muy enérgicamente la necesidad de verdadera humildad. Mientras los discípulos discutían por la posición más alta en el reino prometido, Cristo se ciñó a sí mismo y efectuó la labor de un siervo al lavar los pies de aquellos que lo llamaban Señor.

Habiendo lavado los pies de los discípulos, dijo: "Ejemplo os he dado, para que como yo os he hecho, vosotros también hagáis". Cristo instituía un servicio religioso. Por el acto de nuestro Señor, esta ceremonia humillante fue transformada en rito consagrado que debía ser observado por los discípulos, a fin de que recordasen siempre sus lecciones de humildad y servicio.

La reconciliación mutua de los hermanos es la obra para la cual se estableció el rito del lavamiento de los pies... Cuandoquiera que se celebre, Cristo está presente por medio de su Santo Espíritu. Es este Espíritu el que trae convicción a los corazones.

Al celebrar Jesús este rito con sus discípulos, la convicción se apoderó de todos, menos de Judas. Así también nos poseerá la convicción mientras Cristo hable a nuestros corazones... Los pecados que han sido cometidos aparecerán con mayor distinción que nunca antes; pues el Espíritu Santo los traerá a nuestro recuerdo.

Año bíblico: 1 Sam. 7-10

CONSTRUCTORES Y NO DESTRUCTORES

Y los tuyos edificarán las ruinas antiguas; los cimientos de generación y generación levantarás, y serás llamado reparador de portillos, restaurador de calzadas para habitar. Isa. 58:12.

¿No tiene Dios una iglesia viva? Tiene una iglesia, pero es la iglesia militante, no la iglesia triunfante. Nos sentimos apenados de que haya miembros defectuosos... Mientras el Señor trae dentro de su iglesia a los que están verdaderamente convertidos, al mismo tiempo Satanás trae a personas que no están convertidas. Mientras Cristo siembra la buena semilla, Satanás siembra la cizaña. Hay dos influencias opuestas que obran continuamente en los miembros de la iglesia. Una influencia obra la purificación de la iglesia, y la otra, la corrupción del pueblo de Dios...

Aunque hay males existentes en la iglesia, y los habrá hasta el fin del mundo, la iglesia de los últimos días debe ser la luz de este mundo corrompido y desmoralizado por el pecado...

Hay sólo una iglesia en el mundo que actualmente está reparando los portillos y restaurando las calzadas; y cualquier persona que está llamando la atención del mundo y de otras iglesias hacia esta iglesia y denunciándola como Babilonia, está haciendo una obra en armonía con aquel que es llamado "el acusador de sus hermanos"... El mundo entero está lleno de odio hacia los que proclaman que la ley de Dios está en vigencia, y la iglesia leal a Jehová debe sostener un conflicto no común... Los que en algún sentido se den cuenta de lo que significa esta guerra, no volverán sus armas contra la iglesia militante, sino que con todas sus facultades lucharán junto al pueblo de Dios contra la confederación del mal.

Los que proclaman un mensaje bajo su propia responsabilidad individual, y mientras pretenden ser enseñados y guiados por Dios, hacen una obra que consiste especialmente en derribar lo que Dios ha estado construyendo por años, no están haciendo la voluntad de Dios. Estos hombres están de parte del gran engañador. No les creáis.

Año bíblico: 1 Sam. 11-13

LAGRIMAS Y CONFLICTOS

Sirviendo al Señor con toda humildad, y con muchas lágrimas, y pruebas que me han venido por las asechanzas de los judíos. Hech. 20:19.

Desde los días de Adán hasta los nuestros, el gran enemigo ha ejercitado su poder, oprimiendo y destruyendo. Se está preparando actualmente para su última campaña contra la iglesia.

Para disfrazar mejor su carácter y encubrir sus verdaderos propósitos, se ha hecho representar de modo que no despierte emociones más poderosas que las del ridículo y del desprecio. Le gusta que lo pinten deforme o repugnante, mitad animal mitad hombre.

Si Satanás fue tan astuto en el principio, ¿cómo será ahora, después de adquirir la experiencia de muchos miles de años? No obstante, Dios y los santos ángeles, y todos los que viven en obediencia a toda la voluntad de Dios, son más sabios que él.

Todos los que están activamente empeñados en la obra de Dios, tratando de desenmascarar los engaños del enemigo y de presentar a Cristo ante el mundo, podrán unirse al testimonio de San Pablo cuando habla de servir al Señor con toda humildad y con lágrimas y tentaciones... El tentador no tiene el poder de gobernar la voluntad o de obligar al alma a pecar. Puede angustiar, pero no contaminar. Puede causar agonía pero no corrupción.

Satanás no puede leer nuestros pensamientos, pero puede ver nuestras acciones, oír nuestras palabras; y por su antiguo conocimiento de la familia humana, da a sus tentaciones la forma necesaria para sacar partido de los puntos débiles de nuestro carácter. Y con cuánta frecuencia le hacemos saber el secreto de cómo obtener mejor la victoria sobre nosotros. ¡Ojalá pudiéramos dominar nuestras palabras y acciones!

Satanás asaltó a Cristo con sus tentaciones más fieras y sutiles; pero fue rechazado en cada conflicto. Esas batallas se pelearon a favor nuestro; esas victorias hacen posible que nosotros venzamos. Cristo le dará fuerza a todos los que la busquen.

Año bíblico: 1 Sam. 14-16

SEGURIDAD UNICAMENTE
EN LA OBEDIENCIA

Porque los ojos del Señor están sobre los justos, y sus oídos atentos a sus oraciones; pero el rostro del Se ior está contra aquellos que hacen el mal. 1 Ped. 3:12.

Nadie que no ore puede estar seguro un solo día o una sola hora. Deberíamos sobre todo pedir al Señor que nos dé sabiduría para comprender su Palabra. En ella es donde están puestos de manifiesto los artificios del tentador y las armas que le pueden ser opuestas con éxito. Satanás es un experto citando las Escrituras, colocando su propia interpretación en los pasajes, por medio de lo cual espera causarnos una caída. Debemos estudiar la Biblia con humildad de corazón, nunca perdiendo de vista nuestra dependencia de Dios. Y mientras estemos siempre en guardia contra los engaños de Satanás, deberíamos orar con fe diciendo: "No nos metas en tentación".

Cuando Balaam, tentado por la promesa de ricos regalos, recurrió a encantamientos contra Israel, y quiso por medio de sacrificios ofrecidos al Señor, invocar una maldición sobre su pueblo, el Espíritu de Dios se opuso a la maldición que Balaam trataba de pronunciar, viéndose éste obligado a exclamar: "¿Por qué maldeciré yo al que Dios no maldijo?" (Núm. 23:8)...

En aquel tiempo el pueblo de Israel era fiel a Dios; y mientras seguía obedeciendo a su ley, ningún poder de la tierra o del infierno hubiese prevalecido contra él. Pero la maldición que no se le permitió a Balaam pronunciar contra el pueblo de Dios, él al fin consiguió lanzarla arrastrándolo al pecado. Israel, al quebrantar los mandamientos de Dios, se separó de él y fue abandonado al poder del destructor.

Satanás sabe bien que el alma más débil que mora en Cristo es más poderosa que los ejércitos de las tinieblas... Sólo podemos estar seguros cuando confiamos humildemente en Dios y obedecemos todos sus mandamientos.

Que ninguno se engañe a sí mismo con la creencia de que Dios lo perdonará y bendecirá mientras que atropella uno de sus requerimientos. La comisión intencionada de un pecado conocido calla la voz atestiguadora del Espíritu y separa el alma de Dios.

Año bíblico: 1 Sam. 17-19

UNA CORONA PARA CADA SANTO

Bienaventurado el varón que soporta la tentación; porque cuando haya resistido la prueba, recibirá la corona de vida, que Dios ha prometido a los que le aman. Sant. 1:12.

Vi un gran número de ángeles que traían de la ciudad gloriosas coronas, una corona para cada santo, con su nombre escrito encima. Cuando Jesús pedía las coronas, los ángeles se las presentaban, y con su propia mano derecha, el amante Salvador las colocaba sobre las cabezas de los santos. Del mismo modo, los ángeles trajeron arpas y Jesús se las entregó a los santos. Los ángeles directores dieron primeramente la nota, y entonces todas las voces se elevaron en agradecida y alegre alabanza y todas las manos pulsaron hábilmente las cuerdas de las arpas arrancando de ellas una música melodiosa de tonos ricos y perfectos...

Dentro de la ciudad había todo lo que podía deleitar la vista. Se podía contemplar doquiera la esplendorosa gloria. Entonces Jesús contempló a sus redimidos; sus rostros estaban radiantes de gloria; y mientras fijaba en ellos sus ojos amantes, dijo con voz sonora y musical: "Contemplo el trabajo de mi alma y estoy satisfecho. Esta gloria esplendorosa es vuestra para que la disfrutéis eternamente. Vuestros pesares han terminado. Ya no habrá muerte, ni dolor, ni llanto, ni enfermedad"...

Luego vi que Jesús conducía a su pueblo hacia el árbol de la vida... En el árbol de la vida había hermosísimos frutos, de los cuales los santos podían servirse libremente. En la ciudad había un trono sumamente glorioso, del que manaba un río puro de agua viva, clara como el cristal. A cada lado del río estaba el árbol de la vida, y en las márgenes había otros hermosos árboles que daban frutos...

El lenguaje humano es demasiado pobre para intentar la descripción del cielo. Cuando la escena aparece delante de mí, me abruma el asombro. Arrobada por ese resplandor insuperable y esa excelsa gloria, dejo caer la pluma y exclamo: "¡Oh, qué amor, qué maravilloso amor!" Las palabras más sublimes no alcanzan a describir la gloria del cielo ni las incomparables profundidades del amor del Salvador.

Año bíblico: 1 Sam. 20-23

EL ETERNO PESO DE GLORIA

Porque esta leve tribulación momentánea produce en nosotros un cada vez más excelente y eterno peso de gloria. 2 Cor. 4:17.

Se me mostró la gloria del cielo y los tesoros que esperan a los fieles. Todo era bello y esplendente. Los ángeles entonaron una hermosa canción, luego cesaron de cantar y tomando las coronas de sus frentes las depositaban a los pies del amante Jesús y con voces melodiosas cantaban: "Gloria, aleluya". Me uní a sus cantos de alabanzas y honor al Cordero, y cada vez que abría los labios para alabarlo me embargaba una inexplicable sensación de la gloria que me rodeaba. Era un excelente y eterno peso de gloria. El ángel dijo: "El pequeño remanente que ama a Dios y guarda sus mandamientos y permanece fiel hasta el fin, disfrutará de esta gloria y estará para siempre en la presencia de Jesús y cantará con los santos ángeles".

Luego mis ojos se apartaron de la gloria y se me hizo contemplar el remanente sobre la tierra. El ángel les dijo:... "Preparaos, preparaos. Debéis adquirir una mayor preparación de la que ahora tenéis, porque el día del Señor se acerca con ira y gran enojo para poner la tierra en soledad y raer de ella a los pecadores. Sacrificad todo a Dios. Poned todo sobre su altar: el yo, las propiedades y todo lo que tenéis como un sacrificio vivo. Entrar en la gloria costará la entrega de todo. Haceos tesoros en el cielo... Debéis ser participantes de los sufrimientos de Cristo aquí si queréis ser participantes de su gloria en el más allá".

El cielo resultará muy barato aun si lo obtenemos por medio del sufrimiento. Debemos negarnos a nosotros mismos a lo largo del camino... y mantener siempre en vista su gloria.

La obra de la salvación no es juego de niños, para tomarla cuando se quiere y abandonarla cuando nos plazca. Lo que ganará la victoria finalmente, será la firme determinación, el esfuerzo incansable. Es el que persevera hasta el fin el que será salvo. Son aquellos que pacientemente continúan haciendo el bien quienes tendrán la vida eterna y la recompensa inmortal.

Año bíblico: 1 Sam. 24-27

NO HABRA MAS MUERTE

Enjugará Dios toda lágrima de los ojos de ellos; y ya no habrá muerte, ni habrá más llanto, ni clamor, ni dolor; porque las primeras cosas pasaron. Apoc. 21:4.

En el hogar de los redimidos no habrá más lágrimas, ni cortejos fúnebres, ni manifestaciones de duelo. "No dirá el morador: Estoy enfermo; al pueblo que more en ella le será perdonada la iniquidad" (Isa. 33:24). Una rica corriente de felicidad fluirá y se profundizará a medida que transcurra la eternidad...

Consideremos más fervientemente las bendiciones del más allá. Que nuestra fe atraviese todas las nubes de oscuridad y contemple al que murió por los pecados del mundo. El ha abierto las puertas del paraíso para todos los que lo reciben y creen en él... Permitamos que las aflicciones que tan angustiosamente nos duelen, se conviertan en lecciones instructivas que nos impulsen a avanzar hacia el premio de nuestra soberana vocación en Cristo. Que seamos alentados por el pensamiento de que el Señor viene pronto. Que esta esperanza alegre nuestros corazones...

Estamos de regreso al hogar. Aquel que nos amó tanto que murió por nosotros, nos ha edificado una ciudad. La nueva Jerusalén es nuestro lugar de descanso. No habrá tristeza en la ciudad de Dios. Jamás se oirán gemidos de dolor, ni endechas por las esperanzas desvanecidas y afectos sepultados. Muy pronto los vestidos de tristeza se cambiarán por la vestidura de boda. Pronto seremos testigos de la coronación de nuestro rey. Aquellos cuyas vidas están escondidas en Cristo, los que en esta tierra han peleado la buena batalla de la fe, brillarán con la gloria del Redentor en el reino de Dios.

No pasará mucho hasta que veamos a Aquel en quien se centran nuestras esperanzas de vida eterna. Y en su presencia, todas las pruebas y sufrimientos de esta vida serán como nada... Mirad hacia arriba, mirad hacia arriba, y permitid que vuestra fe aumente continuamente. Que esta fe os guíe a lo largo del estrecho sendero que conduce a través de las puertas de la ciudad de Dios hacia el gran más allá, el futuro de gloria, amplio y sin límites, que es para los redimidos.

Año bíblico: 1 Sam. 28-31

CERCADOS CON LA MISERICORDIA DE DIOS

Muchos dolores habrá para el impío; mas al que espera en Jehová, le rodea la misericordia. Sal. 32:10.

Con frecuencia pensamos que aquellos que sirven a Dios, tienen muchas más dificultades que el incrédulo, y que la senda que se les ha dado para recorrer es áspera... Pero, ¿goza impunemente el pecador de su placer mundano? Oh, no. Hay ocasiones cuando el pecador está terriblemente perturbado. Teme a Dios, pero no lo ama.

¿Están los malos libres de chascos, perplejidades, pérdidas terrenas, pobreza y dificultades? Muchos de ellos sufren una prolongada enfermedad, y sin embargo no tienen a un Ser poderoso en quien confiar; no tienen la gracia fortalecedora de un poder de lo alto para sostenerlos en su debilidad. Confían en su propia fuerza. No tienen consuelo al contemplar el futuro, sino una terrible incertidumbre que los atormenta; y así cierran sus ojos en la muerte, sin encontrar ningún placer al mirar hacia la mañana de la resurrección, porque carecen de una esperanza gozosa que les dé la seguridad de tener parte en la primera resurrección...

El cristiano está sujeto a la enfermedad, a los chascos, a la pobreza, a los vituperios y a las dificultades. Sin embargo, en medio de todo esto, ama a Dios, elige hacer su voluntad, y ninguna cosa aprecia tanto como su aprobación. En las pruebas contradictorias y escenas cambiantes de esta vida, él sabe que hay un Ser que conoce todas las cosas; un Ser que escuchará con oídos atentos el clamor de los afligidos y perturbados; un Ser que puede simpatizar con toda tristeza, y mitigar la penetrante angustia de todo corazón...

En medio de toda esta aflicción, el cristiano tiene un poderoso consuelo. Y si Dios permite que sufra una enfermedad larga y perturbadora, antes de cerrar los ojos en la muerte, puede soportar todo con gozo... Contempla el futuro con satisfacción celestial. Un corto reposo en la tumba, y luego el Dador de la vida romperá los sellos del sepulcro, libertará al cautivo y lo levantará de su lecho de polvo, vestido de inmortalidad, para nunca más sufrir dolor, tristeza o muerte. ¡Oh, cuán admirable es la esperanza del cristiano! Quiero que esta esperanza del cristiano sea la mía. Que también sea la vuestra.

Año bíblico: 2 Sam. 1-4

ESPERANZA PARA EL DESESPERANZADO

Deje el impío su camino, y el hombre inicuo sus pensamientos, y vuélvase a Jehová, el cual tendrá de él misericordia, y al Dios nuestro, el cual será amplio en perdonar. Porque mis pensamientos no son vuestros pensamientos, ni vuestros caminos mis caminos, dijo Jehová. Isa. 55:7-8.

Usted piensa que sus errores y transgresiones han sido tan gravosos al Señor, que él no... lo salvará. Cuanto más se acerque a Jesús, tanto más culpable aparecerá ante sus propios ojos, porque su visión será más clara, y sus imperfecciones serán vistas en un contraste más nítido con su perfecta naturaleza. Pero no se desanime. Esta es una evidencia de que los engaños de Satanás han perdido su poder; de que la influencia vivificante del Espíritu de Dios está surgiendo en usted, y que su indiferencia y despreocupación están desapareciendo.

Ningún amor profundo por Jesús puede morar en el corazón de aquellos que no ven ni comprenden su propia pecaminosidad. El alma que es transformada por la gracia, admirará su carácter divino; pero si no vemos nuestra propia deformidad moral, es una evidencia inequívoca de que no hemos tenido una visión de la belleza y excelencia de Cristo. Cuanto menos cosas de estima veamos en nosotros mismos, tanto más veremos para apreciar en la infinita pureza y amor de nuestro Salvador. Una visión de nuestra propia pecaminosidad nos conduce hacia Aquel que puede perdonar...

Dios no trata con nosotros de la manera en que un hombre finito trata con otro. Sus pensamientos son pensamientos de misericordia, amor y tierna compasión... El dice: "Yo deshice como una nube tus rebeliones..." (Isa. 44:22).

Mire hacia arriba, usted que está en dificultades, tentado y desanimado. Mire hacia arriba. Siempre es seguro mirar hacia arriba; mirar hacia abajo resulta fatal. Si mira hacia abajo, la tierra vacila y se bamboea; debajo suyo ninguna cosa es segura. Pero el cielo, por encima de usted, está en calma y es seguro, y hay ayuda divina para todo aquel que sube. La mano del Infinito se extiende desde las almenas del cielo para asir la suya en un fuerte apretón. El poderoso ayudador está cerca para bendecir, levantar y animar a los que más yerran, a los más pecadores, si ellos quieren contemplarlo por fe. Pero el pecador debe mirar hacia arriba.

Año bíblico: 2 Sam. 5-7

DISFRUTANDO DE LA VERDAD

Enséñame, oh Jehová, tu camino; caminaré yo en tu verdad; afirma mi corazón para que tema tu nombre. Sal. 86:11.

Decid de todo corazón: "Andaré en tu verdad". Toda resolución expresada en el temor de Dios, le dará fortaleza al propósito y a la fe. Tenderá a estimular y a humillar, a fortalecer y a confirmar... La verdad merece nuestra confianza, más aún cuando el mundo está inundado de fábulas. La circulación del error y de la falsedad, indica únicamente que en alguna parte está la verdad, la verdad genuina...

Para nosotros no basta únicamente escuchar la verdad. Dios requiere que la obedezcamos. "Antes bienaventurados los que oyen la palabra de Dios, y la guardan" (Luc. 11:28). "Si sabéis estas cosas, bienaventurados seréis si las hiciereis" (Juan 13:17).

Debemos andar gozándonos en la verdad. No debe ser para nosotros un yugo de esclavitud, sino un consuelo, un mensaje de buenas nuevas de gran gozo que anime nuestros corazones, y nos haga cantar melodías en honor a Dios. A través de la paciencia y el consuelo de las Escrituras, tenemos esperanza. La esperanza cristiana no es sombría, sin consuelo. Oh, no, no. No nos encierra en una prisión de dudas y temores. La verdad nos hace libres a aquellos que la amamos y somos santificados mediante ella. Andamos en la gloriosa libertad de los hijos de Dios.

Nosotros, que pretendemos creer la verdad, debiéramos revelar sus frutos en nuestras palabras y carácter. Debemos estar muy avanzados en el conocimiento de Jesucristo, en la recepción de su amor a Dios y a nuestros semejantes, a fin de tener la luz del cielo brillando en nuestra vida diaria. La verdad debe alcanzar hasta los lugares más recónditos del alma, y limpiar de ella todo lo que no sea semejante al espíritu de Cristo; y el vacío debe ser llenado por los atributos de su carácter, que es puro y santo y sin contaminación, para que todas las fuentes del corazón sean como flores, fragantes con perfume, un olor suave, un sabor de vida para vida.

La verdad entronizada en el alma es lo que lo convierte a uno en un hombre de Dios.

Año bíblico: 2 Sam. 8-10

JESUS ES NUESTRO GUIA

Jesús le dijo: Yo soy el camino, y la verdad, y la vida; nadie viene al Padre, sino por mí. Juan 14:6.

Oh, si pudiéramos nosotros, que somos peregrinos y extranjeros en este país extraño, que buscamos un país mejor, un país celestial, comprender a Cristo, el Camino, la Verdad y la Vida. El dice: "Nadie viene al Padre, sino por mí". El camino que él ha señalado es tan claro y evidente, que el más pecador, cargado con sus culpas, no necesita perderlo. Ningún tembloroso buscador necesita fracasar en la búsqueda del camino verdadero, y en caminar en la luz pura y santa, porque Jesús es el Guía en el camino.

El camino es tan estrecho, tan santo, que no puede tolerarse en él el pecado, y sin embargo, el acceso al camino ha sido posibilitado para todos, y ni una sola alma abatida, dudosa y temblorosa necesita decir: "Dios no se preocupa por mí". Toda alma es preciosa para su vista... Cuando Satanás triunfaba como el príncipe de este mundo, cuando reclamaba este mundo como su reino, cuando estábamos todos manchados y corrompidos por el pecado, Dios mandó a su mensajero desde el cielo, a su Hijo amado para proclamar a todos los habitantes del mundo: "He encontrado un rescate. He preparado un camino de escape para todos los que perecen. Tengo a vuestra disposición los documentos de vuestra emancipación, sellados por el Señor del cielo y de la tierra".

No es porque haya algún defecto en el título que ha sido comprado para vosotros, que no lo aceptáis. No es porque la misericordia, la gracia, el amor del Padre y del Hijo, no sean amplios, y no hayan sido derramados libremente, que vosotros no os regocijáis en el amor perdonador... Si os perdéis, es porque no queréis acudir a Cristo, para que tengáis vida.

Dios espera para derramar la bendición del perdón de los pecados, del perdón de la iniquidad, del don de la justicia sobre todos los que quieran creer en su amor, y aceptar su salvación. Cristo está listo para decirle al pecador arrepentido: "Mira que he quitado de ti tu pecado..." (Zac. 3:4-7). Cristo es el eslabón que conecta a Dios con el hombre. La sangre de Jesucristo es la súplica elocuente que habla en favor de los pecadores.

Año bíblico: 2 Sam. 11-12

EL AMOR CON CRISTO

Porque tal sumo sacerdote nos convenía: santo, inocente, sin mancha, apartado de los pecadores, y hecho más sublime que los cielos. Heb. 7:26.

El carácter de Cristo tuvo una excelencia sin parangón, conteniendo todo lo que fuera puro, verdadero, amable y deseable. En ninguna parte encontramos que haya visitado una reunión de placer o un salón de baile, y sin embargo era el ejemplo perfecto de una conducta amable y cortés. Cristo no era ningún novicio; se distinguía por las elevadas facultades intelectuales que poseía, aun desde el comienzo de su vida. Su juventud no fue desperdiciada en la indolencia, y tampoco fue desperdiciada en placeres sensuales, indulgencia propia, o malgastada en cosas sin provecho. Ninguna de sus horas de la niñez a la virilidad fue malgastada, ninguna fue malversada...

Jesús no tenía pecado, y no temía las consecuencias del pecado. Con esta excepción, su condición era como la vuestra. Vosotros no tenéis una dificultad, que no haya gravitado con el mismo peso sobre él, no tenéis una tristeza que su corazón no haya experimentado. Sus sentimientos podían ser heridos, por el descuido y la indiferencia de sus amigos profesos, tan fácilmente como los vuestros. ¿Es espinoso vuestro camino? El de Cristo lo fue diez veces más. ¿Estáis angustiados? También él lo estuvo. ¡Con cuánta propiedad Cristo puede ser nuestro ejemplo!...

El registro inspirado dice de él: "Y Jesús crecía en sabiduría y en estatura, y en gracia para con Dios y los hombres" (Luc. 2:52). A medida que aumentaba en años, también crecía en conocimiento. Vivía temperantemente. Sus horas preciosas no fueron malgastadas en placeres disipadores. Tenía un cuerpo verdaderamente saludable y verdaderos poderes mentales. Las facultades físicas y mentales podían expandirse y desarrollarse como las vuestras, o como las de cualquier otro joven. Su estudio era la Palabra de Dios, como debiera ser el vuestro.

Tomad a Jesús como vuestra norma, imitad su vida. Enamoraos de su carácter. Andad como Cristo anduvo. Vuestras facultades intelectuales recibirán un refuerzo, vuestros pensamientos se ampliarán cuando pongáis vuestras facultades en vigoroso contacto con las cosas eternas, que son intrínsecamente grandiosas.

Año bíblico: 2 Sam. 13-14

EL PRIVILEGIO DE LA SEGURIDAD

Y en esto conocemos que somos de la verdad, y aseguraremos nuestros corazones delante de él. 1 Juan 3:19.

Quisiera impresionar a nuestros jóvenes y señoritas con la necesidad de hacer segura nuestra vocación y elección. Os ruego que no hagáis una obra casual o incierta, cuando vuestros intereses eternos están implicados. Si hacéis así perdéis la felicidad, la paz, el consuelo y la esperanza en esta vida, y perdéis también vuestra herencia inmortal.

Jóvenes amigos, estáis destinados al juicio, y mediante la gracia de Cristo debéis rendir obediencia a los mandamientos de Dios, y diariamente obtener fortaleza de carácter, de modo que no falléis o seáis desanimados. Abundante gracia divina ha sido provista para cada alma, para que cada uno pueda entrar en el conflicto, y salir victorioso. No seáis perezosos; no os hagáis la ilusión de que podéis ser salvos andando de acuerdo con los rasgos naturales de vuestro carácter; que podéis dejaros arrastrar por la corriente del mundo, y gratificar y agradar al yo, y todavía ser capaces de soportar las fuerzas del mal en tiempo de crisis, y salir victoriosos cuando la batalla arrecia... Debéis aprender cada día a obedecer las órdenes del Capitán de la hueste celestial.

Mis jóvenes amigos, ¿oráis? ¿Os estáis educando para ofrecer peticiones en demanda de pensamientos puros, aspiraciones santas, con un corazón puro y manos limpias? ¿Estáis educando vuestros labios para cantar alabanzas a Dios, y estáis buscando hacer la voluntad divina? Esta es la clase de educación que será de mayor valor para vosotros. Ella os guiará en la formación de un carácter semejante al de Cristo.

No os sentéis en la cómoda silla de Satanás, y no digáis que de nada vale que os esforcéis, que no podéis dejar de pecar, y que no hay poder en vosotros para vencer. No hay poder en vosotros cuando estáis alejados de Cristo, pero tenéis el privilegio de tener a Cristo morando en vuestro corazón por fe, y él puede vencer el pecado en vosotros cuando cooperáis con sus esfuerzos... Podéis ser epístolas vivas, conocidas y leídas por todos los hombres. No debéis ser cartas muertas, sino cartas vivas, que testifiquen ante el mundo que Jesús puede salvar.

Año bíblico: 2 Sam. 15-17

DIOS PIDE NUESTROS MEJORES AFECTOS

Ninguno puede servir a dos señores; porque o aborrecerá al uno y amará al otro, o estimará al uno y menospreciará al otro. No podéis servir a Dios y a las riquezas. Mat. 6:24.

Muchos están en el terreno encantado del enemigo. Cosas de ninguna importancia: necias fiestas sociales, el canto, las chanzas, las bromas, monopolizan sus mentes, y sirven a Dios con un corazón dividido. No se escucha la declaración de Cristo: "Ningún hombre puede servir a dos señores".

Una de las características más notables de los habitantes de la tierra que vivieron en los días de Noé, era la de su intensa mundanalidad. Ellos hicieron del comer y del beber, del comprar y del vender, del casarse y del darse en casamiento, el supremo objeto de su vida. El comer y el beber no son una cosa pecaminosa, sino la satisfacción de una necesidad, si aquello que es lícito no se lleva a un exceso... Dios mismo instituyó el matrimonio cuando le dio Eva a Adán. Las leyes de Dios están maravillosamente adaptadas para satisfacer la naturaleza del hombre. El pecado de los antediluvianos consistió en pervertir lo que en sí mismo era lícito. Corrompieron los dones de Dios al usarlos para satisfacer sus deseos egoístas...

El excesivo amor y devoción hacia aquello que en sí mismo es lícito, ha resultado en la ruina de miles y miles de almas. A menudo se le concede a cosas sin importancia la potencia del intelecto, que debiera dedicarse íntegramente a Dios. Siempre debemos precavernos contra el peligro de llevar a un exceso aquello que, correctamente usado, es legítimo. Muchas almas se pierden por dedicarse a aquellas cosas que, manejadas con propiedad, son inofensivas, pero que, pervertidas y usadas desaprensivamente, se convierten en pecaminosas y desmoralizadoras.

Si estamos continuamente pensando en las cosas que son de esta vida, y esforzándonos por poseerlas, no podemos mantener nuestros pensamientos fijos en las cosas del cielo. Satanás está procurando apartar nuestras mentes de Dios y centrarlas en las modas, las costumbres y las exigencias del mundo, que producen enfermedad y muerte...

Dios quiere que empleemos todas nuestras facultades para ayudar y bendecir a nuestros semejantes. El pide nuestros mejores afectos, nuestras facultades más elevadas.

Año bíblico: 2 Sam. 18-19

POR ENCIMA DE LA NIEBLA DE LA DUDA

Esforzaos todos vosotros los que esperáis en Jehová, y tome aliento vuestro corazón. Sal. 31:24.

Aun los cristianos de larga experiencia, son asaltados a menudo con las más terribles dudas y desánimos... No debéis considerar que, a causa de vuestras tentaciones, vuestro caso es desesperado... Confiad en Dios, esperad en él y descansad en sus promesas.

Cuando el diablo viene con sus dudas e incredulidades, cerrad la puerta de vuestro corazón. Cerrad vuestros ojos para no espaciaros en sus sombras infernales. Alzad vuestra vista a donde podáis contemplar las cosas que son eternas, y encontraréis fuerzas para cada hora. La prueba de vuestra fe es mucho más preciosa que el oro... Os hace valientes para pelear la batalla del Señor...

Satanás se relaciona con todo aquel que desea relacionarse con él. Si puede posesionarse de aquellos que han tenido cierta experiencia en religión, los convierte en sus agentes más efectivos para llegar hasta otros hombres, y rodear sus almas con la incredulidad. No podéis permitiros abrigar dudas en vuestra mente. No halaguéis al diablo hablando de las terribles cargas que estáis llevando. Cada vez que lo hacéis así, Satanás se ríe porque su alma puede controlaros y porque habéis perdido de vista a Jesucristo, vuestro Redentor...

Debemos manifestar a Aquel que nos ha llamado de las tinieblas a su luz admirable. Es mediante la fe viva como podemos descansar en esa luz. Es mediante la fe viva como cada día podemos regocijarnos en esa luz. No debemos hablar de nuestras dudas y pruebas, porque se hacen más grandes cada vez que hablamos de ellas. Cada vez que hablamos de ellas, Satanás gana la victoria; pero cuando decimos: "Encomendaré el cuidado de mi alma a él, como a un testigo fiel", testificamos entonces de que nos hemos entregado a Cristo sin ninguna reserva, y entonces Dios nos concede luz, y nos regocijamos en él.

El alma que ama a Dios, se eleva por encima de la niebla de la duda; gana una experiencia brillante, amplia, profunda y viva, y se hace humilde y semejante a Cristo. Su alma es confiada a Dios, escondida con Cristo en Dios.

Año bíblico: 2 Sam. 20-21

COMO MANTENER LA INTEGRIDAD

Así también vosotros consideraos muertos al pecado, pero vivos para Dios en Cristo Jesús, Señor nuestro. No reine, pues, el pecado en vuestro cuerpo mortal, de modo que lo obedezcáis en sus concupiscencias. Rom. 6:11-12.

Algunos consideran el pecado como un asunto tan liviano, que quedan sin defensa contra su complacencia o sus consecuencias...

Si suponéis por un momento que Dios tratará livianamente al pecado, o hará provisiones, o excepciones, para que podáis seguir cometiendo pecados, sin que el alma sufra la penalidad por su conducta, estáis bajo un terrible engaño de Satanás. Cualquier violación voluntaria de la recta ley de Jehová expone vuestra alma a los abundantes asaltos de Satanás.

Cuando perdéis vuestra integridad consciente, vuestra alma se convierte en un campo de batalla para Satanás; abrigáis dudas y temores, suficientes para paralizar vuestras energías y conduciros al desánimo...

Recordad que la tentación no es pecado. Recordad que no importa cuán angustiosa sea la circunstancia en la cual un hombre esté colocado, ninguna cosa puede realmente debilitar su alma, mientras no ceda a la tentación y mantenga su propia integridad. Los intereses más vitales para vosotros individualmente, están bajo vuestro propio cuidado. Nadie puede dañarlos sin vuestro consentimiento. Todas las legiones satánicas no pueden haceros daño, a menos que abráis vuestra alma a las artes y dardos de Satanás. Vuestra ruina nunca puede ocurrir a menos que vosotros consintáis. Si no hay contaminación de vuestra mente, toda la contaminación que os rodea no puede mancharos.

Debemos considerar la vida eterna por encima de todo, o no valdrá nada para nosotros. Solamente aquellos que desplieguen esfuerzos perseverantes y celo incansable, con intenso deseo de apropiarse del valor del objeto que persiguen, obtendrán esa vida que se mide con la vida de Dios...

Tenemos el ejemplo de Adán y Eva, y el resultado de su transgresión debe conducir a cada alma a evitar el pecado, a aborrecerlo como la cosa odiosa que es, y a pensar que, en vista de los sufrimientos que causa el pecado, es mejor perder todas las cosas, que apartarse en lo más mínimo de los mandamientos de Dios.

Año bíblico: 2 Sam. 22-24

"VENID A MI"

Venid a mí todos los que estáis trabajados y cargados, que yo os haré descansar. Mat. 11:28.

Muchos que oyen esta invitación, mientras anhelan reposo, prosiguen transitando por los ásperos senderos, manteniendo sus cargas estrechamente apegadas al corazón. Jesús los ama, y anhela llevar sus cargas, y a ellos mismos también en sus fuertes brazos. El quiere suprimir los temores y las incertidumbres que los privan de la paz y el reposo, pero primero ellos deben acudir a él y contarle las secretas aflicciones de su corazón...

Algunas veces derramamos nuestras dificultades en los oídos humanos, y les contamos nuestras aflicciones a aquellos que no pueden ayudarnos, y nos olvidamos de confiárselo todo a Jesús, quien puede cambiar nuestra pena en gozo...

El se propone ser nuestro amigo y caminar junto a nosotros en todos los ásperos caminos de la vida. El nos dice: Yo soy el Señor tu Dios, camina conmigo, y yo llenaré de luz tu senda. Jesús, la Majestad del cielo, se propone elevar al compañerismo consigo a aquellos que acudan a él con sus cargas, sus debilidades y sus cuidados...

La invitación que nos hace es un llamamiento a una vida pura, santa y feliz —una vida de paz y reposo, de libertad y amor—, y a una rica herencia en lo futuro, la vida inmortal... Es nuestro privilegio tener cada día un recorrido sereno, íntimo y feliz con Jesús.

El descanso se encuentra cuando se abandona toda justicia propia, todo razonamiento hecho desde un punto de vista egoísta. El reposo perfecto en su amor, está en una entrega completa y en la aceptación de sus caminos... Haced lo que él os ha pedido, y estad seguros de que Dios hará todo lo que ha prometido... ¿Habéis acudido a él, renunciando a vuestros pretextos, a vuestra incredulidad y a vuestra justicia propia? Id tal como sois, débiles, desvalidos y listos para morir.

¿Cuál es el "descanso" prometido? Es la conciencia de que Dios es fiel, de que nunca chasquea a quien acude a él. Su perdón es pleno y gratuito, y su aceptación significa descanso para el alma, reposo en su amor.

Año bíblico: 1 Rey. 1-2

TIEMPO PARA LA MEDITACION

En la ley de Jehová está su delicia, y en su ley medita de día y de noche. Sal. 1:2.

Vuestro último pensamiento de la noche, y vuestro primer pensamiento de la mañana, debieran dirigirse a Aquel en quien se centra vuestra esperanza de vida eterna.

Pareciera que muchos rehúyen los momentos pasados en meditación, en la búsqueda de las Escrituras y en la oración, como si el tiempo empleado de esa manera fuera perdido. Yo quisiera que todos vosotros vierais estas cosas a la luz en que Dios quiere que las veáis, porque entonces le daríais la primera importancia al reino de los cielos... Así como el ejercicio aumenta el apetito y vigoriza y le da salud al cuerpo, también los ejercicios devocionales aumentarán la gracia y el vigor espiritual. Los afectos debieran centrarse en Dios. Contemplad su grandeza, su misericordia y excelencia. Dejad que su bondad, su amor y perfección de carácter cautiven vuestro corazón. Conversad acerca de sus encantos divinos y de las mansiones celestiales que él está preparando para los fieles. Aquel cuya conversación se refiere al cielo es un cristiano de provecho para quienes le rodean. Sus palabras son útiles y refrescantes. Ejercen un poder transformador sobre quienes las escuchan, y ablandarán y subyugarán el alma.

Hay una constante necesidad de comunión privada con Dios. Debemos apropiarnos del Espíritu de Cristo, si queremos impartirlo a otros. No podemos hacer frente a las agencias humanas y satánicas combinadas, a menos que pasemos mucho tiempo de comunión con la Fuente de todo poder. Debiéramos tener algún momento para alejarnos de los sonidos, de los quehaceres terrenos y de las voces humanas, y escuchar la voz de Jesús en algún lugar apartado. Así podemos probar su amor y ser imbuidos de su Espíritu. Así aprenderemos a crucificar el yo. Esta conducta puede parecer imposible para la mente humana. Podéis decir: "No tengo tiempo". Pero cuando consideráis el asunto tal como es, no perdéis tiempo, porque cuando os aseguráis el poder y la gracia que provienen de Dios, *vosotros* no cumplís esta tarea. Jesús es el verdadero obrero. "Separados de mí —dice Cristo— nada podéis hacer" (Juan 15:5)... La reflexión y la oración ferviente inspirarán a un santo esfuerzo.

Año bíblico: 1 Rey. 3-4

BUSCAD A DIOS DE TODO CORAZON

Volveos a la fortaleza, oh prisioneros de esperanza; hoy también os anuncio que os restauraré el doble. Zac. 9:12.

Necesitamos educar el alma para que tome y retenga las ricas promesas de Dios. El Señor Jesús sabe que no es posible para nosotros resistir las muchas tentaciones de Satanás sin recibir el poder divino que Dios nos da. El sabe que si confiamos en nuestra propia fortaleza humana, fracasaremos. Por lo tanto, ha sido hecha toda provisión, para que en cada emergencia y prueba acudamos a la fortaleza... Hemos recibido la promesa de labios que no mienten... Debemos tener fe individualmente para recibir de él las cosas que ha prometido.

Dios será para nosotros todo lo que le permitamos ser. Nuestras oraciones lánguidas y sin entusiasmo no tendrán respuesta del cielo. ¡Oh, necesitamos insistir en nuestras peticiones! Pedid con fe, esperad con fe, recibid con fe, regocijaos con esperanza, porque todo aquel que pide, encuentra. Seamos fervientes. Busquemos a Dios de todo corazón. La gente empeña el alma y pone fervor en todo lo que emprende en sus realizaciones temporales, hasta que sus esfuerzos son coronados por el éxito. Con intenso fervor, aprended el oficio de buscar las ricas bendiciones que Dios ha prometido, y con un esfuerzo perseverante y decidido tendréis su luz, y su verdad, y su rica gracia.

Clamad a Dios con sinceridad y alma hambrienta. Luchad con los agentes celestiales hasta que obtengáis la victoria. Poned todo vuestro ser, vuestra alma, cuerpo y espíritu en las manos del Señor, y resolved que seréis sus instrumentos vivos y consagrados, movidos por su voluntad, controlados por su mente, e imbuidos por su Espíritu.

Contadle a Jesús con sinceridad vuestras necesidades. No se requiere de vosotros que sostengáis una larga controversia con Dios, o que le prediquéis un sermón, sino que, con un corazón afligido a causa de vuestros pecados, digáis: "Sálvame, Señor, o pereceré". Para estas almas hay esperanza. Ellas buscarán, pedirán, golpearán y encontrarán. Cuando Jesús haya quitado la carga del pecado que quebranta el alma, experimentaréis la bendición de la paz de Cristo.

Año bíblico: 1 Rey. 5-6

LA ORACION HUMILDE Y PERSEVERANTE

Elías era hombre sujeto a pasiones semejantes a las nuestras, y oró fervientemente para que no lloviese, y no llovió sobre la tierra por tres años y seis meses. Y otra vez oró, y el cielo dio lluvia, y la tierra produjo su fruto. Sant. 5:17-18.

En la experiencia de Elías se nos presentan importantes lecciones. Cuando en la cumbre del monte Carmelo oró pidiendo lluvia, su fe fue probada, pero él perseveró presentando su pedido delante de Dios.

El siervo observaba mientras Elías oraba. Seis veces volvió de su puesto de observación diciendo: No hay nada, ninguna nube, ninguna señal de lluvia. Pero el profeta no cejó en su intento ni se desanimó. Continuó repasando su vida, para descubrir dónde había dejado de honrar a Dios. A medida que escudriñaba su corazón, cada vez disminuía su valor ante sus ojos y ante la vista de Dios. Le parecía que no era nada, y que Dios lo era todo; y cuando llegó al punto de renunciar al yo mientras se aferraba al Salvador como su única fortaleza y justicia, llegó la respuesta. Apareció el siervo y dijo: "Yo veo una pequeña nube como la palma de la mano de un hombre, que sube del mar" (1 Rey. 18:44).

Tenemos un Dios cuyo oído no está cerrado a nuestras peticiones, y si probamos su palabra, él honrará nuestra fe. El quiere que entretejamos todos nuestros intereses con los suyos, y luego podrá bendecirnos sin peligro, porque entonces no nos apoderaremos de la gloria cuando seamos bendecidos, sino que le daremos toda la alabanza a Dios. Dios no siempre contesta nuestras oraciones la primera vez que acudimos a él, porque si lo hiciera así, nosotros daríamos por sentado que tenemos derecho a todas las bendiciones y favores que él derrama sobre nosotros. En lugar de escudriñar nuestros corazones para ver si abrigábamos algún mal, si accedíamos al pecado, nos tornaríamos descuidados y dejaríamos de comprender nuestra dependencia de él...

Elías se humilló a sí mismo, hasta que estuvo en una condición tal que no se atribuiría la gloria a sí mismo. Esta es la condición bajo la cual Dios oye la oración, porque entonces le daremos a él la alabanza... Unicamente Dios es digno de ser glorificado.

Año bíblico: 1 Rey. 7-8

LA OBRA DE GUARDAR EL CORAZON

Sobre toda cosa guardada, guarda tu corazón; porque de él mana la vida. Prov. 4:23.

La diligente protección del corazón es esencial para el saludable crecimiento en la gracia. El corazón en su estado natural es una morada para los pensamientos no santificados y las pasiones pecaminosas. Cuando es puesto en sujeción a Cristo, debe ser limpiado por el Espíritu de toda contaminación. Pero esto no puede realizarse sin arrepentimiento de parte de la persona.

Cuando el alma ha sido limpiada, es el deber del cristiano protegerla contra la contaminación. Muchos piensan que la religión de Cristo no exige el abandono de los pecados diarios, la supresión de hábitos que han mantenido el alma en esclavitud. Renuncian a algunas cosas condenadas por la conciencia, pero dejan de representar a Cristo en la vida diaria. No llevan la semejanza de Cristo al hogar. No manifiestan cuidado en la elección de sus palabras. Demasiado a menudo se pronuncian palabras impacientes, palabras que despiertan las peores pasiones del corazón humano. Los tales necesitan la presencia permanente de Cristo en el alma. Unicamente en su fortaleza pueden mantener vigilancia sobre las palabras y las acciones.

En la obra de guardar el corazón debemos ser insistentes en la oración, no cansarnos de rogar al trono de la gracia por ayuda. Aquellos que toman el nombre de cristianos debieran acudir a Dios con sinceridad y humildad, pidiendo ayuda... El cristiano no siempre puede estar en una posición adecuada para la adoración, pero sus pensamientos y sus deseos siempre pueden dirigirse hacia arriba.

El mantenimiento de vuestro corazón en el cielo vigorizará todos vuestros dones y vivificará todos vuestros deberes. El disciplinar la mente para que se espacie en las cosas celestiales, pondrá vida y sinceridad en todos nuestros empeños. Nuestros esfuerzos son lánguidos y corremos con lentitud la carrera cristiana, y manifestamos indolencia y flojedad, porque avaluamos en tan poco el premio celestial. Somos enanos en realizaciones espirituales. Es el privilegio y el deber del cristiano llegar "a la unidad de la fe y del conocimiento del Hijo de Dios, a un varón perfecto, a la medida de la estatura de la plenitud de Cristo" (Efe. 4:13).

Año bíblico: 1 Rey. 9-10

LA CORTE DE LA VIDA SANTA

Mas vosotros sois linaje escogido, real sacerdocio, nación santa, pueblo adquirido por Dios, para que anunciéis las virtudes de aquel que os llamó de las tinieblas a su luz admirable. 1 Ped. 2:9.

La iglesia de Cristo en la tierra está en medio de la oscuridad moral de un mundo desleal, que está pisoteando la ley de Jehová. Pero su Redentor, que ha comprado su rescate mediante el precio de su propia sangre preciosa, ha hecho todas las provisiones para que su iglesia sea un cuerpo transformado, iluminado con la Luz del mundo, que posea la gloria de Emanuel. Los brillantes rayos del Sol de justicia, resplandeciendo a través de su iglesia, reunirán en el aprisco a todas las ovejas perdidas y descarriadas que vayan a él y encuentren refugio en él. Hallarán paz, luz y gozo en Aquel que es paz y justicia por siempre.

Los miembros de la iglesia debieran mantener individualmente la luz del amor de Dios brillando en sus almas, y hacerla brillar también para otros. Tenemos mucho en juego para permitir que el letargo espiritual nos cubra. Cuidémonos de fomentar la aversión por los servicios religiosos y los deberes religiosos. Luchemos resueltamente contra esa inactividad del alma, que es tan fatal para el crecimiento y aun la vida del cristiano. La iglesia cuyos miembros se esfuercen activamente y en forma personal por hacer bien a otros y por salvar a las almas, será saludable y próspera. Este será un constante incentivo para toda buena obra. Tales cristianos trabajarán para asegurar su propia salvación. Las energías adormecidas despertarán, toda el alma será inspirada por una invencible determinación de lograr la aprobación del Salvador: "Bien hecho", y llevar la corona de la victoria.

Cristo hace de su iglesia un hermoso templo para Dios. "Donde están dos o tres congregados en mi nombre —declara—, allí estoy yo en medio de ellos" (Mat. 18:20). Su iglesia es la corte de la vida santa, llena de diversos dones, y dotada del Espíritu Santo. El cielo asigna deberes apropiados a cada miembro de la iglesia en la tierra, y todos deben encontrar su felicidad en la felicidad de aquellos a quienes ayudan y bendicen.

Año bíblico: 1 Rey. 11-12

LAS SONRISAS DE DIOS

La bendición de Jehová es la que enriquece, y no añade tristeza con ella. Prov. 10:22.

Ninguna cosa puede proporcionarnos verdadero bien sin la bendición de Dios. Lo que Dios bendice, está bendito. Por lo tanto "mejor es lo poco del justo, que las riquezas de muchos pecadores" (Sal. 37:16). Poco con la bendición de Dios, resulta más eficiente y se extenderá más. La gracia de Dios hará que un poco vaya hasta una gran distancia. Cuando nos consagramos a los asuntos del reino de Dios, él tendrá en cuenta nuestros asuntos.

El Señor nos ha concedido preciosas bendiciones en las sencillas flores de los campos, en la fragancia tan grata para nuestros sentidos. El ha dotado a cada flor de hermosura, porque es el gran Artista maestro. El que ha creado las hermosas cosas de la naturaleza, realizará cosas aun mayores por el alma. Dios es amante de lo bello, y él adornará nuestros caracteres con sus propias ricas gracias. El quiere que nuestras palabras sean tan fragantes como las flores del campo. El nos ha dado bendiciones en la provisión diaria para nuestra necesidad física. El pan que comemos tiene sobre sí la imagen y la inscripción de la cruz.

Son realmente bendecidos únicamente aquellos cuya principal preocupación consiste en asegurar las bendiciones que alimentarán el alma y perdurarán para siempre. Nuestro Salvador nos dice: "Mas buscad primeramente el reino de Dios y su justicia, y todas estas cosas os serán añadidas" (Mat. 6:33). Dios nos tiene en consideración y no se olvida de derramar sus bendiciones temporales sobre nosotros. Nuestro bien terrenal no escapa a la preocupación de nuestro Padre celestial. El sabe que tenemos necesidad de estas cosas... Cuando Dios sonríe sobre nuestros esfuerzos, eso vale más que cualquier ganancia terrenal.

Toda liberación, toda bendición que Dios ha concedido a su pueblo en el pasado, debieran mantenerse frescas en la memoria, como una segura promesa de futuras bendiciones más ricas y abundantes que él otorgará.

No hay límites a las bendiciones que es nuestro privilegio recibir.

Año bíblico: 1 Rey. 13-14

CON LOS OJOS DE LA FE

Alumbrando los ojos de vuestro entendimiento, para que sepáis cuál es la esperanza a que él os ha llamado, y cuáles las riquezas de la gloria de su herencia en los santos. Efe. 1:18.

La más elevada calificación de la mente no reemplazará, no puede reemplazar, el lugar de la verdadera sencillez y de la piedad genuina. La Biblia debe estudiarse como debiera estudiarse una rama de la ciencia humana; pero su hermosura, la evidencia de su poder para salvar el alma que cree, es una lección que nunca podrá aprenderse de esta manera. Si no se manifiestan en la vida las cosas prácticas de la Palabra, entonces la espada del Espíritu no ha herido el corazón natural. Se ha escudado con una fantasía poética. El sentimentalismo lo ha rodeado de tal manera que el corazón no ha sentido suficientemente la agudeza de su filo, horadando y cortando los altares pecaminosos donde se adora el yo...

Los ojos de los entendidos deben ser iluminados, y el corazón y la mente puestos en armonía con Dios, quien es verdad. Quien contempla a Jesús con los ojos de la fe no ve ninguna gloria en sí mismo, porque la gloria del Redentor se refleja en la mente y el corazón. Comprende la expiación lograda por su sangre, y el perdón de los pecados conmueve su corazón con gratitud.

Siendo justificado por Cristo, el que recibe la verdad es constreñido a realizar una entrega completa a Dios, y se lo admite en la escuela de Cristo para poder aprender de Aquel que es manso y humilde de corazón. Conoce ampliamente el amor de Dios y exclama: ¡Oh, qué amor! ¡Qué condescendencia! Posesionándose de la ricas promesas por la fe, se convierte en un participante de la naturaleza divina. Su corazón se vacía del yo, y las aguas de la verdad entran en él; la gloria del Señor muestra su brillo. Contemplando perpetuamente a Jesús, lo humano es asimilado por lo divino. El creyente es transformado a su semejanza... El carácter humano es cambiado en divino.

Cristo contempla a su pueblo en su pureza y perfección como una recompensa de todos sus sufrimientos, su humillación y su amor, y el suplemento de su gloria: Cristo el gran centro, del cual irradia toda gloria.

Año bíblico: 1 Rey. 15-16

COMO CRECER EN LA GRACIA

Antes bien, creced en la gracia y el conocimiento de nuestro Señor y Salvador Jesucristo. A él sea gloria ahora y hasta el día de la eternidad. Amén. 2 Ped. 3:18.

¿Cómo es posible que crezcamos en la gracia? Es posible hacerlo únicamente si vaciamos nuestros corazones del yo y los presentamos al cielo para ser moldeados a la semejanza divina. Debemos tener una conexión con el canal viviente de la luz; debemos ser refrescados por el rocío celestial, y hacer que las lluvias del cielo desciendan sobre nosotros. Cuando nos apropiemos de las bendiciones de Dios estaremos en condiciones de recibir medidas más grandes de su gracia.

Debemos sentarnos, como niñitos, a los pies de Jesús para aprender de él. No debemos permitir que pase un solo día sin obtener un aumento de conocimiento en las cosas temporales y espirituales. No debemos plantar estacas que no estemos dispuestos a retirar para plantarlas más adelante, más cerca de las alturas a que esperamos ascender. La educación más elevada debe encontrarse en la preparación de la mente para que avance día a día. El final de cada día debiera encontrarnos a un día de marcha más cerca de la recompensa del vencedor. Nuestro entendimiento debe madurar día a día. Día a día debemos obtener conclusiones que proporcionarán una rica recompensa en esta vida y en la vida venidera. Contemplando diariamente a Jesús en lugar de contemplar lo que nosotros mismos hemos hecho, realizaremos un decidido avance en el conocimiento temporal tanto como en el espiritual.

El fin de todas las cosas se está acercando. Lo que hemos hecho no ha de poner punto final a nuestra obra. El Capitán de nuestra salvación dice: "Avanzad. La noche viene, en la cual ningún hombre puede obrar". Debemos aumentar constantemente nuestra utilidad. Nuestras vidas siempre deben estar bajo el poder de Cristo. Nuestras lámparas deben mantenerse brillando ardientemente... El que se coloca en un lugar donde Dios puede iluminarlo, avanza de la oscuridad parcial del amanecer hasta el pleno resplandor del mediodía.

Debemos poner en tensión todo nervio y músculo espirituales... Dios... no desea que sigan siendo novicios. El desea que usted alcance el peldaño más alto de la escalera, y después pase de allí al reino de nuestro Señor y Salvador Jesucristo.

Año bíblico: 1 Rey. 17-19

GRANDE A LA VISTA DE DIOS

El que es fiel en lo muy poco, también en lo más es fiel; y el que en lo muy poco es injusto, también en lo más es injusto. Luc. 16:10.

La vida no está hecha únicamente de cosas grandes; son las cosas pequeñas las que forman la suma de la felicidad de la vida o de sus miserias. Son las pequeñas cosas de la vida las que revelan el verdadero carácter de una persona. Oh, si todos los jóvenes y los adultos pudieran ver, como yo he visto, el espejo de la vida de las personas que se presenta delante de ellas, considerarían con más seriedad los pequeños deberes de la vida. Cada error, aunque parezca sin importancia, deja una cicatriz en esta vida y una mancha en los registros celestiales.

La vida está llena de quehaceres que no son agradables, pero todos estos deberes ingratos serán hechos agradables cuando se ejecutan gozosamente porque es lo correcto. Si se toma interés en las obligaciones que se deben cumplir, y uno se esfuerza por hacerlas con el corazón, se tornarán placenteras hasta las más fastidiosas.

Hay muchos que desdeñan los pequeños acontecimientos de la vida, los pequeños actos que deben realizarse cada día; pero estas cosas no debieran considerarse insignificantes, porque toda acción se realiza para el beneficio o el daño de algún otro... Nos ponemos en el lado correcto únicamente obrando de acuerdo con los principios de la Palabra de Dios que rigen las pequeñas transacciones de la vida. Somos probados por estos pequeños incidentes, y se estimará nuestro carácter por lo que fuere nuestra obra.

Lo que le proporciona a la vida la mayor belleza y lo que da el éxito es la concienzuda atención a lo que el mundo llama cosas pequeñas.

Pequeñas obras de caridad,
pequeñas palabras de bondad,
pequeños actos de abnegación,
un sabio aprovechamiento de las oportunidades,
un diligente cultivo de los pequeños talentos,
hacen a los hombres grandes a la vista de Dios.

Año bíblico: 1 Rey. 20-21

MANTENED EN ALTO LA NORMA

Alzad pendón a los pueblos. Isa. 62:10.

La Palabra de Dios no sólo establece los grandes principios de la verdad y el deber que debieran gobernar nuestra vida, sino que también presenta, para nuestro ánimo, la historia de muchos que han ejemplificado tales principios. Hombres "sujetos a semejantes pasiones que nosotros", han luchado contra la tentación, y vencido en la fortaleza del Ayudador todopoderoso...

Fuera del Modelo perfecto, en las páginas sagradas no figura un personaje más digno de admiración que el profeta Daniel. Estando expuesto en su juventud a todos los engaños de la corte real, se convirtió en un hombre de integridad inconmovible y de ferviente devoción a Dios. Estuvo sujeto a las fieras tentaciones de Satanás; sin embargo, no vaciló, y tampoco cambió su conducta. Fue firme donde muchos habrían cedido; fue verdadero donde ellos habrían sido falsos; fue fuerte donde ellos habrían sido débiles. Daniel fue un alto cedro del Líbano... Ojalá que la fe, la integridad, y la devoción del profeta Daniel pudieran vivir en los corazones del pueblo de Dios de hoy. Nunca se necesitaron tanto como ahora esas nobles cualidades...

En la historia de aquellos que han obrado y sufrido por el nombre de Jesús, no hay ninguno que brille con un esplendor más puro y refulgente que el nombre de Pablo, el apóstol a los gentiles. El amor de Jesús, brillando en su corazón, lo hizo olvidarse de sí mismo y ser abnegado. Había visto al Cristo resucitado, y la imagen del Salvador se había impreso en su alma y brillaba en su vida. Con fe, valor y fortaleza, para no ser amedrentado por el peligro o retrasado por los obstáculos, anduvo de un país a otro difundiendo el conocimiento de la cruz...

¿Están los profesos seguidores de Cristo ejemplificando de esta manera los principios de su fe? ¿Dónde están las profundas, vivientes y santas experiencias que los hombres de Dios solían contar? ¿Se ha rebajado la norma del cristianismo?... No; esa norma permanece donde Dios la puso. Los hombres santos de épocas pasadas debieron abandonarlo todo por Cristo, para fomentar su espíritu e imitar su ejemplo. El no aceptará nada menos que esto ahora. Cuando seamos llamados a darlo todo por Cristo, ¿quién soportará la prueba?

Año bíblico: 1 Rey. 22; 2 Rey. 1

SEÑALES DE NUESTRO HOGAR CELESTIAL

Tú solo eres Jehová; tú hiciste los cielos, y los cielos de los cielos, con todo tu ejército, la tierra y todo lo que está en ella, los mares y todo lo que hay en ellos; y tú vivificas todas estas cosas, y los ejércitos de los cielos te adoran. Neh. 9:6.

Hay hermosura en la pavorosa grandeza del valle, en las solemnes y macizas rocas agrietadas; hay majestad en las montañas que parecen tocar el cielo. Ahí están los elevados árboles con sus hojas delicadamente formadas; las briznas de hierba, el capullo que comienza a abrir y las flores abiertas, los árboles del bosque, todos los seres vivientes. Todos orientan la mente hacia el Dios grande y viviente. Cada facultad de nuestro ser testifica de que hay un Dios vivo, y podemos aprender del libro abierto de la naturaleza las lecciones más preciosas respecto del Señor del cielo.

En este estudio la mente se expande, se eleva y se torna deseosa de conocer más acerca de Dios y de su majestad. En nuestro corazón se despiertan sentimientos no sólo de reverencia y pavor, sino de amor, de fe, de confianza y de completa dependencia de Aquel que es el dador de todo bien. Y cuando contemplo sus maravillosas obras y veo las evidencias de su poder, instintivamente pregunto: "¿Qué es el hombre, para que tengas de él memoria, y el hijo del hombre, para que lo visites? (Sal. 8:4).

Toda la grandeza y la gloria de estas maravillosas cosas que hay en la casa de Dios pueden apreciarse tal como son, en la mente, asociadas con Dios y el futuro hogar que él está preparando para aquellos que le aman... Mientras hablamos abundantemente de otros países, ¿por qué hemos de ser reticentes respecto del país celestial y de las casas que no son edificadas con mano, que están en los cielos? Este país celestial es de más importancia para nosotros que cualquier otro país del globo, por lo tanto deberíamos pensar y hablar de este país celestial. ¿Y por qué no habríamos de conversar más sinceramente, y con nuestra mente orientada por lo celestial, acerca de los dones de Dios manifestados en la naturaleza?... Estas cosas han de mantener a Dios en nuestro recuerdo, elevar nuestros corazones de las cosas sensuales, y atarlos con vínculos de amor y de gratitud a nuestro Creador.

Año bíblico: 2 Rey. 2-3

EL TEMPLO SAGRADO DEL CUERPO

¿O ignoráis que vuestro cuerpo es templo del Espíritu Santo, el cual está en vosotros, el cual tenéis de Dios, y que no sois vuestros? Porque habéis sido comprados por precio; glorificad, pues, a Dios en vuestro cuerpo y en vuestro espíritu, los cuales son de Dios. 1 Cor. 6:19-20.

Esa perfección de carácter que el Señor requiere es la preparación de todo el ser como un templo para la morada del Espíritu Santo. Dios no aceptará nada menos que el servicio de todo el organismo humano. No basta poner en acción algunas partes de la maquinaria viviente. Todas las partes deben trabajar en armonía perfecta, o el servicio será deficiente. Así es como el hombre es calificado para cooperar con Dios representando a Cristo ante el mundo. Así Dios desea preparar a un pueblo que esté delante de él puro y santo, para poder introducirlo en la sociedad de los ángeles celestiales.

Se nos ha confiado el mensaje más solemne dado alguna vez al mundo, y el objeto que debe mantenerse clara y distintamente ante nuestras mentes es la gloria de Dios. Cuidemos de no hacer nada que debilite nuestra salud física, mental o espiritual, porque Dios no acepta un sacrificio manchado, enfermo y corrompido. Debemos ejercer cuidado en el comer, en el beber y en el trabajar, para no rebajar nuestra eficiencia...

Es nuestro deber adiestrar y disciplinar el cuerpo a fin de rendir al Maestro el servicio más elevado posible. No debemos dejarnos controlar por las inclinaciones. No debemos dejarnos dominar por el apetito, ni consentir en el uso de aquello que no es para nuestro bien, simplemente porque halaga el gusto; tampoco hemos de procurar vivir según un plan de inanición, con la idea de que así nos haremos espirituales, y de que Dios será glorificado. Debemos emplear la inteligencia que Dios nos ha dado a fin de perfeccionar nuestro cuerpo, alma y espíritu para que podamos tener un carácter simétrico, tanto como una mente equilibrada, y hacer una obra perfecta para el Maestro.

El sagrado templo de nuestro cuerpo debe mantenerse puro y sin contaminación, para que el Espíritu Santo de Dios more en él.

Año bíblico: 2 Rey. 4-5

LA HERMOSURA DE LA SEMEJANZA CON CRISTO

No defraudando, sino mostrándose fieles en todo, para que en todo adornen la doctrina de Dios nuestro Salvador. Tito 2:10.

Todo aquel que nombra el nombre de Cristo debe adornar la doctrina de Cristo nuestro Salvador mediante una vida bien llevada y un comportamiento piadoso, y también el adorno de un espíritu manso y sereno... Si poseéis esto, tendréis favor con Cristo y con los hombres.

Las palabras pronunciadas con apresuramiento hieren y magullan las almas y la herida más profunda se produce en el alma del que las pronuncia. El que no puede equivocarse declara que el don de Cristo, el adorno de un espíritu manso y sereno, es de gran valor. Todos debemos descubrir su valor por nosotros mismos pidiéndolo a Dios. No importa cómo nos estimen los hombres, si llevamos este adorno, llevamos la señal de nuestro discipulado con Cristo. Somos apreciados por el Altísimo, porque el adorno que llevamos tiene gran valor ante su vista. Debemos buscar esta preciosa gema...

Cada alma tendrá que hacer frente a cosas que provocan, que despiertan la ira, y si no están bajo el pleno control de Dios, serán provocados cuando ocurran estas cosas. Pero la mansedumbre de Cristo cambia el espíritu exasperado, controla la lengua, pone todo el ser bajo sujeción a Dios. Así aprendemos a tener paciencia con la censura de los demás. Seremos juzgados mal, pero el precioso adorno de un espíritu manso y sereno nos enseña cómo soportar, cómo tener piedad con aquellos que pronuncian palabras apresuradas y desconsideradas.

Cualquier manifestación de un espíritu desagradable seguramente despertará al demonio de la pasión que mora en los corazones que no están vigilados. Al enojo impío no hay que fortalecerlo, sino someterlo. Es una chispa que encenderá fuego a la naturaleza humana indomada. Evitad pronunciar palabras que promoverán dificultades. Es mejor soportar el mal que hacer el mal. Dios quiere que cada uno de sus seguidores, hasta donde sea posible, viva en paz con todos los hombres...

Debemos ser semejantes a Cristo. Esforcémonos por hacer que nuestras vidas sean lo que Cristo quiere que sean. Plenas de la fragancia del amor a Dios y a nuestros semejantes, llenas del Espíritu divino de Cristo, llenas de santas aspiraciones hacia Dios, ricas en la hermosura de la semejanza a Cristo.

Año bíblico: 2 Rey. 6-8

EL CIELO ES BARATO
A CUALQUIER PRECIO

Y el que no lleva su cruz y viene en pos de mí, no puede ser mi discípulo. Luc. 14:27.

Es demasiado cierto que la gran masa que posee habilidad y talento no elige viajar por el camino cristiano. ¿Son su talento y su habilidad demasiado preciosos para dedicarlos al Dador, al Señor del cielo y la tierra?...

Muchos serían seguidores de Cristo si él descendiera de la cruz y se presentara ante ellos en la forma en que ellos desean. Si viniera con riquezas y placeres, muchos lo recibirían alegremente, y se apresurarían a coronarlo como el Señor de todo. Si sólo pusiera a un lado su humillación y sus sufrimientos y exclamara: "El que quiere venir en pos de mí, agrádese a sí mismo y goce del mundo y será mi discípulo", multitudes creerían en él.

Pero el bendito Jesús no vendrá a nosotros en ninguna otra forma, sino como el manso y humilde crucificado. Debemos participar de su abnegación y sufrimientos aquí, si queremos tomar la corona en el más allá...

La Palabra de Dios no ha ensanchado el camino angosto, y si las multitudes han encontrado un camino donde pueden llevar una forma de piedad y no llevar la cruz o sufrir tribulación, han encontrado un camino por donde nuestro Salvador no anduvo y siguen otro ejemplo que no es el que Cristo nos dejó. ¿No es suficiente que Jesús haya dejado la felicidad y la gloria del cielo, que haya llevado una vida de pobreza y de profunda aflicción, y que haya muerto de una muerte cruel y vergonzosa para proporcionarnos los gozos de la santidad y el cielo? ¿Y podría ser que nosotros, los objetos indignos de una condescendencia y un amor tan grandes, busquemos una parte mejor en esta vida de la que se le dio a nuestro Redentor?

¡Cuán fácil sería el camino que lleva al cielo si no exigiera la abnegación o la cruz! ¡Cómo se apresurarían los mundanos a correr hacia el camino, y cómo viajarían los hipócritas por él en número incontable! Gracias a Dios por la cruz y por la abnegación. La ignominia y la vergüenza que nuestro Salvador soportó por nosotros no son demasiado humillantes para aquellos salvados por la redención de su sangre. Verdaderamente el cielo resulta barato.

Año bíblico: 2 Rey. 9-11

DEJAD BRILLAR VUESTRA LUZ

Así alumbre vuestra luz delante de los hombres, para que vean vuestras buenas obras, y glorifiquen a vuestro Padre que está en los cielos. Mat. 5:16.

A toda alma nacida en el reino de Cristo se le dará una solemne comisión: Dejad que vuestra luz brille delante de los hombres, para que ellos, al ver vuestras buenas obras, glorifiquen a vuestro Padre que está en los cielos. Derramad sobre vuestros vecinos los abundantes rayos de luz recibidos del Sol de justicia; dirigid sobre vuestros amigos en el mundo las brillantes gemas de luz y verdad que os fueron abundantemente impartidas desde el trono de Dios. Esto es negociar con los talentos confiados. Pasad de la luz a una luz mayor. Apoderaos más y más de los brillantes rayos que proceden del Sol de justicia y brillad cada vez más hasta llegar al día perfecto.

Jesús no le pide al cristiano que se esfuerce por brillar, sino que deje que su luz brille con rayos claros y distintos ante el mundo. No cubráis vuestra luz. No retengáis pecaminosamente vuestra luz. No dejéis que la bruma, la neblina y la malaria del mundo oculten vuestra luz. No la ocultéis bajo la cama o bajo un almud, sino ponedla en el candelero para que ilumine a todos los que están en la casa... Dios os pide que brilléis y que penetréis en la tinieblas morales del mundo.

Muchos no saben qué les sucede. Quieren luz y no ven ningún rayo. Llaman pidiendo ayuda y no oyen ninguna respuesta. ¿Se perpetuarán la duda y la incredulidad porque yo no reúno los rayos de luz divina que proceden de Jesucristo y no los hago brillar sobre otros?...

Las grandes luchas de mi propia alma contra las tentaciones, los sinceros anhelos de mi mente y corazón por poseer a Dios y a Jesucristo como mi Salvador personal, y por tener seguridad, paz y reposo en su amor, me inducen cada día a desear colocarme donde los rayos del Sol de justicia puedan brillar sobre mí. Sin esta experiencia, seguramente tendré grandes pérdidas, y todos aquellos con quienes me relaciono quedarán afectados por la pérdida de la luz que yo debiera estar recibiendo de la Fuente de toda luz y consuelo, y que debiera estar reflejando en su camino. ¿Seré una luz para el mundo, o una sombra de tinieblas?

Año bíblico: 2 Rey. 12-14

¿UNA JOYA O UN GUIJARRO?

En aquel día, dice Jehová de los ejércitos, te tomaré, oh Zorobabel hijo de Salatiel, siervo mío, dice Jehová, y te pondré como anillo de sellar; porque yo te escogí, dice Jehová de los ejércitos. Hag. 2:23.

Los cristianos son las joyas de Cristo. Deben brillar esplendorosamente para él, y esparcir la luz de su hermosura. Su lustre depende del pulimento que reciban. Pueden elegir ser pulidos o permanecer sin pulir. Pero cada uno que es considerado digno de ocupar un lugar en el templo de Dios debe someterse al proceso de pulimento. Sin el pulimento que el Señor da no pueden reflejar más la luz que un guijarro común.

Cristo le dice al hombre: "Eres mío. Te he comprado. Ahora eres apenas una piedra áspera, pero si te colocas en mis manos yo te puliré, y el lustre con el cual brillarás hará honor a mi nombre. Ningún hombre te sacará de mi mano. Te haré mi tesoro peculiar. El día de mi coronación serás una joya en mi corona de regocijo".

El Obrero divino emplea poco tiempo en un material sin valor. El pule únicamente las piedras preciosas a semejanza de las de un palacio, cortando todas las esquinas ásperas. Ese proceso es severo y penoso; hiere el orgullo humano. Cristo corta profundamente cuando el hombre en su suficiencia ha considerado completa su experiencia, y extrae del carácter el ensalzamiento propio. Corta la superficie que sobresale, y colocando la piedra a la rueda de pulir, la presiona para que se desgaste toda aspereza. Luego, levantando la joya ante la luz, el Maestro ve en ella un reflejo de sí mismo, y la considera digna de ocupar un lugar en su corona.

"En aquel día, dice Jehová de los ejércitos, te tomaré,... y te pondré como anillo de sellar; porque yo te escogí, dice Jehová de los ejércitos". Bendita sea la experiencia, aunque sea severa, que le da un nuevo valor a la piedra, y la hace brillar con un vivo esplendor.

Dios no dejará que uno de sus obreros sinceros quede solo para luchar contra los grandes males y sea vencido. El preserva como una piedra preciosa a cada uno cuya vida está oculta con Cristo en Dios.

Año bíblico: 2 Rey. 15-17

ARRAIGADOS EN CRISTO

El justo florecerá como la palmera; crecerá como cedro en el Líbano. Sal. 92:12.

El cristiano es comparado al cedro del Líbano. He leído que este árbol hace más que enviar unas pocas raíces a la tierra blanda. Implanta profundamente en la tierra sus fuertes raíces, y cada vez las extiende más lejos en busca de una posición todavía más fuerte. Y cuando se desata la fiera tempestad, permanece firme, sostenido por su raigambre. También el cristiano se arraiga profundamente en Cristo. Tiene fe en su Redentor. Sabe en quién ha creído. Está plenamente persuadido de que Jesús es el Hijo de Dios y el Salvador de los pecadores... Las raíces de la fe se extienden cada vez más. Los cristianos genuinos, como el cedro del Líbano, no crecen en una tierra blanda y superficial, sino que están arraigados en Dios, asegurados en las grietas de las rocas de la montaña.

Si el cristiano quiere florecer y prosperar, debe hacerlo entre personas que son extrañas a Dios, entre burladores, sujeto al ridículo. Debe permanecer erguido como la palmera en el desierto. El cielo puede ser como bronce, la arena del desierto puede golpear las raíces de la palmera, y apilarse en montones alrededor de su tronco. Sin embargo, el árbol permanece vivo, fresco y vigoroso en medio de las quemantes arenas del desierto. Quitad la arena hasta que lleguéis a las raicillas de la palmera y descubriréis el secreto de su vida; se extiende profundamente bajo la superficie, hacia las aguas secretas ocultas en la tierra.

Así como la palmera, que obtiene su alimento de las fuentes del agua de viva, permanece verde y florida en medio del desierto, también el cristiano puede extraer ricas provisiones de gracia de la fuente del amor de Dios, y puede conducir a las almas cansadas, llenas de inquietud, y listas a perecer en el desierto del pecado, a esas aguas donde puedan beber y vivir. El cristiano siempre está dirigiendo a sus semejantes hacia Jesús, quien invita: "El que tiene sed, venga a mí y beba". Esta fuente nunca nos falla; podemos extraer de ella una vez y otra.

Año bíblico: 2 Rey. 18-19

¡NO UNA RELIGION DE REMIENDO!

Mas el que persevere hasta el fin, éste será salvo. Mat. 24:13.

La religión edificada sobre el yo no tiene valor, porque Dios no transige con los egoístas...

La religión de Cristo es una tela firme, compuesta de innumerables hilos, tejidos juntos con tacto y habilidad. Podemos tejer esta tela únicamente mediante la sabiduría que Dios da. Cuando confiamos en nosotros mismos, ponemos en ella hilos de egoísmo, y la tela queda arruinada.

Hay muchas clases de tela que al principio tienen una hermosa apariencia, pero no soportan la prueba. Los colores no son firmes. Se destiñen. Con el calor del verano se decoloran y desaparecen. Esta clase de tela no puede soportar un trato rudo, y tiene muy poco valor.

Así sucede con la religión. Cuando la trama y la urdimbre de la religión no soportan la prueba de las dificultades, el material de que está compuesta no tiene valor. Y el esfuerzo por remendar la tela vieja con un trozo nuevo, no mejora las condiciones de las cosas, porque el material gastado se rompe cuando lo unen al nuevo, y deja la abertura más grande que antes. Los remiendos no sirven. El único camino a seguir consiste en desechar el vestido viejo y buscar uno nuevo. La religión del yo, compuesta de hilos que se decoloran y ceden bajo la presión de la tentación, debe ser desechada para ser reemplazada por la religión tejida por Aquel en cuya vida el egoísmo no encontró lugar. El plan de Cristo es el único seguro. El declara: "He aquí, yo hago nuevas todas las cosas" (Apoc. 21:5). "Si alguno está en Cristo, nueva criatura es" (2 Cor. 5:17). El Señor no anima a nadie a pensar que él aceptará una religión de remiendos. Tal religión no tiene valor ante su vista. Al principio puede parecer que hay algo de yo y algo de Cristo; pero pronto se verá que no hay nada de Cristo. Los remiendos del egoísmo aumentan hasta que todo el vestido queda cubierto de ellos...

Una religión formada según el modelo divino es la única que perdurará. Unicamente esforzándonos por vivir la vida de Cristo aquí, podremos prepararnos para vivir con él a través de los siglos eternos.

Año bíblico: 2 Rey. 20-21

PARA POSEER LA RIQUEZA INESCRUTABLE DE CRISTO

Que os dé, conforme a las riquezas de su gloria, el ser fortalecidos con poder en el hombre interior por su Espíritu. Efe. 3:16.

Los temas de la redención son temas importantes, y sólo aquellos que están orientados espiritualmente pueden discernir su profundidad y significado. Encontramos nuestra seguridad y gozo al espaciarnos en las verdades del plan de salvación. La fe y la oración son necesarias para poder contemplar las profundas cosas de Dios. Nuestras mentes están tan atadas por ideas estrechas que apenas tenemos una visión limitada de la experiencia que es nuestro privilegio tener...

¿Por qué es que muchos que profesan tener fe en Cristo no tienen fuerza para resistir a las tentaciones del enemigo? Es porque no son fortalecidos con poder por su Espíritu en el hombre interior. El apóstol ora: "A fin de que, arraigados y cimentados en amor, seáis plenamente capaces de comprender con todos los santos cuál sea la anchura, la longitud, la profundidad y la altura, y de conocer el amor de Cristo, que excede a todo conocimiento, para que seáis llenos de toda la plenitud de Dios" (Efe. 3:17-19). Si tuviéramos esta experiencia, conoceríamos algo de la cruz del Calvario. Sabríamos qué significa ser participantes con Cristo en sus sufrimientos. El amor de Cristo nos constreñiría, y aunque no fuéramos capaces de explicar cómo el amor de Cristo alienta nuestros corazones, manifestaríamos su amor en una fervorosa devoción a su causa.

Pablo abre ante la iglesia de Efeso, con el lenguaje más comprensivo, el maravilloso poder y conocimiento que podían poseer como hijos e hijas del Altísimo. Ellos podían ser "fortalecidos con poder", podían ser "arraigados y cimentados en amor", podían "conocer el amor de Cristo, que excede a todo conocimiento"...

Jehová Emanuel, en él están ocultos todos los tesoros de sabiduría y conocimiento. Ser puestos en simpatía con él, poseerlo, a medida que el corazón se abre cada vez más para recibir sus atributos: conocer su amor y poder, poseer la riqueza inescrutable de Cristo... "ésta es la herencia de los siervos de Jehová, y su salvación de mí vendrá, dijo Jehová" (Isa. 54:17).

Año bíblico: 2 Rey. 22-23

¡CASI HEMOS LLEGADO!

Y si me fuere y os preparare lugar, vendré otra vez, y os tomaré a mí mismo, para que donde yo estoy, vosotros también estéis. Juan 14:3.

Han pasado más de mil ochocientos años desde que el Salvador dio la promesa de su venida. A través de los siglos sus palabras han llenado de ánimo el corazón de sus fieles. La promesa todavía no se ha cumplido... pero, no por eso es menos segura la palabra que ha sido hablada.

Cristo vendrá en su propia gloria, en la gloria del Padre, y en la gloria de los santos ángeles. Millones de millones y millares de millares de ángeles, los hermosos y triunfantes hijos de Dios, que poseen una inconmensurable hermosura y gloria, lo escoltarán en su camino. En lugar de la corona de espinas, él llevará una corona de gloria: una corona dentro de una corona. En lugar de ese antiguo manto de púrpura, estará vestido con un ropaje del blanco más puro, tanto que "ningún lavador en la tierra los puede hacer tan blancos" (Mar. 9:3). Y en su vestido y en su muslo habrá escrito un nombre: "Rey de reyes y Señor de señores" (Apoc. 19:16).

Cristo ha sido para estos fieles seguidores un compañero de cada día, un amigo familiar. Han vivido en una estrecha y constante comunión con Dios. Sobre ellos ha aparecido la gloria del Señor. En ellos se ha reflejado la luz del conocimiento de la gloria de Dios en el rostro de Jesucristo. Ahora se gozan en los refulgentes rayos del brillo y la gloria del Rey en su majestad. Están preparados para la comunión del cielo, porque tienen el cielo en sus corazones. Con las cabezas levantadas, con los brillantes rayos del Sol de justicia refulgiendo sobre ellos, regocijándose porque su redención está cerca, salen en busca del Esposo, diciendo: "He aquí, éste es nuestro Dios, le hemos esperado, y nos salvará"...

El tiempo de la demora casi ha terminado. Los peregrinos y extranjeros que durante tanto tiempo han buscado un país mejor, ya casi han llegado... "Por lo cual, oh amados, estando en espera de estas cosas, procurad con diligencia ser hallados por él sin mancha e irreprensibles, en paz" (2 Ped. 3:14).

Año bíblico: 2 Rey. 24-25

NO ES SUFICIENTE
UN CONOCIMIENTO SUPERFICIAL

A quienes Dios quiso dar a conocer las riquezas de la gloria de este misterio entre los gentiles; que es Cristo en vosotros, la esperanza de gloria. Col. 1:27.

Hay muchos misterios en la Palabra de Dios que no comprendemos, y muchos nos contentamos deteniendo nuestra investigación cuando tan sólo hemos comenzado a recibir algo de conocimiento concerniente a Cristo. Cuando comienzan a desplegarse un poco ante la mente los propósitos divinos y comenzamos a obtener un leve conocimiento del carácter de Dios, quedamos satisfechos y pensamos que hemos recibido prácticamente toda la luz que hay para nosotros en la palabra de Dios. Pero la verdad de Dios es infinita... Jesús fue bien claro cuando dijo a sus discípulos "*escudriñad* las Escrituras" (Juan 5:39). Escudriñar significa comparar texto con texto y cosas espirituales con cosas espirituales. No debiéramos satisfacernos con un conocimiento superficial.

No comprendemos ni la mitad de lo que Dios está dispuesto a hacer por su pueblo... Nuestras peticiones, mezcladas con fe y contrición, debieran ascender a Dios en procura de un entendimiento de los misterios que Dios quiere hacer conocer a sus santos... La pluma de un ángel no podría describir toda la gloria del plan revelado de la salvación. La Biblia dice cómo llevó Cristo nuestros pecados y cargó con nuestros dolores. Aquí se revela cómo se unieron la misericordia y la verdad en la cruz del Calvario, cómo se besaron la justicia y la paz, cómo puede ser impartida al hombre caído la justicia de Cristo. Allí se desplegaron infinita sabiduría, infinita justicia, infinita misericordia e infinito amor. Las profundidades, las alturas, las longitudes y las anchuras del amor y la sabiduría, que sobrepasan al entendimiento, se han dado a conocer en el plan de salvación.

El Espíritu de Dios descansará sobre el diligente escudriñador de la verdad. El que desee la verdad en su corazón, que anhele la obra de su poder en la vida y el carácter, ciertamente la tendrá. Dice el Salvador: "Bienaventurados los que tienen hambre y sed de justicia, porque ellos serán saciados" (Mat. 5:6).

Año bíblico: 1 Crón. 1-3

NUESTRO DIVINO REDENTOR

El cual, siendo en forma de Dios, no estimó el ser igual a Dios como cosa a que aferrarse. Fil. 2:6.

Debido a que únicamente la Divinidad podía ser eficaz en la restauración del hombre de la ponzoñosa herida de la serpiente, Dios mismo, en su Unigénito, tomó la naturaleza humana, y en la debilidad de la naturaleza humana mantuvo el carácter de Dios, vindicó su santa ley en todo respecto, y aceptó la sentencia de ira y de muerte para los hijos de los hombres. ¡Qué pensamiento es éste! El que había sido uno con el Padre antes de que fuera hecho el mundo, tuvo tal compasión para el mundo perdido y arruinado por la transgresión, que dio su vida como rescate por él. El que era el resplandor de la gloria del Padre, la expresa imagen de su persona, llevó nuestros pecados en su cuerpo en el madero, sufriendo el castigo de la transgresión del hombre hasta que se satisfizo la justicia y no se requirió más. ¡Cuán grande es la redención que se ha efectuado para nosotros! Tan grande que el Hijo de Dios murió la cruel muerte de la cruz para darnos vida e inmortalidad por la fe en él.

Este admirable problema, cómo podía Dios ser justo y, sin embargo, ser el justificador del pecador, está más allá de la percepción mental humana. Cuando tratamos de sondearlo, se amplía y profundiza más allá de nuestra comprensión. Cuando miramos hacia la cruz del Calvario con el ojo de la fe, y vemos nuestros pecados colocados sobre la víctima que allí pende en debilidad e ignominia, cuando comprendemos el hecho de que éste es Dios, el Padre eterno, el Príncipe de paz, somos impulsados a exclamar: "Mirad cuál amor nos ha dado el Padre" (1 Juan 3:1)...

Cuando el hombre pueda medir el excelso carácter del Señor de los ejércitos, y distinguir entre el Dios eterno y el hombre finito, sabrá cuán grande ha sido el sacrificio del cielo para sacar al hombre de donde estaba caído por la desobediencia para formar parte de la familia de Dios... La divinidad de Cristo es nuestra seguridad de vida eterna... El, quien llevó los pecados del mundo, es nuestro único medio de reconciliación con un Dios santo.

Año bíblico: 1 Crón. 4-6

TIERNO, AMANTE, COMPASIVO

Mas tú, Señor, Dios misericordioso y clemente, lento para la ira, y grande en misericordia y verdad. Sal. 86:15.

Cuando nos sobrevienen grandes dolores, Dios ha ordenado que debemos consolarnos mutuamente con ternura y amor. Nadie vive para sí. Nadie muere para sí. Tanto la vida como la muerte significan algo para cada ser humano... Dios ordena a sus agentes humanos que comuniquen el carácter de Dios, que testifiquen de su gracia, sabiduría y benevolencia, manifestando su amor refinado, tierno, misericordioso. Está escrito que "sus misericordias [están] sobre todas sus obras" (Sal. 145:9)...

Nuestra obra es la de restaurar la imagen moral de Dios en el hombre mediante la abundante gracia que nos es dada por Jesucristo. Por doquiera encontraremos almas listas para morir, y cuán esencial es que Cristo nos dé su compasión, a fin de que nunca coloquemos a un alma en oposición obstinada, por no manifestar amplia tolerancia y tierna compasión... Pregunto, ¿aprenderemos alguna vez la dulzura de Cristo?...

Cristo nos invita a ir a él no sólo para refrigerarnos con su gracia y presencia durante unas pocas horas, y luego apartarnos de su luz para que nos alejemos de él con tristeza y lobreguez. No, no. Nos dice que debemos morar en él y él con nosotros. Dondequiera que se deba hacer su obra, él está presente: tierno, amante y compasivo. Ha preparado, para ti y para mí, un lugar donde morar permanentemente en él. Es nuestro refugio. Nuestra experiencia debiera ampliarse y profundizarse. Jesús ha abierto toda la divina plenitud de su amor inexpresable, y te declara: "Somos colaboradores de Dios" (1 Cor. 3:9). ¡Oh, qué significado tienen estas palabras: "Permaneced en mí" (Juan 15:4), "Llevad mi yugo sobre vosotros" (Mat. 11:29)! ¿Lo llevaremos?, porque la promesa es, "hallaréis descanso para vuestras almas". Hay descanso, descanso pleno en permanecer en Cristo.

Año bíblico: 1 Crón. 7-9

EL ESPIRITU SANTO
ES NUESTRO AYUDADOR

Porque todos los que son guiados por el Espíritu de Dios, éstos son hijos de Dios. Rom. 8:14.

Mediante el ministerio de los ángeles, el Espíritu Santo puede obrar en la mente y el corazón del ser humano y atraerlo a Cristo... Pero el Espíritu de Dios no interfiere con la libertad del ser humano. El Espíritu Santo se da como un ayudador a fin de que el hombre pueda cooperar con la Divinidad, y es dado para que Dios pueda atraer al alma, pero nunca para forzar su obediencia.

Cristo está pronto a impartir toda la influencia celestial. Conoce cada tentación que sobreviene al hombre y las facultades de cada uno. Pesa su fuerza. Ve el presente y el futuro y presenta delante de la mente las obligaciones a las que hará frente y la insta para que las cosas vulgares terrenales no lleguen a ser tan absorbentes que las cosas eternas queden fuera de cómputo. El Señor tiene plenitud de gracia para conferir a cualquiera que reciba el don celestial. El Espíritu Santo pondrá en el servicio de Cristo las facultades confiadas por Dios, y modelará y dará forma al ser humano de acuerdo con el Modelo divino.

El Espíritu Santo es nuestra suficiencia en la obra de edificar el carácter, de formarlo de acuerdo con la semejanza divina. Cometemos un grave error cuando pensamos que somos capaces de modelar nuestra propia vida. Nunca podemos por nosotros mismos vencer la tentación. Pero los que tienen una fe genuina en Cristo serán movidos por el Espíritu Santo. El alma en cuyo corazón habita la fe, crecerá constituyendo un bello templo para el Señor. Será dirigida por la gracia de Cristo. Crecerá en la misma proporción en que dependa de las enseñanzas del Espíritu Santo.

La influencia del Espíritu Santo es la vida de Cristo en el alma. No vemos a Cristo ni le hablamos, pero su Espíritu Santo está tan cerca de nosotros en un lugar como en otro. Obra dentro y por medio de todo el que recibe a Cristo. Aquellos que conocen la morada interna del Espíritu, revelan el fruto del Espíritu: amor, gozo, paz, paciencia, benignidad, bondad, fe.

Año bíblico: 1 Crón. 10-12

DESPRECIADO Y DESECHADO

Despreciado y desechado entre los hombres, varón de dolores, experimentado en quebranto; y como que escondimos de él el rostro, fue menospreciado, y no lo estimamos. Isa. 53:3.

Cuán pocos son los que tienen un concepto de la angustia que desgarró el corazón del Hijo de Dios durante sus treinta años de vida en la tierra. La senda desde el pesebre al Calvario fue ensombrecida por el dolor y la pena. Fue el varón de dolores y soportó tal quebrantamiento de corazón que ningún lenguaje humano puede describir. Podría haber dicho en verdad: "Mirad, y ved si hay dolor como mi dolor que me ha venido" (Lam. 1:12). Su sufrimiento fue la más profunda angustia del alma; ¿y qué hombre pudo haber simpatizado con la angustia del Hijo del Dios infinito? Odiaba el pecado con perfecto odio, y sin embargo atrajo sobre su alma los pecados de todo el mundo al recorrer la senda del Calvario, sufriendo el castigo de los transgresores. Sin culpa, llevó el castigo de los culpables; inocente, sin embargo se ofreció a sí mismo para llevar el castigo por las transgresiones de la ley de Dios. El castigo de los pecados de cada alma fue llevado por el Hijo del Dios infinito. La culpabilidad de cada pecado hizo sentir su peso sobre el alma divina del Redentor del mundo. El que no conoció pecado se hizo pecado por nosotros para que pudiéramos ser hechos justicia de Dios en él. Al tomar la naturaleza humana, se colocó a sí mismo donde fue herido por nuestras transgresiones, molido por nuestros pecados, a fin de que por su llaga pudiéramos ser curados.

En su humanidad, Cristo fue probado por tentaciones tanto más grandes y con tanta mayor energía persistente de lo que es probado el hombre por el maligno, así como su naturaleza es superior a la del hombre. Esta es una verdad misteriosa, profunda, que Cristo está unido a la humanidad por las simpatías más sensitivas. Las malas obras, los malos pensamientos, las malas palabras de cada hijo e hija de Adán oprimieron su alma divina. Los pecados de los hombres determinaron que se lo castigase a él, porque había llegado a ser el sustituto del hombre y tomó sobre sí los pecados del mundo. Llevó los pecados de todo pecador, porque todas las transgresiones se le imputaron... "¿Cómo escaparemos nosotros, si descuidamos una salvación tan grande?" (Heb. 2:3).

Año bíblico: 1 Crón. 13-16

UN ABOGADO REVESTIDO
CON NUESTRA NATURALEZA

Hijitos míos, estas cosas os escribo para que no pequéis; y si alguno hubiere pecado, abogado tenemos para con el Padre, a Jesucristo el justo. 1 Juan 2:1.

Son ilimitados los decretos y dádivas de Dios en nuestro favor. El mismo trono de gracia está ocupado por Aquel que nos permite que lo llamemos Padre... Ha colocado a su diestra a un Abogado revestido con nuestra naturaleza. Como nuestro Intercesor, la obra de Cristo es presentarnos ante Dios como a sus hijos e hijas. Intercede a favor de los que lo reciben. Con su propia sangre ha pagado el precio de su rescate. Por virtud de sus propios méritos les da poder para llegar a ser miembros de la familia real, hijos del Rey celestial. Y el Padre demuestra su infinito amor por Cristo al recibir y dar la bienvenida a los amigos de Cristo como a sus amigos. Está satisfecho con la expiación efectuada. Es glorificado con la encarnación, la vida, la muerte y la mediación de su Hijo.

Nuestras peticiones ascienden al Padre en el nombre de Cristo. El intercede en nuestro favor, y el Padre abre todos los tesoros de su gracia a nuestra disposición para que los disfrutemos y los impartamos a otros...

Cristo es el vínculo entre Dios y el hombre... Coloca toda la virtud de su justicia del lado del suplicante. Ruega por el hombre, y el hombre que necesita ayuda divina suplica por sí mismo en la presencia de Dios, usando la influencia de Aquel que dio su vida por la vida del mundo. Cuando reconocemos delante de Dios nuestro aprecio por los méritos de Cristo, se añade fragancia a nuestras intercesiones. Cuando nos acercamos a Dios mediante la virtud de los méritos del Redentor, Cristo nos coloca muy cerca de su lado, rodeándonos con su brazo humano, mientras su brazo divino se aferra del trono del Infinito. Pone sus méritos, como dulce incienso, en el incensario de nuestras manos a fin de animar nuestras peticiones...

Sí, Cristo se ha convertido en el intermediario de la oración entre el hombre y Dios. También se ha convertido en el intermediario de bendición entre Dios y el hombre.

Año bíblico: 1 Crón. 17-20

LA PERLA PRECIOSA

También el reino de los cielos es semejante a un mercader que busca buenas perlas, que habiendo hallado una perla preciosa, fue y vendió todo lo que tenía, y la compró. Mat. 13:45-46.

Esta buena perla representa el inapreciable tesoro de Cristo, así como también el tesoro oculto en el campo. En Cristo tenemos todo lo que necesitamos para nosotros en esta vida, y lo que constituirá el gozo del mundo venidero. Todo el dinero del mundo no comprará el don de la paz, el descanso y el amor. Recibimos estos dones por la fe en Cristo. No podemos comprarlos de Dios; no tenemos nada con qué comprarlos. Somos la propiedad de Dios; pues la mente, el cuerpo y el alma han sido comprados por el rescate de la vida del Hijo de Dios...

Entonces, ¿con qué se ha de comprar el tesoro eterno? Sencillamente, devolviéndole a Jesús lo que le pertenece, recibiéndolo en el corazón por fe. Significa cooperación con Dios; llevar el yugo con Cristo; sostener sus cargas... El Señor Jesús puso a un lado su corona real, abandonó su puesto de alto mando, revistió su divinidad con humanidad a fin de que por medio de la humanidad pudiera elevar a la raza humana. De tal modo apreció las posibilidades de la raza humana, que se convirtió en el sustituto y seguridad del hombre. Coloca sus propios méritos sobre el hombre y así lo eleva en la escala de valor moral con Dios.

Cristo es el sacrificio expiatorio. Dejó la gloria del cielo, abandonó sus riquezas, puso a un lado su honra, no con el propósito de crear amor e interés para el hombre en el corazón de Dios, sino para ser un exponente del amor que existía en el corazón del Padre; pagó el precio de todas sus riquezas, asumió la humanidad, condescendió a una vida de pobreza y humillación, para poder buscar y salvar lo que se había perdido.

Por la gracia de Cristo podemos ser fortalecidos y madurados para que, aunque somos imperfectos, podamos llegar a ser completos en él. Nos hipotecamos a Satanás, pero Cristo vino a rescatarnos y redimirnos... No podemos comprar nada de Dios. Somos salvados únicamente por gracia, el don gratuito de Dios en Cristo.

Año bíblico: 1 Crón. 21-24

PROVISIONES PARA CADA EMERGENCIA

¿Cómo escaparemos nosotros, si descuidamos una salvación tan grande? La cual, habiendo sido anunciada primeramente por el Señor, nos fue confirmada por los que oyeron. Heb. 2:3.

El divino Autor de la salvación no dejó nada incompleto en el plan; cada una de sus fases es perfecta. El pecado de todo el mundo fue colocado sobre Jesús, y la Divinidad prodigó en Jesús su más alto valor a la humanidad doliente, para que todo el mundo pudiera ser perdonado por fe en el Sustituto. El más culpable no necesita tener temor de que Dios no lo perdone, porque será remitido el castigo de la ley debido a la eficacia del sacrificio divino. Mediante Cristo, puede volver a su obediencia a Dios.

¡Cuán maravilloso es el plan de la redención en su sencillez y plenitud! No sólo proporciona el perdón pleno al pecador, sino también la restauración del transgresor, preparando un camino por el cual puede ser aceptado como hijo de Dios. Por medio de la obediencia puede poseer amor, paz y gozo. Su fe puede unirlo en su debilidad con Cristo, la Fuente de fortaleza divina; y mediante los méritos de Cristo puede hallar la aprobación de Dios porque Cristo ha satisfecho las demandas de la ley, e imputa su justicia al alma penitente que cree...

¡Qué maravilloso amor fue desplegado por el Hijo de Dios!... Cristo toma al pecador en su más profunda degradación y lo purifica, refina y ennoblece. Contemplando a Jesús tal como es, se transforma el pecador y es elevado a la misma cumbre de la dignidad, llegando aun a sentarse con Cristo en su trono...

El plan de la redención responde a cada emergencia y a cada necesidad del alma. Si fuera deficiente en alguna forma, el pecador podría hallar excusa que defienda el descuido de sus requisitos, pero el Dios infinito conocía cada necesidad humana y ha hecho amplia provisión para suplirla... ¿Qué, pues, podrá decir el pecador en el gran día del juicio final sobre por qué se negó a brindar atención, concienzuda y ferviente, a la salvación que se le ha ofrecido?

Año bíblico: 1 Crón. 25-27

UNA FE QUE PURIFICA LA VIDA

Mas tú, oh hombre de Dios, huye de estas cosas, y sigue la justicia, la piedad, la fe, el amor, la paciencia, la mansedumbre. Pelea la buena batalla de la fe, echa mano de la vida eterna, a la cual asimismo fuiste llamado, habiendo hecho la buena profesión delante de muchos testigos. 1 Tim. 6:11-12.

Muchos enseñan que lo único necesario para la salvación es creer en Jesús. Pero, ¿qué dice la Palabra de verdad? "La fe sin obras está muerta" (Sant. 2:26). Hemos de pelear "la buena batalla de la fe", echar "mano de la vida eterna", tomar la cruz, negarnos a nosotros mismos, luchar contra la carne y seguir diariamente en las pisadas del Redentor...

Es un error fatal pensar que no hay nada que debéis hacer para obtener la salvación. Habéis de cooperar con los seres celestiales... Hay una cruz que debe levantarse en el sendero, una muralla que escalar antes de que entréis en la ciudad eterna, una escalera que subir antes de llegar a la puerta de perlas; y cuando comprendáis vuestra incapacidad y debilidad y claméis pidiendo ayuda, desde los bastiones celestiales oiréis una voz que diga: Echa "mano... de mi fortaleza" (Isa. 27:5, VM).

El conflicto reñido entre Cristo y Satanás se renueva en cada alma que abandona el negro estandarte del príncipe de las tinieblas para marchar bajo el estandarte teñido de sangre del Príncipe Emanuel. El maligno presentará las más sutiles tentaciones para apartar de su fidelidad a los que debieran ser leales al cielo, pero debemos rendir todos los poderes de nuestro ser al servicio de Dios, y entonces se nos guardará de caer en las trampas del enemigo...

Cualquier proceder que debilite vuestras facultades físicas o mentales, os incapacita para el servicio de vuestro Creador. Hemos de amar a Dios de todo nuestro corazón y si nuestro ojo fuere sincero para su gloria, comeremos, beberemos y nos revestiremos de su divina voluntad. Todo aquel que comprenda lo que significa ser cristiano, se purificará a sí mismo de todo lo que debilite y manche. Todos sus hábitos se pondrán en armonía con los requisitos de la Palabra de verdad, y él no sólo creerá sino que obrará su propia salvación con temor, mientras se somete al amoldamiento del Espíritu Santo.

Año bíblico: 1 Crón. 28-29

HIJOS, NO SIERVOS

Así que, recibiendo nosotros un reino inconmovible, tengamos gratitud, y mediante ella sirvamos a Dios agradándole con temor y reverencia. Heb. 12:28.

Hay muchos que profesan ser seguidores de Cristo, y sin embargo no son hacedores de su Palabra. No saborean esa Palabra porque les indica servicio que no les es agradable. No les gustan los sanos e íntimos reproches, las fervientes exhortaciones. No aman la justicia, pero son dominados despóticamente por sus propios impulsos humanos caprichosos.

Significa una enorme diferencia la forma en que servimos a Dios. El muchacho que estudia a regañadientes sus lecciones porque tiene que aprenderlas, nunca será un verdadero estudiante. El hombre que pretende guardar los mandamientos de Dios porque piensa que debe hacerlo, nunca entrará en el gozo de la obediencia.

La esencia y sabor de toda obediencia es la manifestación externa de un principio interno: el amor a la justicia, el amor a la ley de Dios. La esencia de toda justicia es lealtad a nuestro Redentor, hacer lo correcto porque es correcto. Cuando la Palabra de Dios es una carga porque corta directamente a través de las inclinaciones humanas, entonces la vida religiosa no es una vida cristiana, sino un esfuerzo penoso y tirantez, una obediencia forzada. Se han puesto a un lado toda la pureza y la piedad de la religión.

Pero la adopción en la familia de Dios nos hace hijos y no esclavos. Cuando el amor de Cristo entra en el corazón, nos esforzamos por imitar el carácter de Cristo... Mientras más estudiamos la vida de Cristo dispuestos a obedecer, más semejantes a Cristo nos volvemos. El Espíritu Santo infunde claro entendimiento en el corazón de cada verdadero hacedor de la Palabra. Mientras más crucificamos las prácticas egoístas impartiendo nuestras bendiciones a otros y ejerciendo nuestras facultades recibidas de Dios, más se fortalecerán las gracias celestiales y aumentarán en nosotros. Creceremos en espiritualidad, en paciencia, en fortaleza, en humildad, en delicadeza... Los carros en un tren no sólo están conectados a la locomotora; recorren la misma vía. ¿A quién estamos siguiendo?

Año bíblico: 2 Crón. 1-4

PERMANECIENDO EN CRISTO

Permaneced en mí, y yo en vosotros. Como el pámpano no puede llevar fruto por sí mismo, si no permanece en la vid, así tampoco vosotros, si no permanecéis en mí. Juan 15:4.

"Permaneced en mí" son palabras de gran significado. Permanecer en Cristo significa una fe viviente, ferviente, refrigerante que obra por el amor y purifica el alma. Significa una recepción constante del espíritu de Cristo, una vida de entrega sin reservas a su servicio. Donde exista esta unión, aparecerán las buenas obras. La vida de la vid se manifestará en fragantes frutos en las ramas. La continua provisión de la gracia de Cristo os bendecirá y os convertirá en una bendición, hasta que podáis decir con Pablo: "Con Cristo estoy juntamente crucificado, y ya no vivo yo, mas vive Cristo en mí" (Gál. 2:20).

La sagrada unión con Cristo unirá a los hermanos con los más afectuosos vínculos del compañerismo cristiano. Sus corazones serán tocados con la compasión divina mutua... La frialdad, la discordia, la contienda, están completamente fuera de lugar entre los discípulos de Cristo. Han aceptado la fe única. Se han unido para servir a un Señor, para soportar la misma contienda, para esforzarse en procura del mismo objetivo, y para triunfar en la misma causa. Han sido comprados con la misma sangre preciosa, y han salido para predicar el mismo mensaje de salvación.

Los que continuamente están recibiendo fuerza de Cristo, poseerán su espíritu. No serán descuidados ni en palabras ni en conducta. Descansará sobre su alma una permanente comprensión de lo que ha costado su salvación en el sacrificio del amado Hijo de Dios. Como una fresca y vívida representación, se presentarán ante su mente las escenas del Calvario, y se someterá su corazón y se enternecerá por esta maravillosa manifestación del amor de Cristo en ellos. Considerarán a otros como comprados por su sangre preciosa, y los que están unidos con Cristo les parecerán nobles y elevados y sagrados, debido a esa relación. La muerte de Cristo en el Calvario deberá conducirnos a apreciar a las almas tal como él. Su amor ha magnificado el valor de cada hombre, mujer y niño.

Año bíblico: 2 Crón. 5-7

UNA VIDA DE FORTALEZA

Me es necesario hacer las obras del que me envió, entre tanto que el día dura; la noche viene, cuando nadie puede trabajar. Juan 9:4.

La vida cristiana no consiste meramente en el ejercicio de la humildad, la paciencia, la mansedumbre y la bondad. Uno puede poseer estos preciosos y amables rasgos, y sin embargo faltarle nervio y espíritu, y ser casi inútil cuando la obra es difícil. A tales personas les falta una actitud positiva, energía, solidez y fortaleza de carácter que las capacitarían para resistir el mal y las convertirían en un poder en la causa de Dios.

Jesús fue nuestro ejemplo en todas las cosas, y fue un trabajador ferviente y constante. Comenzó su vida de utilidad en la niñez. A los doce años ya estaba ocupado "en los negocios de su Padre". Entre los doce y los treinta años, antes de que comenzara su ministerio público, vivió una vida de activa laboriosidad. Jesús nunca estuvo ocioso en su ministerio. Dijo: "Debo obrar las obras del que me envió". Los dolientes que iban a él nunca eran despedidos sin alivio. Conocía cada corazón y sabía cómo ministrar a sus necesidades. De sus labios salían amantes palabras para consolar, animar y bendecir, y los grandes principios del reino de los cielos fueron presentados delante de las multitudes en palabras tan simples que todos podían entenderlas.

Jesús era un trabajador silencioso y abnegado. No procuraba fama, riquezas, ni aplausos; ni tampoco tenía en cuenta su comodidad y placer... No rehuía los cuidados y responsabilidades como lo hacen tantos de sus profesos seguidores...

Las demandas de Cristo con respecto a nuestro servicio son nuevas cada día. No importa cuán completa haya sido nuestra consagración cuando nos convertimos, no nos valdrá de nada a menos que la renovemos diariamente, pero una consagración que abarca realmente lo presente es fresca, genuina y aceptable a Dios. No tenemos semanas y meses para estar a los pies del Señor, el mañana no es nuestro, porque no lo hemos recibido todavía, pero hoy podemos trabajar para Jesús. Hoy podemos rendir nuestros planes y propósitos ante él para su inspección y aprobación... Este es el día de Dios, y usted es su jornalero.

Año bíblico: 2 Crón. 8-9

JESUS NUESTRO TODO

Mas por él estáis vosotros en Cristo Jesús, el cual nos ha sido hecho por Dios sabiduría, justificación, santificación y redención. 1 Cor. 1:30.

El crecimiento en el conocimiento del carácter de Cristo es lo que santifica el alma. Discernir y apreciar la maravillosa obra de la expiación, transforma al que contempla el plan de salvación. Contemplando a Cristo, se transforma a la misma imagen de gloria en gloria, como por el Espíritu del Señor. La contemplación de Jesús llega a ser un proceso ennoblecedor y refinador... La perfección del carácter de Cristo es la inspiración del cristiano...

Cristo nunca debería estar fuera de la mente. El ángel dijo acerca de él: "Llamarás su nombre Jesús, porque él salvará a su pueblo de sus pecados' (Mat. 1:21). Jesús, ¡precioso Salvador! En él se encuentra todo: seguridad, ayuda y paz. El es quien despeja todas nuestras dudas; las arras de todas nuestras esperanzas. ¡Cuán precioso es el pensamiento de que ciertamente podemos ser participantes de la naturaleza divina, por la cual podemos vencer como venció Cristo! Jesús es la plenitud de nuestra expectativa. Es la melodía de nuestros himnos, la sombra de una gran roca para los cansados. Es agua viviente para el alma sedienta. Es nuestro refugio en la tormenta. Nuestra justificación, nuestra santificación, nuestra redención.

El poder de Cristo ha de ser el consuelo, la esperanza, la corona de gozo de todos los que siguen a Jesús en sus conflictos, en sus luchas en la vida. El que ciertamente sigue al Cordero de Dios que quita los pecados del mundo, puede exclamar mientras avanza: "Esta es la victoria que ha vencido al mundo, nuestra fe" (1 Juan 5:4).

¿Qué clase de fe es la que vence al mundo? Es la que hace de Cristo vuestro Salvador personal, la fe que, reconociendo vuestra impotencia, vuestra completa incapacidad de salvaros a vosotros mismos, se aferra del Ayudador que es poderoso para salvar, como de vuestra única esperanza. Es fe que no será desanimada, que escucha la voz de Cristo que dice: "Confiad, yo he vencido al mundo, y mi fortaleza divina es vuestra"... "He aquí yo estoy con vosotros todos los días".

Año bíblico: 2 Crón. 10-13

LA VENIDA DEL CONSOLADOR

Y yo rogaré al Padre, y os dará otro Consolador, para que esté con vosotros para siempre: el Espíritu de verdad, al cual el mundo no puede recibir, porque no le ve, ni le conoce; pero vosotros le conocéis, porque mora con vosotros, y estará en vosotros. Juan 14:16-17.

Cristo estaba por irse a su hogar celestial, pero aseguró a sus discípulos que enviaría al Consolador que habitaría con ellos para siempre. Todos pueden confiar implícitamente en la dirección de ese Consolador. Es el Espíritu de verdad; pero el mundo no puede ver ni recibir esa verdad...

Cristo quería que sus discípulos comprendieran que no los dejaría huérfanos. "No os dejaré huérfanos", declaró; "vendré a vosotros" (Juan 14:18). ¡Preciosa y gloriosa seguridad de vida eterna! Aunque Cristo iba a estar ausente, la relación de ellos con él había de ser como la de un hijo con su padre...

Las palabras dirigidas a los discípulos nos llegan a través de las palabras de ellos. El Consolador es nuestro tanto como de ellos, en todos los tiempos y en todos los lugares, en todos los dolores y en todas las aflicciones, cuando las perspectivas parecen oscuras y confuso el futuro, y nos sentimos desvalidos y solos. Entonces es cuando el Consolador será enviado en respuesta a la oración de fe.

No hay consolador como Cristo, tan tierno y tan leal. Está conmovido por los sentimientos de nuestras debilidades. Su Espíritu habla al corazón. Las circunstancias pueden separarnos de nuestros amigos; el amplio e inquieto océano puede agitarse entre nosotros y ellos. Aunque exista su sincera amistad, quizá no puedan demostrarla haciendo para nosotros lo que recibiríamos con gratitud. Pero ninguna circunstancia ni distancia puede separarnos del Consolador celestial. Doquiera estemos, doquiera vayamos, siempre está allí, Alguien que está en el lugar de Cristo para actuar por él. Siempre está a nuestra diestra para dirigirnos palabras suaves y amables, para apoyar, sostener, defender y animar. La influencia del Espíritu Santo es la vida de Cristo en el alma. Este Espíritu obra dentro y por medio de cada uno que recibe a Cristo. Aquellos que conocen la morada interna del Espíritu, revelan el fruto del Espíritu: amor, gozo, paz, paciencia, benignidad, bondad, fe.

Año bíblico: 2 Crón. 14-16

EDIFICANDOOS LOS UNOS A LOS OTROS

Así que, los que somos fuertes debemos soportar las flaquezas de los débiles, y no agradarnos a nosotros mismos. Rom. 15:1.

Dios no quiere que nos coloquemos en el tribunal y nos juzguemos unos a otros... Cuando vemos errores en otros, recordemos que tenemos faltas más graves, quizá, a la vista de Dios, que la falta que condenamos en nuestro hermano. En vez de publicar sus defectos, pedid a Dios que lo bendiga, y ayudadlo a vencer su error. Cristo aprobará este espíritu y proceder, y abrirá el camino para que habléis una palabra de sabiduría que fortalecerá y ayudará al que es débil en la fe.

La tarea de edificación mutua en la santísima fe es una obra bendita; pero la tarea de derribar es una obra llena de amargura y dolor. Cristo se identifica a sí mismo con sus hijos dolientes; pues dice: "En cuanto lo hicisteis a uno de estos mis hermanos más pequeños, a mí lo hicisteis" (Mat. 25:40)... Cada corazón tiene sus propios dolores y desengaños, y debemos procurar aliviarnos mutuamente las cargas manifestando el amor de Jesús a los que nos rodean. Si nuestra conversación fuera sobre el cielo y las cosas celestiales, pronto las malas conversaciones dejarían de atraernos...

En vez de encontrar faltas en otros, examinémonos a nosotros mismos. La pregunta de cada uno de nosotros debiera ser: ¿Es recto mi corazón delante de Dios? ¿Glorificará a mi Padre celestial este proceder? Si habéis fomentado un mal espíritu, desterradlo del alma. Vuestro deber es desarraigar del corazón todo lo que contamine; debiera arrancarse cada raíz de amargura, para que otros no se contaminen con su perniciosa influencia. No permitáis que quede en el terreno del corazón ninguna planta venenosa. Arrancadla esta misma hora, y plantad en su lugar la planta del amor. Entronícese a Jesús en el alma.

Cristo es nuestro ejemplo. El fue haciendo bienes. Vivió para bendecir a otros. El amor embelleció y ennobleció todas sus acciones, y se nos ordena que sigamos sus pisadas.

Año bíblico: 2 Crón. 17-20

ABRIENDO LOS MISTERIOS
DE LA REDENCION

Entonces les abrió el entendimiento, para que comprendiesen las Escrituras. Luc. 24:45.

El Señor desea que tengamos una experiencia más profunda y rica en el conocimiento de nuestro Señor y Salvador Jesucristo. Quiere que aumente nuestro conocimiento, no en cosas terrenas sino en las celestiales que conducen a Cristo, nuestra Cabeza viviente. ¿Cuán elevado, cuán grande ha de ser este conocimiento? Debe ser de tal naturaleza que nos haga alcanzar la plena estatura de hombres y mujeres en Cristo Jesús. No podemos crecer demasiado, no podemos juntar demasiado de los preciosos rayos de luz que Dios nos envía...

Sabemos que falsedades se acercan como una rápida corriente, y esa es precisamente la razón por la que deseamos cada rayo de luz que Dios tiene para nosotros, para poder permanecer de pie entre los peligros de los últimos días...

¡Cómo anhela Cristo abrirnos los misterios de la redención! Quería hacerlo por sus discípulos cuando vivió con ellos, pero ellos no habían progresado lo suficiente espiritualmente para comprender sus palabras. Tuvo que decirles: "Aún tengo muchas cosas que deciros, pero ahora no las podéis sobrellevar" (Juan 16:12). ¡Cuánto mejor habrían podido soportar la terrible prueba por la que tuvieron que pasar en su juicio y crucifixión, si hubieran progresado y sido capaces de comprender las instrucciones de Cristo! ¿No permitiremos que Jesús abra nuestro entendimiento?...

Estamos en los bordes del mundo eterno, y debemos dar un testimonio con el cual todo el cielo debe concordar.

¡El Señor viene y debemos estar preparados! Cada momento deseo tener su gracia, deseo el ropaje de la justicia de Cristo. Debemos humillar nuestras almas delante de Dios como nunca antes, acudir a postrarnos a los pies de la cruz, y él pondrá en nuestras bocas palabras para dar testimonio de él y dar alabanza a nuestro Dios. El nos enseñará un acorde del canto de los ángeles, aun acción de gracias a nuestro Padre celestial. No podemos hacer nada por nosotros mismos, pero Dios desea tocar nuestros labios con un carbón vivo del altar. Quiere santificar nuestra lengua, quiere santificar todo nuestro ser.

Año bíblico: 2 Crón. 21-23

VERDADES QUE TRANSFORMAN

Porque la palabra de Dios es viva y eficaz, y más cortante que toda espada de dos filos; y penetra hasta partir el alma y el espíritu, las coyunturas y los tuétanos, y discierne los pensamientos y las intenciones del corazón. Heb. 4:12.

Las verdades de la Biblia, atesoradas en el corazón y la mente, y obedecidas en la vida, convencen y convierten el alma, transforman el carácter y consuelan y elevan el corazón... La Palabra hace humilde al orgulloso, hace manso y contrito al perverso, al desobediente lo torna obediente. Los hábitos pecaminosos naturales para el hombre están entretejidos en la práctica diaria. Pero la Palabra corta y desecha la concupiscencia, discierne los pensamientos y las intenciones de la mente. Divide las coyunturas y los tuétanos, quitando los deseos de la carne, haciendo que los hombres estén dispuestos a sufrir por su Señor.

El servicio por Cristo es algo celestial, santo y bendito. Hay que escudriñar diligentemente la Palabra, porque el ministerio de la Palabra revela las imperfecciones de nuestro carácter y nos enseña que la santificación del Espíritu es una obra ideada por el cielo, y presenta en Cristo Jesús la verdadera perfección que, si se mantiene, llegará a ser un todo perfecto en beneficio de cada alma.

Si sois cristianos inteligentes, mantendréis la vitalidad religiosa y no seréis desanimados por las dificultades... Obraréis las obras de Dios en la penumbra tanto como en la gloria, en la sombra tanto como a la luz del sol, en la prueba como en la paz. Debéis atesorar la verdad en vuestros corazones como también incorporarla en el ser, para que ninguna tentación o argumento os induzca a ceder a los engaños o artimañas de Satanás. La verdad es preciosa. Ha provocado cambios importantes en la vida y el carácter, y ha ejercido una influencia dominadora sobre las palabras, el comportamiento, los pensamientos y la experiencia. El alma que estima la verdad vive bajo su influencia y siente la tremenda realidad de las cosas eternas. No vive para sí misma, sino para Jesucristo que murió por ella. Para ella, Dios vive y conoce perfectamente sus palabras y acciones.

Año bíblico: 2 Crón. 24-25

UN REFUGIO SEGURO

Por nada estéis afanosos, sino sean conocidas vuestras peticiones delante de Dios en toda oración y ruego, con acción de gracias. Fil. 4:6.

No es la voluntad de Dios que sus hijos estén abrumados por las preocupaciones. Pero nuestro Señor no nos engaña. No nos dice: "No temáis; no hay peligro en vuestra senda". Sabe que hay pruebas y peligros, y no trata de ocultarlos. No se propone sacar a su pueblo de un mundo de pecado y maldad, pero les señala un refugio seguro...

¿Cómo podemos permanecer en la duda, preguntándonos si Jesús nos ama, pecadores como somos, y llenos de flaquezas? Se entregó por nosotros para redimirnos de toda iniquidad y purificarnos como pueblo suyo peculiar, celoso de buenas obras. Vino al mundo en forma de hombre, para familiarizarse con las aflicciones y las tentaciones que asedian la senda humana, y para saber cómo ayudar al cansado con su ofrecimiento de descanso y paz. Pero miles y miles rehúsan su ayuda, y únicamente se aferran con más firmeza de sus preocupaciones. El va junto a los afligidos y les ofrece suavizar su aflicción y curar su angustia... A los chasqueados, los incrédulos y los desventurados les ofrece contentamiento mientras les señala las mansiones que está preparando para ellos... Jesús, nuestro precioso Salvador, debería ocupar el primer lugar en nuestros pensamientos y afectos, y deberíamos depender de él con toda confianza...

Cada día deberíamos enfrentar sus pruebas y tentaciones con el poder de Jesús. Si fallamos un día aumentamos la carga del siguiente y tenemos menos fuerza. No deberíamos anublar el futuro por nuestro descuido en el presente; pero realizando cuidadosamente los deberes de hoy debemos prepararnos para hacer frente a las emergencias del mañana.

Necesitamos cultivar un espíritu de alegría... Siempre miremos el lado brillante de la vida y seamos esperanzados, llenos de amor y buenas obras, regocijándonos siempre en el Señor. "Y la paz de Dios gobierne en vuestros corazones... y sed agradecidos" (Col. 3:15).

Año bíblico: 2 Crón. 26-28

UNA FE PROGRESIVA

Pero sin fe es imposible agradar a Dios; porque es necesario que el que se acerca a Dios crea que le hay, y que es galardonador de los que le buscan. Heb. 11:6.

Ha llegado el tiempo cuando hemos de esperar abundantes bendiciones del Señor. Debemos ascender a una norma más elevada en lo que concierne a la fe. Tenemos demasiado poca fe. La Palabra de Dios es nuestra garantía. Debemos recibirla creyendo con sencillez cada palabra. Con esta seguridad podemos pedir cosas grandes, y se nos concederán según sea nuestra fe...

La obra de la fe significa más de lo que nos imaginamos. Significa una confianza genuina en la Palabra de Dios tal como es. Por nuestras acciones debemos mostrar que creemos que Dios hará lo que ha dicho. Las ruedas de la naturaleza y de la providencia no pueden retroceder ni estarse quietas. Debemos tener una fe progresiva y eficaz, una fe que obre por amor y purifique el alma de todo vestigio de egoísmo. No debemos depender de nosotros, sino de Dios. No debemos albergar incredulidad. Debemos tener esa fe que acepta la Palabra de Dios como veraz...

La verdadera fe consiste en hacer lo que Dios ha ordenado, y no las cosas que no ha prescripto. Los frutos de la fe son la justicia, la verdad y la misericordia. Necesitamos andar en la luz de la ley de Dios; las buenas obras serán el fruto de nuestra fe, las obras de un corazón renovado diariamente. El árbol debe ser hecho bueno antes de que su fruto pueda ser bueno. Debemos estar enteramente consagrados a Dios. Nuestra voluntad debe corregirse antes de que su fruto pueda ser bueno. No debemos tener una religión antojadiza. "Hacedlo todo para la gloria de Dios" (1 Cor. 10:31).

¡Oh qué campo se abre ante mí! Nuestro pueblo necesita la obra profunda del Espíritu de Dios cada día. Debe tener una fe que obra por el amor, una fe que emana de Dios. No debe existir ni una fibra de egoísmo entretejida en la tela. Cuando nuestra fe obra por amor, un amor tal como el que Cristo reveló en su vida, tendrá una textura firme; será el fruto de una voluntad doblegada. Pero Cristo no puede habitar en nosotros sino hasta que muere el yo. No es sino hasta que muera el yo que podremos poseer una fe que obra por amor y purifica el alma.

Año bíblico: 2 Crón. 29-31

EL PODEROSO LIBERTADOR

Extendí mis manos todo el día a pueblo rebelde, el cual anda por camino no bueno, en pos de sus pensamientos. Isa. 65:2.

El Señor Dios, mediante Cristo, extiende su mano durante todo el día invitando al necesitado. Recibirá a todos. Da a todos la bienvenida. No rechaza a ninguno. Se gloría en perdonar al más empedernido de los pecadores. Quitará la presa al valiente y librará a los cautivos; arrebatará el tizón del fuego. Hará descender la cadena dorada de su misericordia a las mayores profundidades de la desdicha humana y de la culpa, y levantará al alma envilecida, contaminada por el pecado. Pero el ser humano debe querer aproximarse y colaborar en la obra de salvar su alma, utilizando las oportunidades que Dios le da. El Señor no fuerza a ninguno. El inmaculado vestido de bodas de la justicia de Cristo está preparado para cubrir al pecador; pero si éste lo rehúsa, debe perecer.

El registro del pasado puede borrarse con la sangre de Cristo, y la página puede quedar limpia y blanca. "Venid luego, dice Jehová, y estemos a cuenta: si vuestros pecados fueren como la grana, como la nieve serán emblanquecidos; si fueren rojos como el carmesí, vendrán a ser como blanca lana" (Isa. 1:18).

Las palabras pronunciadas por Jesús "Tus pecados te son perdonados" (Mat. 9:2), tienen un inmenso valor para nosotros. El dijo: He llevado tus pecados en mi propio cuerpo en la cruz del Calvario. El ve vuestras aflicciones. Su mano se posa sobre la cabeza de cada alma contrita, y Jesús se convierte en nuestro Abogado delante del Padre, y nuestro Salvador. El corazón humillado y contrito recibirá una gran bendición con el perdón...

Podemos repetir a otros su tierna compasión, a otros que vagan en el laberinto del pecado. Debemos revelar tiernamente a otros la gracia de Cristo que nos ha sido manifestada. El alma se llenará de una gran ternura y compasión por seres humanos que todavía están bajo el control de Satanás. Cristo se multiplicará en cada hombre y mujer que cree en él, porque habrán de vivir nuevamente la vida de Cristo al bendecir, iluminar y brindar esperanza, paz y gozo a otros corazones.

Año bíblico: 2 Crón. 32-33

COMO LIBRARSE DE LA CULPA

¿Qué Dios como tú, que perdona la maldad, y olvida el pecado del remanente de su heredad? No retuvo para siempre su enojo, porque se deleita en misericordia. Miq. 7:18.

Me alegro porque nuestros sentimientos no son evidencia de que no somos hijos de Dios. El enemigo os tentará para que penséis que habéis hecho cosas que os han separado de Dios, y que él ya no os ama más, pero nuestro Señor todavía nos ama...

Apartad la vista de vosotros y mirad la perfección de Cristo. No podemos fabricar una justicia por nosotros mismos. Cristo tiene en su mano los puros mantos de justicia, y los pondrá sobre nosotros. Hablará dulces palabras de perdón y promesa. Presenta a nuestra alma sedienta fuentes de agua viva para refrescarnos. Nos pide que acudamos a él con todas nuestras cargas, todas nuestras aflicciones, y nos dice que hallaremos reposo...

Jesús ve la culpa del pasado, y perdona, y no debemos deshonrarlo dudando de su amor. Este sentimiento de culpa debe colocarse a los pies de la cruz en el Calvario. El sentimiento de pecaminosidad ha envenenado las fuentes de la vida y de la verdadera felicidad. Ahora Jesús dice: "Echadlo todo sobre mí. Yo tomaré vuestros pecados; os daré paz. No sigáis despreciando vuestro respeto propio, porque os he comprado con el precio de mi propia sangre. Me pertenecéis. Fortaleceré vuestra débil voluntad, y quitaré vuestro remordimiento por el pecado". Entonces, volved hacia él vuestro corazón agradecido, temblando por la incertidumbre, y apoderaos de la esperanza que se os da. Dios acepta vuestro corazón quebrantado y contrito, y os concede perdón gratuito. El ofrece adoptaros en su familia, con su gracia para ayudar vuestra debilidad, y el querido Salvador os conducirá paso a paso, al colocar vuestra mano en la suya y permitir que él os guíe.

Buscad las preciosas promesas de Dios. Si Satanás interpone amenazas ante vuestra mente, volveos de ellas y aferraos de las promesas, y permitid que vuestra alma sea aliviada por su brillo. La nube es oscura en sí misma, pero cuando se llena con la luz, se transforma con el brillo del oro, porque la gloria de Dios está sobre ella.

Año bíblico: 2 Crón. 34-36

EL UNICO CAMINO SEGURO

Entonces tus oídos oirán a tus espaldas palabra que diga: Este es el camino, andad por él; y no echéis a la mano derecha, ni tampoco torzáis a la mano izquierda. Isa. 30:21.

Sé que los seres humanos sufren mucho porque salen de la senda que Dios ha elegido para ellos. Caminan a la luz de las chispas del fuego que ellos mismos han encendido, y el resultado inevitable es la aflicción, la intranquilidad y el pesar, males que habrían podido evitar, si hubieran sometido su voluntad a la de Dios, y le hubieran permitido dirigir sus pasos. Dios considera necesario contradecir nuestra voluntad y proceder, y poner bajo sujeción nuestra voluntad humana.

Cualquiera que sea la senda que Dios ha escogido para nosotros, cualquiera que sea el camino que ordena para nuestros pies, ése es el único camino de seguridad. Diariamente debemos manifestar el espíritu de sumisión infantil, y orar para que nuestros ojos sean ungidos con el colirio celestial, a fin de que podamos discernir las indicaciones de la voluntad divina, para que no se confundan nuestras ideas a causa de la omnipotencia de nuestra propia voluntad. Con los ojos de la fe, con una sumisión infantil como hijos obedientes, debemos mirar a Dios, seguir su dirección, y así desaparecerán las dificultades. La promesa es: "Te haré entender, y te enseñaré el camino en que debes andar; sobre ti fijaré mis ojos" (Sal. 32:8)...

Si acudimos a Dios con una disposición humilde y deseos de aprender, sin llevar preparados nuestros planes antes de pedirle consejo, y dispuestos según nuestra propia voluntad, sino con sumisión, dispuestos a ser enseñados, con fe, será nuestro privilegio reclamar las promesas cada hora del día. Debemos desconfiar de nosotros mismos y vigilar nuestras propias fuertes tendencias e inclinaciones, para no actuar según nuestras propias ideas y planes y pensar que estamos haciendo la voluntad del Señor...

Nuestro Padre celestial es nuestro Gobernador, y debemos someternos a su disciplina. Somos miembros de su familia. El tiene derecho a nuestro servicio, y si uno de los miembros de su familia persistiera en seguir sus propios caminos, persistiera en hacer justamente aquello que desea hacer, ese espíritu produciría un estado de cosas desordenado y confuso. No debemos estudiar para lograr nuestro propio camino, sino el camino de Dios y la voluntad de Dios.

Año bíblico: Esd. 1-3

LA MARCHA HACIA LA VICTORIA

Mas gracias sean dadas a Dios, que nos da la victoria por medio de nuestro Señor Jesucristo. 1 Cor. 15:57.

La vida cristiana es una vida de lucha, de conflicto constante. Es una batalla y una marcha. Pero cada acto de obediencia a Cristo, cada acto de abnegación por amor a él, cada prueba bien soportada, cada victoria obtenida sobre la tentación, es un paso más en la marcha hacia la gloria de la victoria final.

Si tomamos a Cristo como nuestro Guía, nos conducirá a salvo a lo largo del camino estrecho. El camino puede ser áspero y espinoso; la pendiente puede ser abrupta y peligrosa; puede haber trampas a la derecha y a la izquierda; podemos tener que soportar penalidades en nuestro viaje; cuando estemos cansados, cuando anhelemos descanso, quizá tengamos que seguir adelante; cuando desmayemos, quizá tengamos que seguir luchando; cuando estemos desanimados, quizá se nos pida que confiemos; pero con Cristo como nuestro Guía, no perderemos la senda que lleva a la vida inmortal, no dejaremos de alcanzar finalmente el cielo deseado.

Cristo mismo recorrió el áspero camino antes que nosotros, y suavizó el camino para nuestros pies. El camino estrecho de la santidad, el camino destinado para los redimidos del Señor, está iluminado por Aquel que es la Luz del mundo. Al seguir en sus pasos, su luz brillará sobre nosotros; y al reflejar la luz tomada de la gloria de Cristo, el camino se tornará más y más brillante hasta alcanzar la luz del mediodía.

Al principio podrá parecernos agradable practicar el orgullo y la ambición mundana; pero su resultado es dolor y tristeza. Los planes egoístas pueden ofrecer promesas halagadoras y dar una esperanza de placer; pero descubriremos que nuestra felicidad está envenenada y nuestra vida amargada por esperanzas centralizadas en el yo. Estaremos a salvo siguiendo a Cristo, porque él no dejará que los poderes de las tinieblas dañen un solo cabello nuestro. El guardará aquello que se le encomienda, y seremos más que vencedores por medio de Aquel que nos amó.

Año bíblico: Esd. 4-6

"VENID VOSOTROS APARTE"

Aguarda a Jehová; esfuérzate, y aliéntese tu corazón; sí, espera a Jehová. Sal. 27:14.

Ninguna vida fue tan llena de trabajo y responsabilidad como la de Jesús, y, sin embargo, cuán a menudo se le encontraba en oración. Cuán constante era su comunión con Dios... Como uno de nosotros, participante de nuestras necesidades y debilidades, dependía enteramente de Dios, y en el lugar secreto de oración, buscaba fuerza divina, a fin de salir fortalecido para hacer frente a los deberes y las pruebas. En un mundo de pecado, Jesús soportó luchas y torturas del alma. En la comunión con Dios, podía descargarse de los pesares que lo abrumaban. Allí encontraba consuelo y gozo.

En Cristo, el clamor de la humanidad llegaba al Padre de compasión infinita. Como hombre, suplicaba al trono de Dios, hasta que su humanidad se cargaba de una corriente celestial que conectaba a la humanidad con la divinidad. Por medio de la comunión continua, recibía vida de Dios a fin de impartirla al mundo. Su experiencia ha de ser la nuestra.

"Venid vosotros aparte" (Mar. 6:31), nos invita. Si tan sólo escuchásemos su palabra, seríamos más fuertes y más útiles... Si hoy tomásemos tiempo para ir a Jesús y contarle nuestras necesidades, no quedaríamos chasqueados; él estaría a nuestra diestra para ayudarnos...

En todos los que reciben la preparación divina, debe revelarse una vida que no está en armonía con el mundo, sus costumbres o prácticas; y cada uno necesita tener experiencia personal en cuanto a obtener el conocimiento de la voluntad de Dios. Debemos oírle individualmente hablarnos al corazón. Cuando todas las demás voces quedan acalladas, y en la quietud esperamos delante de él, el silencio del alma hace más distinta la voz de Dios. Nos invita: "Estad quietos, y conoced que yo soy Dios" (Sal. 46:10). Solamente allí puede encontrarse verdadero descanso. Y esta es la preparación efectiva para todos los que laboran para Dios. En medio del apresurado tropel y la tensión de las intensas actividades de la vida, el alma que es así refrescada será rodeada de una atmósfera de luz y paz. La vida exhalará fragancia y revelará un poder divino que alcanzará el corazón de los hombres.

Año bíblico: Esd. 7-10

LA PRECIOSIDAD DE LA ORACION SECRETA

Esperad en él en todo tiempo, oh pueblos; derramad delante de él vuestro corazón. Sal. 62:8.

Un profundo sentido de nuestra necesidad y un gran deseo de recibir las cosas que pedimos deben caracterizar nuestras oraciones, de lo contrario no serán oídas. Pero no debemos cansarnos y dejar de pedir porque nuestras oraciones no reciban una respuesta inmediata. "El reino de los cielos sufre violencia, y los violentos lo arrebatan" (Mat. 11:12). Aquí se entiende por violencia un santo fervor, como el que manifestó Jacob. No necesitamos procurar ponernos en un estado de intensa excitación, sino que debemos presentar nuestras peticiones calmada pero persistentemente delante del trono de la gracia. Nuestra obra consiste en humillar nuestra alma delante de Dios, en confesar nuestros pecados y en acercarnos con fe a Dios... El propósito de Dios es manifestarse a sí mismo en su providencia y en su gracia. El objeto de nuestras oraciones debe ser la gloria de Dios y no la glorificación de nosotros mismos.

Dios nos ha honrado mostrándonos cuánto nos valora. Fuimos comprados por la sangre preciosa del Hijo de Dios. Cuando su heredad siga conscientemente la palabra del Señor, su bendición descansará sobre ella como respuesta a sus oraciones. "Por eso pues, ahora, dice Jehová, convertíos a mí con todo vuestro corazón, con ayuno y lloro y lamento. Rasgad vuestro corazón, y no vuestros vestidos, y convertíos a Jehová vuestro Dios; porque misericordioso es y clemente, tardo para la ira y grande en misericordia, y que se duele del castigo" (Joel 2:12-13).

El alma, mediante la oración secreta, debe abrirse a la inspección del ojo de Dios... Cuán preciosa es la oración secreta por medio de la que el alma entra en comunión con Dios. La oración secreta debe ser escuchada únicamente por el oído de Dios. Ningún oído curioso debe recibir la carga de peticiones. Calmada, pero fervientemente, el alma deberá dirigirse a Dios, y dulce y permanente será la influencia que emana de Aquel que ve en secreto, cuyo oído está abierto a la oración que brota del corazón. El que en fe sencilla mantiene comunión con Dios, allegará para sí divinos rayos de luz para fortalecerlo y sostenerlo en el conflicto con Satanás.

Año bíblico: Neh. 1-4

EL MOTIVO DE LA OBEDIENCIA

Pues este es el amor a Dios, que guardemos sus mandamientos; y sus mandamientos no son gravosos. 1 Juan 5:3.

Es la observancia de los mandamientos de Dios lo que lo honra y glorifica en sus elegidos. Por lo tanto, cada alma a quien Dios le ha dado la facultad de razonar está bajo la obligación de escudriñar la Palabra para averiguar todo lo que él nos ha ordenado como posesión adquirida. Deberíamos procurar comprender todo lo que la Palabra requiere de nosotros en el sentido de la obediencia y la observancia de sus preceptos. No podemos manifestar más honor a nuestro Dios, a quien pertenecemos por creación y redención, que dando evidencia ante los seres celestiales, los mundos no caídos y los hombres caídos, de que atendemos diligentemente todos sus mandamientos, que son los principios que gobiernan su reino.

Necesitamos estudiar asiduamente para conocer los preceptos de Dios. ¿Cómo podemos ser súbditos obedientes si dejamos de comprender los principios que gobiernan el reino de Dios? Abrid, entonces, vuestras Biblias, y buscad todo aquello que os ilumine respecto a los preceptos de Dios; y cuando discernáis un "así dice Jehová", no pidáis la opinión de los hombres, sino que, cualquiera que sea el costo para vosotros, obedeced gozosamente. Entonces descansará sobre vosotros la bendición de Dios y lo glorificaréis...

Preguntad a menudo en oración: "Señor, ¿qué quieres que haga? ¿Estoy desatendiendo en alguna forma los preceptos divinos? ¿Estoy colocando de alguna manera mi influencia del lado del enemigo? ¿Estoy descuidando los mandamientos de Dios? ¿Estoy dispuesto a tomar el yugo con Cristo, a levantar la carga y a colaborar con él? ¿Estoy inventando posibles excusas por desobedecerle? ¿Estoy arriesgándome al desobedecer los preceptos de Jehová claramente revelados, porque no estoy dispuesto a salir del mundo y ser distinto? ¿Tendrá el temor a los hombres una mayor influencia sobre mí que el temor a Dios?"

Rendíos vosotros mismos a Dios, diciendo: "He aquí, Señor, me entrego a mí mismo; esto es todo lo que puedo hacer. No seré encontrado en desobediencia a vuestra ley, porque esto me colocaría en las filas del enemigo".

Año bíblico: Neh. 5-8

LLENOS DE TODA PLENITUD

Y de conocer el amor de Cristo, que excede a todo conocimiento, para que seáis llenos de toda la plenitud de Dios. Efe. 3:19.

Muchos piensan que es imposible escapar del poder del pecado, pero se nos ha prometido que seremos llenos de toda la plenitud de Dios. Apuntamos demasiado bajo. La meta está mucho más alta. Nuestra mente necesita expandirse para poder comprender el significado de la provisión de Dios. Debemos reflejar los atributos más elevados del carácter de Dios. Deberíamos estar agradecidos porque no se nos ha dejado abandonados a nosotros mismos. La ley de Dios es la norma exaltada que debemos alcanzar... No debemos andar según nuestras propias ideas,... sino debemos seguir en los pasos de Cristo.

La obra de vencer está en nuestras manos, pero no debemos vencer en nuestro propio nombre o fortaleza, porque no podemos guardar los mandamientos por nuestras propias fuerzas. El Espíritu de Dios debe ayudar nuestras flaquezas. Cristo es nuestro sacrificio y garantía. Se hizo pecado por nosotros, para que nosotros fuéramos hechos justicia de Dios en él. Mediante la fe en su nombre, él nos imputa la justicia y ésta se convierte en un principio viviente en nuestra vida... Cristo nos imputa su carácter sin pecado, y nos presenta delante del Padre en su propia pureza.

No podemos proveernos por nuestra cuenta el ropaje de la justicia, porque el profeta dice: "Todas nuestras justicias [son] como trapo de inmundicia" (Isa. 64:6). No hay nada en nosotros con qué cubrir el alma para que no se vea su desnudez. Debemos recibir el ropaje de justicia tejido en el telar del cielo, el ropaje puro de la justicia de Cristo. Debemos decir: El murió por mí. El llevó la desgracia de mi alma para que yo venza en su nombre y sea exaltado hasta su trono.

Los hijos de Dios tienen el privilegio de estar llenos de toda la plenitud de Dios. "A Aquel que es poderoso para hacer todas las cosas mucho más abundantemente de lo que pedimos o entendemos, según el poder que actúa en nosotros, a él sea gloria en la iglesia en Cristo Jesús por todas las edades, por los siglos de los siglos. Amén" (Efe. 3:20-21).

Año bíblico: Neh. 9-11

EJEMPLO DE LOS FIELES

Porque la gracia de Dios se ha manifestado para salvación a todos los hombres, enseñándonos que, renunciando a la impiedad y a los deseos mundanos, vivamos en este siglo sobria, justa y piadosamente. Tito 2:11-12.

Si queremos heredar la vida eterna, tenemos que realizar una gran obra. Debemos negar la impiedad y las concupiscencias mundanas, y vivir una vida de justicia... No hay salvación para nosotros fuera de Jesús, porque mediante la fe en él recibimos poder para ser hijos e hijas de Dios; pero no se trata de una fe pasajera, sino que es una fe que hace las obras de Cristo... La fe viva se manifiesta mostrando un espíritu de sacrificio y devoción hacia la causa de Dios. Los que la poseen están bajo el estandarte del Príncipe Emanuel, y luchan exitosamente contra los poderes de las tinieblas. Están listos para cumplir cualquier orden dada por su Capitán. Cada uno es exhortado para que sea "ejemplo de los creyentes en palabra, conducta, amor, espíritu, fe y pureza" (1 Tim. 4:12); porque debemos vivir "sobria, justa y piadosamente" en este mundo malo, exponiendo el carácter de Cristo y manifestando su espíritu...

Los que están relacionados con Jesús están en unión con el Hacedor y Sustentador de todas las cosas. Tienen un poder que el mundo no puede darles ni quitarles. Pero mientras se les dan grandes y señalados privilegios, no deben únicamente gozarse en esas bendiciones. Como mayordomos de las múltiples gracias de Dios, deben convertirse en bendiciones para otros. Se les ha dado una gran verdad, "porque a todo aquel a quien se haya dado mucho, mucho se le demandará" (Luc. 12:48). Grandes responsabilidades descansan sobre todos los que han recibido el mensaje para este tiempo. Deben ejercer una influencia que atraerá a otros a la luz de la Palabra de Dios... Somos guardas de nuestro hermano...

Si somos creyentes verdaderos en Jesús, reuniremos rayos de gloria y arrojaremos luz en el camino tenebroso de los que nos rodean. Revelaremos el bondadoso carácter de nuestro Redentor, y muchos serán atraídos por nuestra influencia a contemplar "el Cordero de Dios, que quita el pecado del mundo" (Juan 1:29).

Año bíblico: Neh. 12-13

TRABAJANDO CON NUESTROS TALENTOS

Pero cada uno tiene su propio don de Dios, uno a la verdad de un modo, y otro de otro. 1 Cor. 7:7.

Dios les da más que dinero a sus mayordomos. Vuestro talento de impartir es un don. ¿Qué comunicáis de los dones de Dios mediante vuestras palabras y tierna simpatía?... El conocimiento de la verdad es un talento. Hay muchas almas en tinieblas que podrían recibir luz con ayuda de vuestras palabras fieles y verdaderas. Hay corazones que anhelan simpatía y que perecen alejados de Dios. Vuestra simpatía puede ayudarlos. El Señor necesita vuestras palabras, dictadas por el Espíritu Santo...

La primera tarea de todos los cristianos consiste en escudriñar las Escrituras con ferviente oración, para que tengan esa fe que obra por amor y purifica el alma de cualquier rasgo de egoísmo. Si se recibe la verdad en el corazón, obra como buena levadura hasta que toda facultad queda sometida a la voluntad de Dios. Entonces no podréis dejar de brillar, como tampoco lo puede el sol...

Todos los dones naturales deben ser santificados como dotes preciosas. Deben consagrarse a Dios para que sirvan al Maestro. Todas las ventajas sociales son talentos. No deben dedicarse a la complacencia propia, a la diversión o a la complacencia personal... El don del ejemplo correcto es una gran cosa. Pero muchos rodean su alma con una atmósfera pestilencial...

Los dones del habla, del conocimiento, de la simpatía y el amor, comunican un conocimiento de Cristo. Todos estos talentos deben convertirse a Dios. El Señor los necesita; los pide. Todos deben desempeñar una parte en la preparación de su propia alma y las almas de otros para que dediquen sus talentos a Dios. Cada alma, cada don, deben ponerse al servicio de Dios. Todos deben colaborar con Dios en la obra de salvar a las almas. Los talentos que poseéis os los ha dado Dios para haceros colaboradores eficientes con Cristo. Hay corazones que anhelan simpatía y que perecen porque les falta la ayuda que vosotros habéis recibido de Dios para darles.

Año bíblico: Est. 1-4

EXALTANDO AL HOMBRE DEL CALVARIO

Y como Moisés levantó la serpiente en el desierto, así es necesario que el Hijo del Hombre sea levantado, para que todo aquel que en él cree, no se pierda, mas tenga vida eterna. Juan 3:14-15.

Os señalo la cruz del Calvario. Os ruego considerar el sacrificio infinito realizado por vosotros, para que mediante la fe en Cristo no perezcáis sino que tengáis vida eterna... Os señalo a Jesús. Estáis seguros al confiarle los pensamientos más íntimos de vuestra mente. El Señor os ha adquirido a un precio infinito. Podéis encomendar a Jesús el cuidado de vuestra alma. Podéis confiar en él como vuestro Consejero... Acercaos constantemente a Dios. El os ayudará.

Estad seguros de que recibís vuestra luz de la Fuente de toda Luz. El es la gran Luz central del universo celestial y la gran Luz del mundo. El iluminará a cada hombre que viene al mundo. No alcancéis una norma inferior y común. Cultivad la dulzura de Cristo. Aseguraos las realizaciones más elevadas, y obtened de Cristo vuestra inspiración. El es vuestro Amigo. Siempre podréis depender de él y hallarlo fiel y verdadero. Cuando necesitéis su simpatía en vuestra mayor perplejidad, heridos y magullados, él no os pasará de largo. Podéis acudir a él con la sencillez de los niños. Podéis acudir a él con gozo y alegría. Ante cualquier cosa que halague vuestras esperanzas, ante todo éxito que logréis en vuestros esfuerzos en el Señor, contemplad a Jesús y depositad todo honor a sus pies. Todo depende de que procedáis con humildad íntima. Escribid el nombre de Cristo en vuestro estandarte y nunca lo deshonréis.

Todo el cielo nos ha sido dado en Cristo Jesús, y el Señor os ama a pesar de que lo habéis deshonrado... Honrad a Jesús rindiéndole los mejores y más santos servicios del corazón. El dio su vida por vosotros. ¿Quién hizo esto? El Hijo unigénito de Dios, el que era uno con el Padre antes de que el mundo fuese.

Levantad vuestro estandarte; levantadlo bien alto. Nunca permitáis que se arrastre en el polvo. Exaltad a Jesús. Levantadlo, al Hombre del Calvario, más alto y aun más alto.

Año bíblico: Est. 5-7

VEREMOS SU ROSTRO

Y verán su rostro, y su nombre estará en sus frentes. Apoc. 22:4.

Ahora no podemos ver la gloria de Dios. Lo veremos cara a cara únicamente si ahora lo recibimos. Dios quiere que mantengamos los ojos fijos en él, para que perdamos de vista las cosas de este mundo. No tenemos que perder tiempo en lograr la preparación que nos permitirá ver el rostro de Dios. Debemos ser como Cristo aquí, y conocerlo como un Salvador actual y personal...

Sólo contemplando a Jesús, el Cordero de Dios, y siguiendo en sus pasos, podéis prepararos para encontraros con Dios. Seguidlo, y un día andaréis por las calles áureas de la ciudad de Dios, y veréis al que se despojó de su ropaje real y de su corona regia, y, vestido con la humanidad, vino a nuestro mundo y llevó nuestros pecados, para elevarnos y revelarnos su gloria y majestad. Lo veremos cara a cara si ahora nos dejamos modelar por él y preparar para ocupar un lugar en el reino de Dios.

Los que consagran sus vidas al servicio de Dios vivirán con él durante los siglos interminables de la eternidad. "Dios mismo estará con ellos como su Dios" (Apoc. 21:3).

Entregaron a Dios su mente en este mundo; le sirvieron con su corazón e intelecto, y ahora él puede colocar su nombre en sus frentes. "No habrá allí más noche;... porque Dios el Señor los iluminará; y reinarán por los siglos de los siglos" (Apoc. 22:5). No van a rogar por un lugar en el cielo, porque Cristo les dice: "Venid, benditos de mi Padre, heredad el reino preparado para vosotros desde la fundación del mundo" (Mat. 25:34). Los toma como a sus hijos y les dice: Entrad en el gozo de vuestro Señor. En la frente de los vencedores se coloca la corona de inmortalidad. Las toman y las arrojan a los pies de Jesús, y pulsando sus áureas arpas, llenan el cielo con hermosos cantos de alabanza al Cordero. Entonces "verán su rostro, y su nombre estará en sus frentes".

Año bíblico: Est. 8-10

APRENDIENDO DE DIOS
MEDIANTE SUS OBRAS

Bueno es Jehová para con todos, y sus misericordias sobre todas sus obras. Te alaben, oh Jehová, todas tus obras, y tus santos te bendigan. Sal. 145:9-10.

Nos gusta contemplar el carácter y el amor de Dios en sus obras creadas. ¡Qué evidencias ha dado a los hijos de los hombres tanto de su poder como de su amor paternal! Ha adornado los cielos y ha hecho grande y bella la tierra.

"¡Oh Jehová, Señor nuestro, cuán glorioso es tu nombre en toda la tierra!... Cuando veo tus cielos, obra de tus dedos, la luna y las estrellas que tú formaste, digo: ¿Qué es el hombre, para que tengas de él memoria, y el hijo del hombre, para que lo visites?" "Te alaben, oh Jehová, todas tus obras, y tus santos te bendigan" (Sal. 8:1, 3-4; 145:10).

Si nuestro mundo hubiese sido formado con una superficie perfectamente nivelada, la monotonía habría fatigado la vista y cansado los sentidos. Dios ha adornado nuestro mundo con grandes montañas, colinas, valles y cadenas de montañas. Las desnudas montañas de áspero granito, también las montañas adornadas con vegetación frondosa y siempre verde, y los valles con su serena hermosura hacen del mundo un espejo de la belleza. Por doquiera se manifiestan la bondad, la sabiduría y el poder de Dios. En montañas, rocas, colinas y valles veo la acción del poder divino. Nunca me siento solitaria mientras contemplo el gran escenario de la naturaleza. Viajando por planicies y montañas he tenido sentimientos de la más profunda reverencia y temor reverente al contemplar el precipicio que sobresalta y las alturas de las montañas revestidas de nieve.

Las montañas, colinas y valles debieran ser para nosotros como escuelas en las cuales estudiar el carácter de Dios en sus obras creadas. Las obras de Dios que podemos ver en las escenas siempre variadas: en montañas, colinas y valles, en árboles, arbustos y flores, en cada hoja y cada brizna de hierba, debieran enseñarnos una lección de la habilidad y del amor de Dios, y de su poder infinito.

Los que estudian la naturaleza no pueden sentirse solitarios. Aman las horas tranquilas de meditación pues sienten que son colocados en íntima comunión con Dios mientras descubren su poder en sus obras creadas.

Año bíblico: Job 1-2

NO PARA CONDENAR SINO PARA SALVAR

Porque no envió Dios a su Hijo al mundo para condenar al mundo, sino para que el mundo sea salvo por él. Juan 3:17.

Hay almas que están trémulas en sus dudas. Preguntan: "¿Cómo puedo saber que Dios se ha reconciliado conmigo? ¿Cómo puedo estar seguro de que me ama y perdona?" No depende de vosotros, queridos jóvenes, el que os justifiquéis con Dios. Jesús os invita a ir a él con todas vuestras cargas y perplejidades... Dice: "Venid a mí, aprended de mí, creed en mí". Aceptad la promesa y la provisión que ha hecho Dios... Apartad vuestra vista del yo y contemplad a Jesús, porque el carácter del Padre es revelado en Cristo. La sangre de Cristo, en su permanente eficacia, es nuestra única eficacia; pues sólo mediante sus méritos tenemos perdón y paz.

El carácter de Dios, tal como se revela en Cristo, invita nuestra fe y amor; pues tenemos un Padre cuya misericordia y compasión no fallan. En cada paso de nuestra jornada hacia el cielo estará con nosotros para guiarnos en cada perplejidad, para ayudarnos en cada tentación.

Vuestra razón e imaginación deberían ser enternecidas por el poder de Cristo, para que reciban la impresión del molde de la belleza y la verdad. Hay grandes y preciosas verdades que demandan vuestra contemplación, a fin de que podáis tener un fundamento firme para vuestra fe teniendo un correcto conocimiento de Dios. Ojalá supiera el superficial y vano buscador de la verdad que el mundo por su sabiduría, no importa cuánta hubiera adquirido, no conoció a Dios.

Es propio procurar aprender todo lo posible de la naturaleza, pero no dejéis de llevar la vista de la naturaleza a Cristo para la representación completa del carácter del Dios viviente. Mediante la contemplación de Cristo, por medio de la conformidad con la semejanza divina, se expandirán vuestros conceptos del carácter divino y se elevarán, refinarán y ennoblecerán vuestra mente y vuestro corazón. Que los jóvenes apunten bien alto, sin confiar en la sabiduría humana, pero viviendo cada día como si vieran al Ser invisible y llevando a cabo su obra como si estuviesen en presencia de las inteligencias celestiales... El que depende constantemente de Dios con fe sencilla y confianza acompañada de oración, estará rodeado por los ángeles del cielo. Aquel que vive por la fe en Cristo, será fortalecido y sostenido, capacitado para pelear la buena batalla de la fe, y aferrarse de la vida eterna.

Año bíblico: Job 3-5

LA ELECCION CELESTIAL

Por lo cual, hermanos, tanto más procurad hacer firme vuestra vocación y elección; porque haciendo estas cosas, no caeréis jamás. 2 Ped. 1:10.

Esta es la única elección de la cual habla la Biblia. Caídos en el pecado, podemos participar de la naturaleza divina y alcanzar un conocimiento muy superior a cualquier conocimiento científico. Participando de la carne y la sangre de nuestro Señor crucificado, ganaremos vida eterna. Leemos en el capítulo sexto de Juan: "El que come mi carne y bebe mi sangre, tiene vida eterna... El espíritu es el que da vida; la carne para nada aprovecha; las palabras que yo os he hablado son espíritu y son vida" (Juan 6:54-63).

Nadie necesita perder la vida eterna. Todo el que elige diariamente aprender del Maestro celestial asegurará su vocación y elección. Humillemos nuestro corazón delante de Dios y continuemos conociendo a Aquel cuyo conocimiento correcto es vida eterna.

"Procurad hacer firme vuestra vocación y elección; porque haciendo estas cosas, no caeréis jamás. Porque de esta manera os será otorgada amplia y generosa entrada en el reino eterno de nuestro Señor y Salvador Jesucristo" (2 Ped. 1:10-11).

Aquí está vuestro certificado de seguro de vida. Esta no es una póliza de seguro cuyo valor algún otro puede recibir después de su muerte; es una póliza que le asegura a usted una vida que se mide con la vida de Dios: vida eterna. ¡Qué seguridad! ¡Qué esperanza! Revelemos siempre al mundo que estamos buscando una patria mejor, celestial. El cielo ha sido hecho para nosotros, y queremos una parte en él. No podemos permitir que nada nos separe de Dios y del cielo. En esta vida debemos ser participantes de la naturaleza divina. Hermanos y hermanas, tenéis sólo una vida que vivir. Que sea una vida de virtud, y esté oculta con Cristo en Dios.

En unidad, hemos de ayudarnos mutuamente a ganar la perfección de carácter. Con este propósito, hemos de cesar en toda crítica. Adelante y siempre adelante podemos avanzar hacia la perfección, hasta que al fin nos sea suministrada una entrada abundante al reino celestial.

Año bíblico: Job 6-7

NUESTRO FUNDAMENTO SEGURO

Porque nadie puede poner otro fundamento que el que está puesto, el cual es Jesucristo. Y si sobre este fundamento alguno edificare oro, plata, piedras preciosas, madera, heno, hojarasca, la obra de cada uno se hará manifiesta; porque el día la declarará, pues por el fuego será revelada; y la obra de cada uno cuál sea, el fuego la probará. 1 Cor. 3:11-13.

Así como el fuego revela la diferencia entre el oro, la plata y las piedras preciosas, y la madera, el heno y la hojarasca, el día del juicio probará los caracteres, mostrando la diferencia entre los caracteres formados a semejanza de Cristo y los caracteres formados a semejanza del corazón egoísta. Todo rasgo egoísta y toda falsa religiosidad aparecerán tal cual son. El material sin valor será consumido; pero el oro de la fe verdadera, sencilla y humilde nunca perderá su valor...

Cada persona puede ser exactamente lo que haya escogido. El carácter no se obtiene recibiendo determinada educación. No se obtiene amasando riqueza o ganando honores mundanos. No se obtiene haciendo que otros peleen la batalla de la vida por nosotros. Debe buscárselo, debe trabajarse en procura de él, hay que pelear por él; y requiere un propósito, una voluntad, una determinación. Formar un carácter que Dios pueda aprobar requerirá un esfuerzo perseverante. Exigirá una resistencia continua a los poderes de la tiniebla... el tener nuestros nombres conservados en el libro de la vida. ¿No vale mucho más la pena tener nuestros nombres registrados en ese libro, inmortalizados entre los ángeles celestiales, que oírlos celebrar en alabanza a través de toda la tierra?

En el tiempo de gracia que se nos concede aquí, cada uno de nosotros está construyendo un edificio que deberá pasar por la inspección del Juez de toda la tierra. Esta obra es la edificación de nuestros caracteres. Cada acto de nuestra vida es una piedra en ese edificio, cada una de nuestras facultades es un obrero, cada golpe que se da lo es para el bien o para el mal. Las palabras de inspiración nos advierten que seamos cuidadosos cómo construimos, para ver que nuestro fundamento es seguro. Si construimos sobre la roca sólida, obras puras, nobles y derechas, la estructura se levantará hermosa y simétrica, un templo adecuado para la morada interna del Espíritu Santo.

Año bíblico: Job 8-10

LA GENTE MAS FELIZ

Me mostrarás la senda de la vida; en tu presencia hay plenitud de gozo; delicias a tu diestra para siempre. Sal. 16:11.

No penséis que cuando camináis con Cristo debéis andar en la sombra. Las personas más felices del mundo son las que confían en Jesús y ejecutan alegremente sus órdenes. De las vidas de los que lo siguen están ausentes el desasosiego y el malestar... Pueden encontrarse con pruebas y dificultades, pero sus vidas están llenas de gozo; porque Cristo camina a su lado y su presencia alumbra el sendero.

Cuando os levantáis de mañana, hacedlo con alabanzas a Dios en vuestros labios, y cuando vais a vuestro trabajo, id con una oración a Dios pidiendo ayuda...

Esperad una hoja del árbol de la vida. Esto os aliviará y os refrigerará y llenará vuestro corazón de paz y gozo. Poned vuestros pensamientos en el Salvador. Apartaos del tumulto del mundo y sentaos bajo la sombra de Cristo. Luego, entre el estrépito del trajín y el conflicto diarios, vuestra fuerza será renovada. Es positivamente necesario que a veces nos sentemos y pensemos en cómo el Salvador descendió del cielo, del trono de Dios, para mostrar a los seres humanos qué pueden llegar a ser si unen su debilidad con la fuerza divina. Habiendo obtenido el renuevo de la fuerza mediante la comunión con Dios, podremos seguir gozosos nuestro camino, alabándolo por el privilegio que nos da de llevar la luz del amor de Cristo a las vidas de los que nos rodean. Aquellos con quienes nos relacionamos serán beneficiados al entrar en la esfera de nuestra influencia...

Los seres celestiales están esperando para colaborar con los instrumentos humanos, para mostrar al mundo lo que los seres humanos pueden llegar a ser mediante la unión con lo divino. Los que consagren el cuerpo, el alma y el espíritu al servicio de Dios recibirán constantemente una nueva provisión de poder físico, mental y espiritual. Las provisiones inagotables del cielo están a su disposición. Cristo les da la vida de su vida. El Espíritu Santo dispone sus energías más elevadas para obrar en la mente y corazón. Por medio de la gracia que nos ha sido dada, podemos obtener victorias que, debido a nuestros defectos de carácter y la pequeñez de nuestra fe, pueden habernos parecido imposibles.

A todo aquel que se ofrece al Señor para servirle, sin reservarse nada, se le da poder para que logre resultados incalculables.

Año bíblico: Job 11-14

PIDAMOSLE A DIOS

Y si alguno de vosotros tiene falta de sabiduría, pídala a Dios, el cual da a todos abundantemente y sin reproche, y le será dada. Sant. 1:5.

Es el privilegio de cada creyente hablar primero con Dios en su intimidad, y luego, como vocero de Dios, hablar con otros. Para tener algo que impartir, debemos recibir diariamente luz y bendiciones. Hombres y mujeres que tienen comunión con Dios, que tienen a Cristo morando en ellos, que están circundados de santa influencia porque colaboran con santos ángeles, son los que se necesitan en este tiempo. La causa necesita a los que tienen poder de trabajar con Cristo, poder de expresar el amor de Dios en palabras de ánimo y simpatía.

Cuando el creyente se inclina en súplica ante Dios, y en humildad y contrición ofrece su petición con labios no fingidos, pierde todo pensamiento egoísta. Su mente se llena del pensamiento de qué debe poseer para poder formar un carácter semejante a Cristo. El ora: "Señor, si debo ser un canal a través del cual tu amor debe fluir día tras día y hora tras hora, reclamo por la fe la gracia y el poder que tú has prometido". Se aferra firmemente de la promesa: "Si alguno de vosotros tiene falta de sabiduría, pídala a Dios..., y le será dada".

¡Cuánto se agrada el Maestro con esta dependencia! ¡Cómo se deleita en oír la súplica ferviente e incesante!... Con gracia maravillosa y ennoblecedora el Señor santifica al humilde que ruega, dándole poder para cumplir con las más pesadas responsabilidades. Todo lo que se emprende se hace para el Señor, y esto eleva y santifica la petición más insignificante. Reviste de nueva dignidad cada palabra, cada acto, y une al más humilde obrero, al más pobre de los siervos de Dios... con el mayor de los ángeles de las cortes celestiales...

Los hijos y las hijas de Dios tienen que hacer una gran obra en el mundo. Deben aceptar la Palabra de Dios como su consejera y han de impartirla a otros. Deben hacer brillar la luz... En su conversación y en su comportamiento mostrarán que gozan de una conversión diaria a los principios de la verdad. Tales creyentes serán un espectáculo al mundo, a los ángeles y a los hombres, y Dios será glorificado en ellos.

Año bíblico: Job 15-17

NADA ES DEMASIADO PEQUEÑO

Bueno es Jehová a los que en él esperan, al alma que le busca. Lam. 3:25.

Hay pocos que realmente aprecian y aprovechan el precioso privilegio de la oración. Deberíamos ir a Jesús y contarle todas nuestras necesidades. Podemos llevarle nuestras cargas y problemas, pequeños y grandes. Todo lo que pueda causarnos dificultades, deberíamos llevarlo al Señor en oración.

Perdemos muchas preciosas bendiciones al dejar de llevar nuestras necesidades, problemas y pesares a nuestro Salvador. El es el admirable Consejero. Vela sobre su iglesia con intenso interés, y con un corazón lleno de tierna simpatía. Entra en la profundidad de nuestras necesidades. Pero nuestros caminos no son siempre sus caminos. El ve el resultado de cada acción y nos pide que confiemos con paciencia en su sabiduría, no en los supuestamente sabios planes de nuestra propia hechura.

No ceséis de orar. Si la respuesta se tarda, esperadla. Poned todos vuestros planes a los pies del Redentor. Asciendan vuestras oraciones importunas a Dios. Si es para la gloria de su nombre, oiréis las confortantes palabras: "Sea hecho conforme a tu palabra".

No podemos cansar a Cristo con fervientes súplicas. No dependemos de Dios tanto como debiéramos. Dejemos sin pronunciar toda palabra de queja. Hablemos de fe y de ánimo mientras esperamos a Dios... Tened temor de la duda para que no llegue a ser un hábito que destruya la fe. El proceder del Padre celestial puede parecernos oscuro, misterioso e inexplicable, sin embargo debemos confiar en él.

¡Oh, cuán precioso es Jesús para el alma que confía en él! Pero muchos caminan en tinieblas porque entierran su fe en la sombra de Satanás... Nunca, ni por un instante debemos permitir que Satanás piense que su poder para afligir y mortificar es mayor que el poder de Cristo para sostener y fortalecer...

Toda oración sincera que se eleva es mezclada con la eficacia de la sangre de Cristo. Si la respuesta tarda es porque Dios desea que mostremos una santa osadía en reclamar la palabra que él empeñó. Fiel es el que prometió. Nunca abandonará al alma que se entrega plenamente a él.

Año bíblico: Job 18-19

NUESTRO INTERCESOR PERSONAL

¿Quién es el que condenará? Cristo es el que murió; más aun, el que también resucitó, el que además está a la diestra de Dios, el que también intercede por nosotros. Rom. 8:34.

El Señor Jesús es su intercesor personal... Repita una y otra vez, muchas veces, durante el día: "Jesús murió por mí. Me vio en peligro, expuesto a la destrucción, y derramó su vida por salvarme. El no contempla sin sentir compasión al alma postrada a sus pies como un temeroso suplicante, y no dejará de alzarme". El llegó a ser el Abogado del hombre. Ha levantado a los que creen en él y ha puesto un tesoro de bendiciones a su disposición. Los hombres no pueden conceder una sola bendición a sus semejantes, no pueden quitar una sola mancha de pecado. Lo único que en verdad vale son los méritos y la justicia de Cristo, pero esto nos es acreditado con rica plenitud. Podemos acercarnos a Dios en cualquier momento. Al hacerlo él contesta: "Heme aquí".

Cristo mismo se proclama nuestro Intercesor. El quisiera hacernos saber que se comprometió bondadosamente a ser nuestro Sustituto. El pone sus méritos en el incensario de oro para ofrecerlos con las oraciones de sus santos, de manera que éstas se mezclen con los fragantes méritos de Cristo y asciendan al Padre en la nube de incienso.

El Padre oye cada oración de sus hijos contritos. La voz de súplica de la tierra se une con la voz de nuestro Intercesor que implora en el cielo, cuya voz el Padre siempre oye. Asciendan, pues, continuamente a Dios nuestras oraciones. No suban ellas en el nombre de algún ser humano, sino en el nombre de Aquel que es nuestro Sustituto y Garantía. Cristo nos ha dado su nombre para que lo usemos. El dice: "Pedid en mi nombre"...

Jesús lo recibe y le da la bienvenida como su amigo personal. El lo ama y ha prometido abrir para usted todos los tesoros de su gracia para que sean suyos. Le dice: "En aquel día pediréis en mi nombre..., pues... habéis creído que yo salí de Dios" (Juan 16:26-27). Virtualmente está diciendo: Haced uso de mi nombre, y esto será vuestro pasaporte al corazón de mi Padre, y a todas las riquezas de su gracia.

Año bíblico: Job 20-21

ANGELES EN EL HOGAR

Pues a sus ángeles mandará acerca de ti, que te guarden en todos tus caminos. En las manos te llevarán, para que tu pie no tropiece en piedra. Sal. 91:11-12.

Los ángeles de Dios están velando sobre nosotros. En esta tierra hay miles y decenas de miles de mensajeros celestiales enviados por el Padre para impedir que Satanás obtenga alguna ventaja sobre aquellos que se niegan a caminar en el sendero del mal. Y estos ángeles que guardan a los hijos de Dios en la tierra están en comunicación con el Padre en el cielo. "Mirad que no menospreciéis a uno de estos pequeños —dijo Cristo—; porque os digo que sus ángeles en los cielos ven siempre el rostro de mi Padre que está en los cielos" (Mat. 18:10).

Difícilmente nos damos cuenta de que hay ángeles a nuestro alrededor; y esos preciosos ángeles, que ministran a aquellos que serán herederos de salvación, nos están salvando de muchísimas tentaciones y dificultades. Toda la familia del cielo está interesada en las familias de la tierra; y cuán agradecidos deberíamos ser por este interés manifestado hacia nosotros día y noche.

Las palabras impacientes y poco bondadosas que pronunciamos en nuestros hogares son oídas por los ángeles; ¿queréis encontrar en los libros del cielo el registro de las palabras impacientes y apasionadas que habéis expresado en vuestra familia? La impaciencia trae al enemigo de Dios y del hombre a vuestra familia y echa a los ángeles de Dios. Si estáis viviendo en Cristo, y Cristo en vosotros, no podéis hablar palabras airadas. Padres y madres, os suplico por el amor de Cristo que seáis bondadosos, tiernos y pacientes en vuestros hogares. Entonces entrará la luz y la claridad del sol en vuestras casas y sentiréis que los rayos brillantes del Sol de justicia están realmente brillando en vuestros corazones.

La ausencia de las gracias del Espíritu de Dios deja al hogar lleno de tinieblas e infelicidad. Vuestro hogar debería ser un santuario bendito donde Dios pueda acudir y donde sus ángeles santos puedan ministraros. Si manifestáis impaciencia y aspereza el uno hacia el otro, los ángeles no podrán ser atraídos hacia vuestro hogar; pero donde moran el amor y la paz, estos seres celestiales se deleitan en venir y traer aun más de la santa influencia del hogar de arriba.

Año bíblico: Job 22-24

EL ACTO DE FE

Es, pues, la fe la certeza de lo que se espera, la convicción de lo que no se ve. Heb. 11:1.

La fe no es la base de nuestra salvación, pero es la gran bendición: el ojo que ve, el oído que oye, los pies que corren, la mano que aferra. Es el medio, no el fin. Si Cristo dio su vida para salvar a los pecadores, ¿por qué no habré yo de recibir esa bendición? Mi fe la aferra, y así mi fe es la certeza de las cosas que se esperan, la convicción de lo que no se ve. Así confiando y creyendo, tengo paz para con Dios por el Señor Jesucristo.

La fe, la fe salvadora... es el acto del alma por el cual el ser entero es entregado a la custodia y la dirección de Jesucristo. El mora en Cristo y Cristo mora en el alma por la fe suprema. El creyente confía su alma y su cuerpo a Dios, y puede decir con certeza: Cristo puede guardar lo que yo le he confiado para aquel día. Todos los que hagan esto serán salvados para vida eterna. Habrá una seguridad de que el alma está lavada en la sangre de Cristo y vestida de su justicia, y es preciosa a la vista de Jesús.

Recuerde que el ejercicio de la fe es el único medio de preservarla. Si usted se queda sentado siempre en una misma posición, sin moverse, sus músculos perderán su fuerza y sus miembros la capacidad de moverse. Lo mismo ocurre en cuanto a su experiencia religiosa. Debe tener fe en las promesas de Dios... La fe se perfeccionará en el ejercicio y en la actividad.

Es de la mayor importancia el que rodeemos al alma con la atmósfera de la fe. Cada día estamos decidiendo nuestro destino eterno en armonía con la atmósfera que rodea al alma. Somos individualmente responsables por la influencia que ejercemos, y nuestras palabras y acciones producirán resultados que no vemos.

Si Dios estaba dispuesto a salvar a Sodoma por amor a diez justos que vivieran en ella, ¿cuál no sería la influencia benéfica que podría ejercerse como resultado de la fidelidad del pueblo de Dios, si cada uno que profesa el nombre de Cristo estuviera igualmente vestido con su justicia?

Año bíblico: Job 25-28

UNA FE QUE OBRA

Y ser hallado en él, no teniendo mi propia justicia, que es por la ley, sino la que es por la fe de Cristo, la justicia que es de Dios por la fe. Fil. 3:9.

Una cosa es leer y enseñar la Biblia, y otra cosa es tener mediante la práctica, injertados sus principios de vida y de santidad en el alma... "Por gracia sois salvos por medio de la fe" (Efe. 2:8). La mente debería educarse para que ejerza la fe y no para que abrigue la duda, la suspicacia y los celos. Estamos demasiado inclinados a considerar los obstáculos como imposibles de superarse. El tener fe en las promesas de Dios, el avanzar por fe sin dejarse dominar por las circunstancias es una lección dura de aprender, y sin embargo es una necesidad impostergable para cada hijo de Dios el aprender esta lección. Debe cultivarse siempre la gracia de Dios mediante Cristo porque nos es dada como la única manera de acercarnos a Dios ..

La fe mencionada en la Palabra de Dios exige una vida en la cual la fe en Cristo sea un principio activo y viviente. Es la voluntad de Dios que la fe en Cristo se perfeccione por las obras. El une la salvación y la vida eterna de los que creen con estas obras, y mediante éstas provee para que la luz de la verdad vaya a toda nación y pueblo. Este es el fruto de la operación del Espíritu de Dios.

Mostramos nuestra fe en Dios obedeciendo sus órdenes. La fe siempre se expresa en palabras y acciones. Produce resultados prácticos, porque es un elemento vital de la existencia. La vida que está modelada por la fe desarrolla un propósito de avanzar, de ir adelante siguiendo las pisadas de Cristo.

Hemos sido tomados como piedras ásperas de la cantera del mundo por medio de la cuchilla de la verdad y colocados en el taller de Dios. Aquel que tiene una fe genuina en Cristo como su Salvador personal, encontrará que la verdad logra una obra definida para él. Su fe es una fe que obra... No podemos crear nuestra fe, pero podemos colaborar con Cristo en la tarea de promover el crecimiento y el triunfo de la fe.

La fe que obra por el amor y purifica el alma produce frutos de humildad, paciencia, tolerancia, longanimidad, paz, gozo y obediencia voluntaria.

Año bíblico: Job 29-31

NUESTRO EJEMPLO EN LA OBEDIENCIA

Pues para esto fuisteis llamados; porque también Cristo padeció por nosotros, dejándonos ejemplo, para que sigáis sus pisadas; el cual no hizo pecado, ni se halló engaño en su boca. 1 Ped. 2:21-22.

Ante nosotros está la maravillosa posibilidad de ser obedientes como Cristo a todos los principios de la ley de Dios. Pero somos extremadamente incapaces de alcanzar por nosotros mismos esa condición. Todo lo que es bueno en el hombre le llega mediante Cristo. La santidad que la Palabra de Dios dice que debemos tener antes de poder ser salvados es el resultado de la obra de la gracia divina cuando nos sometemos a la disciplina y a la influencia moderadora del Espíritu de verdad.

La obediencia del hombre puede ser hecha perfecta sólo por el incienso de la justicia de Cristo que llena de fragancia divina cada acto de verdadera obediencia. La parte del cristiano consiste en perseverar en la tarea de vencer toda falta. Debe orar constantemente al Salvador para que sane las dolencias de su alma enferma. No tiene la sabiduría y la fuerza sin las cuales no puede vencer. Estas pertenecen al Señor quien las concede a aquellos que con humildad y contrición lo buscan pidiendo ayuda.

La obra de transformación que lleva de la profanidad a la santidad es una obra continua. Día tras día Dios labora por la santificación del hombre, y el hombre ha de colaborar con él haciendo esfuerzos perseverantes en el cultivo de hábitos correctos.

Dios hará más que cumplir las más elevadas expectativas de los que confían en él. Desea que recordemos que si somos humildes y contritos estaremos donde él puede y quiere manifestarse a nosotros. Se complace cuando le presentamos sus mercedes y bendiciones del pasado como una razón por la cual debe concedernos bendiciones mayores y más abundantes. Es honrado cuando lo amamos y damos testimonio de la sinceridad de nuestro amor guardando sus mandamientos... No hay nada tan grande y poderoso como el amor de Dios por los que son sus hijos.

Año bíblico: Job 32-34

LA CULTURA MAS ELEVADA

Bienaventurado el hombre que halla la sabiduría, y que obtiene la inteligencia. Prov. 3:13.

El temor del Señor es el principio de la sabiduría, y el hombre que accede a ser modelado y plasmado a la semejanza divina, es el ejemplar más noble de la obra de Dios...

El conocimiento experimental de la verdadera piedad, en la consagración y el servicio diarios a Dios, asegura la cultura más elevada de la mente, el alma y el cuerpo... La recepción del poder divino honrará nuestros sinceros esfuerzos en busca de sabiduría para el uso concienzudo de nuestras facultades más elevadas para honra de Dios y bendición de nuestros semejantes. Como estas facultades son derivadas de Dios y no autocreadas, deberían ser apreciadas como talentos de Dios para ser empleados en su servicio.

Las facultades mentales que el cielo nos da deben ser tratadas como los poderes más elevados para gobernar el reino del cuerpo. Los apetitos y las pasiones naturales deben ser puestos bajo el control de la conciencia y los afectos espirituales...

La religión de Jesucristo nunca degrada a quien la recibe, nunca lo hace rudo o torpe, descortés o presumido, apasionado o duro de corazón. Al contrario, refina el gusto, santifica el juicio, purifica y ennoblece los pensamientos llevándolos en cautividad a Jesucristo.

El ideal de Dios para sus hijos excede el más elevado pensamiento humano. El Dios viviente ha dado en su santa ley un trasunto de su carácter. El mayor Maestro que el mundo haya conocido alguna vez es Jesucristo. ¿Y cuál es la norma que ha dado para que la alcancen todos los que creen en él? "Sed, pues, vosotros perfectos, como vuestro Padre que está en los cielos es perfecto" (Mat. 5:48). Así como Dios es perfecto en su elevada esfera de acción, el hombre puede ser perfecto en su esfera humana. El ideal del carácter cristiano es la semejanza con Cristo. Ante nosotros se abre una senda de progreso continuo. Tenemos un objeto que alcanzar, una norma que lograr la cual incluye todo lo que es bueno, puro, noble y elevado. Debe haber una lucha continua y progreso constante hacia adelante y hacia arriba, hacia la perfección de carácter.

Año bíblico: Job 35-37

CRISTO EN TODOS
NUESTROS PENSAMIENTOS

Examíname, oh Dios, y conoce mi corazón; pruébame y conoce mis pensamientos; y ve si hay en mí camino de perversidad, y guíame en el camino eterno. Sal. 139:23-24.

Pocos se dan cuenta que es un deber ejercer control sobre los pensamientos y la imaginación. Es difícil mantener la mente no disciplinada fija en temas provechosos. Pero si los pensamientos no son empleados en forma apropiada, la religión no puede florecer en el alma. La mente debe estar ocupada en cosas sagradas y eternas, o acariciará pensamientos triviales y superficiales. Deben disciplinarse las facultades tanto intelectuales como morales, porque así se fortalecerán y mejorarán por el ejercicio.

Para comprender correctamente este asunto debemos recordar que nuestros corazones son depravados por naturaleza y que somos incapaces por nosotros mismos de seguir un camino correcto. Solamente podremos ganar la victoria por la gracia de Dios combinada con nuestro mayor esfuerzo. El intelecto, tanto como el corazón, debe consagrarse al servicio de Dios. El tiene derecho sobre todo lo que hay de nosotros.

Pocos creen que la humanidad esté tan hundida o que sea tan plenamente mala, tan desesperadamente opuesta a Dios como lo es... Cuando la mente no está bajo la influencia directa del Espíritu de Dios, Satanás puede moldearla a su voluntad. Depravará todas las facultades racionales que pueda controlar. El se opone completamente a Dios en sus gustos, puntos de vista, preferencias, aversiones, elección de las cosas y propósitos; no hay gusto por las cosas que Dios ama o aprueba, sino un deleite en aquellas cosas que él desprecia...

Si Cristo mora en el corazón, estará en todos nuestros pensamientos. Nuestros pensamientos más profundos serán de él, de su amor, su pureza. El llenará todas las cámaras de nuestra mente. Nuestros afectos se centrarán en Jesús. Todas nuestras esperanzas y expectativas estarán relacionadas con él. El gozo más elevado del alma consistirá en vivir la vida presente con fe en el Hijo de Dios, aguardando y amando su advenimiento. El será la corona de nuestro gozo. Nuestros corazones reposarán en su amor.

Aquellos que han entrenado la mente para deleitarse en ejercicios espirituales son los que pueden ser trasladados sin ser anonadados por la pureza y la gloria trascendente del cielo.

Año bíblico: Job 38-42

EL ORO DEL CARACTER CRISTIANO

De más estima es el buen nombre que las muchas riquezas, y la buena fama más que la plata y el oro. Prov. 22:1.

Los hombres pueden aspirar al renombre. Pueden desear poseer un nombre grande. Para algunos la suma de su ambición consiste en la posesión de casas, terrenos y abundancia de dinero, las cosas que los harán grandes a la vista del mundo. Desean colocarse en un lugar desde el cual puedan mirar hacia abajo con un aire de superioridad a los que son pobres. Todo esto es construir sobre la arena, y su casa caerá de improviso. La superioridad en la escala social no constituye la verdadera grandeza. Lo que no aumenta el valor del alma no tiene verdadero valor en sí mismo. Lo único que vale la pena alcanzar es la grandeza de alma a la vista del cielo. Quizá nunca conozcáis la verdadera y elevada naturaleza de vuestro trabajo. Sólo podéis medir el valor de vuestro propio ser por el de la Vida que fue dada para salvar a todos los que quieran recibirla.

Todo hombre tendrá una estimación de su propio valor cuando llegue a ser colaborador de Cristo, cuando haga la obra que Cristo hizo, llenando el mundo de la justicia de Cristo, cumpliendo un cometido del Altísimo... El cometido dado a los discípulos se da a todos los que están relacionados con Cristo. Deben hacer cualquier sacrificio por el gozo de ver salvadas a las almas que están pereciendo sin Cristo...

El honor más elevado que pueda conferirse a seres humanos, ya sean jóvenes o ancianos, ricos o pobres, es permitirles levantar a los oprimidos y consolar a los débiles. El mundo está lleno de dolientes. Id y predicad el Evangelio a los pobres; sanad a los enfermos. Esta es la obra que debe hacerse en relación con el mensaje evangélico... Los colaboradores de Dios deben llenar el espacio que ocupan en el mundo con el amor de Jesús... El amor de Cristo en el corazón se expresa en las acciones. Si el amor por Cristo está empañado, el amor por aquellos por quienes Cristo murió se degenerará...

Las riquezas verdaderas son la fe y el amor genuinos. Estas completan el carácter en Cristo. Si hubiese más fe, una fe sencilla y confiada en Jesús, habría amor, amor puro, el cual es el oro del carácter cristiano.

Año bíblico: Sal. 1-9

PALABRAS BONDADOSAS Y AMABLES

Jehová el Señor me dio lengua de sabios, para saber hablar palabras al cansado; despertará mañana tras mañana, despertará mi oído para que oiga como los sabios. Isa. 50:4.

Cada cristiano debería ser lo que Cristo fue en su vida en esta tierra. El es nuestro ejemplo, no solamente en su pureza inmaculada, sino en su paciencia, cortesía y disposición amigable. Era firme como una roca en lo que atañía a la verdad y al deber, pero era invariablemente bondadoso y cortés... Su vida fue una perfecta ilustración de la verdadera cortesía. Tenía siempre una mirada amable y una palabra de consuelo para los necesitados y los oprimidos.

Su presencia llevaba una atmósfera más pura al hogar y su vida era como levadura que obraba entre los elementos de la sociedad. Inocente y sin contaminación caminaba entre los indiferentes, los rudos, los descorteses; entre los injustos publicanos, los impíos samaritanos, los soldados paganos, los rudos campesinos y la multitud heterogénea.

Hablaba una palabra de simpatía aquí, una palabra allá, al ver a los hombres cansados y obligados a llevar pesadas cargas. Compartía sus cargas y les repetía las lecciones que había aprendido de la naturaleza, del amor, de la misericordia y de la bondad de Dios. Trataba de inspirar esperanza en los más rudos y poco promisorios, poniendo ante ellos la seguridad de que podían llegar a ser sin tacha y sin culpa, alcanzando un carácter que los haría aparecer como hijos de Dios...

Jesús se sentó como huésped honrado en la mesa de los publicanos, mostrando por su simpatía y benevolencia que reconocía la dignidad de la humanidad, y los hombres anhelaban llegar a ser dignos de su confianza. Sus palabras caían sobre sus almas sedientas con poder bendito y vivificante. Se despertaban nuevos impulsos y se abría la posibilidad de una vida nueva ante esos parias de la sociedad...

La religión de Jesús ablanda todo lo que haya de duro y áspero en el temperamento, y suaviza las asperezas y las agudezas de los modales. Esta es la religión que hace las palabras amables y el comportamiento atractivo... Un cristiano bondadoso y cortés es el argumento más poderoso en favor del Evangelio.

Año bíblico: Sal. 10-17

LA PRUEBA DEL APETITO

Sino que golpeo mi cuerpo, y lo pongo en servidumbre, no sea que habiendo sido heraldo para otros, yo mismo venga a ser eliminado. 1 Cor. 9:27.

Después de su bautismo, el Hijo de Dios fue al desierto funesto donde sería tentado por el diablo. Por cerca de seis semanas soportó las agonías del hambre... Conoció el poder del apetito sobre el hombre, y en beneficio del hombre pecaminoso soportó la prueba más dura posible en este punto. Allí se ganó una victoria que pocos pueden apreciar. El poder dominador del apetito depravado y el ignominioso pecado de complacerlo sólo pueden entenderse por la longitud del ayuno que nuestro Salvador soportó para quebrantar su poder...

La intemperancia está en la base de todos los males morales conocidos del hombre. Cristo comenzó la obra de redención en el mismo lugar donde había comenzado la ruina. La caída de nuestros primeros padres se debió a la complacencia del apetito. En la redención, la negación del apetito fue la primera obra de Cristo.

El Hijo de Dios vio que el hombre no podía por sí mismo vencer esta poderosa tentación... Vino a la tierra para unir su poder divino con nuestros esfuerzos humanos, para que mediante la fuerza y el poder moral que él imparte podamos vencer por nosotros mismos. ¡Oh! qué incomparable humillación para el Rey de gloria venir a este mundo para soportar los dolores del hambre y las fieras tentaciones de un artero enemigo para poder ganar una victoria infinita para el hombre. Aquí está el amor sin paralelo. Sin embargo, esta gran humillación es apenas oscuramente comprendida por aquellos para quienes fue hecha...

No fueron sólo los corrosivos dolores del hambre lo que hicieron los sufrimientos de nuestro Redentor tan indeciblemente severos. Fue el sentido de culpa que había resultado de la indulgencia del apetito, que había traído un mal tan terrible al mundo, lo que hacía una presión tan pesada sobre su alma divina...

Con la naturaleza del hombre y con la terrible carga de los pecados pesando sobre él, nuestro Redentor hizo frente al poder de Satanás en esta gran tentación inicial que pone en peligro las almas de los hombres. Si el hombre podía vencer esta tentación, podía triunfar en cualquier otro punto.

Año bíblico: Sal. 18-22

MANTENIENDO VIVO EL AMOR

Casadas, estad sujetas a vuestros maridos, como conviene en el Señor. Maridos, amad a vuestras mujeres, y no seáis ásperos con ellas. Col. 3:18-19.

Cuántos sinsabores y qué marea de ayes e infelicidad se evitaría si los hombres, y también las mujeres, siguieran cultivando la consideración, la atención y las bondadosas palabras de aprecio y las pequeñas cortesías que mantuvo encendido el amor y que ellos consideraban necesarias para conquistar a los compañeros de su elección. Si el marido y la mujer siguieran cultivando esas atenciones que alimentan el amor, serían felices en la compañía mutua y tendrían una influencia santificadora sobre sus familiares. Tendrían en ellos mismos un pequeño mundo de felicidad y no desearían salir de ese mundo a buscar nuevas atracciones y nuevos objetos de amor...

Muchas mujeres anhelan palabras de amor y ternura y las atenciones y las cortesías comunes que les deben sus maridos, quienes las han elegido como compañeras de la vida... Son estas pequeñas atenciones y cortesías lo que hacen la suma de la felicidad de la vida...

Si conserváramos la ternura del corazón en nuestras familias, si hubiera una noble y generosa deferencia hacia los gustos y las opiniones mutuas, si la esposa buscara oportunidades de expresar su amor en actos de cortesía hacia su esposo, si éste manifestara la misma consideración y bondadosos miramientos hacia la esposa, los hijos participarían del mismo espíritu. La influencia penetraría el hogar, y ¡qué marea de miseria se evitaría en las familias!...

Cada pareja que une sus intereses de la vida debería tratar de hacer la vida del otro tan feliz como sea posible. Lo que apreciamos tratamos de conservarlo y de hacerlo más valioso, si podemos. En el contrato matrimonial los hombres y las mujeres han realizado un convenio, una inversión para toda la vida, y por lo tanto deberían hacer todo lo posible por controlar sus expresiones de impaciencia y de mal humor, con más cuidado aún del que ponían antes de su casamiento, porque ahora su destino está unido durante toda la vida como esposo y esposa, y cada uno es valorado en proporción exacta a la cantidad de esfuerzo esmerado que dedica a retener y mantener fresco el amor tan ansiosamente buscado y atesorado antes del matrimonio.

Año bíblico: Sal. 23-30

LA VOZ DEL DEBER

Todo lo que te viniere a la mano para hacer, hazlo según tus fuerzas. Ecl. 9:10.

La voz del deber es la voz de Dios: un guía innato dado por el cielo. Ya sea placentero o no, debemos realizar la tarea que se ha puesto directamente en nuestro camino. Si el Señor deseara que lleváramos un mensaje a Nínive, no le agradaría que fuéramos a Jope o a Capernaúm. Dios tiene razones para enviarnos al lugar hacia el cual nuestros pies son dirigidos...

Las zorras pequeñas son las que echan a perder las viñas; las pequeñas negligencias, las pequeñas deficiencias, las pequeñas faltas de honradez, las pequeñas desviaciones de los principios, [son] las que enceguecen el alma y la separan de Dios.

Las pequeñas cosas de la vida son las que desarrollan el espíritu y determinan el carácter. Aquellos que descuidan las cosas pequeñas no están preparados para sobrellevar duras pruebas cuando éstas les sobrevengan. Recordad que la edificación del carácter no finaliza mientras no termina la vida. Cada día se coloca un buen o un mal ladrillo en su estructura. Lo mismo podéis edificar en mala forma, o con exactitud y corrección levantar un hermoso templo para Dios. Por lo tanto, al buscar hacer grandes cosas, no desperdiciéis las pequeñas oportunidades que os llegan cada día. Aquel que desprecia las cosas pequeñas, y no obstante se ilusiona de que está listo para hacer cosas maravillosas para el Maestro, está en peligro de perderlo todo. La vida no está hecha de grandes sacrificios o de maravillosas proezas, sino de cosas pequeñas.

Todo lo que le venga a la mano para realizar, hágalo con [todas] sus fuerzas. Realice su tarea gozosamente con cantos de alabanzas. Si tiene un registro limpio en los libros del cielo, nunca se enfadará ni irritará. Haga que su oración diaria sea: "Señor, ayúdame a hacer lo mejor que pueda. Enséñame cómo realizar mejor mi trabajo. Dame energía y gozo. Ayúdame a participar [con otros] en el servicio del amante ministerio del Salvador".

Considere cada deber, por humilde que sea, como sagrado porque es parte del ministerio divino... Lleve a Cristo en todo lo que haga. Entonces sus vidas se llenarán de brillo y gratitud. Harán lo mejor posible, marchando hacia adelante alegremente en el servicio del Señor, sus corazones llenos con su gozo.

Año bíblico: Sal. 31-35

EL VIVIR PARA OTROS

El Hijo del Hombre no vino para ser servido, sino para servir, y para dar su vida en rescate por muchos. Mat. 20:28.

No debemos vivir para nosotros mismos. Cristo vino a este mundo para vivir por otros: no para ser servido sino para servir. Si os esforzáis para vivir como él vivió, estaréis diciendo al mundo: "Contemplad al Hombre del Calvario". Por precepto y por ejemplo estaréis conduciendo a otros en el camino de la rectitud.

El pecado más difundido que nos separa de Dios y provoca tantos trastornos espirituales contagiosos, es el egoísmo. No se puede volver al Señor excepto mediante la abnegación. Por nosotros mismos no podemos hacer nada; pero si Dios nos fortalece, podemos vivir para hacer bien a otros, y de esta manera rehuir el mal del egoísmo. No necesitamos ir a tierras paganas para manifestar nuestros deseos de consagrarlo todo a Dios en una vida útil y abnegada. Debemos hacer esto en el círculo del hogar, en la iglesia, entre aquellos con quienes tratamos y con aquellos con quienes hacemos negocios. En las mismas vocaciones comunes de la vida es donde se ha de negar el yo y mantenerlo en sujeción.

Pablo podía decir: "Cada día muero" (1 Cor. 15:31). Es esa muerte diaria del yo en las pequeñas transacciones de la vida lo que nos hace vencedores. Debemos olvidar el yo por el deseo de hacer el bien a otros. Con muchos hay una decidida carencia de amor por otros. En vez de cumplir su deber fielmente, buscan más bien su propio placer.

Dios impone positivamente a todos sus seguidores el deber de beneficiar a otros con su influencia y recursos... Al obrar por los demás, se experimentará una dulce satisfacción, una paz íntima que será suficiente recompensa... Esto les proporcionará algo más que una recompensa terrenal; porque todo cumplimiento fiel y abnegado del deber es notado por los ángeles, y resplandece en el registro de la vida. En el cielo nadie pensará en sí mismo, ni buscará su propio placer; pero todos, a causa de un amor puro y genuino, buscarán la felicidad de los seres celestiales a su alrededor.

Si deseamos disfrutar de la sociedad celestial en la tierra renovada, debemos ser gobernados aquí por los principios celestiales.

Año bíblico: Sal. 36-39

NINGUNO ESTA LIBRE DE LA TENTACION

Que sois guardados por el poder de Dios mediante la fe, para alcanzar la salvación que está preparada para ser manifestada en el tiempo postrero. En lo cual vosotros os alegráis, aunque ahora por un poco de tiempo, si es necesario, tengáis que ser afligidos en diversas pruebas. 1 Ped. 1:5-6.

No pensemos que la vida cristiana está exenta de la tentación. Las tentaciones vendrán sobre cada cristiano. El cristiano y el que no acepta a Cristo como su guía tendrán pruebas. La diferencia está en que el último está sirviendo a un tirano, haciendo sus viles tareas, mientras que el cristiano está sirviendo a Aquel que murió para darle vida eterna. No consideremos la prueba como algo extraño, sino como el medio por el cual somos purificados y fortalecidos. "Tened por sumo gozo cuando os halléis en diversas pruebas", Santiago amonesta, "sabiendo que la prueba de vuestra fe produce paciencia" (Sant. 1:2-3).

En la vida futura comprenderemos las cosas que aquí nos dejaron grandemente perplejos. Nos daremos cuenta qué poderoso ayudador tuvimos y cómo los ángeles de Dios fueron comisionados para guardarnos a medida que seguíamos el consejo de la Palabra de Dios.

A todos aquellos que lo reciben, Cristo les dará poder para llegar a ser hijos de Dios. El es una ayuda presente en todo tiempo de necesidad. Avergoncémonos de nuestra fe vacilante. Aquellos que son vencidos sólo pueden culparse a sí mismos por su fracaso al resistir al enemigo. Todos los que deseen pueden venir a Cristo y encontrar la ayuda que necesitan.

Está entre vosotros el poderoso Consejero de los siglos, invitándoos a colocar vuestra confianza en él. ¿Nos alejaremos de él hacia los indecisos seres humanos que están tan enteramente necesitados de Dios como nosotros?... ¿No hemos sido culpables de esperar tan poco que ni hemos pedido lo que Dios está anhelando dar?

"De las misericordias de Jehová haré memoria, de las alabanzas de Jehová, conforme a todo lo que Jehová nos ha dado, y de la grandeza de sus beneficios hacia la casa de Israel... Porque dijo: Ciertamente mi pueblo son, hijos que no mienten; y fue su Salvador. En toda angustia de ellos él fue angustiado, y el ángel de su faz los salvó..." (Isa. 63:7-9).

Año bíblico: Sal. 40-45

FORTALEZA PARA HOY

Y meteré en el fuego a la tercera parte, y los fundiré como se funde la plata, y los probaré como se prueba el oro. El invocará mi nombre, y yo le oiré, y diré: Pueblo mío; y él dirá: Jehová es mi Dios. Zac. 13:9.

Por la prueba el Señor examina la fortaleza de sus hijos. ¿Está fuerte el corazón para soportar? ¿Está la conciencia libre de ofensa? ¿Tolera el Espíritu el testimonio de nuestro espíritu de que nosotros somos los hijos de Dios? Esto averigua el Señor probándonos. En el horno de la aflicción nos purifica de toda escoria. Nos envía pruebas, no para causar dolor innecesario, sino para llevarnos a contemplarle, para fortalecer nuestra paciencia, para enseñarnos que si no nos rebelamos, sino ponemos nuestra confianza en él, veremos su salvación...

El amor de Cristo por sus hijos es tan fuerte como tierno. Es un amor más fuerte que la muerte, pues él murió por nosotros. Es un amor más verdadero que el de una madre por sus hijos. El amor de la madre puede cambiar, pero el amor de Cristo es inmutable. "Por lo cual estoy seguro —dice Pablo— de que ni la muerte, ni la vida, ni ángeles, ni principados, ni potestades, ni lo presente, ni lo por venir, ni lo alto, ni lo profundo, ni ninguna otra cosa creada nos podrá separar del amor de Dios, que es en Cristo Jesús Señor nuestro" (Rom. 8:38-39).

En cada prueba tenemos consolación eficaz. ¿No se conmueve nuestro Salvador al comprender nuestras debilidades? ¿No ha sido tentado en todo como nosotros? ¿Y no nos ha invitado a llevarle cada prueba y perplejidad? Entonces no nos aflijamos por las cargas de mañana. Valerosa y alegremente llevemos las cargas de hoy. Hoy tenemos que tener confianza y fe. No estamos invitados a vivir más que un día a la vez. Quien da fortaleza para hoy, dará fortaleza para mañana...

Nada hiere tanto el alma como los agudos dardos de la incredulidad. Cuando la prueba viene, como indudablemente vendrá, no os angustiéis o lamentéis. El silencio en el alma hace más clara la voz de Dios. "Luego se alegran, porque se apaciguaron" (Sal. 107:30). Recordad que debajo de vosotros están los brazos eternos. "Guarda silencio ante Jehová, y espera en él" (Sal. 37:7). El os está guiando a un refugio de experiencias benignas.

Año bíblico: Sal. 46-50

MIEMBROS DE LA FAMILIA DE DIOS

Así que ya no sois extranjeros ni advenedizos, sino conciudadanos de los santos, y miembros de la familia de Dios, edificados sobre el fundamento de los apóstoles y profetas, siendo la principal piedra del ángulo Jesucristo mismo. Efe. 2:19-20.

El Señor Jesús está realizando experimentos en los corazones humanos por medio de la manifestación de su misericordia y abundante gracia. Está realizando transformaciones tan sorprendentes que Satanás... se detiene para mirarlas como una fortaleza inexpugnable ante sus sofismas y engaños. Son para él un misterio incomprensible. Los ángeles de Dios... contemplan con asombro y gozo cómo hombres caídos, una vez hijos de la ira, están desarrollando por la enseñanza de Cristo, caracteres a la semejanza divina, para ser hijos e hijas de Dios, para desempeñar una parte importante en las ocupaciones del cielo.

El Señor ha provisto a su iglesia de capacidades y bendiciones para que presente ante el mundo una imagen de su propia suficiencia, y para que su iglesia sea completa en él, una constante representación de otro mundo, el mundo eterno, regido por leyes superiores a las terrenas. Su iglesia ha de ser un templo erigido a la semejanza divina...

Cristo ha dado a la iglesia amplias facilidades, para que él pudiera recibir una gran recompensa de gloria de su posesión redimida y comprada. La iglesia, al ser dotada de la justicia de Cristo, se convierte en el repositorio del Señor, en el cual la riqueza de su misericordia, su amor, su gracia, ha de aparecer en su plena y final manifestación. La declaración de su oración intercesora, de que el amor del Padre es tan grande hacia nosotros como hacia él mismo, el Hijo unigénito, y que nosotros estaremos con él donde él está, hechos uno con Cristo y el Padre para siempre, es una maravilla para la hueste angelical y constituye su gran gozo. El don de su Espíritu Santo, rico, completo y abundante, ha de ser para su iglesia como un muro de fuego que la circunde, contra el cual no prevalezcan las potencias del infierno. En su inmaculada pureza y perfección impecable, Cristo mira a sus hijos como la recompensa de sus sufrimientos, su humillación y su amor, y el suplemento de su gloria: Cristo, el gran centro del cual irradia toda gloria.

Año bíblico: Sal. 51-55

TENED SIEMPRE PRESENTE VUESTRA ELEVADA VOCACION

Por esto, yo no dejaré de recordaros siempre estas cosas, aunque vosotros las sepáis, y estéis confirmados en la verdad presente. 2 Ped. 1:12.

No importa cuánto tiempo podemos haber estado viajando en el camino de la vida eterna, necesitamos a menudo recordar las mercedes que nuestro Padre celestial manifiesta hacia nosotros, y obtener esperanza y valor de las promesas de su Palabra... Pedro reconoció el valor de la vigilancia constante en la vida cristiana y se sintió impelido por el Espíritu Santo a impresionar a los creyentes con la importancia de ejercitar gran cuidado en la vida diaria...

"Recordaros siempre". ¡Oh, si tan sólo mantuviéramos en nuestros pensamientos las cosas que atañen a nuestro bienestar eterno, no nos ocuparíamos de ninguna conversación trivial o vana! La obra de toda nuestra vida está delante de nosotros. Nos corresponde ser cuidadosos en la tarea de asegurar nuestra vocación y nuestra elección, obedeciendo los sencillos conocimientos contenidos en la santa Palabra de Dios...

Hay muchas cosas erróneas que permitimos que pasen inadvertidas cuando por nuestra piadosa conversación podemos establecer un ejemplo de bien hacer, que podría ser un constante reproche para los perversos. No podemos permitir que nuestro ejemplo parezca que sanciona la maldad. Hay un cielo que ganar y un infierno que evitar. En las iglesias con muchos miembros... existe el peligro de rebajar las normas. Cuando muchos se congregan, algunos están más expuestos a volverse descuidados e indiferentes que si ellos estuvieran aislados y tuvieran que valerse por sí mismos. Pero aun bajo circunstancias adversas, podemos velar en oración y establecer un ejemplo de una conducta piadosa, que será un poderoso testimonio de justicia.

El Señor desea que seamos fervorosos. No podemos permitirnos el hablar palabras que puedan desanimar a nuestros compañeros de peregrinaje, en la senda cristiana. Cristo ha dado su vida para que podamos vivir con él en gloria...

Ahora nos estamos preparando para la vida eterna futura, y pronto, si somos fieles, veremos las puertas de la ciudad de nuestro Dios girar sobre sus brillantes goznes para que las naciones que han guardado la verdad puedan entrar a poseer su herencia eterna.

Año bíblico: Sal. 56-61

NUESTRA MISION EN EL MUNDO

Como tú me enviaste al mundo, así yo los he enviado al mundo. Juan 17:18.

La separación del mundo, en obediencia a la orden divina, ¿nos inhabilitará para la obra que el Señor nos ha dejado? ¿Nos estorbará de hacer el bien en nuestro derredor? No. Cuanto más firme sea nuestro asidero en el cielo, tanto mayor será nuestro poder para ser útiles. Debemos estudiar el Modelo, para que el espíritu que habitó en Cristo pueda morar en nosotros. Al Salvador no se lo halló entre los eminentes y honorables del mundo. No empleó su tiempo entre los que buscaban su propia comodidad y deleite. Trabajó para ayudar a los que necesitaban ayuda, para salvar a los perdidos y a los que perecían, para levantar a los caídos, para romper el yugo de opresión de los que estaban en cautiverio, para sanar a los afligidos y hablar palabras de simpatía y consolación a los angustiados y tristes. Se nos pide que sigamos este ejemplo. Cuanto más participemos del espíritu de Cristo, tanto más buscaremos hacer por nuestros semejantes. Bendeciremos al necesitado y confortaremos al afligido...

El tiempo de gracia está por finalizar... El enemigo está jugando el juego de la vida por cada alma. Trabaja para quitar de nosotros todo lo que sea de naturaleza espiritual, y en lugar de las gracias preciosas de Cristo, desea amontonar en nuestros corazones los rasgos malignos de la naturaleza carnal: el odio, las críticas, los celos, el amor al mundo, el apego al yo, el amor a los placeres y la soberbia de la vida. Necesitamos fortalecernos contra el enemigo que se aproxima, que obra con toda clase de engaño de iniquidad para los que se pierden; porque, a no ser que velemos en oración, estos males entrarán en el corazón y desarraigarán todo lo que es bueno.

¡Cuán grande es la responsabilidad depositada sobre los discípulos de Cristo! ¡Cuán imperativo el deber de reflejar la luz del cielo sobre un mundo envuelto en tinieblas! Cuanto más cerrada sea la oscuridad circundante, tanto más potente debiera ser la luz de la fe y el ejemplo cristianos.

Año bíblico: Sal. 62-67

EL ARGUMENTO MAS PODEROSO

Yo, yo Jehová, y fuera de mí no hay quien salve... Vosotros, pues, sois mis testigos, dice Jehová, que yo soy Dios. Isa. 43:11-12.

De sus seguidores genuinos el Señor dice: "Este pueblo he creado para mí; mis alabanzas publicará" (Isa. 43:21). Ellos son mis testigos, mis representantes escogidos en un mundo apóstata...

Dios pide nuestra cooperación. Sus demandas son razonables... Cuando tomamos el nombre de Cristo, nos comprometemos a representarlo. Para que seamos leales a nuestro voto, Cristo debe ser formado en nosotros como la esperanza de gloria. La vida diaria debe llegar a ser más y más semejante a la vida de Cristo. Debemos ser cristianos en hecho y en verdad. Cristo no comulga con el fingimiento. El dará la bienvenida a las cortes celestiales sólo a aquellos cuyo cristianismo sea genuino. La vida de los profesos cristianos que no viven la vida de Cristo es una burla a la religión.

Dios no nos pide que compremos su favor mediante algún costoso sacrificio. Unicamente pide el servicio de un corazón humilde y contrito que ha aceptado su don gratuito con gozo y gratitud. Quien recibe a Cristo como su Salvador personal es poseedor de la salvación provista por Cristo. Y nunca olvidará que así como recibió gratuitamente, gratuitamente ha de impartir.

¿Comprendéis vuestro valor a la vista de Dios? El dice: Sois colaboradores juntamente conmigo. ¿Estáis permitiendo que vuestra luz brille en rayos claros para un mundo caído? ¿Estáis buscando ejercitar toda facultad y todo poder que Dios os ha dado? Tal vez no seáis ministros, pero podéis ser testigos. Puede ser que no seáis oradores elocuentes, pero podéis ser elocuentes en vivir a Cristo y en dejar que vuestra luz brille ante los hombres.

Un cristiano verdadero y amante es el argumento más poderoso que se puede ofrecer en favor de la verdad de la Biblia. Un hombre tal es el representante de Cristo. Su vida es la evidencia más convincente que puede darse del poder de la gracia divina. Cuando el pueblo de Dios introduzca la justicia de Cristo en la vida diaria, los pecadores se convertirán y se ganarán victorias sobre el enemigo.

Año bíblico: Sal. 68-71

NUESTRAS OBLIGACIONES
HACIA LOS POBRES

Porque tuve hambre, y me disteis de comer; tuve sed, y me disteis de beber; fui forastero, y me recogisteis; estuve desnudo, y me cubristeis; enfermo, y me visitasteis; en la cárcel, y vinisteis a mí. Mat. 25:35-36.

Aunque el mundo necesita simpatía, aunque necesita las oraciones y la ayuda del pueblo de Dios, aunque necesita ver a Cristo en la vida de los que le siguen, los hijos de Dios necesitan igualmente oportunidades que atraigan sus simpatías, hagan eficaces sus oraciones y desarrollen en ellos un carácter semejante al Modelo divino.

Para proporcionar estas oportunidades, Dios colocó entre nosotros a los pobres, los infortunados, los enfermos y los dolientes. Son el legado de Cristo a su iglesia, y han de ser cuidados como él los cuidaría. De esta manera, Dios elimina la escoria y purifica el oro, dándonos la cultura del corazón y del carácter que necesitamos.

El Señor podría llevar a cabo su obra sin nuestra cooperación. No depende de nuestro dinero, nuestro tiempo, nuestro trabajo. Pero la iglesia es muy preciosa a su vista. Es el estuche que contiene sus joyas, el aprisco que encierra su rebaño, y anhela verla sin mancha, tacha ni cosa semejante. Siente por ella anhelos de amor indecible. Esta es la razón por la cual nos ha dado oportunidades de trabajar para él, y acepta nuestras labores como prueba de nuestro amor y lealtad.

Al poner entre nosotros los pobres y los dolientes, el Señor nos prueba para revelarnos lo que hay en nuestros corazones. La cultura de la mente y el corazón se lleva a cabo con más facilidad cuando experimentamos una tierna simpatía por los demás, la que nos impulsa a ofrecerles nuestros recursos y privilegios para aliviar sus necesidades...

Las buenas obras nos cuestan un sacrificio, pero es en este mismo sacrificio que proveen disciplina. Estas obligaciones nos producen conflicto con sentimientos y propensiones naturales, y al cumplirlas ganamos victoria tras victoria sobre los rasgos objetables de nuestros caracteres.

El mundo se convencerá no tanto por lo que el púlpito enseña como por lo que la iglesia vive. El predicador anuncia la teoría del Evangelio, pero la piedad práctica de la iglesia demuestra su poder.

Año bíblico: Sal. 72-77

UNA OBRA DE PREPARACION

Estando persuadido de esto, que el que comenzó en vosotros la buena obra, la perfeccionará hasta el día de Jesucristo. Fil. 1:6.

Una seria obra de preparación ha de ser hecha por los adventistas del séptimo día si desean permanecer firmes en las angustiosas pruebas que tienen ante ellos. Si se mantienen leales a Dios en la confusión y la tentación de los últimos días, deben buscar al Señor con humildad de corazón para obtener sabiduría a fin de resistir los engaños del enemigo.

Siempre hemos de tener presente el solemne pensamiento del pronto regreso del Señor, y en vista de ello reconocer la obra individual que debe hacerse. Mediante la ayuda del Espíritu Santo hemos de resistir las inclinaciones naturales y las tendencias al mal, y desarraigar de la vida todo elemento que no se asemeje a Cristo. Así prepararemos nuestros corazones para la recepción de la bendición de Dios, la que nos impartirá gracia y nos pondrá en armonía con la fe de Jesús. Para esa obra de preparación se le han concedido a este pueblo grandes ventajas en la luz que se le ha otorgado, en los mensajes de advertencia e instrucción, enviados por medio de la operación del Espíritu de Dios.

Debido al creciente poder de las tentaciones de Satanás, los tiempos en que vivimos están llenos de peligro para los hijos de Dios, y necesitamos aprender continuamente del gran Maestro, para que podamos dar cada paso con seguridad y rectitud. Escenas extraordinarias se presentan ante nosotros, y en este tiempo se ha de evidenciar un testimonio viviente en la vida del profeso pueblo de Dios, para que el mundo pueda ver que en esta época en que el mal reina por doquier, hay aún un pueblo que pone a un lado su voluntad y busca hacer la voluntad de Dios, un pueblo en cuyo corazón y vida está escrita la ley de Dios. Nos esperan fuertes tentaciones y pruebas severas. El pueblo de Dios que guarda los mandamientos debe prepararse para este tiempo de prueba, mediante una experiencia más profunda en las cosas de Dios y un conocimiento práctico de la justicia de Cristo... Las palabras "Buscad a Jehová mientras puede ser hallado, llamadle en tanto que está cercano" no fueron habladas sólo para los no creyentes, sino para los miembros de iglesia.

Permitid que vuestras vidas diarias den testimonio de la fe que profesáis.

Año bíblico: Sal. 78-80

SI CRISTO VINIERA HOY

Velad, pues, en todo tiempo orando que seáis tenidos por dignos de escapar de todas estas cosas que vendrán, y de estar en pie delante del Hijo del Hombre. Luc. 21:36.

Cristo nos ordena que velemos para que seamos tenidos por dignos de escapar de las cosas que han de sobrevenir en la tierra. Es de la mayor importancia que atendamos esta advertencia. El enemigo de toda justicia sigue tras nuestros pasos, procurando llevarnos al olvido de Dios.

Debiéramos llenarnos de gozo al pensar en la inminente venida de Cristo. Para los que la amen, él vendrá sin pecado para salvación. Pero si nuestra mente está llena de pensamientos relacionados con cosas terrenales, no podemos aguardar con gozo su venida.

"Si supiera que Cristo vendrá dentro de pocos años", dice uno, "viviría en una forma diferente". Pero si sólo creemos que ha de venir, viviremos tan fielmente como si supiéramos que ha de aparecer dentro de pocos años. No podemos ver el fin desde el principio, pero Cristo ha provisto suficiente ayuda para cada día del año.

Todo lo que tenemos que hacer se refiere al día de hoy. Hoy hemos de ser fieles a nuestro cometido. Hoy hemos de amar a Dios con todo el corazón y a nuestro prójimo como a nosotros mismos. Hoy hemos de resistir las tentaciones del enemigo y obtener el triunfo mediante la gracia de Cristo. Así estaremos velando y esperando la venida de Cristo. Debiéramos vivir cada día como si fuera el último de nuestra existencia en esta tierra. Si supiéramos que Cristo viene mañana, ¿no diríamos hoy todas las palabras bondadosas y realizaríamos todos los actos abnegados que pudiéramos? Deberíamos ser pacientes, gentiles y extremadamente fervorosos, y hacer todo lo posible por ganar almas para Cristo...

Os exhorto a que apartéis vuestros pensamientos de las cosas mundanas y los centréis en las cosas eternas. Cristo ha puesto la vida eterna a vuestro alcance y ha prometido daros ayuda en todo tiempo de necesidad... Nunca debemos estar satisfechos con los logros presentes. Si ponemos mente y corazón en la obra de alcanzar el ideal de Dios para nosotros, si acudimos a Cristo, el poderoso ayudador, por auxilio, nos dará la verdadera ayuda que necesitamos. Nos otorgará el poder necesario que nos permitirá ser victoriosos en la batalla contra el mal.

Año bíblico: Sal. 81-85

JUNTO AL ARBOL DE LA VIDA

Y cantaban un nuevo cántico, diciendo: Digno eres de tomar el libro y de abrir sus sellos; porque tú fuiste inmolado, y con tu sangre nos has redimido para Dios, de todo linaje y lengua y pueblo y nación. Apoc. 5:9.

¿Esperamos llegar al cielo al fin y unirnos al coro celestial? Como descendimos a la tumba así saldremos, en cuanto concierne al carácter... Ahora es el momento de lavar nuestras ropas y emblanquecerlas en la sangre del Cordero...

Juan vio el trono de Dios rodeado de una compañía y preguntó: ¿Quiénes son éstos? La respuesta fue: "Son los que... han lavado sus ropas, y las han emblanquecido en la sangre del Cordero" (Apoc. 7:14). Cristo los lleva a las fuentes de aguas vivas, y allí está el árbol de la vida y el precioso Salvador. Se nos presenta aquí una vida que se mide con la vida de Dios. Allí no hay dolor, pena, enfermedad o muerte. Todo es paz, armonía y amor...

Ahora es el momento de recibir gracia, fortaleza y poder para combinarlos con nuestros esfuerzos humanos a fin de que podamos formar caracteres para la vida eterna. Cuando hagamos esto, descubriremos que los ángeles de Dios nos ministrarán, y seremos herederos de Dios y coherederos de Cristo. Y cuando suene la última trompeta, y los muertos sean llamados de su prisión y transformados en un momento, en un abrir y cerrar de ojos, se colocarán las coronas de gloria inmortal sobre la cabeza de los vencedores. Las puertas perlinas se abrirán para dejar entrar a las naciones que han guardado la verdad. El conflicto ha terminado.

"Venid, benditos de mi Padre, heredad el reino preparado para vosotros desde la fundación del mundo" (Mat. 25:34). ¿Deseamos esta bendición? Yo sí, y creo que vosotros también. Dios os ayude para librar las batallas de esta vida, ganar diariamente la victoria y al fin estar entre los que arrojarán sus coronas a los pies de Jesús, pulsarán las arpas de oro y llenarán el cielo con la música más dulce. Quiero que améis a mi Jesús. Dad a Jesús lo que él ha comprado con su propia sangre. No rechacéis a mi Salvador, porque él pagó un precio infinito por vosotros. Veo en Jesús encantos incomparables, y deseo que vosotros veáis estos encantos.

Año bíblico: Sal. 86-89

UNA EQUIVOCACION MUY CARA

Dios hizo al hombre recto, pero ellos buscaron muchas perversiones. Ecl. 7:29.

El libro de Génesis ofrece una reseña muy clara de la vida social e individual, y a pesar de ello no tenemos noticia de que un niño naciera ciego, sordo, lisiado, deforme o imbécil. No se registra un caso de muerte natural en la infancia, la niñez o la temprana edad viril. No hay relato alguno referente a hombres y mujeres que muriesen de enfermedad. Las noticias necrológicas del libro de Génesis dicen: "Y fueron todos los días que vivió Adán novecientos treinta años; y murió", y "fueron todos los días de Set novecientos doce años; y murió"...

Dios dotó originalmente al hombre de una fuerza vital tan grande que le ha permitido resistir la acumulación de enfermedad atraída sobre la especie humana como consecuencia de hábitos pervertidos, y ha subsistido por espacio de seis mil años. Este hecho es de por sí suficiente para evidenciarnos la fuerza y energía eléctrica que Dios dio al hombre en ocasión de su creación... Si Adán, al tiempo de su creación, no hubiese sido dotado de una vitalidad veinte veces mayor que la que los hombres tienen actualmente, la especie, con sus presentes hábitos de vida que violan la ley natural, se habría extinguido...

Dios no creó a la humanidad en su débil condición presente. Este estado de cosas no es obra de la Providencia sino del hombre; ha sido ocasionado por hábitos errados y abusos, por la violación de las leyes que Dios estableció para regir la existencia del hombre.

Dios creó al hombre para su propia gloria, para que después de la prueba la familia humana pudiera ser una con la familia celestial. Era el propósito de Dios repoblar el cielo con la familia humana, si se mostraban obedientes a su Palabra.

A Eva le pareció de poca importancia desobedecer a Dios al probar el fruto del árbol prohibido y al tentar a su esposo a que pecara también; pero su pecado inició la inundación del dolor sobre el mundo. ¿Quién puede saber, en el momento de la tentación, las terribles consecuencias de un solo mal paso?

Año bíblico: Sal. 90-99

¡DE NUEVO AL HOGAR!

Porque así como en Adán todos mueren, también en Cristo todos serán vivificados. Pero cada uno en su debido orden: Cristo, las primicias; luego los que son de Cristo, en su venida. 1 Cor. 15:22-23.

Entre las oscilaciones de la tierra, las llamaradas de los relámpagos y el fragor de los truenos, el Hijo de Dios llama a la vida a los santos dormidos... Los muertos oirán esa voz; y los que la oigan vivirán. Y toda la tierra repercutirá bajo las pisadas de la multitud extraordinaria de todas las naciones, tribus, lenguas y pueblos...

Todos salen de sus tumbas de igual estatura que cuando en ellas fueran depositados. Adán, que se encuentra entre la multitud resucitada, es de soberbia altura y formas majestuosas, de porte poco inferior al del Hijo de Dios. Presenta un contraste notable con los hombres de las generaciones posteriores; en este respecto se nota la gran degeneración de la raza humana. Pero todos se levantan con la lozanía y el vigor de eterna juventud...

Todas las imperfecciones y deformidades quedan en la tumba. Reintegrados en su derecho al árbol de la vida, en el Edén perdido desde hace tanto tiempo, los redimidos crecerán hasta alcanzar la estatura perfecta de la raza humana en su gloria primitiva...

Cuando se da la bienvenida a los redimidos en la ciudad de Dios, un grito triunfante de admiración llena los aires. Los dos Adanes están a punto de encontrarse. El Hijo de Dios está en pie con los brazos extendidos para recibir al padre de nuestra raza: al ser que creó, que pecó contra su Hacedor, y por cuyo pecado el Salvador lleva las señales de la crucifixión. Al distinguir Adán las cruentas señales de los clavos, no se echa en los brazos de su Señor, sino que se arroja humildemente a sus pies, exclamando: "¡Digno, digno es el Cordero que fue inmolado!" El Salvador lo levanta con ternura, y lo invita a contemplar nuevamente la morada edénica de la cual ha estado desterrado por tanto tiempo...

Presencian esta reunión los ángeles que lloraron por la caída de Adán y se regocijaron cuando Jesús, una vez resucitado, ascendió al cielo después de haber abierto el sepulcro para todos aquellos que creyesen en su nombre. Ahora contemplan el cumplimiento de la obra de redención y unen sus voces al cántico de alabanza.

Año bíblico: Sal. 100-105

UNA PUERTA ABIERTA

Por la fe Enoc fue traspuesto para no ver muerte, y no fue hallado, porque lo traspuso Dios; y antes que fuese traspuesto, tuvo testimonio de haber agradado a Dios. Heb. 11:5.

Cuando aprendamos a andar por fe y no por sentimientos, recibiremos ayuda de Dios precisamente cuando la necesitemos, y su paz entrará a nuestro corazón. Tal fue la vida sencilla de obediencia y confianza que Enoc vivió. Si aprendemos esta lección de sencilla confianza, será nuestro el testimonio que él recibió: que agradó a Dios.

Debéis agradar a Dios en todos los aspectos de la formación de vuestro carácter. Podéis hacerlo, pues Enoc agradó al Señor aunque vivía en una época degenerada. Y en nuestros días también hay Enocs.

Durante trescientos años Enoc había estado buscando la pureza de corazón, a fin de estar en armonía con el cielo. Durante tres siglos había andado con Dios. Día tras día había anhelado una unión más íntima; la comunión se había vuelto más y más cercana, hasta que Dios lo tomó a sí mismo. El había estado en los umbrales del mundo eterno, había mediado tan sólo un paso entre él y la tierra de los bienaventurados; y ahora se abrieron los portales; el andar con Dios, practicado por tanto tiempo en la tierra, continuó, y él pasó por las puertas de la santa ciudad: el primer hombre en entrar allí.

Teniendo la Palabra de Dios en la mano, todo ser humano, cualquiera sea su suerte en la vida, puede gozar del compañerismo que escoja. Por medio de sus páginas puede tener comunión con lo mejor y más noble de la especie humana, y escuchar la voz del Eterno que habla con los hombres... Puede morar en esta tierra en la atmósfera del cielo, e impartir a los afligidos y tentados de la tierra pensamientos de esperanza y anhelos de santidad... como aquel que antaño anduvo con Dios, acercándose cada vez más al umbral del mundo eterno, hasta que los portales se abran y pueda entrar. No se sentirá como un extraño. Lo saludarán las voces de los santos que, invisibles, eran sus compañeros en la tierra, voces que él aprendió a distinguir y amar aquí. El que por medio de la Palabra de Dios ha vivido en compañerismo con el cielo, se sentirá como en su casa en medio de la compañía celestial.

Año bíblico: Sal. 106-110

ADENTRO ESTARAS SALVO

Dijo luego Jehová a Noé: Entra tú y toda tu casa en el arca; porque a ti he visto justo delante de mí en esta generación. Gén. 7:1.

Noé había seguido fielmente las instrucciones que había recibido de Dios. El arca se terminó en todos sus aspectos como Dios lo había mandado, y fue provista de alimentos para los hombres y las bestias. Y entonces el siervo de Dios dirigió su última y solemne súplica a la gente. Con anhelo indecible, les rogó que buscasen refugio mientras era posible encontrarlo. Nuevamente rechazaron sus palabras, y alzaron sus voces en son de burla y de mofa. De repente reinó el silencio entre aquella multitud escarnecedora. Animales de toda especie, desde los más feroces hasta los más mansos, se veían venir de las montañas y los bosques, y dirigirse tranquilamente hacia el arca. Se oyó un ruido como un fuerte viento, y he aquí los pájaros que venían de todas direcciones en tal cantidad que oscurecieron los cielos y entraban en el arca en perfecto orden. Los animales obedecían la palabra de Dios, mientras que los hombres la desobedecían.

Cuando vieron a las bestias venir de los bosques hacia la puerta del arca, y a Noé llevarlas adentro, habían resistido y negado por tanto tiempo el mensaje que Dios les había dado, que .. su conciencia ya no reaccionaba.

La misericordia dejó de suplicar a la raza culpable. Las bestias de los campos y las aves del aire habían entrado en su refugio. Noé y su familia estaban en el arca: "Y Jehová le cerró la puerta"... La maciza puerta, que no podían cerrar los que estaban dentro, fue puesta lentamente en su sitio por manos invisibles. Noé quedó adentro y los que habían desechado la misericordia de Dios quedaron afuera. El sello del cielo fue puesto sobre la puerta; Dios la había cerrado, y sólo Dios podía abrirla. Asimismo, cuando Cristo deje de interceder por los hombres culpables, antes de su venida en las nubes del cielo, la puerta de la misericordia será cerrada. Entonces la gracia divina ya no refrenará más a los impíos, y Satanás tendrá dominio absoluto sobre los que hayan rechazado la misericordia divina. Ellos pugnarán por destruir al pueblo de Dios. Pero así como Noé fue guardado en el arca, los justos serán escudados por el poder divino.

Año bíblico: Sal. 111-118

UN HOGAR QUE DIOS PUEDA BENDECIR

Porque yo sé que mandará a sus hijos y a su casa después de sí, que guarden el camino de Jehová, haciendo justicia y juicio. Gén. 18:19.

Un hombre es a la vista de Dios lo que es en su familia. La vida de Abrahán, el amigo de Dios, estuvo señalada por el estricto cumplimiento de la palabra de Jehová. Cultivaba la religión del hogar. El temor de Dios llenaba su casa. El era el sacerdote de su hogar. Consideraba su familia como un depósito sagrado. Su casa constaba de más de mil miembros, y los dirigía a todos, padres e hijos, hacia el Soberano divino. No soportaba que hubiese opresión paterna por un lado, ni desobediencia filial por el otro. Mediante la influencia combinada del amor y la justicia, gobernó su casa en el temor de Dios y el Señor dio testimonio de su lealtad.

El "mandará... a su casa". No había descuido pecaminoso en poner freno a las malas propensiones de sus hijos, ni favoritismo indulgente, necio y débil, o renuncia a la convicción del deber a causa de un afecto mal entendido. Abrahán no sólo daba la instrucción apropiada, sino que mantenía la autoridad de las leyes justas y correctas.

Cuán pocos hay en nuestros días que siguen este ejemplo. De parte de demasiados padres hay un sentimentalismo ciego y egoísta, que se manifiesta dejando a los hijos con sus juicios deformados y pasiones indisciplinadas, bajo el dominio de su propia voluntad. Esta es la peor crueldad que se le puede hacer a la juventud y un gran mal para el mundo. La indulgencia de los padres causa desorden en las familias y en la sociedad. Reafirma en la juventud el deseo de seguir las inclinaciones, en vez de someterse a los requerimientos divinos.

Padres e hijos por igual pertenecen a Dios y deben someterse a su gobierno. Abrahán gobernó su casa mediante el afecto y la autoridad combinadas. La palabra de Dios nos ha dado reglas para que nos sirvan de guía. Estas reglas forman la norma de la que no debemos desviarnos para seguir su camino. La voluntad del Señor debe ser suprema. La pregunta que debemos hacer no es: ¿Qué han hecho otros? ¿Qué pensarán mis familiares? o, ¿Qué dirán si sigo este camino? sino, ¿Qué ha dicho Dios? Ni padres ni hijos pueden verdaderamente prosperar en camino alguno que no sea el camino del Señor.

Año bíblico: Sal. 119

ELIGIENDO UNA ESPOSA

No tomarás para mi hijo mujer de las hijas de los cananeos, entre los cuales yo habito; sino que irás a mi tierra y a mi parentela, y tomarás mujer para mi hijo Isaac. Gén. 24:3-4.

La fe habitual de Abrahán en Dios y su sumisión a la voluntad divina se reflejaban en el carácter de Isaac; pero el joven era de afectos profundos, y de naturaleza benigna y condescendiente. Si se unía con una mujer que no temiera a Dios, se vería en peligro de sacrificar sus principios en aras de la armonía. Para Abrahán elegir esposa para su hijo era asunto de suma importancia y anhelaba que se casara con quien no le apartase de Dios...

Abrahán había notado los resultados que desde los días de Caín hasta su propio tiempo dieran los casamientos entre los que temían a Dios y los que no le temían. Tenía ante los ojos las consecuencias de su propio matrimonio con Agar y las de los lazos matrimoniales de Ismael y de Lot. La falta de fe de Abrahán y de Sara había dado lugar al nacimiento de Ismael, mezcla de la simiente justa con la impía. La influencia del padre sobre su hijo era contrarrestada por la de los idólatras parientes de su madre, y por la unión de Ismael con mujeres paganas...

La esposa de Lot era una mujer egoísta e irreligiosa, que ejerció su influencia para separar a su marido de Abrahán. Si no hubiera sido por ella, Lot no habría quedado en Sodoma, privado de los consejos del sabio y piadoso patriarca...

Nadie que tema a Dios puede unirse sin peligro con quien no le teme. "¿Andarán dos juntos, si no estuvieren de acuerdo?" (Amós 3:3). La felicidad y la prosperidad del matrimonio dependen de la unidad que haya entre los esposos; pero entre el creyente y el incrédulo hay una diferencia radical de gustos, inclinaciones y propósitos. Sirven a dos señores entre los cuales la concordia es imposible. Por puros y rectos que sean los principios de una persona, la influencia de un cónyuge incrédulo tenderá a apartarla de Dios... El mandamiento del Señor dice: "No os unáis en yugo desigual con los incrédulos" (2 Cor. 6:14).

Año bíblico: Sal. 120-134

PODER GARANTIZADO

Porque has luchado con Dios y con los hombres, y has vencido. Gén. 32:28.

Si Jacob no se hubiese arrepentido antes por su pecado de tratar de conseguir la primogenitura mediante un engaño, Dios no habría podido oír su oración ni conservarle bondadosamente la vida. Así será en el tiempo de angustia. Si el pueblo de Dios tuviera pecados inconfesos que aparecieran ante ellos cuando los torturen el temor y la angustia, serían abrumados; la desesperación anularía su fe, y no podrían tener confianza en Dios para pedirle su liberación. Pero aunque tengan un profundo sentido de su indignidad, no tendrán pecados ocultos que revelar. Sus pecados habrán sido borrados por la sangre expiatoria de Cristo, y no los podrán recordar...

Todos los que traten de ocultar o excusar sus pecados, y permitan que permanezcan en los libros del cielo inconfesos y sin perdón, serán vencidos por Satanás. Cuanto más elevada sea su profesión, y cuanto más honorable sea la posición que ocupen, tanto más grave será su conducta ante los ojos de Dios, y tanto más seguro será el triunfo del gran adversario.

Sin embargo, la historia de Jacob es una promesa de que Dios no desechará a los que fueron arrastrados al pecado, pero que se han vuelto al Señor con verdadero arrepentimiento. Por la entrega de sí mismo y por su confiada fe, Jacob alcanzó lo que no había podido alcanzar con su propia fuerza. Así el Señor enseñó a su siervo que sólo el poder y la gracia de Dios podían darle las bendiciones que anhelaba. Así ocurrirá con los que vivan en los últimos días. Cuando los peligros los rodeen, y la desesperación se apodere de su alma, deberán depender únicamente de los méritos de la expiación... Nadie perecerá jamás mientras haga esto...

Jacob prevaleció porque fue perseverante y decidido... Este es el tiempo en que debemos aprender la lección de la oración que prevalece y de la fe inquebrantable. Las mayores victorias de la iglesia de Cristo o del cristiano no son las que se ganan mediante el talento o la educación, la riqueza o el favor de los hombres. Son las victorias que se alcanzan en la cámara de audiencia con Dios, cuando la fe fervorosa y agonizante se ase del poderoso brazo de la omnipotencia.

Año bíblico: Sal. 135-139

VIENDO AL INVISIBLE

Por la fe dejó a Egipto, no temiendo la ira del rey; porque se sostuvo como viendo al Invisible. Heb. 11:27.

Moisés tenía un profundo sentido de la presencia personal de Dios. No miraba solamente a través de los signos esperando que Cristo se manifestase en la carne, sino que veía a Cristo de una manera especial acompañando a los hijos de Israel en todos sus viajes. Dios era real para él, siempre presente en sus pensamientos. Cuando se le interpretaba erróneamente, cuando estaba llamado a arrostrar peligros y soportar insultos por amor de Cristo, los sufría sin represalias. Moisés creía en Dios, como en Aquel a quien necesitaba, y quien le ayudaría por causa de su necesidad. Dios era para él un auxilio presente.

Mucha de la fe que vemos es meramente nominal; escasea la fe verdadera, confiada y perseverante. Moisés realizó en su propia experiencia la promesa de que Dios será galardonador de aquellos que le buscan diligentemente. Tenía respeto por la recompensa del galardón. En esto hay otro punto de la fe que deseamos estudiar: Dios recompensará al hombre de fe y obediencia. Si esta fe se lleva a la experiencia de la vida, habilitará a cada uno de los que temen y amar a Dios para soportar pruebas. Moisés estaba lleno de confianza en Dios, porque tenía una fe que se apropiaba de sus promesas. Necesitaba ayuda y oraba por ella, se aferraba a ella por la fe, y entretejía en su experiencia la creencia de que Dios lo cuidaba. Creía que Dios regía su vida en particular. Veía y reconocía a Dios en todo detalle de su vida, y sentía que estaba bajo el ojo del que lo ve todo, que pesa los motivos y prueba el corazón. Miraba a Dios, y confiaba en que él le daría fuerza para vencer toda tentación... La presencia de Dios bastaba para hacerle atravesar las situaciones más penosas en las cuales un hombre pudiera ser colocado.

Moisés no pensaba simplemente en Dios lo veía. Dios era la constante visión que había delante de él; nunca perdía de vista su rostro. Veía a Jesús como su Salvador, y creía que los méritos del Salvador le serían imputados. Esta fe no era para Moisés una suposición; era una realidad. Esa es la clase de fe que necesitamos: la fe que soportará la prueba. ¡Oh, cuántas veces cedemos a la tentación porque no mantenemos nuestros ojos puestos en Jesús!

Año bíblico: Sal. 140-144

NUBE Y FUEGO

Extendió una nube por cubierta, y fuego para alumbrar la noche. Sal. 105:39.

Y Jehová iba delante de ellos de día en una columna de nube, para guiarlos por el camino; y de noche en una columna de fuego para alumbrarles... El estandarte de su invisible caudillo estaba siempre con ellos. Durante el día la nube dirigía su camino, o se extendía como un dosel sobre la hueste. Servía de protección contra el calcinante sol, y con su sombra y humedad daba grata frescura en el abrasado y sediento desierto. A la noche se convertía en una columna de fuego, que iluminaba el campamento, y les aseguraba constantemente que la divina presencia estaba con ellos.

En uno de los pasajes más hermosos y consoladores de la profecía de Isaías, se hace referencia a la columna de nube y de fuego para indicar cómo custodiará Dios a su pueblo en la gran lucha final con los poderes del mal: "Y creará Jehová sobre toda la morada del monte de Sion, y sobre los lugares de sus convocaciones, nube y oscuridad de día, y de noche resplandor de fuego que eche llamas; porque sobre toda gloria habrá un dosel, y habrá un abrigo para sombra contra el calor del día, para refugio y escondedero contra el turbión y contra el aguacero" (Isa. 4:5-6).

En el tiempo de prueba que nos espera, Dios pondrá garantía de seguridad sobre todos aquellos que hayan guardado la palabra de su paciencia. Cristo dirá a sus fieles: "Anda, pueblo mío, entra en tus aposentos, cierra tras ti tus puertas; escóndete un poquito, por un momento, en tanto que pasa la indignación" (Isa. 26:20). El León de Judá, tan temible para los que rechazan su gracia, será el Cordero de Dios para los obedientes y fieles. La columna de nube que significa ira y terror para el transgresor de la ley de Dios, será luz, misericordia y liberación para los que hayan guardado sus mandamientos. El fuerte brazo que hiere a los rebeldes, será fuerte para librar a los leales. Cada fiel será ciertamente recogido. "Y enviará sus ángeles con gran voz de trompeta, y juntarán a sus escogidos, de los cuatro vientos, desde un extremo del cielo hasta el otro" (Mat. 24:31).

Año bíblico: Sal. 145-150

¿POR QUE ESPERAR?

**Subamos luego, y tomemos posesión de ella; porque más po-
dremos nosotros que ellos. Núm. 13:30.**

Fue la fe de Caleb en Dios la que le infundió valor, la que... le
permitió ponerse firme y resueltamente de parte de la verdad. De la
misma fuente excelsa, el poderoso General de los ejércitos del cielo,
todo verdadero soldado de la cruz de Cristo debiera recibir fuerza y
valor para vencer los obstáculos que frecuentemente parecen insalva-
bles... Los que quieran cumplir su deber deben estar listos para hablar
las palabras que Dios les indica, y no palabras de duda, desaliento y
desesperación.

Mientras los que dudan hablan de imposibilidades, mientras tiemblan ante el pensamiento de altos muros y fuertes gigantes, que los
fieles Calebs, que tienen "otro espíritu", pasen al frente. La verdad de
Dios, que trae salvación, se anunciará a a gente si los ministros y
creyentes profesos no ponen una valla en su camino, como lo hicieron
los espías desleales.

En esta obra deben emplearse agentes humanos. Deben intensificar-
se el celo y la energía; los talentos que se están herrumbrando a causa
de la inacción deben ser usados con poder en el servicio. La voz que
dice: "Espera, no permitas que te impongan cargas", es la voz de los
espías cobardes. Hacen falta Calebs que se apresuren a pasar al frente,
jefes en Israel que con palabras valientes presenten un informe enér-
gico a favor de la acción inmediata. Cuando el pueblo egoísta, amante
de lo fácil, presa de pánico, temeroso de altos gigantes y de muros
inaccesibles, clame por la retirada, que la voz de los Calebs se escuche,
aun cuando los cobardes permanezcan con sus piedras en las manos,
listos a derribarlos por su fiel testimonio.

Se llama a los fieles Calebs en un momento cuando los incrédulos
desprecian la Palabra de Dios. Entonces es cuando han de permanecer
firmes en el puesto del deber, sin ostentación y sin vacilar a causa de
los vituperios. Los espías incrédulos estaban listos para destruir a Caleb. Este vio las piedras en las manos de los que habían llevado un
informe falso, pero no se atemorizó; tenía un mensaje y lo daría. Aquellos que hoy son fieles a Dios manifestarán ese mismo espíritu.

Año bíblico: Prov. 1-3

LA UNICA MANERA DE VENCER

Nunca se apartará de tu boca este libro de la ley, sino que de día y de noche meditarás en él, para que guardes y hagas conforme a todo lo que en él está escrito; porque entonces harás prosperar tu camino, y todo te saldrá bien. Jos. 1:8.

Si los hombres caminan en el sendero que Dios les ha señalado, tendrán un consejero cuya sabiduría está por encima de toda sabiduría humana. Josué era un general sabio porque Dios era su guía. La primera espada que Josué usó fue la espada del Espíritu, la Palabra de Dios...

Debido a que Josué tendría que hacer frente a las influencias más fuertes que se levantarían en contra de sus principios de justicia, el Señor misericordiosamente le encomendó que no se apartara ni a diestra ni a siniestra. Debía seguir un camino de estricta integridad... Si no hubiera habido peligro delante de Josué, Dios no le hubiera repetido una y otra vez que fuese valiente. Pero en medio de todas sus inquietudes, Josué tenía su Dios para guiarle.

No hay mayor engaño para un hombre que suponer que en cualquier dificultad puede encontrar un guía mejor que Dios, un consejero más sabio en cualquier emergencia, una defensa más fuerte bajo cualquier circunstancia.

El Señor tiene una gran obra para ser hecha en este mundo. La obra de Dios ha sido dada a cada hombre para que la realice. Pero el hombre no debe hacer del hombre su guía, para que no sea conducido por el mal camino; esto es siempre inseguro. Mientras la religión de la Biblia incluye los principios de la actividad en el servicio, al mismo tiempo está la necesidad de pedir sabiduría diariamente de la Fuente de toda sabiduría. ¿Cuál fue la victoria de Josué? Meditarás en la Palabra de Dios de día y de noche. La palabra del Señor llegó a Josué precisamente antes que pasara el Jordán... Este era el secreto de la victoria de Josué. Hizo de Dios su guía.

Los que ocupan cargos de consejeros debieran ser hombres generosos, hombres de fe, hombres de oración, hombres que no se atreverán a depender de su propia sabiduría humana, sino que buscarán diligentemente luz e inteligencia para comprender cuál es la mejor manera de desempeñar su cometido. Josué, el dirigente de Israel, escudriñó diligentemente los libros en los cuales Moisés había anotado fielmente las instrucciones impartidas por Dios: sus requisitos, amonestaciones y restricciones, para no actuar imprudentemente.

Año bíblico: Prov. 4-7

DEMASIADOS SOLDADOS

Y Jehová dijo a Gedeón: El pueblo que está contigo es mucho para que yo entregue a los madianitas en su mano, no sea que se alabe Israel contra mí, diciendo: Mi mano me ha salvado. Juec. 7:2.

Se había hecho ley en Israel que antes de que el ejército saliera a la batalla, se le hiciese la siguiente proclamación: "¿Quién ha edificado casa nueva, y no la ha estrenado? Vaya, y vuélvase a su casa, no sea que muera en la batalla, y algún otro la estrene. ¿Y quién ha plantado viña, y no ha disfrutado de ella? Vaya, vuélvase a su casa, no sea que muera en la batalla, y algún otro la disfrute. ¿Y quién se ha desposado con mujer, y no la ha tomado? Vaya, y vuélvase a su casa, no sea que muera en la batalla, y algún otro la tome". Y además los oficiales debían decir al pueblo: "¿Quién es hombre medroso y pusilánime? Vaya, y vuélvase a su casa, y no apoque el corazón de sus hermanos, como el corazón suyo" (Deut. 20:5-8).

Debido a que el número de sus soldados era muy pequeño en comparación con los del enemigo, Gedeón se había abstenido de hacer la proclamación de costumbre. Se llenó de asombro al oír que su ejército era demasiado grande. Pero el Señor veía el orgullo y la incredulidad que había en el corazón de su pueblo. Incitado por las conmovedoras exhortaciones de Gedeón, se había alistado de buena gana; pero muchos se llenaron de temor al ver las multitudes de los madianitas. No obstante, si Israel hubiera triunfado, aquellos mismos miedosos se habrían atribuido la gloria en vez de adjudicarle la victoria a Dios.

Gedeón obedeció las instrucciones del Señor, y con el corazón oprimido vio marcharse para sus hogares a veintidós mil hombres, o sea más de las dos terceras partes de su ejército.

El Señor está ansioso de hacer grandes cosas para nosotros. No obtendremos la victoria porque seamos un pueblo numeroso, sino mediante la entrega completa del alma a Jesús. Debemos avanzar con su fuerza, confiando en el poderoso Dios de Israel. Hay una lección para nosotros en el ejército de Gedeón... El Señor tiene ahora el mismo anhelo de trabajar a través de esfuerzos humanos y de realizar grandes cosas mediante débiles instrumentos.

Año bíblico: Prov. 8-11

LAS GENERACIONES UNIDAS

El joven Samuel ministraba a Jehová en presencia de Elí. 1 Sam. 3:1.

Aunque era muy joven cuando se le trajo a servir en el tabernáculo, Samuel tenía ya entonces algunos deberes que cumplir en el servicio de Dios, según su capacidad. Eran al principio muy humildes, y no siempre agradables; pero los desempeñaba lo mejor que podía, con corazón dispuesto...

Si se les enseñara a los niños a considerar el humilde ciclo de deberes diarios como la conducta que el Señor les ha trazado, como una escuela en la cual han de prepararse para prestar un servicio fiel y eficiente, ¡cuánto más agradable y honorable les parecería su trabajo! El cumplimiento de todo deber como para el Señor, rodea de un encanto especial aun los menesteres más humildes, y vincula a los que trabajan en la tierra con los seres santos que hacen la voluntad de Dios en el cielo.

La vida de Samuel desde su temprana niñez había sido una vida de piedad y devoción. Había sido puesto bajo el cuidado de Elí en su juventud, y la amabilidad de su carácter le granjeó el cálido afecto del anciano sacerdote. Era bondadoso, generoso, diligente, obediente y respetuoso. El contraste entre la vida del joven Samuel y la de los hijos del sacerdote era muy marcado, y Elí hallaba reposo, consuelo y bendición en la presencia de su pupilo. Era cosa singular que entre el principal magistrado de la nación y un simple niño existiera tan cálido afecto. Samuel era servicial y afectuoso, y ningún padre amó alguna vez a su hijo más tiernamente que Elí a ese joven. A medida que los achaques de la vejez le sobrevenían a Elí, sentía más profundamente la conducta desanimadora, temeraria, licenciosa de sus propios hijos, y buscaba consuelo y sostén en Samuel.

Cuán conmovedor es ver a la juventud y la vejez confiando la una en la otra, a los jóvenes buscando consejo y sabiduría en los ancianos, a los ancianos buscando ayuda y simpatía en los jóvenes. Así debiera ser. Dios quisiera que los jóvenes poseyesen tales cualidades de carácter, que encontraran deleite en la amistad de los ancianos, para que puedan estar unidos por los fuertes lazos del cariño con aquellos que se están aproximando a los bordes del sepulcro.

Año bíblico: Prov. 12-15

PREPARANDOSE PARA DIRIGIR

Cuando venía un león, o un oso, y tomaba algún cordero de la manada, salía yo tras él, y lo hería, y lo libraba de su boca; y si se levantaba contra mí, yo le echaba mano de la quijada, y lo hería y lo mataba. 1 Sam. 17:34-35

David crecía en favor ante Dios y los hombres. Había sido educado en los caminos del Señor, y ahora dedicó su corazón más plenamente que nunca a hacer la voluntad de Dios. Tenía nuevos temas en que pensar. Había estado en la corte del rey, y había visto las responsabilidades reales. Había descubierto algunas de las tentaciones que asediaban el alma de Saúl, y había penetrado en algunos de los misterios del carácter y el trato del primer rey de Israel. Había visto la gloria real ensombrecida por una nube oscura de tristeza, y sabía que en su vida privada, la casa de Saúl distaba mucho de tener felicidad. Todas estas cosas provocaban inquietud en el que había sido ungido para ser rey de Israel. Pero cuando se sentía absorto en profunda meditación, y atribulado por pensamientos de ansiedad, echaba mano a su arpa y producía acordes que elevaban su mente al Autor de todo lo bueno, y se disipaban las nubes oscuras que parecían entenebrecer el horizonte del futuro.

Dios estaba enseñando a David lecciones de confianza. Como Moisés fue educado para su obra, así también el Señor preparaba al hijo de Isaí para hacerlo guía de su pueblo escogido. En su cuidado de los rebaños, aprendía a apreciar en forma especial el cuidado que el gran Pastor tiene por las ovejas de su prado.

En las colinas solitarias y las hondonadas salvajes por donde vagaba David con sus rebaños había fieras en acecho. A menudo salía algún león de los bosquecillos que había al lado del Jordán, o algún oso de su madriguera en las colinas, y enfurecidos por el hambre venían a atacar los rebaños. De acuerdo con las costumbres de su tiempo, David sólo estaba armado de su honda y su cayado; pero no tardó en dar pruebas de su fuerza y su valor al proteger a los animales que custodiaba...

Su experiencia en estos asuntos probó el corazón de David y desarrolló en él valor, fortaleza y fe.

Año bíblico: Prov. 16-19

ENVEJECER AIROSAMENTE

No me deseches en el tiempo de la vejez; cuando mi fuerza se acabare, no me desampares. Sal. 71:9.

David rogó al Señor que no lo desamparara en su vejez. ¿Y por qué oró así? Observó que la mayoría de los ancianos a su alrededor eran desdichados porque los rasgos desafortunados de su carácter empeoraban con la edad. Si habían sido por naturaleza avaros y codiciosos, lo eran en forma mucho más desagradable en los años maduros. Si habían sido celosos, irritables e impacientes, manifestaban especialmente esos defectos cuando ancianos.

David sentía gran angustia al ver que los reyes y los nobles que parecían haber temido a Dios mientras gozaban de la fuerza de su virilidad, se ponían celosos de sus mejores amigos y parientes cuando llegaban a viejos. Temían de continuo que fuesen motivos egoístas los que inducían a sus amigos a manifestar interés por ellos. Escuchaban las sugestiones y los consejos engañosos de los extraños respecto a aquellos en quienes debieran haber confiado. Sus celos irrefrenados ardían a veces como llamas, porque no todos concordaban con su juicio decrépito. Su avaricia era horrible. A menudo pensaban que sus propios hijos y deudos deseaban que muriesen para reemplazarlos, poseer sus riquezas y recibir los homenajes que se les concedían. Y algunos estaban de tal manera dominados por sus sentimientos celosos y codiciosos que llegaban a destruir a sus propios hijos.

David notaba que aunque había sido recta la vida de algunos mientras disfrutaban de la fuerza de la virilidad, al sobrevenirles la vejez parecían perder el dominio propio. Satanás intervenía y guiaba su mente, volviéndolos inquietos y descontentos...

David quedó profundamente conmovido; y se angustiaba al pensar en su propia vejez. Temía que Dios le abandonase y que, al ser tan desdichado como otras personas ancianas cuya conducta había notado, quedara expuesto al oprobio de los enemigos del Señor. Sintiendo esta preocupación, rogó fervientemente: "No me deseches en el tiempo de la vejez; cuando mi fuerza se acabare, no me desampares".

Año bíblico: Prov. 20-24

TARDIO DESPERTAR

Miré yo luego todas las obras que habían hecho mis manos, y el trabajo que tomé para hacerlas; y he aquí, todo era vanidad y aflicción de espíritu, y sin provecho debajo del sol. Ecl. 2:11.

Por su propia amarga experiencia, Salomón aprendió cuán vacía es una vida dedicada a buscar las cosas terrenales como el bien más elevado. Erigió altares a los dioses paganos, pero fue tan sólo para comprobar cuán vana es su promesa de dar descanso al espíritu. Pensamientos lóbregos lo acosaban día y noche. Para él ya no había gozo en la vida ni paz espiritual, y el futuro se le anunciaba sombrío y desesperado.

Sin embargo, el Señor no lo abandonó. Mediante mensajes de reprensión y castigos severos, procuró despertar al rey y hacerle comprender cuán pecaminosa era su conducta... A la postre, el Señor envió a Salomón, mediante un profeta, este mensaje sorprendente: "Por cuanto ha habido esto en ti, y no has guardado mi pacto y mis estatutos que yo te mandé, romperé de ti el reino, y lo entregaré a tu siervo. Sin embargo, no lo haré en tus días, por amor a David tu padre; lo romperé de la mano de tu hijo".

Despertando como de un sueño al oír esta sentencia de juicio pronunciada contra él y su casa, Salomón sintió los reproches de su conciencia y empezó a ver lo que verdaderamente significaba su locura. Afligido en su espíritu, y teniendo la mente y el cuerpo debilitados, se apartó cansado y sediento de las cisternas rotas de la tierra, para beber nuevamente en la fuente de la vida... No podía esperar que escaparía a los resultados agostadores del pecado; no podría nunca librar su espíritu de todo recuerdo de la conducta egoísta que había seguido; pero se esforzaría fervientemente por disuadir a otros de entregarse a la insensatez...

El verdadero penitente no echa al olvido sus pecados pasados. No se deja embargar, tan pronto como ha obtenido paz, por la despreocupación acerca de los errores que cometió. Piensa en aquellos que fueron inducidos al mal por su conducta, y procura de toda manera posible hacerlos volver a la senda de la verdad. Cuanto mayor sea la claridad de la luz en la cual entró, tanto más intenso es su deseo de encauzar los pies de los demás en el camino recto.

Año bíblico: Prov. 25-27

UNA VOZ EN EL DESIERTO

Entonces Elías tisbita... dijo a Acab: Vive Jehová Dios de Israel, en cuya presencia estoy, que no habrá lluvia ni rocío en estos años, sino por mi palabra. 1 Rey. 17:1.

Entre las montañas de Galaad, al oriente del Jordán, moraba en los días de Acab un hombre de fe y oración cuyo ministerio intrépido estaba destinado a detener la rápida extensión de la apostasía en Israel. Alejado de toda ciudad de renombre y sin ocupar un puesto elevado en la vida, Elías el tisbita inició sin embargo su misión confiando en el propósito que Dios tenía de preparar el camino delante de él y darle abundante éxito. La palabra de fe y de poder estaba en sus labios, y consagraba toda su vida a la obra de reforma. La suya era la voz de quien clama en el desierto para reprender el pecado y rechazar la marea del mal. Y aunque se presentó al pueblo para reprender el pecado, su mensaje ofrecía el bálsamo de Galaad a las almas enfermas de pecado que deseaban ser sanadas...

A Elías fue confiada la misión de comunicar a Acab el mensaje relativo al juicio del cielo. El no procuró ser mensajero del Señor; la palabra del Señor le fue confiada. Y lleno de celo por el honor de la causa de Dios, no vaciló en obedecer la orden divina, aun cuando obedecer era como buscar una presta destrucción a manos del rey impío...

Fue tan sólo por su fe poderosa en el poder infalible de la palabra de Dios como Elías entregó su mensaje. Si no le hubiese dominado una confianza implícita en Aquel a quien servía, nunca habría comparecido ante Acab. Mientras se dirigía a Samaria, Elías había pasado al lado de arroyos inagotables, colinas verdeantes, bosques imponentes que parecían inalcanzables para la sequía. Todo lo que se veía estaba revestido de belleza. El profeta podría haberse preguntado cómo iban a secarse los arroyos que nunca habían cesado de fluir, y cómo podrían ser quemados por la sequía aquellos valles y colinas. Pero no dio cabida a la incredulidad. Creía firmemente que Dios iba a humillar al apóstata Israel, y que los castigos inducirían a éste a arrepentirse. El decreto del cielo había sido dado; la palabra de Dios no podía dejar de cumplirse; y con riesgo de su vida, Elías cumplió intrépidamente su comisión.

Año bíblico: Prov. 28-31

CANTO DE BATALLA

Y habido consejo con el pueblo, puso a algunos que cantasen y alabasen a Jehová, vestidos de ornamentos sagrados, mientras salía la gente armada, y que dijesen: Glorificad a Jehová, porque su misericordia es para siempre. 2 Crón. 20:21.

Era una manera singular de ir a pelear contra el ejército enemigo, eso de alabar a Jehová con cantos y ensalzar al Dios de Israel. Tal era su canto de batalla. Poseían la hermosura de la santidad. Si hoy se alabase más a Dios, aumentarían constantemente la esperanza, el valor y la fe. ¿No fortalecería esto las manos de los soldados valientes que hoy defienden la verdad?

Alabaron a Dios por la victoria, y cuatro días después el ejército regresó a Jerusalén cargado con los despojos de sus enemigos, entonando alabanzas por la victoria obtenida.

Cuando apreciemos más profundamente la misericordia y la longanimidad de Dios, lo alabaremos más en lugar de quejarnos. Hablaremos de la amante vigilancia del Señor, de la tierna compasión del buen Pastor. El idioma del corazón no serán la murmuración y la queja egoísta. La alabanza, como una corriente clara y que fluye, brotará de los verdaderos creyentes en Dios...

¿Por qué no despertamos la voz del himno espiritual en los días de nuestro peregrinaje?... Necesitamos estudiar la Palabra de Dios, necesitamos meditar y orar. Entonces tendremos visión espiritual para discernir los atrios interiores del templo celestial. Percibiremos los acordes de acción de gracia entonados por el coro celestial alrededor del trono. Cuando Sión se levante y resplandezca, su luz será más penetrante, y se escucharán himnos de alabanza y gratitud en la asamblea de los santos. Las pequeñas desilusiones y dificultades se perderán de vista.

El Señor es nuestro ayudador... Nadie confió jamás en Dios en vano. Nunca chasquea a quienes ponen su confianza en él. Si tan sólo hiciéramos la obra que el Señor quisiera que hiciésemos, siguiendo las pisadas de Jesús, nuestros corazones se convertirían en arpas sagradas, y cada uno de sus acordes emitiría alabanza y acción de gracias a Aquel que fue enviado por Dios a quitar el pecado del mundo.

Año bíblico: Ecl. 1-4

TODO EN EL ALTAR

Ninguno que poniendo su mano en el arado mira hacia atrás, es apto para el reino de Dios. Luc. 9:62.

No se nos pide a todos que sirvamos como sirvió Eliseo, ni somos todos invitados a vender cuanto tenemos; pero Dios nos pide que demos a su servicio el primer lugar en nuestra vida, que no dejemos transcurrir un día sin hacer algo que haga progresar su obra en la tierra. El no espera de todos la misma clase de servicio. Uno puede ser llamado al ministerio en una tierra extraña; a otro se le pedirá tal vez que dé de sus recursos para sostener la obra del Evangelio. Dios acepta la ofrenda de cada uno. Lo que resulta necesario es la consagración de la vida y de todos sus intereses. Los que hagan esta consagración oirán el llamamiento celestial y lo obedecerán...

Lo que al principio se requería de Eliseo no era una obra grande, pues los deberes comunes seguían constituyendo su disciplina. Se dice que derramaba agua sobre las manos de Elías, su maestro. Estaba dispuesto a hacer cualquier cosa que el Señor indicase, y a cada paso aprendía lecciones de humildad y servicio... La vida de Eliseo, después que se unió a Elías, no fue exenta de tentaciones. Tuvo él muchas pruebas; pero en toda emergencia confió en Dios. Estuvo tentado a recordar el hogar que había dejado, pero no prestó atención a esto. Habiendo puesto la mano al arado, estaba resuelto a no volver atrás, y a través de pruebas y tentaciones demostró que era fiel a su cometido...

Mientras Eliseo acompañaba al profeta... su fe y su resolución fueron probadas una vez más. En Gilgal y también en Betel y en Jericó, el profeta le invitó a que se volviera atrás... Pero... no iba a dejarse desviar de su propósito... "Elías dijo a Eliseo: Pide lo que quieras que haga por ti, antes que yo sea quitado de ti".

Eliseo no solicitó honores mundanales ni algún puesto elevado entre los grandes de la tierra. Lo que él anhelaba era una gran medida del Espíritu que Dios había otorgado tan liberalmente al que estaba a punto de ser honrado por la traslación. Sabía que nada que no fuese el Espíritu que había descansado sobre Elías, podría hacerle idóneo para ocupar en Israel el lugar al cual Dios le había llamado; de modo que pidió: "Te ruego que una doble porción de tu espíritu sea sobre mí" (2 Rey. 2:9).

Año bíblico: Ecl. 5-8

PROFETA RENUENTE

Levántate y ve a Nínive, aquella gran ciudad, y pregona contra ella; porque ha subido su maldad delante de mí. Jon. 1:2.

A pesar de lo impía que Nínive había llegado a ser, no estaba completamente entregada al mal. El que "vio a todos los hijos de los hombres" (Sal. 33:13)... percibió que en aquella ciudad muchos procuraban algo mejor y superior... Dios se les reveló en forma inequívoca, para inducirlos, si era posible, a arrepentirse.

El instrumento escogido para esta obra fue el profeta Jonás... Si el profeta hubiese obedecido sin vacilación, se habría ahorrado muchas experiencias amargas, y habría recibido abundantes bendiciones. Sin embargo, el Señor no abandonó a Jonás en su hora de desesperación. Mediante una serie de pruebas y providencias extrañas, debía revivir la confianza del profeta en Dios y en su poder infinito para salvar...

Una vez más se encargó al siervo de Dios que fuera a dar la advertencia a Nínive... Al entrar Jonás en la ciudad, comenzó en seguida a pregonarle el mensaje: "De aquí a cuarenta días Nínive será destruida". Iba de una calle a la otra, dejando oír la nota de advertencia.

El mensaje no fue dado en vano. El clamor que se elevó en las calles de la ciudad impía se transmitió de unos labios a otros, hasta que todos los habitantes hubieron oído el anuncio sorprendente. El Espíritu de Dios hizo penetrar el mensaje en todos los corazones, e indujo a multitudes a temblar por sus pecados, y a arrepentirse en profunda humillación... Su condenación fue evitada; el Dios de Israel fue exaltado y honrado en todo el mundo pagano, y su ley fue reverenciada. Nínive no habría de caer hasta muchos años más tarde, presa de las naciones circundantes, porque se olvidó de Dios y manifestó un orgullo jactancioso...

Esto constituye una lección para los mensajeros que Dios envía hoy, cuando las ciudades de las naciones necesitan tan ciertamente conocer los atributos y propósitos del verdadero Dios, como los ninivitas de antaño... La única ciudad que subsistirá es aquella cuyo artífice y constructor es Dios... El Señor Jesús invita a los hombres a luchar con ambición santificada para obtener la herencia inmortal.

Año bíblico: Ecl. 9-12

JEREMIAS, EL PORTAVOZ DE DIOS

Bueno es esperar en silencio la salvación de Jehová. Lam. 3:26.

Entre los que habían esperado que se produjese un despertar espiritual permanente como resultado de la reforma realizada bajo la dirección de Josías, se contaba Jeremías, llamado por Dios al cargo profético mientras era todavía joven...
En el joven Jeremías, Dios veía a alguien que sería fiel a su cometido, y que se destacaría en favor de lo recto contra gran oposición... El Señor ordenó a su mensajero escogido: "No digas: Soy un niño; porque a todo lo que te envíe irás tú, y dirás todo lo que te mande. No temas delante de ellos, porque contigo estoy para librarte" (Jer. 1:7-8).

Durante cuarenta años iba a destacarse Jeremías delante de la nación como testigo por la verdad y la justicia. En un tiempo de apostasía sin igual, iba a representar en su vida y carácter el culto del único Dios verdadero. Durante los terribles sitios que iba a sufrir Jerusalén, sería el portavoz de Jehová.

Siendo de naturaleza tímida y sosegada, Jeremías anhelaba la paz y la tranquilidad de una vida retraída, en la cual no necesitase presenciar la continua impenitencia de su amada nación. Su corazón quedaba desgarrado por la angustia que le ocasionaba la ruina producida por el pecado...

Lo experimentado por Jeremías durante su juventud y también durante los años ulteriores de su ministerio, le enseñó la lección de que "el hombre no es señor de su camino, ni del hombre que camina es el ordenar sus pasos". Aprendió a orar así: "Castígame, oh Jehová, mas con juicio; no con tu furor, para que no me aniquiles" (Jer. 10:23-24).

Cuando fue llamado a beber la copa de la tribulación y la tristeza, y cuando en sus sufrimientos se sentía tentado a decir: "Perecieron mis fuerzas, y mi esperanza en Jehová", recordaba las providencias de Dios en su favor, y exclamaba triunfantemente: "Por la misericordia de Jehová no hemos sido consumidos, porque nunca decayeron sus misericordias... Mi porción es Jehová, dijo mi alma; por tanto, en él esperaré" (Lam. 3:18, 22-24).

Año bíblico: Cant. 1-4

LA FE Y LAS PROMESAS DE DIOS

He aquí que aquel cuya alma no es recta, se enorgullece; mas el justo por su fe vivirá. Hab. 2:4.

En el tiempo en que Josías empezó a reinar, y durante muchos años antes, los de corazón fiel que quedaban en Judá se preguntaban si las promesas que Dios había hecho al antiguo Israel se iban a cumplir alguna vez...

Estas preguntas llenas de ansiedad fueron expresadas por el profeta Habacuc. Considerando la situación de los fieles en su tiempo, dio voz a la preocupación de su corazón en esta pregunta: "¿Hasta cuándo, oh Jehová, clamaré, y no oirás?" Y luego, como su fe se extendía hasta más allá de las perspectivas penosas del futuro inmediato y confiaba en las preciosas promesas que revelan el amor de Dios hacia sus hijos que manifiestan confianza, el profeta añadió: "No moriremos". Con esta declaración de fe, entregó su caso y el de todo israelita creyente, en las manos de un Dios compasivo...

La fe que fortaleció a Habacuc y a todos los santos y justos de aquellos tiempos de prueba intensa, era la misma fe que sostiene al pueblo de Dios hoy. En las horas más sombrías, en las circunstancias más amedrentadoras, el creyente puede afirmar su alma en la fuente de toda luz y poder. Día tras día, por la fe en Dios, puede renovar su esperanza y valor. "El justo por su fe vivirá"...

Debemos apreciar y cultivar la fe acerca de la cual testificaron los profetas y los apóstoles, la fe que echa mano de las promesas de Dios y aguarda la liberación que ha de venir en el tiempo y de la manera que él señaló. La segura palabra profética tendrá su cumplimiento final en el glorioso advenimiento de nuestro Señor y Salvador Jesucristo, como Rey de reyes y Señor de señores... Con el profeta que procuró alentar a Judá en un tiempo de apostasía sin parangón, declaremos con confianza: "Jehová está en su santo templo; calle delante de él toda la tierra" (Hab. 2:20). Recordemos siempre el mensaje animador: "Aunque la visión tardará aún por un tiempo, mas se apresura hacia el fin, y no mentirá; aunque tardare, espéralo, porque sin duda vendrá" (Hab. 2:3).

Año bíblico: Cant. 5-8

DANIEL, EMBAJADOR DE DIOS

Entonces los gobernadores y sátrapas buscaban ocasión para acusar a Daniel en lo relacionado al reino; mas no podían hallar ocasión alguna o falta, porque él era fiel, y ningún vicio ni falta fue hallado en él. Dan. 6:4.

Siendo Daniel primer ministro del mayor de los reinos terrenales, fue al mismo tiempo profeta de Dios y recibió la luz de la inspiración celestial. Aunque era hombre de iguales pasiones que las nuestras, la pluma inspirada lo describe como sin defecto. Cuando las transacciones de sus negocios fueron sometidas al escrutinio más severo de sus enemigos, se comprobó que eran intachables. Fue un ejemplo de lo que todo hombre de negocios puede llegar a ser cuando su corazón está convertido y consagrado, y cuando sus motivos son correctos a la vista de Dios...

Inquebrantable en su fidelidad a Dios, inconmovible en su dominio del yo, Daniel fue tenido, por su noble dignidad y su integridad inquebrantable, mientras era todavía joven, "en gracia y en buena voluntad" por el oficial pagano encargado de su caso...

Se elevó aceleradamente al puesto de primer ministro del reino de Babilonia. Durante el reinado de varios monarcas sucesivos, mientras caía la nación y se establecía otro imperio mundial, su sabiduría y sus dotes de estadista fueron tales, y tan perfecto su tacto, su cortesía y la genuina bondad de su corazón, así como su fidelidad a los buenos principios, que aun sus enemigos se vieron obligados a confesar que "no podían hallar ocasión alguna o falta, porque él era fiel".

Mientras los hombres lo honraban confiándole las responsabilidades del Estado y los secretos de reinos que ejercían dominio universal, Daniel fue honrado por Dios como su embajador, y le fueron dadas muchas revelaciones de los misterios referentes a los siglos venideros. Sus admirables profecías, como las registradas en los capítulos siete al doce del libro que lleva su nombre, no fueron comprendidas plenamente ni siquiera por el profeta mismo; pero antes que terminaran las labores de su vida, recibió la bienaventurada promesa de que en "el tiempo del fin" —en el período final de la historia de este mundo— se le permitiría ocupar otra vez su lugar...

Podremos, como Daniel y sus compañeros, vivir por lo que es verdadero, noble y perdurable. Y al aprender en esta vida a reconocer los principios del reino de nuestro Señor y Salvador... podremos estar preparados en ocasión de su venida para entrar con él a poseerlo.

Año bíblico: Isa. 1-4

EL CONOCIMIENTO REQUIERE ACCION

Esdras... era escriba diligente en la ley de Moisés, que Jehová Dios de Israel había dado. Esd. 7:6.

Han trascurrido más de dos mil años desde que Esdras aplicó "su corazón a la búsqueda de la ley" de Jehová y a "su práctica", pero el transcurso del tiempo no ha disminuido la influencia de su ejemplo piadoso. A través de los siglos, la historia de su vida de consagración inspiró a muchos la determinación de buscar y practicar esa misma ley (Esd. 7:10).

Los motivos de Esdras eran elevados y santos; en todo lo que hacía era impulsado por un profundo amor hacia las almas. La compasión y la ternura que revelaba hacia los que habían pecado, fuese voluntariamente o por ignorancia, debe ser una lección objetiva para todos los que procuran realizar reformas...

Es imposible debilitar o reforzar la ley de Jehová. Tal como fue, subsiste. Siempre ha sido, y siempre será, santa, justa y buena, completa en sí misma. No puede ser abrogada ni cambiada. Hablar de "honrarla" o "deshonrarla" no es sino usar un lenguaje humano...

Los cristianos deben prepararse para lo que pronto ha de estallar sobre el mundo como sorpresa abrumadora y deben hacerlo estudiando diligentemente la Palabra de Dios y esforzándose por conformar su vida con sus preceptos. Los tremendos y eternos resultados que están en juego exigen de nosotros algo más que una religión imaginaria, de palabras y formas, que mantenga a la verdad en el atrio exterior...

Si los santos del Antiguo Testamento dieron tan brillante testimonio de lealtad, ¿no deberán aquellos sobre quienes resplandece la luz acumulada durante siglos dar un testimonio aun más señalado con respecto al poder de la verdad?

¿Permitiremos que el ejemplo de Esdras nos enseñe cómo debiéramos usar nuestro conocimiento de las Escrituras? La vida de este siervo de Dios debiera ser una inspiración para nosotros para servir al Señor con corazón, mente y fuerza. Necesitamos primero dedicarnos a conocer los requerimientos de Dios, y luego a practicarlos. Entonces podremos sembrar semillas de verdad que lleven fruto para vida eterna.

Año bíblico: Isa. 5-7

NINGUNO ERA PERFECTO

Pero tenemos este tesoro en vasos de barro, para que la excelencia del poder sea de Dios, y no de nosotros. 2 Cor. 4:7.

Todos los discípulos tenían graves defectos cuando Jesús los llamó a su servicio. Aun Juan, quien vino a estar más íntimamente asociado con el manso y humilde Jesús, no era por naturaleza manso y sumiso. El y su hermano eran llamados "hijos del trueno". Aun mientras andaba con Jesús, cualquier desprecio hecho a éste despertaba su indignación y espíritu combativo. En el discípulo amado había mal genio, espíritu vengativo y de crítica. Era orgulloso y ambicionaba ocupar el primer puesto en el reino de Dios. Pero día tras día, en contraste con su propio espíritu violento, contempló la ternura y la tolerancia de Jesús, y fue oyendo sus lecciones de humildad y paciencia. Abrió su corazón a la influencia divina y llegó a ser no solamente oidor sino hacedor de las obras del Salvador. Ocultó su personalidad en Cristo y aprendió a llevar el yugo y la carga de Cristo.

Jesús reprendía a sus discípulos. Los amonestaba y precavía; pero Juan y sus hermanos no lo abandonaron; prefirieron quedar con Jesús a pesar de las reprensiones. El Salvador no se apartó de ellos por causa de sus debilidades y errores. Ellos continuaron compartiendo hasta el fin sus pruebas y aprendiendo las lecciones de su vida. Contemplando a Cristo, llegó a transformarse su carácter...

Como representantes suyos entre los hombres, Cristo no elige ángeles que nunca cayeron, sino a seres humanos, hombres de pasiones iguales a las de aquellos a quienes tratan de salvar...

Habiendo estado en peligro ellos mismos, conocen los riesgos y dificultades del camino, y por esta razón son llamados a buscar a los demás que están en igual peligro. Hay almas afligidas por la duda, cargadas de flaquezas, débiles en la fe e incapacitadas para comprender al Invisible; pero un amigo a quien pueden creer, que viene a ellos en lugar de Cristo, puede ser el vínculo que corrobore su temblorosa fe en Cristo.

Hemos de colaborar con los ángeles celestiales para presentar a Jesús al mundo.

Año bíblico: Isa. 8-10

LA FE TIENE QUE SER PERSONAL

Porque decía dentro de sí: Si tocare solamente su manto, seré salva. Mat. 9:21.

Era una pobre mujer la que pronunció estas palabras, una mujer que por espacio de doce años venía padeciendo una enfermedad que le amargaba la vida. Había gastado ya todos sus recursos en médicos y medicinas, y estaba desahuciada. Pero al oír hablar del gran Médico, le renació la esperanza... Ella había procurado en vano una y otra vez acercarse a él.

Había empezado a desesperarse, cuando, mientras él se abría paso por entre la multitud, llegó cerca de donde ella se encontraba... Pero entre la confusión no podía hablarle, ni lograr más que vislumbrar de paso su figura. Con temor de perder su única oportunidad de alivio, se adelantó con esfuerzo, diciéndose: "Si tocare solamente su manto, seré salva". Y mientras él pasaba, ella extendió la mano y alcanzó a tocar apenas el borde de su manto; pero en aquel momento supo que había quedado sana. En aquel toque se concentró la fe de su vida, e instantáneamente su dolor y debilidad fueron reemplazados por el vigor de la perfecta salud.

Con corazón agradecido, trató entonces de retirarse de la muchedumbre; pero de repente Jesús se detuvo... El Salvador podía distinguir el toque de la fe del contacto casual de la muchedumbre desprevenida. Una confianza tal no debía pasar sin comentario... Hallando que era vano tratar de ocultarse, ella se adelantó temblorosa y se echó a los pies de Jesús. Con lágrimas de agradecimiento, relató la historia de sus sufrimientos y cómo había hallado alivio. Jesús le dijo amablemente: "Hija, tu fe te ha salvado: ve en paz". El no dio oportunidad a que la superstición proclamase que había una virtud sanadora en el mero acto de tocar sus vestidos. No era mediante el contacto exterior con él, sino por medio de la fe que se aferraba a su poder divino, como se había realizado la curación...

Así es también en las cosas espirituales. El hablar de religión de una manera casual, el orar sin hambre del alma ni fe viviente, no vale nada. Una fe nominal en Cristo, que lo acepta simplemente como Salvador del mundo, no puede traer sanidad al alma... No es suficiente creer acerca de Cristo; debemos creer en él; la única fe que nos beneficiará es la que lo acepta a él como Salvador personal; que nos pone en posesión de sus méritos.

Año bíblico: Isa. 11-14

NADA ES DEMASIADO COSTOSO

Porque el amor de Cristo nos constriñe. 2 Cor. 5:14.

Cristo se deleitó en el ardiente deseo de María de hacer bien a su Señor. Aceptó la abundancia del afecto puro mientras que sus discípulos no lo comprendieron ni quisieron comprenderlo. El deseo que María tenía de prestar este servicio a su Señor era de más valor para Cristo que todo el ungüento precioso del mundo, porque expresaba el aprecio de ella por el Redentor del mundo. El amor de Cristo la constreñía. La excelencia sin par del carácter de Cristo llenaba su alma. Aquel ungüento era un símbolo del corazón de la donante. Era la demostración exterior de un amor alimentado por las corrientes celestiales hasta que desbordaba.

El acto de María era precisamente la lección que necesitaban los discípulos para mostrarles que la expresión de su amor a Cristo le alegraría. El había sido todo para ellos, y no comprendían que pronto serían privados de su presencia, que pronto no podrían ofrecerle prueba alguna de gratitud por su grande amor. La soledad de Cristo, separado de las cortes celestiales, viviendo la vida de los seres humanos, nunca fue comprendida ni apreciada por sus discípulos como debiera haberlo sido...

Su comprensión posterior les dio una verdadera idea de las muchas cosas que hubieran podido hacer para expresar a Jesús el amor y la gratitud de sus corazones... Cuando ya no estaba con ellos... empezaron a ver cómo hubieran podido hacerle atenciones que hubieran infundido alegría a su corazón. Ya no cargaron de reproches a María, sino a sí mismos. ¡Oh, si hubiesen podido recoger sus censuras, su presentación del pobre como más digno del don que Cristo! Sintieron el reproche agudamente cuando quitaron de la cruz el cuerpo magullado de su Señor.

La misma necesidad es evidente en nuestro mundo hoy. Son pocos los que aprecian todo lo que Cristo es para ellos. Si lo hicieran, expresarían el gran amor de María, ofrendarían libremente el ungüento, y no lo considerarían un derroche. Nada tendrían por demasiado costoso para darlo a Cristo, ningún acto de abnegación o sacrificio personal les parecería demasiado grande para soportarlo por amor a él.

Año bíblico: Isa. 15-19

EL DISCIPULO AMADO

Nosotros le amamos a él, porque él nos amó primero. 1 Juan 4:19.

Juan se distingue de los otros apóstoles como el "discípulo a quien amaba Jesús" (Juan 21:20)... Recibió muchas pruebas de la confianza y el amor del Salvador. Juan era uno de los tres a los cuales les fue permitido presenciar la gloria de Cristo sobre el monte de la transfiguración, así como su agonía en el Getsemaní, y fue a él a quien nuestro Señor confió la custodia de su madre en aquellas últimas horas de angustia sobre la cruz.

La naturaleza de Juan anhelaba el amor, la simpatía, el compañerismo. Se acercaba a Jesús, se sentaba a su lado, se apoyaba en su pecho. Así como una flor bebe del sol y del rocío, así él bebía de la luz y la vida divinas.

La profundidad y fervor del afecto de Juan hacia su Maestro no era la causa del amor de Cristo hacia él, sino el efecto de ese amor. Juan deseaba llegar a ser semejante a Jesús, y bajo la influencia transformadora del amor de Cristo, llegó a ser manso y humilde. Su yo estaba escondido en Jesús. Sobre todos sus compañeros, Juan se entregó al poder de esa maravillosa vida... Juan conoció al Salvador por experiencia propia. Las lecciones de su Maestro se grabaron sobre su alma. Cuando él testificaba de la gracia del Salvador, su lenguaje sencillo era elocuente por el amor que llenaba todo su ser.

A causa de su profundo amor hacia Cristo, Juan deseaba siempre estar cerca de él. El Salvador amaba a los doce, pero el espíritu de Juan era el más receptivo. Era más joven que los demás y con mayor confianza infantil, abrió su corazón a Jesús. Así llegó a simpatizar más con Cristo, y mediante él, las más profundas lecciones espirituales de Cristo fueron comunicadas al pueblo...

Juan pudo hablar del amor del Padre como no lo pudo hacer ningún otro de los discípulos. Reveló a sus semejantes lo que sentía en su propia alma, representando en su carácter los atributos de Dios... La belleza de la santidad que lo había transformado brillaba en su rostro con resplandor semejante al de Cristo. En su adoración y amor contemplaba al Salvador hasta que la semejanza a Cristo y el compañerismo con él llegaron a ser su único deseo, y en su carácter se reflejó el carácter de su Maestro.

Año bíblico: Isa. 20-23

DE SAULO A PABLO

El, temblando y temeroso, dijo: Señor, ¿qué quieres que yo haga? Y el Señor le dijo: Levántate y entra en la ciudad, y se te dirá lo que debes hacer. Hech. 9:6.

En la admirable conversión de Pablo, vemos el poder milagroso de Dios... Jesús, cuyo nombre él odiaba y despreciaba más que cualquier otro, se reveló a Pablo con el propósito de detener su loca aunque sincera carrera, a fin de hacer de ese instrumento nada promisorio un vaso escogido para proclamar el Evangelio a los gentiles... La luz de la iluminación celestial le había hecho perder la vista a Pablo; pero Jesús, el Gran Médico de los ciegos, no se la restaura. Contesta a la pregunta de Pablo con estas palabras: "Levántate y entra en la ciudad, y se te dirá lo que debes hacer". No sólo podría Jesús haber curado a Pablo de su ceguera, sino que podría haberle perdonado sus pecados, haberle explicado cuál era su deber y haberle trazado su conducta futura. De Cristo había de fluir toda potestad y misericordia; pero no dio a Pablo, cuando se convirtió a la verdad, una experiencia independiente de su iglesia recién organizada en la tierra.

La luz admirable dada a Pablo en esta ocasión lo asombró y confundió. Estaba completamente subyugado. Esa parte de la obra no podía hacerla algún hombre en favor de Pablo; pero quedaba todavía una obra que cumplir que los siervos de Cristo podían hacer. Jesús le indica a Pablo que recurra a sus agentes de la iglesia para conocer mejor su deber. Así autoriza y sanciona su iglesia organizada. Cristo había hecho la obra de la revelación y convicción, y ahora Pablo estaba en condición de aprender de aquellos a quienes Dios había ordenado que enseñasen la verdad. Cristo envió a Pablo a sus siervos escogidos, y en esta forma lo puso en relación con su iglesia.

Los mismos a quienes se proponía matar debían instruirlo en la religión que él había despreciado y perseguido...

Un ángel fue enviado a hablar con Ananías, para indicarle que fuese a cierta casa donde Saulo estaba orando para recibir instrucción con respecto a lo que debía hacer... En lugar de Cristo, Ananías toca los ojos de Saulo, para que reciba la vista, coloca sus manos sobre él, y mientras ora en el nombre de Cristo, Saulo recibe el Espíritu Santo.

Año bíblico: Isa. 24-26

HACIA LA META

Pero una cosa hago: olvidando ciertamente lo que queda atrás, y extendiéndome a lo que está delante, prosigo a la meta, al premio del supremo llamamiento de Dios en Cristo Jesús. Fil. 3:13-14.

Pablo hacía muchas cosas. Era un sabio maestro. Sus muchas cartas están llenas de lecciones instructivas que exponen principios correctos. Trabajaba con sus manos, porque era fabricante de tiendas, y de esta manera ganaba el pan de cada día. Sentía una pesada responsabilidad por las iglesias. Luchaba muy fervientemente para mostrarles [a los miembros] sus errores, a fin de que pudieran corregirlos y no ser engañados y alejados de Dios. Siempre trataba de ayudarlos en sus dificultades; y sin embargo declara: "Una cosa hago"... Las responsabilidades de su vida eran muchas, sin embargo siempre mantenía frente a él esa "una cosa". La sensación constante de la presencia de Dios lo obligaba a mantener su vista mirando siempre a Jesús, el Autor y Consumador de su fe.

El gran propósito que lo constreñía a avanzar ante las penalidades y dificultades, debe inducir a cada obrero cristiano a consagrarse enteramente al servicio de Dios. Se le presentarán atracciones mundanales para desviar su atención del Salvador, pero debe avanzar hacia la meta, mostrando al mundo, a los ángeles y a los hombres que la esperanza de ver el rostro de Dios es digna de todo el esfuerzo y sacrificio que demanda el logro de esta esperanza.

El discípulo más humilde de Cristo puede llegar a ser un habitante del cielo, un heredero de Dios con derecho a una herencia incorruptible y que no se desvanece. ¡Oh, si cada uno pudiera elegir el don celestial, convirtiéndose en heredero de Dios de esa herencia cuyo título está a salvo de todo destructor, mundo sin fin! ¡No elijáis el mundo, sino la herencia mejor! Apresurad, acelerad vuestro camino hacia la meta para recibir el premio de vuestra elevada vocación en Cristo Jesús.

Pronto presenciaremos la coronación de nuestro Rey. Aquellos cuya vida quedó escondida con Cristo, aquellos que en esta tierra pelearon la buena batalla de la fe, resplandecerán con la gloria del Redentor en el reino de Dios.

Año bíblico: Isa. 27-29

"HASTA AQUI NOS HA AYUDADO JEHOVA"

Alabad a Jehová, invocad su nombre; dad a conocer sus obras en los pueblos. Cantadle, cantadle salmos; hablad de todas sus maravillas. Sal. 105:1-2.

El trato de Dios con su pueblo debe mencionarse con frecuencia. ¡Cuán a menudo levantó el Señor hitos en el camino en su trato con el antiguo Israel! A fin de que no olvidasen la historia pasada, ordenó a Moisés que inmortalizase esos acontecimientos en cantos, a fin de que los padres pudiesen enseñárselos a sus hijos. Habían de levantar monumentos recordativos bien a la vista. Debían esmerarse para conservarlos, a fin de que cuando los niños preguntasen acerca de esas cosas, les pudiesen repetir toda la historia. Así eran recordados el trato providencial y la señalada bondad y misericordia de Dios en su cuidado y liberación de su pueblo. Se nos exhorta a traer "a la memoria los días pasados, en los cuales, después de haber sido iluminados, sostuvisteis gran combate de padecimientos" (Heb. 10:32). El Señor ha obrado como un Dios realizador de prodigios en favor de su pueblo en esta generación... Necesitamos relatar a menudo la bondad de Dios y alabarle por sus obras admirables.

No perdáis pues vuestra confianza, sino tened firme seguridad, más firme que nunca antes. "¡Hasta aquí nos ha ayudado Jehová!" (1 Sam. 7:12, VM) y nos ayudará hasta el fin. Miremos los monumentos conmemorativos de lo que Dios ha hecho para confortarnos y salvarnos de la mano del destructor. Tengamos siempre presentes todas las tiernas misericordias que Dios nos ha mostrado: las lágrimas que ha enjugado, las penas que ha quitado, las ansiedades que ha alejado, los temores que ha disipado, las necesidades que ha suplido, las bendiciones que ha derramado, fortificándonos así a nosotros mismos, para todo lo que está delante de nosotros en el resto de nuestra peregrinación.

No podemos menos que prever nuevas perplejidades en el conflicto venidero, pero podemos mirar hacia el pasado tanto como hacia el futuro, y decir: "¡Hasta aquí nos ha ayudado Jehová!" "Según tus días serán tus fuerzas". La prueba no excederá a la fuerza que se nos dé para soportarla. Así que sigamos con nuestro trabajo dondequiera lo hallemos, sabiendo que para cualquier cosa que venga él nos dará fuerza proporcionada a la prueba.

Año bíblico: Isa. 30-33

EL REINO DE DIOS EN EL CORAZON

He aquí el reino de Dios está entre vosotros. Luc. 17:21.

El gobierno bajo el cual Jesús vivía era corrompido y opresivo; por todos lados había abusos clamorosos: extorsión, intolerancia y crueldad insultante. Sin embargo, el Salvador no intentó hacer reformas civiles, no atacó los abusos nacionales ni condenó a los enemigos nacionales. No intervino en la autoridad ni en la administración de los que estaban en el poder. El que era nuestro ejemplo se mantuvo alejado de los gobiernos terrenales. No porque fuese indiferente a los males de los hombres, sino porque el remedio no consistía en medidas simplemente humanas y externas. Para ser eficiente, la cura debía alcanzar a los hombres individualmente, y debía regenerar el corazón.

Algunos de los fariseos habían venido a Jesús y le habían preguntado "cuándo había de venir el reino de Dios". Habían pasado más de tres años desde que Juan el Bautista diera el mensaje que a manera de toque de trompeta había repercutido por el país: "Arrepentíos, porque el reino de los cielos se ha acercado" (Mat. 3:2). Y sin embargo los fariseos no veían señal alguna del establecimiento del reino...

Jesús contestó: "El reino de Dios no vendrá con advertencia [manifestación exterior, VM], ni dirán: Helo aquí, o helo allí; porque he aquí el reino de Dios está entre vosotros". No busquéis aquí o allí manifestaciones de poder terrenal que señalen su comienzo.

Las obras de Cristo no sólo declaraban que era el Mesías sino que manifestaban cómo iba a establecerse su reino... El reino de Dios no viene con manifestaciones externas. Viene mediante la dulzura de la inspiración de su Palabra, la obra interior de su Espíritu, y la comunión del alma con Aquel que es su vida. La mayor demostración de su poder se advierte en la naturaleza humana llevada a la perfección del carácter de Dios...

Cuando Dios dio a su Hijo a nuestro mundo, dotó a los seres humanos de riquezas imperecederas, en cuya comparación nada valen los tesoros humanos acumulados desde que el mundo es mundo. Cristo vino a la tierra, y se presentó ante los hombres con el atesorado amor de la eternidad, y este es el tesoro que, por medio de nuestra unión con él, hemos de recibir para manifestarlo y distribuirlo.

Año bíblico: Isa. 34-37

COMO LA LEVADURA

El reino de los cielos es semejante a la levadura que tomó una mujer, y escondió en tres medidas de harina, hasta que todo fue leudado. Mat. 13:33.

En la parábola del Salvador la levadura se usa para representar el reino de los cielos. Ilustra el poder vivificante y asimilador de la gracia de Dios...

La gracia de Dios debe ser recibida por el pecador antes que pueda ser hecho apto para el reino de gloria. Toda la cultura y la educación que el mundo puede dar, no podrán convertir a una criatura degradada por el pecado en un hijo del cielo. La energía renovadora debe venir de Dios... Como la levadura, cuando se mezcla con la harina, obra desde adentro hacia afuera, tal ocurre con la renovación del corazón que la gracia de Dios produce para transformar la vida...

La levadura escondida en la harina trabaja en forma invisible para hacer que toda la masa se halle bajo el proceso del leudamiento; así la levadura de la verdad trabaja secreta, silenciosa, invariablemente para transformar el alma. Las inclinaciones naturales son mitigadas y sometidas. Nuevos pensamientos, nuevos sentimientos, nuevos motivos son implantados. Se traza una nueva norma del carácter: la vida de Cristo. La mente es cambiada; las facultades son despertadas para obrar en nuevas direcciones... La conciencia se despierta...

El corazón de aquel que recibe la gracia de Dios desborda de amor a Dios y a aquellos por los cuales Cristo murió. El yo no lucha para ser reconocido... Es amable y considerado, humilde en la opinión que tiene de sí mismo, y sin embargo lleno de esperanza, y siempre confía en la misericordia y el amor de Dios...

La gracia de Cristo ha de dominar el genio y la voz. Su obra se revelará en la cortesía y la tierna consideración mostradas por el hermano hacia el hermano, con palabras bondadosas y alentadoras. Existe una presencia angelical en el hogar. La vida despide un dulce perfume que asciende a Dios como sagrado incienso. El amor se manifiesta en la bondad, la gentileza, la tolerancia y la longanimidad. El semblante cambia. Cristo que habita en el corazón, brilla en el rostro de aquellos que le aman y guardan sus mandamientos... Y mientras se efectúan estos cambios, los ángeles rompen en himnos arrobadores, y Dios y Cristo se regocijan sobre las almas transformadas a la semejanza divina.

Año bíblico: Isa. 38-40

EL MANTO REAL

Y a ella se le ha concedido que se vis a de lino fino, limpio y resplandeciente; porque el lino fino es las acciones justas de los santos. Apoc. 19:8.

La parábola del vestido de bodas (Mat. 22: -14) representa una lección del más alto significado... El vestido de b da de la parábola representa el carácter puro y sin mancha que poseerán los verdaderos seguidores de Cristo... El lino fino, dice la Escritura, son "las acciones justas de los santos" (Apoc. 19:8). Es la justicia de Cristo, su propio carácter sin mancha, que por la fe se imparte a todos los que lo reciben como Salvador personal.

La ropa blanca de la inocencia era llevada por nuestros primeros padres cuando fueron colocados por Dios en el santo Edén. Ellos vivían en perfecta conformidad con la voluntad de Dios... Una hermosa y suave luz, la luz de Dios, envolvía a la santa pa eja... Pero cuando entró el pecado, rompieron su relación con Dios, y a luz que los había circuido se apartó. Desnudos y avergonzados, p ocuraron suplir la falta de los mantos celestiales cosiendo hojas de higuera para cubrirse.

No podemos proveernos por nuestra cuenta del ropaje de la justicia, porque el profeta dice: "Todas nuestras justicias [son] como trapo de inmundicia" (Isa. 64:6). No hay nada en nosotros con qué cubrir el alma para que no se vea su desnudez. Debemos recibir el ropaje de justicia tejido en el telar del cielo, el ropaje puro de la justicia de Cristo.

Dios ha hecho amplia provisión para que podamos comparecer perfectos en su gracia, sin que nos falte nada, aguardando la aparición de nuestro Señor. ¿Estás listo? ¿Estás ataviado con el vestido de bodas? Esa vestimenta nunca cubrirá el engaño, ni la impureza, ni la corrupción, ni la hipocresía. El ojo de Dios está sobre ti. Discierne los pensamientos y las intenciones del corazón. Podemos ocultar nuestros pecados de los ojos de los hombres, pero no podemos ocultar nada de nuestro Hacedor.

Que a los jóvenes y niños pequeños se les enseñe a escoger por sí mismos el manto real tejido en el telar del cielo: el "lino fino, limpio y resplandeciente" que vestirán los santos de la tierra. Este manto, el mismo carácter inmaculado de Cristo, se le ofrece gratuitamente a cada ser humano. Pero todos los que lo reciban, lo recibirán y vestirán aquí.

Año bíblico: Isa. 41-44

DIOS CON NOSOTROS

Y llamarás su nombre Emanuel, que traducido es: Dios con nosotros. Mat. 1:23.

Desde los días de la eternidad, el Señor Jesucristo era uno con el Padre; era "la imagen de Dios", la imagen de su grandeza y majestad, "el resplandor de su gloria". Vino a nuestro mundo para manifestar esa gloria. Vino a esta tierra oscurecida por el pecado para revelar la luz del amor de Dios, para ser "Dios con nosotros"...

Nuestro pequeño mundo es un libro de texto para el universo. El maravilloso y misericordioso propósito de Dios, el misterio del amor redentor, es el tema en el cual "desean mirar los ángeles", y será su estudio a través de los siglos sin fin. Tanto los redimidos como los seres que nunca cayeron hallarán en la cruz de Cristo su ciencia y su canción. Se verá que la gloria que resplandece en el rostro de Jesús es la gloria del amor abnegado. A la luz del Calvario, se verá que la ley del renunciamiento por amor es la ley de la vida para la tierra y el cielo; que el amor que "no busca lo suyo" tiene su fuente en el corazón de Dios...

Jesús podría haber permanecido al lado del Padre. Podría haber conservado la gloria del cielo y el homenaje de los ángeles. Pero prefirió devolver el cetro a las manos del Padre, y bajar del trono del universo, a fin de traer luz a los que estaban en tinieblas, y vida a los que perecían...

Este gran propósito había sido anunciado por medio de figuras y símbolos. La zarza ardiente, en la cual Cristo apareció a Moisés, revelaba a Dios... El Dios que es todo misericordia velaba su gloria en una figura muy humilde, a fin de que Moisés pudiese mirarla y sobrevivir. Así también en la columna de nube de día y la columna de fuego de noche, Dios se comunicaba con Israel, les revelaba su voluntad a los hombres, y les impartía su gracia. La gloria de Dios estaba suavizada, y velada su majestad, a fin de que la débil visión de los hombres finitos pudiese contemplarla. Así Cristo había de venir en "el cuerpo de la humillación nuestra" (Fil. 3:21), "hecho semejante a los hombres"... Su gloria estaba velada, su grandeza y majestad ocultas, a fin de que pudiese acercarse a los hombres entristecidos y tentados.

Año bíblico: Isa. 45-48

HIJOS E HIJAS ADOPTIVOS

Habiéndonos predestinado para ser adoptados hijos suyos por medio de Jesucristo, según el puro afecto de su voluntad, para alabanza de la gloria de su gracia, con la cual nos hizo aceptos en el Amado. Efe. 1:5-6.

Antes de que se pusieran los fundamentos de la tierra se estableció el pacto de que todos los que fueran obedientes, todos los que por medio de la abundante gracia provista llegaran a ser santos en carácter y sin mancha delante de Dios para apropiarse de esa gracia, fueran hijos de Dios.

Lo debemos todo a la gracia, gracia gratuita, gracia soberana. Gracia en el pacto ordenó nuestra adopción. Gracia en el Salvador efectuó nuestra redención, nuestra regeneración y nuestra adopción a la posición de herederos con Cristo.

Al creer plenamente que somos suyos por adopción, podremos tener un goce anticipado del cielo... Estamos cerca de él y podemos mantener una dulce comunión con él. Logramos vislumbres de su ternura y compasión, y nuestros corazones se quebrantan y se ablandan al contemplar el amor que nos ha sido dado. Sentimos ciertamente que Cristo mora en el alma. Habitamos en él, y nos sentimos en casa con Jesús... Sentimos y comprendemos el amor de Dios, y reposamos en su amor. No hay lengua que pueda describirlo; está más allá del conocimiento. Somos uno con Cristo, nuestra vida está escondida con Cristo en Dios. Tenemos la seguridad de que cuando él, que es nuestra vida, aparezca, nosotros también apareceremos con él en gloria. Con fuerte confianza podemos llamar a Dios nuestro Padre.

Todos los que han nacido en la familia celestial son en un sentido especial los hermanos de nuestro Señor. El amor de Cristo liga a los miembros de su familia, y dondequiera que se hace manifiesto este amor se revela la filiación divina...

El amor hacia el hombre es la manifestación terrenal del amor hacia Dios. El rey de gloria vino a ser uno con nosotros a fin de implantar este amor y hacernos hijos de una misma familia. Y cuando se cumplan las palabras que pronunció al partir: "Que os améis unos a otros, como yo os he amado" (Juan 15:12), cuando amemos al mundo como él lo amó, entonces se habrá cumplido su misión para con nosotros. Estaremos listos para el cielo, porque lo tendremos en nuestro corazón.

Año bíblico: Isa. 49-51

LAS BENDICIONES PRODUCTO DE LA OBEDIENCIA

El hacer tu voluntad, Dios mío, me ha agradado, y tu ley está en medio de mi corazón. Sal. 40:8.

¡Qué Dios es el nuestro! El gobierna sobre su reino con diligencia y cuidado; y en derredor de sus súbditos ha erigido una valla: los Diez Mandamientos, para preservarlos de los resultados de la transgresión. Al requerir que se obedezcan las leyes de su reino, Dios da a su pueblo salud y felicidad, paz y gozo. Les enseña que la perfección del carácter que él desea puede alcanzarse únicamente familiarizándose con su Palabra.

El verdadero buscador, que lucha para ser semejante a Jesús en palabra, vida y carácter, contemplará a su Redentor y, al observarlo, será transformado a su imagen, porque anhela tener la misma disposición y la misma mente que hubo en Cristo Jesús... Tiene anhelos de Dios. La historia de su Redentor, el inconmensurable sacrificio que él realizó, llega a estar pleno de significado para él. Cristo, la majestad del cielo, se hizo pobre, para que nosotros, por su pobreza, llegáramos a ser ricos; no ricos solamente en dotes, sino ricos en logros.

Estas son las riquezas que Cristo fervientemente anhela que sus seguidores posean. Cuando el verdadero buscador de la verdad lee la Palabra y abre su mente para recibir la Palabra, anhela la verdad con todo su corazón. El amor, la piedad, la ternura, la cortesía, la amabilidad cristiana, que serán los elementos característicos de las mansiones celestiales que Cristo ha ido a preparar para los que le aman, toman posesión de su alma. Su propósito es firme. Está determinado a colocarse del lado de la justicia. La verdad se ha abierto camino a su corazón, y está implantada allí por el Espíritu Santo, quien es la verdad. Cuando la verdad toma posesión del corazón, el hombre da una evidencia segura de esto convirtiéndose en un mayordomo de la gracia de Cristo.

Cada mayordomo tiene su propia obra específica que debe hacer para promover el reino de Dios... Los talentos del habla, la memoria, la influencia, las propiedades, deben amontonarse para la gloria de Dios y la promoción de su reino. El bendecirá el uso debido de esos dones.

Año bíblico: Isa. 52-55

EN EL LUGAR SANTISIMO

Jehová está en su santo templo; calle delante de él toda la tierra. Hab. 2:20.

Vi un trono, y sobre él se sentaban el Padre y el Hijo. Me fijé en el rostro de Jesús y admiré su hermosa persona. No pude contemplar la persona del Padre, pues le cubría una nube de gloriosa luz. Pregunté a Jesús si su Padre tenía forma como él. Dijo que la tenía, pero que yo no podía contemplarla, porque dijo: "Si llegases a contemplar la gloria de su persona, dejarías de existir"...

Vi al Padre levantarse del trono, y en un carro de llamas entró en el lugar santísimo, al interior del velo, y se sentó... Después de eso, un carro de nubes, cuyas ruedas eran como llamas de fuego, llegó rodeado de ángeles, adonde estaba Jesús. El entró en el carro y fue llevado al lugar santísimo, donde el Padre estaba sentado. Allí contemplé a Jesús, el gran Sumo Sacerdote, de pie delante del Padre.

Dos hermosos querubines estaban de pie en cada extremo del arca con las alas desplegadas sobre ella, y tocándose una a otra por encima de la cabeza de Jesús, de pie ante el propiciatorio. Estaban los querubines cara a cara, pero mirando hacia el arca, en representación de toda la hueste angélica que contemplaba con interés la ley de Dios. Entre los querubines había un incensario de oro, y cuando las oraciones de los santos, ofrecidas con fe, subían a Jesús y él las presentaba a su Padre, una nube fragante subía del incienso a manera de humo de bellísimos colores. Encima del sitio donde estaba Jesús ante el arca, había una brillantísima gloria que no pude mirar. Parecía el trono de Dios.

Nuestro crucificado Señor implora por nosotros en presencia del Padre ante el trono de la gracia. Podemos invocar su sacrificio expiatorio para nuestro perdón, justificación y santificación. El Cordero inmolado es nuestra única esperanza. Nuestra fe lo contempla, se aferra de él como del único que puede salvar hasta lo sumo, y la fragancia de la ofrenda toda suficiente es aceptada por el Padre. La gloria de Cristo está implícita en nuestro buen éxito. Tiene un interés común por toda la humanidad. Es nuestro simpatizante Salvador.

Año bíblico: Isa. 56-58

FUENTE DE COMPASION Y MISERICORDIA

Tu trono, oh Dios, es eterno y para siempre; cetro de justicia es el cetro de tu reino. Sal. 45:6.

Aunque ascendió a la presencia de Dios y comparte el trono del universo, Jesús no ha perdido nada de su naturaleza compasiva. Hoy el mismo tierno y simpatizante corazón está abierto a todos los pesares de la humanidad. Hoy las manos que fueron horadadas se extienden para bendecir abundantemente a su pueblo que está en el mundo...

En todas nuestras pruebas, tenemos un Ayudador que nunca nos falta. El no nos deja solos para que luchemos con la tentación, batallemos contra el mal, y seamos finalmente aplastados por las cargas y tristezas. Aunque ahora esté oculto para los ojos mortales, el oído de la fe puede oír su voz que dice: No temas; yo estoy contigo. Yo soy "el que vivo, y estuve muerto; mas he aquí que vivo por los siglos de los siglos" (Apoc. 1:18).

Los que expulsan la iniquidad de sus corazones y extienden las manos en ferviente súplica a Dios, recibirán la ayuda que sólo Dios puede darles. Se ha pagado un rescate por las almas de los hombres, para que pudieran tener la oportunidad de escapar de la esclavitud del pecado y obtener perdón, pureza y el cielo. Los que frecuentan el trono de la gracia, para ofrecer peticiones sinceras y fervientes en procura de sabiduría y poder divinos, no dejarán de ser siervos de Cristo activos y útiles. Puede ser que no posean grandes talentos, pero con humildad de corazón y firme confianza en Jesús podrán hacer una buena obra al traer almas a Cristo...

Miles tienen falsos conceptos de Dios y sus atributos... Dios es un Dios de verdad. Justicia y misericordia son los atributos de su trono. Es un Dios de amor, de piedad y tierna compasión. Así está representado en su Hijo, nuestro Salvador. Es un Dios de paciencia y longanimidad. Si el Ser a quien adoramos y cuyo carácter tratamos de asimilar tiene estas características, estamos adorando al verdadero Dios.

Si seguimos a Cristo, sus méritos, que nos son imputados, ascienden ante el Padre como dulce perfume. Y las gracias del carácter de nuestro Salvador, implantadas en nuestros corazones, esparcirán a nuestro alrededor una preciosa fragancia.

Año bíblico: Isa. 59-62

PARA ATRAERNOS A DIOS

Con amor eterno te he amado; por tanto, te prolongué mi misericordia. Jer. 31:3.

El Señor de la vida y la gloria vistió su divinidad de humanidad para mostrar al hombre que Dios, mediante el don de Cristo, quiere unirnos con él. Sin estar en comunión con Dios, a nadie le es posible ser feliz. El hombre caído ha de aprender que nuestro Padre celestial no puede estar satisfecho hasta que su amor circunde al pecador arrepentido, transformado por los méritos del inmaculado Cordero de Dios.

A este fin tiende la obra de todos los seres celestiales. Tienen que trabajar, bajo las órdenes de su General, para la restauración de aquellos que por la transgresión se han separado de su Padre celestial. Se ha ideado un plan por el cual se revelarán al mundo la maravillosa gracia y el amor infinito de Cristo. El amor de Dios se revela en el precio infinito pagado por el Hijo de Dios para el rescate del hombre. Este glorioso plan de redención es amplio en sus provisiones para salvar al mundo entero. El hombre pecador y caído puede ser hecho completo en Jesús mediante el perdón del pecado y la justicia imputada de Cristo.

En todos los actos llenos de gracia que Jesús realizó, trató de imprimir en los hombres los atributos paternales y benévolos de Dios... Jesús quiere que comprendamos el amor del Padre, y trata de acercarnos a él presentándonos su gracia paterna. Quiere que todo el campo de nuestra visión esté lleno de la perfección del carácter de Dios... Solamente al vivir entre los hombres podía revelar la misericordia, la compasión y el amor de su Padre celestial; porque sólo mediante actos de bondad podía manifestar la gracia de Dios.

Cristo vino para manifestar el amor de Dios al mundo, para atraer el corazón de los hombres hacia él... El primer paso hacia la salvación es responder a la atracción del amor de Cristo... Cristo atrae a los hombres mediante la manifestación de su amor para que puedan comprender el gozo del perdón, la paz de Dios. Si responden a su atracción, entregando su corazón a la gracia divina, los guiará paso tras paso a un conocimiento pleno de Dios, y esto es vida eterna.

Año bíblico: Isa. 63-66

LAS CLAUSULAS DEL PACTO

**Si diereis oído a mi voz, y guardareis mi pacto, vosotros se-
réis mi especial tesoro sobre todos los pueblos. Exo. 19:5.**

En el principio Dios dio su ley a la humanidad como medio de alcanzar felicidad y vida eterna.

Los Diez Mandamientos, *harás, no harás*, son diez promesas seguras para nosotros si prestamos obediencia a la ley que gobierna el universo. "Si me amáis, guardad mis mandamientos" (Juan 14:15). He
aquí la suma y la sustancia de la ley de Dios. Las bases de la salvación
para cada hijo e hija de Adán se encuentran bosquejadas aquí...

La ley de los diez preceptos del mayor amor que se le pueda presentar al hombre, es la voz de Dios procedente del cielo que formula
al alma esta promesa: "Haz esto y no estarás bajo el dominio y la dirección de Satanás". No hay puntos negativos en esa ley, aunque así
lo parezca. Es HAZ y vivirás.

La condición para alcanzar la vida eterna es ahora exactamente la
misma de siempre, tal cual era en el paraíso antes de la caída de nuestros primeros padres: perfecta obediencia a la ley de Dios, perfecta justicia. Si la vida eterna se concediera con alguna condición inferior a
ésta, peligraría la felicidad de todo el universo. Se le abriría la puerta
al pecado con todo su séquito de dolor y miseria para siempre.

Cristo no disminuye las exigencias de la ley. En un lenguaje incon-
fundible, presenta la obediencia a ella como la condición de la vida
eterna: la misma condición que se requería de Adán antes de su caída... El requisito que se ha de llenar bajo el pacto de la gracia es tan
amplio como el que se exigía en el Edén: la armonía con la ley de Dios,
que es santa, justa y buena.

La norma de carácter presentada en el Antiguo Testamento es la
misma que se presenta en el Nuevo Testamento. No es una medida o
norma que no podamos alcanzar. Cada mandato o precepto que Dios
da, tiene como base la promesa más positiva. Dios ha hecho provisión
para que podamos llegar a ser semejantes a él, y cumplirá esto en
favor de todos aquellos que no interpongan una voluntad perversa y
frustren así su gracia.

Año bíblico: Jer. 1-3

ESCRITA EN EL CORAZON

Después de aquellos días, dice Jehová: Daré mi ley en su mente, y la escribiré en su corazón... Perdonaré la maldad de ellos, y no me acordaré más de su pecado. Jer. 31:33-34.

La misma ley que fue grabada en tablas de piedra es escrita por el Espíritu Santo sobre las tablas del corazón. En vez de tratar de establecer nuestra propia justicia, aceptamos la justicia de Cristo. Su sangre expía nuestros pecados. Su obediencia es aceptada en nuestro favor. Entonces el corazón renovado por el Espíritu Santo producirá los frutos del Espíritu. Mediante la gracia de Cristo viviremos obedeciendo la ley de Dios escrita en nuestro corazón. Al poseer el Espíritu de Cristo, andaremos como él anduvo.

Hay dos errores contra los cuales los hijos de Dios, particularmente los que apenas han comenzado a confiar en su gracia, deben especialmente guardarse. El primero... es el de fijarse en sus propias obras, confiando en alguna cosa que puedan hacer, para ponerse en armonía con Dios. El que está procurando llegar a ser santo mediante sus propios esfuerzos por guardar la ley, está procurando una imposibilidad...

El error opuesto y no menos peligroso es que la fe en Cristo exime a los hombres de guardar la ley de Dios; que puesto que solamente por la fe somos hechos participantes de la gracia de Cristo, nuestras obras no tienen nada que ver con nuestra redención... Si la ley está escrita en el corazón, ¿no modelará la vida?... En vez de que la fe exima al hombre de la obediencia, es la fe, y sólo ella, la que lo hace participante de la gracia de Cristo y lo capacita para obedecerlo...

Donde no sólo hay una creencia en la Palabra de Dios, sino una sumisión de la voluntad a él; donde se le da a él el corazón y los afectos se fijan en él, allí hay fe, fe que obra por el amor y purifica el alma. Mediante esta fe, el corazón se renueva conforme a la imagen de Dios. Y el corazón que en su estado carnal no se sujeta a la ley de Dios, ni tampoco puede, se deleita después en sus santos preceptos, diciendo con el salmista: "¡Oh, cuánto amo yo tu ley! Todo el día es ella mi meditación" (Sal. 119:97). Y la justicia de la ley se cumple en nosotros, los que no andamos "conforme a la carne, sino conforme al Espíritu" (Rom. 8:1).

Año bíblico: Jer. 4-6

EL ETERNO COMPROMISO DE DIOS

Se acordó para siempre de su pacto; de la palabra que mandó para mil generaciones. Sal. 105:8.

Dios respalda toda promesa que ha hecho. Con la Biblia en la mano, decid: "He hecho como tú dijiste. Presento tu promesa: 'Pedid, y se os dará; buscad, y hallaréis; llamad, y se os abrirá' (Mat. 7:7)"...

El arco iris que rodea el trono nos asegura que Dios es fiel; que en él no hay mudanza ni sombra de variación. Hemos pecado contra él y no merecemos su favor; sin embargo, él mismo pone en nuestros labios la más admirable de las súplicas: "Por amor de tu nombre no nos deseches, ni deshonres tu glorioso trono; acuérdate, no invalides tu pacto con nosotros" (Jer. 14:21). El se ha comprometido a prestar oído a nuestro clamor cuando acudimos a él y confesamos nuestra indignidad y pecado. El honor de su trono nos garantiza el cumplimiento de su palabra.

A todo aquel que se ofrece a sí mismo al Señor para servir, sin reservarse nada, se le da poder para lograr resultados inconmensurables. El Señor Dios se ha obligado por un eterno compromiso a suplir poder y gracia a todo aquel que sea santificado por medio de la obediencia a la verdad.

Nehemías se acercó a la presencia del Rey de reyes, y ganó para sí un poder que puede desviar los corazones como se desvían las aguas de los ríos. [Véase Neh. caps. 1 y 2.]

La facultad de orar como oró Nehemías en el momento de su necesidad es un recurso del cual dispone el cristiano en circunstancias en que otras formas de oración pueden resultar imposibles. Los que trabajan en las tareas de la vida, apremiados y casi abrumados de perplejidad, pueden elevar a Dios una petición para ser guiados divinamente... En momentos de dificultad o peligro repentino, el corazón puede clamar por ayuda a Aquel que se ha comprometido a acudir en auxilio de sus fieles creyentes cuando quiera que le invoquen. En toda circunstancia y condición, el alma cargada de pesar y cuidados, o fieramente asaltada por la tentación, puede hallar seguridad, apoyo y socorro en el amor y el poder inagotables de un Dios que guarda su pacto.

Año bíblico: Jer. 7-9

SOLEDAD INDESCRIPTIBLE

He pisado yo solo el lagar, y de los pueblos nadie había conmigo. Isa. 63:3.

Durante su niñez, su juventud y su edad viril, Jesús anduvo solo. En su pureza y fidelidad, pisó solo el lagar, y ninguno del pueblo estuvo con él. Llevó el espantoso peso de la responsabilidad de salvar a los hombres. Sabía que a menos que hubiese un cambio definido en los principios y los propósitos de la familia humana, todos se perderían. Era esto lo que pesaba sobre su alma, y nadie podía apreciar esa carga que descansaba sobre él.

Durante toda su vida, su madre y sus hermanos no comprendieron su misión. Ni aun sus discípulos lo comprendieron. Había morado en la luz eterna, siendo uno con Dios, pero debía pasar en la soledad su vida terrenal. Como uno de nosotros, debía llevar la carga de nuestra culpabilidad y desgracia. El Ser sin pecado debía sentir la vergüenza del pecado. El amante de la paz debía habitar con la disensión, la verdad debía morar con la mentira, la pureza con la vileza. Todo el pecado, la discordia y la contaminadora concupiscencia de la transgresión torturaban su espíritu.

Debía hollar la senda y llevar la carga solo. Sobre Aquel que había depuesto su gloria y aceptado la debilidad de la humanidad, debía descansar la redención del mundo. El lo veía y sentía todo, pero su propósito permanecía firme. De su brazo dependía la salvación de la especie caída, y extendió su mano para asir la mano del Amor omnipotente.

La soledad de Cristo, separado de las cortes celestiales, viviendo la vida de los seres humanos, nunca fue comprendida ni apreciada por sus discípulos como debiera haberlo sido... Cuando ya no estaba con ellos y se sintieron en verdad como ovejas sin pastor, empezaron a ver cómo hubieran podido hacerle atenciones que hubieran infundido alegría a su corazón...

La misma necesidad es evidente en nuestro mundo de hoy. Son pocos los que aprecian todo lo que Cristo es para ellos. Si lo hicieran, expresarían el gran amor de María, ofrendarían libremente el ungüento, y no lo considerarían un derroche (ver Mat. 26:6-13). Nada tendrían por demasiado costoso para darlo a Cristo, ningún acto de abnegación o sacrificio personal les parecería demasiado grande para soportarlo por amor a él.

Año bíblico: Jer. 10-13

LOS PECADOS DEL MUNDO

El herido fue por nuestras rebeliones, molido por nuestros pecados; el castigo de nuestra paz fue sobre él, y por su llaga fuimos nosotros curados. Isa. 53:5.

Algunos tienen opiniones limitadas acerca de la expiación. Piensan que Cristo sufrió tan sólo una pequeña parte de la penalidad de la ley de Dios; suponen que, aunque el amado Hijo soportó la ira de Dios, él tenía, a través de sus dolorosos sufrimientos, la evidencia del amor y la aceptación del Padre; que los portales de la tumba se iluminaron delante de él con radiante esperanza, y que tenía evidencias constantes de su gloria futura. Este es un gran error. La más punzante angustia de Cristo provenía de que él comprendía el desagrado de su Padre. La agonía que esto le causaba era tan intensa que el hombre puede apreciarla tan sólo débilmente.

Para muchos, la historia de la condescendencia, la humillación y el sacrificio de nuestro Señor, no despierta interés más profundo... que la historia de la muerte de los mártires de Jesús. Muchos sufrieron la muerte por torturas lentas; otros murieron crucificados. ¿En qué difiere de estas muertes la del amado Hijo de Dios?... Si los sufrimientos de Cristo consistieron solamente en dolor físico, entonces su muerte no fue más dolorosa que la de algunos mártires. Pero el dolor corporal fue tan sólo una pequeña parte de la agonía que sufrió el amado Hijo de Dios. Los pecados del mundo pesaban sobre él, así como la sensación de la ira de su Padre, mientras sufría la penalidad de la ley transgredida. Fue esto lo que abrumó su alma divina ..

El inocente Varón que sufría en el Calvario comprendió y sintió plena y hondamente la separación que el pecado produce entre Dios y el hombre. Fue oprimido por las potestades de las tinieblas. Ni un solo rayo de luz iluminó las perspectivas del futuro para él... Fue en aquella terrible hora de tinieblas, en que el rostro de su Padre se ocultó mientras lo rodeaban legiones de ángeles malignos y los pecados del mundo estaban sobre él, cuando sus labios profirieron estas palabras: "Dios mío, Dios mío, ¿por qué me has desamparado?"... Si los sufrimientos de

En comparación con la empresa de la vida eterna, todo lo demás se hunde en la insignificancia.

Año bíblico: Jer. 14-16

¡TAN COSTOSO Y SIN EMBARGO GRATUITO!

Por la justicia de uno vino a todos los hombres la justificación de vida. Rom. 5:18.

El dinero no puede comprarla, ni el intelecto discernirla, ni el poder mandarla; mas Dios concede generosamente su gracia a todos los que quieran aceptarla. Pero los hombres deben sentir su necesidad y, renunciando a toda dependencia propia, aceptar la salvación como un don. Los que entren en el cielo no escalarán sus muros mediante su propia justicia, ni se abrirán sus portales para ellos como consecuencia de costosas ofrendas de oro o plata, sino que obtendrán entrada en las mansiones de la casa del Padre por medio de los méritos de la cruz de Cristo.

Para el hombre pecador, el más grande consuelo, la mayor causa de regocijo, es que el cielo ha dado a Jesús para que sea el Salvador del pecador... Se ofreció para recorrer el terreno donde Adán tropezó y cayó; para hacer frente al tentador en el campo de batalla, y para vencerlo en favor del hombre. Contempladlo en el desierto de la tentación. Ayunó durante cuarenta días y cuarenta noches, soportando los más fieros embates de los poderes de las tinieblas. Pisó "solo el lagar, y de los pueblos nadie" hubo a su lado (Isa. 63:3). No fue para sí mismo, sino para quebrantar la cadena que mantenía a la raza humana esclavizada a Satanás.

Así como Cristo en su humanidad buscaba fuerza de su Padre para poder soportar la prueba y la tentación, también debemos hacerlo nosotros. Debemos seguir el ejemplo del inmaculado Hijo de Dios. Necesitamos diariamente ayuda, gracia y poder de la Fuente de todo poder. Debemos echar nuestras impotentes almas sobre el Unico que está pronto a ayudarnos en todo momento de necesidad. Demasiado a menudo nos olvidamos del Señor. Cedemos a nuestros impulsos y perdemos las victorias que deberíamos ganar.

Si somos vencidos, no dilatemos en arrepentirnos y en aceptar el perdón que nos pondrá en posición ventajosa. Si nos arrepentimos y creemos, será nuestro el poder purificador de Dios. Su gracia salvadora se ofrece gratuitamente. Su perdón se otorga a todos los que quieran recibirlo... Con cada pecador que se arrepiente, los ángeles de Dios se regocijan con cantos de gozo. Ni un pecador necesita perderse. El don de la gracia redentora es pleno y gratuito.

Año bíblico: Jer. 17-19

UN CONSOLADOR SEMEJANTE A JESUS

Pero yo os digo la verdad: Os conviene que yo me vaya; porque si no me fuere, el Consolador no vendría a vosotros; mas si me fuere, os lo enviaré. Juan 16:7.

El Consolador que Cristo prometió enviar después de su ascensión al cielo, es el Espíritu en toda la plenitud de la Divinidad, que pone de manifiesto el poder de la gracia divina a todos los que reciben a Cristo y creen en él como Salvador personal.

El Espíritu Santo mora con el obrero consagrado de Dios dondequiera que esté. Las palabras habladas a los discípulos son también para nosotros. El Consolador es tanto nuestro como de ellos.

No hay consolador como Cristo, tan tierno y tan leal. Se conmueve con los sentimientos de nuestras debilidades. Su Espíritu habla al corazón. Las circunstancias pueden separarnos de nuestros amigos; el amplio e inquieto océano puede agitarse entre nosotros y ellos. Aunque exista su sincera amistad, quizá no puedan demostrarla haciendo para nosotros lo que recibiríamos con gratitud. Pero ninguna circunstancia ni distancia puede separarnos del Consolador celestial. Doquiera estemos, doquiera vayamos, siempre está allí. Alguien que está en el lugar de Cristo para actuar por él. Siempre está a nuestra diestra para dirigirnos palabras suaves y amables; para asistirnos, animarnos, apoyarnos y consolarnos. La influencia del Espíritu Santo es la vida de Cristo en el alma. Ese Espíritu obra en, y por medio de todo aquel que recibe a Cristo. Aquellos en quienes habita este Espíritu revelan sus frutos: amor, gozo, paz, paciencia, benignidad, bondad, fe.

El Espíritu Santo siempre mora con los que buscan la perfección del carácter cristiano. El Espíritu Santo proporciona la pureza de motivos que sostiene al alma creyente, que lucha en toda emergencia y frente a toda tentación. El Espíritu Santo sostiene al creyente en medio del odio del mundo, la hostilidad de los parientes, el desengaño, el descubrimiento de la imperfección, y las equivocaciones de la vida. La victoria es segura para los que miran al Autor y Consumador de nuestra fe... El llevó nuestros pecados, para que por medio de él, pudiéramos tener excelencia moral y alcanzar la perfección del carácter cristiano.

Año bíblico: Jer. 20-23

UN PODER VIVIFICADOR Y PURIFICANTE

Crea en mí, oh Dios, un corazón limpio, y renueva un espíritu recto dentro de mí. Sal. 51:10.

El Señor purifica el corazón de la misma manera como nosotros ventilamos una habitación. No cerramos las puertas y las ventanas e introducimos alguna sustancia purificadora en ella; sino que la abrimos ampliamente y dejamos que entre la atmósfera purificadora del cielo... Las ventanas del impulso, del sentimiento, deben abrirse hacia el cielo, y el polvo del egoísmo y de lo terreno debe ser expulsado. La gracia de Dios debe invadir las cámaras de la mente, la imaginación debe contemplar temas celestiales, y todo factor de la naturaleza debe ser purificado y vitalizado por el Espíritu de Dios.

El que vive conforme a los principios de la religión bíblica, no será hallado débil en poder moral. Bajo la influencia ennoblecedora del Espíritu Santo, los gustos e inclinaciones se volverán puros y santos. Nada se posesiona tan fuertemente de los afectos, nada penetra tan hondamente en los motivos más profundos de la acción, nada ejerce tan potente influencia sobre la vida, ni da tan grande firmeza y estabilidad al carácter como la religión de Cristo. Impulsa a su seguidor siempre hacia arriba, inspirándole nobles propósitos, enseñándole dignidad de porte e impartiendo conveniente dignidad a toda acción.

La iglesia es el objeto del más tierno amor y cuidado de Dios. Si los miembros se lo permiten, revelará su carácter por medio de ellos. El les dice: "Vosotros sois la luz del mundo" (Mat. 5:14). Los que caminan y conversan con Dios practican la mansedumbre de Cristo. En sus vidas, la paciencia, la mansedumbre y el dominio propio están unidos al santo fervor y a la diligencia. A medida que avanzan hacia el cielo, se borran los rasgos duros de su carácter y se deja ver la santidad. El Santo Espíritu, lleno de gracia y poder, obra en la mente y el corazón.

El corazón en el cual Cristo hace su morada será vivificado, purificado, guiado y gobernado por el Espíritu Santo, y el agente humano hará enérgicos esfuerzos para poner su carácter en armonía con Dios. Evitará todo lo que sea contrario a la voluntad revelada y a la opinión de Dios.

Año bíblico: Jer. 24-26

LA LLUVIA TARDIA

Pedid a Jehová lluvia en la estación tardía. Jehová hará relámpagos, y os dará lluvia abundante, y hierba verde en el campo a cada uno. Zac. 10:1.

Bajo la figura de la lluvia temprana y tardía que cae en los países orientales al tiempo de la siembra y la cosecha, los profetas hebreos predijeron el derramamiento de la gracia espiritual en una medida extraordinaria sobre la iglesia de Dios. El derramamiento del Espíritu en los días de los apóstoles fue el comienzo de la lluvia temprana, y gloriosos fueron los resultados... Pero cerca del fin de la siega de la tierra, se promete una concesión especial de gracia espiritual, para preparar a la iglesia para la venida del Hijo del hombre. Este derramamiento del Espíritu se compara con la caída de la lluvia tardía; y en procura de este poder adicional, los cristianos han de elevar sus peticiones al Señor de la mies "en la estación tardía".

Así como Cristo fue glorificado en el día de Pentecostés, será glorificado de nuevo al terminar la obra del Evangelio, cuando ha de preparar a un pueblo que soportará la prueba definitiva en el conflicto final de la gran controversia.

Se verá a muchos... corriendo de un lado a otro constreñidos por el Espíritu de Dios para llevar la luz a los demás. La verdad, la Palabra de Dios, es como fuego en sus huesos, que los llena del ardiente deseo de iluminar a los que se hallan en tinieblas. Muchos, aun entre los indoctos, proclaman ahora las palabras del Señor. El Espíritu Santo impulsa a los niños a salir y presentar el mensaje del cielo. El Espíritu se derrama sobre todos los que ceden a su influencia y... proclamarán la verdad con el poder del Espíritu.

Pero a menos que los miembros de la iglesia de Dios hoy tengan una relación viva con la fuente de todo crecimiento espiritual, no estarán listos para el tiempo de la siega. A menos que mantengan sus lámparas aparejadas y ardiendo, no recibirán la gracia adicional en tiempo de necesidad especial.

La gracia divina se necesita al comienzo, se necesita gracia divina a cada paso de avance, y sólo la gracia divina puede completar la obra. No hay lugar para el descanso en una actitud descuidada... Por medio de la oración y la fe hemos continuamente de buscar más del Espíritu.

Año bíblico: Jer. 27-29

TOMA TIEMPO

Yo Jehová la guardo, cada momento la regaré; la guardaré de noche y de día, para que nadie la dañe. Isa. 27:3.

La mente de un hombre o de una mujer no desciende en forma abrupta de la pureza y la santidad a la depravación, la corrupción y el crimen. Toma tiempo transformar de lo humano a lo divino, o degradar a los que han sido formados a la imagen de Dios al nivel de lo brutal o lo satánico. Por contemplar nos transformamos. Aunque formado a la imagen de su Hacedor, el hombre puede educar su mente de tal manera que el pecado que una vez le pareció repugnante le resulte placentero. Al dejar de velar y orar, abandona la guardia de la ciudadela: el corazón... Se debe mantener una guerra constante contra la mente carnal; y debemos ser ayudados por la influencia refinadora de la gracia de Dios, que atraerá la mente hacia lo alto y la habituará a meditar en las cosas puras y santas.

El carácter no se adquiere por casualidad. No queda determinado por un arranque temperamental, por un paso en la dirección equivocada. Es la repetición del acto lo que lo convierte en hábito y moldea el carácter para el bien o para el mal. Los caracteres rectos pueden formarse únicamente mediante el esfuerzo perseverante e incansable, utilizando para la gloria de Dios cada talento y capacidad que él ha dado.

Dios espera que edifiquemos nuestros caracteres de acuerdo con la norma que él nos ha dado. Debemos colocar ladrillo sobre ladrillo, añadiendo gracia sobre gracia, descubriendo nuestros puntos débiles y corrigiéndolos de acuerdo con la dirección dada.

Dios nos da fortaleza, razonamiento y tiempo, a fin de que edifiquemos caracteres que él pueda aprobar. Quiere que cada uno de sus hijos edifique un carácter noble, realizando obras puras y nobles, para que al final pueda presentar una estructura simétrica, un hermoso templo, honrado por el hombre y Dios...

El que quiera transformarse en un hermoso edificio para el Señor, debe cultivar cada facultad de su ser. Unicamente empleando debidamente los talentos es posible desarrollar armoniosamente el carácter. De esa forma introducimos en el fundamento aquello que se representa en la Palabra como oro, plata, piedras preciosas: material que resistirá la prueba del fuego purificador de Dios.

Año bíblico: Jer. 30-32

¿LOGRAREMOS LA PERFECCION AHORA?

Sed, pues, vosotros perfectos, como vuestro Padre que está en los cielos es perfecto. Mat. 5:48.

Cuando Dios dio a su Hijo al mundo hizo posible para hombres y mujeres que fueran perfectos por el empleo de cada facultad de su ser para gloria de Dios. Les dio en Cristo las riquezas de su gracia, y un conocimiento de su voluntad. Al vaciarse de sí mismos y al aprender a andar en humildad, confiando en la dirección de Dios, los hombres serían capacitados para cumplir el elevado propósito de Dios para ellos.

La perfección del carácter se basa en lo que Cristo es para nosotros. Si dependemos constantemente de los méritos de nuestro Salvador, y seguimos en sus pisadas, seremos como él, puros e incontaminados.

Nuestro Salvador no requiere lo imposible de ninguna alma. No espera nada de sus discípulos para lo cual no esté dispuesto a darles gracia y fortaleza a fin de que puedan realizarlo. No les pediría que fueran perfectos, si junto con su orden no les concediera toda perfección de gracia a aquellos sobre los que confiere un privilegio tan elevado y santo...

Nuestra obra es esforzarnos para alcanzar, en nuestra esfera de acción, la perfección que Cristo en su vida terrenal alcanzó en cada aspecto del carácter. El es nuestro ejemplo. En todas las cosas, hemos de esforzarnos para honrar a Dios en carácter... Debemos depender completamente del poder que ha prometido darnos.

Jesús no reveló cualidades ni ejerció facultades que los hombres no pudieran tener por la fe en él. Su perfecta humanidad es lo que todos sus seguidores pueden poseer si quieren vivir sometidos a Dios como él vivió.

Nuestro Salvador es un Salvador para la perfección del hombre en su totalidad. No es Dios sólo de una parte del ser. La gracia de Cristo obra para disciplinar toda la textura humana. El la hizo toda. El lo ha redimido todo. Ha hecho participante de la naturaleza divina a la mente, la energía, el cuerpo y el alma, y todos son su posesión adquirida. Hay que servirle con toda la mente, el corazón, el alma y las fuerzas. Entonces el Señor será glorificado en sus santos incluso en las cosas comunes y temporales con las que se relacionan. "Santidad al Señor" será la inscripción colocada sobre ellos.

Año bíblico: Jer. 33-35

AGUARDA A QUE PIDAMOS

Pedid, y recibiréis, para que vuestro gozo sea cumplido. Juan 16:24.

La oración es el medio ordenado por el cielo para tener éxito en el conflicto con el pecado y desarrollar el carácter cristiano. Las influencias divinas que vienen en respuesta a la oración de fe, efectuarán en el alma del suplicante todo lo que pide. Podemos pedir perdón por el pecado, el Espíritu Santo, un temperamento semejante al de Cristo, sabiduría y poder para realizar su obra, o cualquier otro don que él ha prometido; y la promesa es: "Se os dará".

Jesús es nuestro ayudador; debemos vencer en él y mediante él. La gracia de Cristo está esperando que la pidáis... El os dará gracia y fortaleza a medida que la necesitéis y se la pidáis... La religión de Cristo atará y restringirá toda pasión no santificada, estimulará hacia la energía, hacia la disciplina propia y el trabajo, aun en las cuestiones hogareñas de la vida diaria, y nos conducirá a aprender economía, tacto, abnegación y a soportar aun las privaciones sin murmurar. El Espíritu de Cristo en el corazón será revelado en el carácter, en el que desarrollará cualidades nobles y capacidades. "Bástate mi gracia" (2 Cor. 12:9) dice Cristo.

Haced cuanto podáis para que haya una comunión continua entre Jesús y vuestra alma... Debemos también orar en el círculo de nuestra familia; y sobre todo no descuidar la oración privada, porque ésta es la vida del alma. Es imposible que el alma florezca cuando se descuida la oración. La sola oración pública o con la familia no es suficiente. En medio de la soledad abrid vuestra alma al ojo penetrante de Dios. La oración secreta sólo debe ser oída por el que escudriña los corazones: Dios. Ningún oído curioso debe recibir el peso de tales peticiones. En la oración privada el alma está libre de las influencias del ambiente, libre de excitación... Por una fe sencilla y tranquila el alma se mantiene en comunión con Dios y recoge los rayos de la luz divina para fortalecerse y sostenerse en la lucha contra Satanás...

Orad en vuestro gabinete; y al ir a vuestro trabajo cotidiano, levantad a menudo vuestro corazón a Dios. De este modo anduvo Enoc con Dios. Esas oraciones silenciosas llegan como precioso incienso al trono de la gracia. Satanás no puede vencer a aquel cuyo corazón está así apoyado en Dios.

Año bíblico: Jer. 36-38

REFUERZOS DE ANGELES

He aquí os doy potestad de hollar serpientes y escorpiones, y sobre toda fuerza del enemigo. Luc. 10:19.

El hombre caído es el cautivo legítimo de Satanás. La misión de Cristo consistió en rescatarlo del poder de su gran adversario. El hombre se inclina por naturaleza a seguir las sugestiones de Satanás, y no puede resistir con éxito a un enemigo tan terrible, a menos que Cristo, el poderoso Vencedor, more en él, guíe sus deseos y lo fortalezca. Sólo Dios puede limitar el poder de Satanás... Satanás conoce mejor que los hijos de Dios el poder que ellos pueden tener sobre él cuando su fuerza está en Cristo. Cuando el más débil creyente en la verdad solicita humildemente ayuda al poderoso Vencedor, confiando firmemente en Cristo, puede repeler con éxito a Satanás y toda su hueste.

Satanás llamará en su ayuda legiones de sus ángeles para oponerse a los progresos hasta de un alma, y si fuese posible, la arrebataría de las manos de Cristo... Pero si el que está en peligro persevera, y en su impotencia se aferra a los méritos de la sangre de Cristo, nuestro Salvador escucha la ferviente oración de fe, y envía refuerzos de ángeles poderosos en fortaleza para que lo libren. Satanás no puede soportar que se recurra a su poderoso rival, porque teme y tiembla ante su fuerza y majestad. Al sonido de la oración ferviente, toda la hueste de Satanás tiembla.

Sólo la amante compasión de Cristo, su divina gracia, su poder omnipotente pueden capacitarnos para desbaratar al implacable enemigo y someter nuestros propios corazones rebeldes. ¿Cuál es nuestra fuerza? El gozo del Señor. Que el amor de Cristo llene nuestros corazones y estaremos preparados para recibir el poder que él tiene para nosotros...

Al contemplar a Cristo con el propósito de llegar a ser semejante a él, el buscador de la verdad ve la perfección de los principios de la ley de Dios, y ya no se satisface con nada que no sea la perfección... Debe librar una batalla contra los rasgos que Satanás ha estado fortaleciendo para poder emplearlos... El Salvador lo fortalecerá y lo ayudará cuando se acerque suplicando gracia y eficiencia.

Año bíblico: Jer. 39-41

LA INFLUENCIA DEL CRISTIANO

Aquel que es poderoso para hacer todas las cosas mucho más abundantemente de lo que pedimos o entendemos, según el poder que actúa en nosotros. Efe. 3:20.

El Señor está esperando para manifestar por medio de su pueblo su gracia y su poder. Pero requiere de los que se han alistado a su servicio que mantengan la mente siempre dirigida hacia él. Cada día debieran disponer de tiempo para leer la Palabra de Dios y para orar...

Debemos caminar y hablar con Dios individualmente; entonces la sagrada influencia del Evangelio de Cristo en todo lo que tiene de precioso aparecerá en nuestras vidas.

Hay en la vida tranquila y consecuente de un cristiano puro y verdadero una elocuencia mucho más poderosa que la de las palabras. Lo que un hombre es tiene más influencia que lo que dice.

Los emisarios enviados a Jesús volvieron diciendo que nadie había hablado antes como él. Pero esto se debía a que jamás hombre alguno había vivido como él. De haber sido su vida diferente de lo que fue, no hubiera hablado como habló. Sus palabras llevaban consigo un poder que convencía porque procedían de un corazón puro y santo, lleno de amor y simpatía, de benevolencia y de verdad.

Nuestro carácter y experiencia determinan nuestra influencia en los demás. Para convencer a otros del poder de la gracia de Cristo, tenemos que conocer ese poder en nuestro corazón y nuestra vida. El Evangelio que presentamos para la salvación de las almas debe ser el Evangelio que salva nuestra propia alma. Sólo mediante una fe viva en Cristo como Salvador personal nos resulta posible hacer sentir nuestra influencia en un mundo escéptico. Si queremos sacar pecadores de la corriente impetuosa, nuestros pies deben estar afirmados en la Roca: Cristo Jesús.

El símbolo del cristianismo no es una señal exterior, ni tampoco una cruz o una corona que se lleven puestas, sino que es aquello que revela la unión del hombre con Dios. Por el poder de la gracia divina manifestada en la transformación del carácter, el mundo ha de convencerse de que Dios envió a su Hijo para que fuese su Redentor. Ninguna otra influencia que pueda rodear el alma humana ejerce tanto poder sobre ella como la de una vida abnegada. El argumento más poderoso en favor del Evangelio es un cristiano amante y amable.

Año bíblico: Jer. 42-44

CONDICIONES DEL CRECIMIENTO

Esto pido en oración, que vuestro amor abunde aun más y más en ciencia y en todo conocimiento, para que... seáis... llenos de frutos de justicia que son por medio de Jesucristo, para gloria y alabanza de Dios. Fil. 1:9-11.

Donde hay vida, habrá crecimiento y fructificación; pero a menos que crezcamos en la gracia, nuestra espiritualidad se empequeñecerá, será enfermiza, estéril. Sólo mediante el crecimiento y la fructificación podemos cumplir el propósito de Dios para nosotros. Cristo dijo: "En esto es glorificado mi Padre, en que llevéis mucho fruto" (Juan 15:8). A fin de llevar mucho fruto, debemos aprovechar al máximo nuestros privilegios. Debemos usar cada oportunidad que se nos concede para fortalecernos.

A cada ser humano le ha sido preparado un carácter puro y noble con todas sus majestuosas posibilidades. Pero hay muchos que no tienen un anhelo ferviente de tal carácter. No están dispuestos a apartarse del mal para poder tener el bien... Descuidan el aferrarse de las bendiciones que los pondrían en armonía con Dios... No pueden crecer.

La dadivosidad es uno de los planes divinos para el crecimiento. El cristiano ha de ganar fortaleza fortaleciendo a otros. "El alma generosa será prosperada; y el que saciare, él también será saciado" (Prov. 11:25). Esta no es meramente una promesa. Es una ley divina, una ley por la cual Dios establece que los arroyos de benevolencia fluyan continuamente de vuelta hacia su fuente, como las aguas de lo profundo se mantienen en constante circulación. En el cumplimiento de esta ley encontramos el secreto del crecimiento espiritual...

Si acudimos a Dios con fe, nos recibirá y nos dará fortaleza para ascender hasta la perfección. Si vigilamos cada palabra y acto, para no hacer nada que deshonre a Aquel que ha confiado en nosotros, si mejoramos cada oportunidad que se nos concede, creceremos hasta llegar a la plena estatura de hombres y mujeres en Cristo.

Cristianos, ¿se revela Cristo en nosotros? ¿Estamos haciendo todo lo que está a nuestro alcance para ganar un cuerpo que no se enferma fácilmente, una mente que mira más allá de sí misma a la causa y efecto de cada movimiento, que puede luchar con problemas difíciles y conquistarlos, una voluntad que es firme para resistir el mal y defender lo correcto? ¿Estamos crucificando el yo? ¿Estamos creciendo para llegar a la plena estatura de hombres y mujeres en Cristo, preparándonos para soportar incomodidades como buenos soldados de la cruz?

Año bíblico: Jer. 45-48

EN BONDAD

Vestíos, pues, como escogidos de Dios, santos y amados, de entrañable misericordia, de benignidad, de humildad, de mansedumbre, de paciencia. Col. 3:12.

Que la ley de bondad esté sobre vuestros labios y el aceite de la gracia en vuestro corazón. Esto producirá maravillosos resultados. Seréis tiernos, simpatizantes, corteses. Necesitáis todas estas gracias. El Espíritu Santo debe ser recibido e implantado en vuestros caracteres; entonces será como un fuego santo, que producirá incienso que se elevará hacia Dios, no de labios condenatorios, sino como bálsamo para las almas de los hombres. Vuestro rostro reflejará la imagen de lo divino... Al contemplar el carácter de Cristo os transformaréis a su imagen. La gracia de Cristo solamente puede cambiar vuestro corazón y entonces reflejaréis la imagen del Señor Jesús. Dios nos pide que seamos semejantes a él, a saber, puros, santos y sin contaminación. Debemos llevar la imagen divina.

El Señor Jesús es nuestro único ayudador. Por medio de su gracia aprenderemos a cultivar el amor, a educarnos a nosotros mismos para hablar bondadosa y tiernamente. Por medio de su gracia nuestros modales fríos y ásperos serán transformados. La ley de bondad estará en nuestros labios, y los que están bajo la preciosa influencia del Espíritu Santo no considerarán evidencia de debilidad llorar con los que lloran, y regocijarse con los que se regocijan. Debemos cultivar las excelencias celestiales del carácter. Debemos aprender qué significa manifestar buena voluntad hacia todos los hombres, el sincero deseo de ser un rayo de sol y no una sombra en la vida de los demás.

Aprovechad toda ocasión de trabajar por aquellos que os rodean y compartid con ellos vuestros afectos. Las palabras amables, las miradas de simpatía, las expresiones de aprecio serían para muchos de los que luchan a solas como un vaso de agua fresca para el sediento...

Vivid en el resplandor del amor del Salvador. Entonces vuestra influencia beneficiará al mundo. Que el Espíritu de Cristo os controle. Que la ley de la bondad esté siempre en vuestros labios. La indulgencia y el altruismo caracterizan las palabras y acciones de aquellos que han nacido de nuevo para vivir una vida nueva en Cristo.

Año bíblico: Jer. 49-50

UNA RECETA DIVINA

El nombre de nuestro Señor Jesucristo sea glorificado en vosotros, y vosotros en él, por la gracia de nuestro Dios y del Señor Jesucristo. 2 Tes. 1:12.

Muchos anhelan crecer en la gracia; oran al respecto, y se sorprenden de que sus oraciones no reciban respuesta. El Señor les ha encomendado una obra que los ayudará a crecer. ¿De qué vale orar cuando hay que efectuar cierta obra? Lo que interesa es lo siguiente: ¿Se afanan por salvar las almas por quienes Cristo murió? El crecimiento espiritual depende del hecho de que transmitamos a los demás la luz que Dios nos ha dado a nosotros. Tendréis que empeñar vuestros mejores pensamientos en labor activa para hacer el bien, y solamente el bien, en la familia, en la iglesia y el vecindario.

En vez de afligiros con la idea de que no estáis creciendo en gracia, cumplid cada obligación que se os presente, llevad el peso de las almas en vuestro corazón, y tratad de salvar a los perdidos por todos los medios imaginables. Sed bondadosos, corteses y compasivos; hablad con humildad de la bendita esperanza; hablad del amor de Jesús; dad a conocer su bondad, su misericordia y justicia; dejad de preocuparos y pensar si crecéis o no. Las plantas no crecen nutridas por algún esfuerzo consciente... La planta no se angustia constantemente acerca de su crecimiento. No hace más que crecer bajo la vigilancia divina.

Si consagráramos corazón y mente al servicio de Dios, e hiciéramos la obra que él nos encomendó y siguiéramos las huellas de Jesús, nuestros corazones se convertirían en arpas sagradas, y todas sus cuerdas vibrarían para elevar alabanzas y acciones de gracias en honor del Cordero enviado por Dios para quitar el pecado del mundo...

El Señor Jesús es nuestra fortaleza y felicidad; es el gran depósito del cual los hombres pueden sacar fortaleza en cualquier ocasión. Al analizarlo, al hablar con él, nos ponemos cada vez en mejores condiciones de contemplarlo: al apropiarnos de su gracia y recibir las bendiciones que nos prodiga, tenemos algo con lo que podemos ayudar a los demás. Llenos de gratitud, comunicamos a otros las bendiciones que nos han sido dadas libremente. Recibiendo e impartiendo así, crecemos en gracia.

Año bíblico: Jer. 51-52

UNION CON CRISTO

Vestíos del Señor Jesucristo, y no proveáis para los deseos de la carne. Rom. 13:14.

Dios emplea diversos instrumentos para salvar a los hombres. Les habla por medio de su Palabra y de sus ministros, y por medio de su Espíritu les envía mensajes de amonestación, represión e instrucción. Estos medios tienen como propósito iluminar el entendimiento de la gente, para revelarle su deber y sus pecados, y las bendiciones que pueden recibir; para despertar en ellos una sensación de necesidad espiritual a fin de que puedan ir a Cristo y encontrar en él la gracia que necesitan...

Todo individuo, por decisión propia, se aparta de Cristo al no albergar su Espíritu y seguir su ejemplo, o entra en una unión personal con Cristo por la renuncia propia, la fe y la obediencia. Cada uno de nosotros debe elegir por sí mismo a Cristo, puesto que él nos eligió primero. Esta unión con Cristo debe ser realizada por aquellos que están naturalmente enemistados con él. Es ésta una relación de total dependencia, en la que debe entrar un corazón orgulloso. Es una obra minuciosa y muchos de los que profesan ser seguidores de Cristo no saben nada de ella. Nominalmente aceptan al Salvador, pero no como el único gobernante de sus corazones...

Renunciar a su propia voluntad, tal vez a los objetos preferidos de afecto y empeño, requiere un esfuerzo, y muchos vacilan, abandonan y retroceden. Pero esta batalla debe ser librada por cada corazón verdaderamente convertido. Debemos luchar con las tentaciones externas e internas. Debemos obtener la victoria sobre el yo, crucificando los afectos y las concupiscencias; y entonces comienza la unión del alma con Cristo... Después que esta unión se ha producido, se la puede conservar sólo mediante esfuerzo permanente, ferviente y penoso. Cristo ejerce su poder para preservar y guardar este sagrado vínculo, y el pecador dependiente e indefenso debe hacer su parte con incansable energía, o en caso contrario, Satanás, mediante su poder cruel y astuto, lo separará de Cristo...

Vuestro nacimiento, vuestra reputación, vuestra riqueza, vuestros talentos, vuestras virtudes, vuestra piedad, vuestra filantropía,... no formarán un lazo de unidad entre vuestra alma y Cristo. Vuestra conexión con la iglesia... no será de alguna consecuencia a menos que creáis en Cristo. No basta creer acerca de él. Debéis creer en él. Debéis descansar plenamente en su gracia salvadora.

Año bíblico: Lam.

¡ALABADO SEA DIOS!

De las misericordias de Jehová haré memoria, de las alabanzas de Jehová, conforme a todo lo que Jehová nos ha dado, y de la grandeza de sus beneficios hacia la casa de Israel. Isa. 63:7.

Cuando un sentimiento de la benignidad de Dios refrigere constantemente el alma, se reflejará en el rostro mediante una expresión de paz y gozo. Se manifestará en palabras y en obras. Y el generoso Espíritu Santo de Cristo, al obrar sobre el corazón, comunicará a la vida una influencia convertidora sobre los demás.

¿No tenemos razones para hablar de la bondad de Dios y de su poder? Cuando nuestros amigos son bondadosos con nosotros, consideramos que es un privilegio agradecerles por su bondad. ¡Cuánto mayor debería ser nuestro gozo por agradecer al Amigo que nos ha dado todo bien y don perfecto! Cultivemos, pues, en cada iglesia el agradecimiento a Dios. Eduquemos nuestros labios para alabar a Dios en el círculo de la familia... Nuestras dádivas y ofrendas deben declarar nuestra gratitud por los favores que recibimos diariamente. En todo deberíamos revelar el gozo del Señor y dar a conocer el mensaje de la gracia salvadora de Dios.

David declara: "Amo a Jehová, pues ha oído mi voz y mis súplicas; porque ha inclinado a mí su oído; por tanto, le invocaré en todos mis días" (Sal. 116:1-2). La bondad de Dios al escuchar y responder nuestras oraciones nos pone bajo la imponente obligación de expresar nuestro agradecimiento por los favores que se nos han concedido. Debemos alabar a Dios mucho más de lo que lo hacemos. Las bendiciones recibidas en respuesta a la oración deberían ser rápidamente reconocidas...

Contristamos al Espíritu de Cristo mediante nuestras quejas y murmuraciones. No debiéramos deshonrar a Dios mediante la fúnebre relación de pruebas que nos parecen opresivas. Todas las pruebas aceptadas como medios para perfeccionar nuestros caracteres producirán regocijo. Toda la vida religiosa será elevadora, ennoblecedora, y poseerá la fragancia de las palabras buenas y las buenas obras.

Reine la paz de Dios en vuestra alma. Entonces tendréis fuerzas para soportar todos los sufrimientos, y os gozaréis en el hecho de que poseéis gracia para resistir. Alabad al Señor; proclamad su bondad; hablad de su poder. Dulcificad la atmósfera que rodea vuestra alma... Alabad con alma, voz y corazón al que sostiene vuestra vida, vuestro Salvador y vuestro Dios.

Año bíblico: Eze. 1-3

MIENTRAS ESPERAMOS

Estén ceñidos vuestros lomos, y vuestras lámparas encendidas; y vosotros sed semejantes a hombres que aguardan a que su señor regrese. Luc. 12:35-36.

Ahora es el momento de prepararnos para la venida de nuestro Señor. La preparación para salir a su encuentro no puede lograrse en un momento. En preparación para esta solemne escena, debiéramos esperar en actitud vigilante y velar, combinando todo ello con trabajo ferviente. Así glorifican a Dios sus hijos. En medio de las agitadas escenas de la vida, se oirán sus voces pronunciando palabras de ánimo, fe y esperanza. Todo lo que tienen y son está consagrado al servicio del Maestro...

Cristo nos dice cuándo será introducido el día de su reino. No nos dice que todo el mundo será convertido, sino que "será predicado este evangelio del reino en todo el mundo, para testimonio a todas las naciones; y entonces vendrá el fin" (Mat. 24:14). Al dar el Evangelio al mundo, tenemos la posibilidad de apresurar la venida del día de Dios. Si la iglesia de Cristo hubiera llevado a cabo la obra señalada tal como el Señor lo mandó, todo el mundo ya hubiera sido amonestado y el Señor Jesús hubiera venido a la tierra en poder y gran gloria.

Gran poder debe asistir al mensaje de la segunda aparición de Cristo. No debemos descansar hasta ver muchas almas convertidas a la bendita esperanza del regreso del Señor. En los días de los apóstoles el mensaje que ellos llevaron produjo una verdadera obra, convirtiendo las almas de los ídolos para servir al Dios viviente. La obra que tenemos que realizar hoy es igualmente real, y la verdad es igualmente verdadera; sólo que ahora debemos dar el mensaje con mucho más fervor ya que la venida del Señor está más cerca... El mensaje para este tiempo es positivo, sencillo y de la más profunda importancia. Debemos obrar como hombres y mujeres que lo creemos. Esperar, vigilar, trabajar, orar, amonestar al mundo: he aquí nuestra obra.

Me he sentido profundamente impresionada por las escenas que recientemente han pasado ante mí en horas de la noche. Parecía que un gran movimiento —un reavivamiento— se producía en muchos lugares. Nuestros hermanos estrechaban filas en respuesta al llamado. Hermanos míos, el Señor nos está hablando. ¿No escucharemos su voz? ¿No acondicionaremos nuestras lámparas, y actuaremos como hombres que están esperando que su Señor venga?

Año bíblico: Eze. 4-7

¡QUE RECOMPENSA!

Si permaneciere la obra de alguno... recibirá recompensa. 1 Cor. 3:14.

Gloriosa será la recompensa concedida cuando los fieles obreros se reúnan en derredor del trono de Dios y del Cordero. Cuando, en su estado mortal, Juan contempló la gloria de Dios, cayó como muerto; no pudo soportar la visión. Pero cuando los hijos de Dios hayan recibido la inmortalidad, lo verán "como él es" (1 Juan 3:2). Estarán delante del trono, aceptos en el Amado. Todos sus pecados habrán sido borrados, todas sus transgresiones expiadas. Entonces podrán mirar sin velo la gloria del trono de Dios. Habrán participado con Cristo en sus sufrimientos, habrán trabajado con él en el plan de la salvación, y participarán con él del gozo de ver las almas salvadas en el reino de Dios, para alabar allí a Dios durante toda la eternidad...

En aquel día los redimidos resplandecerán en la gloria del Padre y del Hijo. Tocando sus arpas de oro, los ángeles darán la bienvenida al Rey y a los trofeos de su victoria... Se elevará un canto de triunfo que llenará todo el cielo. Cristo habrá vencido. Entrará en los atrios celestiales acompañado por sus redimidos, testimonios de que su misión de sufrimiento y sacrificio no fue en vano...

Hay mansiones para los peregrinos de la tierra. Hay vestiduras, coronas de gloria y palmas de victoria para los justos. Todo lo que nos dejó perplejos en las providencias de Dios quedará aclarado en el mundo venidero. Las cosas difíciles de entender hallarán entonces su explicación. Los misterios de la gracia nos serán revelados. Donde nuestras mentes finitas discernían solamente confusión y promesas quebrantadas, veremos la más perfecta y hermosa armonía. Sabremos que el amor infinito ordenó los incidentes que nos parecieron más penosos. A medida que comprendamos el tierno cuidado de Aquel que hace que todas las cosas obren conjuntamente para nuestro bien, nos regocijaremos con gozo inefable y rebosante de gloria.

Os ruego que os preparéis para la venida de Cristo en las nubes de los cielos... Preparaos para el juicio, para que cuando Cristo venga para ser admirado por todos los que creen, podáis estar entre aquellos que lo recibirán en paz.

Año bíblico: Eze. 8-10

¡MIRAD HACIA ARRIBA!

Consolaos, consolaos, pueblo mío, dice vuestro Dios. Hablad al corazón de Jerusalén; decidle a voces que su tiempo es ya cumplido, que su pecado es perdonado. Isa. 40:1-2.

En los días más sombríos de su largo conflicto con el mal, le fueron dadas a la iglesia de Dios revelaciones del propósito eterno de Jehová. Se permitió a sus hijos que mirasen más allá de las pruebas presentes hacia los triunfos futuros, al tiempo cuando, habiendo terminado la lucha, los redimidos entrarán en posesión de la tierra prometida. Estas visiones de gloria futura, cuyas escenas fueron dibujadas por la mano de Dios, deben ser apreciadas por su iglesia hoy, cuando se está acercando rápidamente el fin de la controversia secular y se han de cumplir en toda su plenitud las bendiciones prometidas.

A nosotros que estamos a punto de ver su cumplimiento, ¡de cuánto significado, de cuán vivo interés, son estos delineamientos de las cosas por venir, acontecimientos por los cuales, desde que nuestros primeros padres dieron la espalda al Edén, los hijos de Dios han estado velando y aguardando, anhelando y orando!

Compañeros de peregrinación, estamos todavía entre las sombras y la agitación de las actividades terrenales; pero pronto aparecerá nuestro Salvador para traer liberación y descanso. Contemplemos por la fe el bienaventurado más allá, tal como lo describió la mano de Dios. El que murió por los pecados del mundo está abriendo de par en par las puertas del Paraíso a todos los que creen en él. Pronto habrá terminado la batalla y se habrá ganado la victoria. Pronto veremos a Aquel en quien se cifran nuestras esperanzas de vida eterna. En su presencia las pruebas y los sufrimientos de esta vida resultarán insignificantes. De lo que existió antes "no habrá memoria, ni más vendrá al pensamiento" (Isa. 65:17). "No perdáis, pues, vuestra confianza, que tiene grande galardón; porque os es necesaria la paciencia, para que habiendo hecho la voluntad de Dios, obtengáis la promesa. Porque aún un poquito, y el que ha de venir vendrá, y no tardará" (Heb. 10:35-37). "Israel será salvo... con salvación eterna; no os avergonzaréis ni os afrentaréis, por todos los siglos" (Isa. 45:17).

Alcemos los ojos y dejemos que nuestra fe aumente de continuo. Dejemos que esta fe nos guíe a lo largo de la senda estrecha que ha de llevarnos por las puertas de la ciudad al gran más allá, al amplio e ilimitado futuro de gloria que espera a los redimidos.

Año bíblico: Eze. 11-13

EL CONFLICTO HA TERMINADO

Porque de cierto os digo que hasta que pasen el cielo y la tierra, ni una jota ni una tilde pasará de la ley, hasta que todo se haya cumplido. Mat. 5:18.

Cuando Cristo inició su campaña, Satanás le salió al encuentro y le disputó cada centímetro de terreno, ejerciendo al máximo su poder para vencerlo. Muchas cosas estaban implicadas en ese conflicto. Intereses vitales estaban en juego. Los interrogantes que había que responder eran: "¿Es imperfecta la ley de Dios y es necesario enmendarla o abrogarla? O, en cambio, ¿es inmutable? ¿Es estable el gobierno de Dios, o necesita algunas rectificaciones?" No sólo en presencia de los que vivían en la ciudad de Dios había que responder a esas preguntas, sino ante los habitantes de todo el universo celestial...

Desde el pesebre hasta la cruz Satanás persiguió al Hijo de Dios. Las tentaciones se acumularon sobre él como una tempestad. Pero cuanto más fiero era el conflicto, más se familiarizaba con las tentaciones que asedian a los hombres, y más preparado estaba para socorrer a los tentados.

La dureza de la prueba por la cual tuvo que pasar Cristo guardaba proporción con el objeto que había que ganar o perder mediante su éxito o su fracaso. No estaba en juego sólo el interés de un mundo. Este planeta era el campo de batalla, pero todos los mundos que Dios ha creado se verían afectados por el resultado del conflicto... Satanás trató de causar la impresión de que estaba trabajando por la libertad del universo. Incluso cuando Cristo estaba en la cruz, el enemigo decidió imprimir a sus argumentos tal alteración, tanto engaño, un carácter tan insidioso, que todos se convencieran de que la ley de Dios es tiránica. El mismo trazó todo plan, ideó todo mal, encendió toda mente para causar aflicción a Cristo. El mismo instigó las falsas acusaciones que se lanzaron contra Aquel que sólo había obrado el bien. El mismo inspiró los crueles actos que añadieron sufrimientos al puro, santo e inocente Hijo de Dios.

Mediante su conducta, Satanás forjó una cadena con la cual él mismo será encadenado. El universo celestial será testigo de cuán justo es Dios al castigarlo. El cielo mismo vio lo que el cielo hubiera llegado a ser, si Satanás hubiera estado en él...

No sólo en las mentes de unas pocas criaturas finitas que habitan este mundo, sino en las de todos los habitantes del universo celestial, ha quedado establecida la inmutabilidad de la ley de Dios.

Año bíblico: Eze. 14-17

INSTRUMENTOS DEL CIELO

Finalmente, sed todos de un mismo sentir, compasivos, amándoos fraternalmente, misericordiosos, amigables. 1 Ped. 3:8.

Cuánta necesidad hay de cultivar la ternura y la gentileza. Nadie debería avergonzarse por manifestar un espíritu tierno y compasivo con los que yerran; porque los que piensan que no cometen errores están muy lejos de no tener falta alguna delante de Dios. Nadie piense que al manifestar compasión está haciendo algo de lo cual se debería avergonzar...

Cuando sobreviene una crisis en la vida de un alma, y alguien intenta aconsejarla, ese consejo sólo tendrá el peso de la influencia para bien que pueda ejercer el ejemplo del consejero. Es la vida consecuente, la revelación de un interés sincero y cristiano por las almas en peligro, lo que le dará eficacia al consejo para persuadir y lograr que dicha alma retorne a la senda segura. Los que se apresuran a censurar a los demás, los que pronuncian palabras que cortan y maltratan al alma herida, están haciendo la obra de Satanás y cooperan con el príncipe de las tinieblas...

Recuerden las almas tentadas y probadas que cuando cae sobre ellas el castigo, se debe a que el Señor los quiere salvar de la muerte. Recuerden las almas que son reprendidas que "yo reprendo y castigo a todos los que amo" (Apoc. 3:19).

El instrumento humano, imbuido del Espíritu de Cristo, velará por las almas como quien tiene que dar cuenta. Estamos a las órdenes de Cristo y debemos comprender cuál es nuestro deber y cumplirlo en el temor a Dios, con la mira puesta en su gloria, y no ser infieles. No alberguemos pensamientos egoístas ni sentimientos que silencien nuestros labios. Hablen sin temor. Con el corazón lleno de ternura y amor por las almas, adviertan, exhorten y supliquen.

No dejen de trabajar por las almas mientras haya un rayo de esperanza. Hay palabras que pueden herir el corazón. ¡Oh! Sean cuidadosos entonces, y revístanse del amor y la ternura de Jesús. El amor y la simpatía deben suavizar el tono de la voz... Así como tratan a los demás, así como juzgan a otros, así los tratará y juzgará el Señor. Quien pretenda ser hijo de Dios debe poner en práctica las lecciones de Cristo. Si cree que tiene que herir, siéntase obligado a curar también. Siempre hay que comunicar la verdad con amor, con el Espíritu de Cristo en el alma.

Año bíblico: Eze. 18-20

COMO CAUSAR PROFUNDA IMPRESION

Entonces viendo el denuedo de Pedro y de Juan, y sabiendo que eran hombres sin letras y del vulgo, se maravillaban; y les reconocían que habían estado con Jesús. Hech. 4:13.

Cuando Cristo estuvo en la tierra, no aconsejó a los pescadores que dejaran sus redes y barcas y que fueran a los maestros judíos con el fin de obtener una preparación para el ministerio evangélico. "Andando Jesús junto al mar de Galilea, vio a dos hermanos, Simón, llamado Pedro, y Andrés su hermano, que echaban la red en el mar; porque eran pescadores. Y les dijo: Venid en pos de mí, y os haré pescadores de hombres. Ellos entonces, dejando al instante las redes, le siguieron. Pasando de allí, vio a otros dos hermanos, Jacobo hijo de Zebedeo, y Juan su hermano, en la barca con Zebedeo su padre, que remendaban sus redes; y los llamó. Y ellos, dejando al instante la barca y a su padre, le siguieron" (Mat. 4:18-22).

Esta rápida obediencia, que no hace preguntas, que no espera un salario, parece extraordinaria. Pero las palabras de Cristo constituían una invitación que implicaba realmente todo lo que él quería dar a entender. Sus palabras tenían una influencia impelente. No contenían largas explicaciones, pero lo que decía tenía una fuerza de atracción...

Cristo haría instrumentos de esos humildes pescadores, al relacionarlos consigo mismo, para lograr que los hombres abandonaran el servicio de Satanás y, al hacer de ellos creyentes en Cristo, les enseñaría todo lo concerniente al reino de Dios. Al hacer esta obra llegarían a ser sus ministros, pescadores de hombres...

Cristo eligió lo insensato del mundo, a los que éste consideraba indoctos e ignorantes, para confundir a los sabios. Los discípulos no conocían las tradiciones de los rabinos, pero con el ejemplo de Cristo, su Maestro, obtuvieron una educación de primer orden, porque tenían ante sí un Ejemplo divino. Cristo les fue presentando las verdades más elevadas.

A los que Dios emplea en su servicio, los prepara a su manera con el fin de que lo sirvan. Los que predican a Cristo deben aprender de él diariamente, para comprender el misterio de salvar y servir a las almas por las cuales él murió... Deben seguir su ejemplo en todo, para compartir con otros su tierna compasión, y su decidida oposición a toda obra mala.

Año bíblico: Eze. 21-23

PARA LOS TEMEROSOS, DESFALLECIENTES Y DEBILES

Confía en Jehová, y haz el bien; y habitarás en la tierra, y te apacentarás de la verdad. Sal. 37:3.

¡Cuán dispuestos estamos a hablar de nuestras dificultades y pruebas! Aparecen tantos problemas innecesarios, nos explayamos en tantos temores, damos a conocer un cúmulo tan grande de ansiedades que se podría suponer que no disponemos de un Salvador amante y piadoso, listo para escuchar nuestras plegarias y para ser nuestro pronto auxilio en las tribulaciones.

Algunos están continuamente albergando temores y cargándose de problemas. Cada día están rodeados de las manifestaciones del amor de Dios, cada día gozan de las bondades de su providencia, pero pasan por alto estas bendiciones. Sus mentes se espacian continuamente en algo desagradable que temen pueda sobrevenir; o pueda ser que exista realmente alguna dificultad que, aunque pequeña, no les permite ver las muchas cosas que demandan su gratitud. Las dificultades que encuentran, en lugar de conducirlos a Dios, la única fuente de auxilio, los separarán de él, porque les sugieren inquietud y los inducen a quejarse.

Hermanos y hermanas: ¿Hacemos bien en ser tan incrédulos?... Jesús es nuestro amigo. Todo el cielo está interesado en nuestro bienestar; y nuestra ansiedad y nuestro temor entristecen al Santo Espíritu de Dios. No debemos permitir que nos embarguen preocupaciones que sólo nos desgastan y nos cansan, y que no nos ayudan a sobrellevar las dificultades. No debiéramos dar lugar a esta desconfianza en Dios que nos induce a descuidar la preparación necesaria para cumplir en el futuro el principal propósito de la vida, como si nuestra felicidad dependiera de las cosas terrenales, y pudiéramos lograrlas mientras ignoramos el hecho de que Dios controla todo.

Los negocios pueden sumirlos en perplejidad; las perspectivas pueden ser cada vez más oscuras e incluso pueden enfrentar la amenaza de alguna pérdida financiera. Pero no se desanimen; depositen en Dios sus preocupaciones y permanezcan tranquilos y alegres. Comiencen cada día con una ferviente oración, sin olvidarse de alabar y dar gracias. Pidan sabiduría para administrar sus asuntos con discreción, para que no experimenten pérdidas ni desastres. Hagan todo lo posible para lograr resultados favorables. Jesús ha prometido ayuda divina, pero no sin el concurso del esfuerzo humano.

Año bíblico: Eze. 24-26

LA UNICA SEGURIDAD

Tú hablarás a los hijos de Israel, diciendo: En verdad vosotros guardaréis mis días de reposo [sábado]; porque es señal entre mí y vosotros por vuestras generaciones, para que sepáis que yo soy Jehová que os santifico. Exo. 31:13.

Cada cual busque al Señor por sí mismo. La eternidad está delante de nosotros. Usted no puede permitirse dejar pasar un día más sin ponerse del lado del Señor. ¿No hará la parte que Dios le ha asignado para los momentos finales de la historia de esta tierra?

Es imposible dar una idea de la experiencia del pueblo de Dios que estará en la tierra cuando se unan las angustias del pasado con la gloria celestial. Caminarán en medio de la luz que procede del trono de Dios. Por medio de los ángeles habrá comunicación constante entre el cielo y la tierra. Y Satanás, rodeado de ángeles malos, pretenderá ser Dios, obrará toda clase de milagros para engañar si fuera posible aun a los escogidos. El pueblo de Dios no encontrará seguridad en los milagros, porque Satanás puede falsificar cualquier milagro que se logre hacer. El probado pueblo de Dios encontrará su seguridad y su poder en la señal mencionada en Exodo 31:12-18. Deben ponerse de parte de la Palabra de vida, es a saber, de un "Escrito está". Es el único fundamento sobre el cual puede estar seguro. Los que hayan violado su pacto con el Señor se encontrarán en aquel día sin esperanza y sin Dios en el mundo.

Los adoradores de Dios se distinguirán especialmente por su observancia del cuarto mandamiento, puesto que ésta es la señal de su poder creador y el testimonio de su derecho a recibir la reverencia y el homenaje de los hombres. Los malvados se distinguirán por sus esfuerzos para derribar este monumento del Creador, para exaltar el día instituido por Roma. Cuando el conflicto culmine, la cristiandad estará dividida en dos grandes clases: los que guardan los mandamientos de Dios y tienen la fe de Jesús, y los que adoran a la bestia y a su imagen, y reciben su marca...

El pueblo de Dios tendrá que enfrentar tremendas pruebas. El espíritu de la guerra está conmoviendo las naciones de un extremo al otro de la tierra. Pero en el medio del tiempo de angustia que está por venir —un tiempo de angustia que no tendrá paralelo desde que existe nación—, el pueblo de Dios permanecerá inconmovible. Satanás y sus ángeles no lo podrán destruir, porque ángeles sumamente fuertes los protegerán.

Año bíblico: Eze. 27-29

ABRAMOS LAS VENTANAS DEL ALMA

Buscad a Jehová y su poder; buscad su rostro continuamente. 1 Crón. 16:11.

Ahora, justamente ahora, tenemos la oportunidad de abrir las ventanas del alma hacia el cielo y cerrar las ventanas que están orientadas hacia la tierra. Ahora es el momento cuando cada miembro de iglesia debe decir: "Cerraré mi corazón a todo lo que estorbe mi comunión con Cristo, y abriré hacia el cielo las ventanas de mi alma para comprender las cosas espirituales".

Los creyentes necesitan hablar con Dios con respecto a su necesidad individual del Espíritu Santo. La Palabra de Dios debe ser su seguridad. Todo el cielo nos está invitando a recibir en nuestras vidas los brillantes rayos del Sol de justicia. Si hablamos de fe, esperanza y valor, nuestras almas se fortalecerán, y aumentarán nuestra esperanza, nuestro valor y nuestra fe. Busquemos el gran don del Sol de justicia, para que por medio de nosotros pueda resplandecer sobre los demás. Busquemos al Señor para aprender a hacer sus obras en el mundo. Esto hará de nosotros prósperos misioneros, capaces de ayudar a otros a lograr una experiencia llena de esperanza y valor.

Al servir al Maestro no pasemos por alto las cosas pequeñas. Cada ser humano tiene una tela de la vida que tejer, y si al final completa y perfecciona el modelo que se le ha dado, cada hebra debe ser trabajada cuidadosa y fielmente. La gracia de Cristo nos capacitará para bordar bien y diestramente. Cada día debemos hacer esfuerzos diligentes para mejorar. Cada día debemos emplear nuestra inteligencia cristiana para fortalecer al débil y animar al desalentado. Cada alma tendrá que pasar por una gran prueba. Entonces, ¿no trabajaremos, velaremos, oraremos y alabaremos al Señor? Gracias a esto nuestra experiencia será sumamente preciosa. Muchos creyentes han sufrido una gran pérdida porque no han buscado fervientemente al Señor con una fe que no puede ser negada.

Las palabras pronunciadas y las tareas realizadas en forma sencilla, humilde y valerosa infundirán fe en otros corazones. El Señor viene pronto, y el corazón natural se debe convertir cada día. Debemos aprender a hablar con la mansedumbre de Cristo; nuestras obras y nuestro espíritu deben dar testimonio de que estamos sirviendo al Señor.

Año bíblico: Eze. 30-32

SEGUROS GRACIAS A NUESTRO SUSTITUTO

El cual se dio a sí mismo por nuestros pecados para librarnos del presente siglo malo, conforme a la voluntad de nuestro Dios y Padre. Gál. 1:4.

Al dar su vida por la vida del mundo, Cristo franqueó el abismo abierto por el pecado, para unir esta tierra maldita con el universo celestial. Dios escogió este mundo para que fuera el escenario de sus poderosas obras de gracia. Mientras la sentencia condenatoria pendía sobre él a causa de la rebelión de sus habitantes, mientras nubes de ira se iban acumulando debido a la transgresión de la ley de Dios, se escuchó una voz misteriosa en el cielo que decía: "He aquí, vengo... El hacer tu voluntad, Dios mío, me ha agradado" (Sal. 40:7-8).

Nuestro sustituto y seguridad vino del cielo para declarar que había traído con él el inmenso e incalculable don de la vida eterna. Se ofrece perdón a todos los que quieran volver a ser leales a la ley de Dios. Pero hay quienes rehúsan aceptar un "Así dice Jehová". No reverencian ni respetan su ley. Promulgan rigurosas leyes humanas que se oponen a un "Así dice Jehová", y por precepto y ejemplo inducen a pecar tanto a hombres, como a mujeres y niños. Exaltan las leyes humanas por encima de la ley divina.

Pero la condenación y la ira de Dios penden sobre los desobedientes. Ya se están juntando las nubes de la justicia de Dios. Por siglos y siglos se han estado acumulando los materiales destructivos, y sin embargo sigue aumentando la apostasía, la rebelión y la deslealtad contra Dios. El pueblo remanente de Dios, los que guardan sus mandamientos, comprenderán las palabras de Daniel: "Muchos serán limpios, y emblanquecidos y purificados; los impíos procederán impíamente, y ninguno de los impíos entenderá, pero los entendidos comprenderán" (Dan. 12:10).

Satanás ha declarado que este mundo es su territorio. Aquí está su trono, y considera suyos a todos los que no quieren guardar los mandamientos de Dios y rechazan un claro "Así dice Jehová". Están bajo el estandarte del enemigo, porque hay sólo dos bandos en el mundo. Todos están bajo el estandarte de los obedientes o bajo el de los desobedientes.

Jesús está enviando ahora su mensaje a un mundo caído. Se complace en tomar elementos aparentemente sin esperanza, que han sido instrumentos de Satanás, para someterlos a la influencia de su gracia. Se regocija al librarlos de la ira que caerá sobre los desobedientes.

Año bíblico: Eze. 33-35

EL FIADOR CELESTIAL

Pedid, y se os dará; buscad, y hallaréis; llamad, y se os abrirá. Mat. 7:7.

¡Oh, si cada cual conociera por experiencia propia cuánto del descanso prometido por el cielo puede lograr el alma ahora mismo mediante la oración sincera! Si alguien no ha aprendido esta lección, es mejor que no trate de aprender ninguna de las otras lecciones de la vida hasta que aprenda ésta en la escuela de Cristo.

Como cristianos necesitamos una experiencia nueva y viva cada día. Necesitamos aprender a confiar en Jesús, a creer en él y a hacer de él nuestro confidente en todo. Jacob, que era un hombre con defectos y debilidades, llegó a ser un príncipe de Dios por medio de la fe y la oración. El Señor es omnipotente. El hombre es finito. Al conversar con Dios le podemos confiar las cosas más secretas del alma, porque él lo sabe todo, pero no al hombre...

No se descuide ni se separe de la Fuente de su fortaleza. Vigile sus pensamientos y palabras, y en todas las cosas que quiera hacer, trate de glorificar a Dios. Mientras más nos acerquemos al pie de la cruz, más claramente veremos el incomparable encanto de Jesús y el amor sin igual que él ha manifestado por el hombre caído...

No permita que las presiones del trabajo lo separen de Dios, porque si alguna vez necesita consejo, buen juicio e ideas claras, eso ocurre cuando tiene mucho trabajo entre manos. Entonces necesita usted dedicar tiempo a la oración, para tener más fe y una confianza inquebrantable en el consejo del Médico jefe. Pídale que le ayude. Cuando sus tareas lleguen a un punto crítico, ore más.

¡Oh, qué tema para considerar es el hecho de que el hombre, depravado y perdido en su condición natural, puede ser renovado y salvado por la misericordiosa ayuda que Cristo le da por medio del Evangelio! El amor de Jesús en el alma expulsará al enemigo que está tratando de tomar posesión del hombre. Cada prueba soportada con paciencia, cada bendición recibida con gratitud, cada tentación fielmente resistida, hará de usted un hombre fuerte en Jesucristo...

Aférrese del poder de lo alto. Aun Jesús, cuando se preparaba para hacer frente a una gran prueba, acudía a la soledad de las montañas y pasaba la noche orando a su Padre.

Año bíblico: Eze. 36-38

VIVAMOS LA NUEVA VIDA

Así que, todas las cosas que queráis que los hombres hagan con vosotros, así también haced vosotros con ellos; porque esto es la ley y los profetas. Mat. 7:12.

Cristo vino a enseñarnos no solamente lo que debemos saber y creer, sino también lo que debemos hacer al relacionarnos con Dios y nuestro prójimo. La regla de oro de la justicia requiere que hagamos con los demás lo que quisiéramos que nos hicieran a nosotros: "Han sido adquiridos con la sangre del Salvador; han sido comprados por precio".

En toda nuestra relación con nuestros prójimos, ya sean creyentes o no, debemos tratarlos como Cristo los trataría en nuestro lugar. Si es para nuestro bien presente y eterno obedecer la ley de Dios, será para su bien presente y eterno que lo hagan también. Nuestra meta más alta debe consistir en que seamos para ellos obreros médico-misioneros de acuerdo con la orden de Cristo...

Todos los que entren por las puertas de perla en la ciudad de Dios, deberán haber manifestado a Cristo en todas sus actividades. Esto es lo que los convierte en mensajeros de Cristo, en sus testigos. Deben dar un testimonio claro y definido contra todo mal proceder, y señalar al Cordero de Dios que quita el pecado del mundo. El da poder, a todos los que lo reciben, de ser hijos de Dios.

La regeneración es la única senda por medio de la cual podemos llegar a la ciudad santa. Es angosta, y estrecha la puerta de entrada, pero por ella debemos guiar a hombres, mujeres y niños, enseñándoles que para ser salvos deben tener un nuevo corazón y un nuevo espíritu. Los antiguos rasgos de carácter hereditarios deben ser vencidos. Los deseos naturales del alma deben cambiar. Se debe renunciar a todo engaño, toda falsificación y toda maledicencia. Hay que vivir una vida nueva, que hace de hombres y mujeres seres semejantes a Cristo. Debemos nadar, por así decirlo, contra la corriente del mal.

El camino que conduce al cielo es angosto, cercado por la ley divina de Jehová. Los que lo siguen deben negarse constantemente a sí mismos. Deben obedecer las enseñanzas de Cristo... No confiemos en el hombre, sino en Jesucristo, que murió para que pudiéramos obtener justicia.

Año bíblico: Eze. 39-41

LOS FUNDAMENTOS DE LA SALVACION

Porque en otro tiempo erais tinieblas, mas ahora sois luz en el Señor; andad como hijos de luz. Efe. 5:8.

El que mandó que la luz resplandeciera en medio de las tinieblas, arroja luz sobre la mente de todos los que quieran considerarlo como corresponde, amándolo supremamente, y manifestando una fe y una confianza inquebrantables en él. Su luz alumbra las cámaras de la mente y el templo del alma. El corazón se llena con la luz del conocimiento de la gloria que brilla en el rostro de Jesucristo. Y con esa luz viene el discernimiento espiritual...

Al ceder voluntariamente a la evidencia de la verdad, y al caminar en la luz que alumbra nuestra senda, recibimos aún más luz. Mediante el poder de la manifestación de la gloria divina, constantemente progresamos en nuestra comprensión espiritual...

El conocimiento de la verdad que tenía Cristo era directo, positivo, sin sombras. Mientras más conozca el hombre a Jesucristo, más cuidadoso será para tratar con respeto, cortesía y corrección a sus semejantes. Ha aprendido de Cristo y sigue su ejemplo en palabra y acción. Por fe está unido con Cristo. "Nosotros somos colaboradores de Dios" (1 Cor. 3:9).

Cristo oró para que se manifestara unidad entre sus seguidores. Esta unidad es la evidencia que debe convencer al mundo de que Dios envió a su Hijo para salvar a los pecadores. Servimos a Cristo al manifestar un amor mutuo verdadero, puro y santo. Los que han sido elegidos para relacionarse con las instituciones del Señor, deben ser hombres consagrados, abnegados, con espíritu de sacrificio, que vivan no para complacerse a sí mismos, sino al Maestro. Estos son los hombres que honrarán las instituciones del Señor.

Un conocimiento de Dios y de Cristo es positivamente esencial para la salvación. Perdemos mucho cada día si no aprendemos más de la mansedumbre y la humildad de Cristo. Los que aprenden de Cristo obtienen la educación más elevada. Por medio de la fe y la dependencia de la gracia salvadora de Cristo, crecen en conocimiento y sabiduría. Aman y alaban al Señor...

Los que lleguen a ser salvos deben preocuparse en esta vida de que cada día reciban la gracia de Dios, no para atesorarla con egoísmo, sino para impartirla a fin de que sea bendición para los que se relacionan con ellos, para ayudarlos a educarse en las cosas espirituales.

Año bíblico: Eze. 42-44

VIVOS PARA DIOS

A cualquiera, pues, que me confiese delante de los hombres, yo también le confesaré delante de mi Padre que está en los cielos. Y a cualquiera que me niegue delante de los hombres, yo también le negaré delante de mi Padre que está en los cielos. Mat. 10:32-33.

¿Cómo es esto? ¿Estamos confesando a Cristo cada día en nuestra vida? ¿Lo confesamos mediante nuestra vestimenta, al ataviarnos con adornos sencillos y modestos? ¿Es nuestro arreglo el de un espíritu tranquilo y apacible que es de gran valor a la vista de Dios? ¿Estamos tratando de promover la causa del Maestro? ¿Es definido el límite que existe entre ustedes y el mundo, o están intentando seguir las modas de esta época degenerada? ¿No hay diferencia entre ustedes y los mundanos?...

Si somos cristianos, seguiremos a Cristo, aunque la senda por la que tengamos que caminar no concuerde con nuestras inclinaciones naturales. No vale la pena que yo les diga que no deben usar esto o aquello, porque si el amor a estas cosas vanas está en el corazón de ustedes, el abandono de estos adornos será lo mismo que cortarle las hojas a un árbol. Las inclinaciones del corazón natural volverán por sus fueros. Ustedes deben tener su propia conciencia.

¡Oh, si nos acordáramos que Cristo se hizo pobre para que por su pobreza llegáramos a ser ricos! ¿No trataríamos de honrar su nombre y promover su causa? Debemos permanecer en él como los pámpanos permanecen en la vid. Jesús dice: "Yo soy la vid, vosotros los pámpanos; el que permanece en mí, y yo en él, éste lleva mucho fruto; porque separados de mí nada podéis hacer... En esto es glorificado mi Padre, en que llevéis mucho fruto, y seáis así mis discípulos" (Juan 15:5, 8).

Si cumpliéramos esta orden de nuestro Señor, la situación de nuestras iglesias sería completamente distinta, y sabríamos qué significa la obra íntima del Espíritu de Dios. Lo que necesitamos es que el hacha esté puesta junto a la raíz del árbol. Queremos morir al mundo, morir al yo y vivir para Dios. Nuestra vida debe estar escondida con Cristo en Dios, de manera que cuando él aparezca, nosotros también podamos aparecer con él en gloria. Necesitamos acercarnos a Cristo para que los hombres puedan saber que hemos estado con él y hemos aprendido de él... Mantengan sus ojos puestos en Cristo. Con humildad tratemos de acercarnos a Dios. Mediante las palabras, la conducta y la vida, confesemos a Cristo.

Año bíblico: Eze. 45-48

EL CRISTIANO COMPASIVO

Porque viene el príncipe de este mundo, y él nada tiene en mí. Juan 14:30.

Mediante todos sus hábitos de vida el Salvador dio un ejemplo de lo que Dios espera que sea su iglesia en la tierra. Dile esto a la gente. Cristo quiere presentar su iglesia ante el Padre sin mancha ni arruga.

Los primeros años de la vida del Salvador fueron años de pobreza. Los días de su niñez los pasó trabajando. Al trabajar en el banco del carpintero, al asumir las responsabilidades que recaían sobre él como miembro de la familia, a menudo se cansaba. Vivía en una era corrompida. Sin embargo, el mal que lo rodeaba no lo contaminó, ni influyeron sobre él los caracteres de aquellos que eran de personalidad artificial y malvada. En los amplios campos y en medio de los paisajes de la naturaleza, encontraba descanso del trabajo y alimento para su vida espiritual. Al mirar más allá de la superficie, logró acumular un conocimiento de los misterios de la naturaleza que lo llenaba de paz y alegría.

Durante los años de su ministerio público, el Salvador sufrió constantemente el escrutinio de hombres arteros e hipócritas. Continuamente iban espías tras él para tratar de captar algo de sus labios con el fin de usarlo para suscitar prejuicios en su contra. Una y otra vez trataron de que pareciera culpable o que estaba en el error. Hubo oportunidades cuando tendieron trampas delante de él presentándole preguntas cuyas respuestas esperaban usar para provocar su condenación por parte del pueblo. Pero en cada caso se vieron obligados a retirarse confundidos; sus acciones aparecieron en su verdadero carácter como resultado de las respuestas de Cristo. Los discursos del Salvador presentaban la verdad con poder ante las multitudes que lo escuchaban. Hasta los hombres enviados a espiar sus actos se vieron obligados a volver para dar este informe a los que los mandaron: "¡Jamás hombre alguno ha hablado como este hombre!" (Juan 7:46)...

Tu conversación sea llena de gracia, porque Cristo escucha las palabras que pronuncias. La compasión esté presente en todo lo que dices: entonces se manifestará en ti el carácter de Cristo. Los modales de Jesús eran amables y discretos. Nosotros, como sus seguidores, debemos participar de su naturaleza. Cada día debemos aprender del gran Maestro, para que la atmósfera que rodea el alma se llene de vida espiritual.

Año bíblico: Dan. 1-3

RENDICION INCONDICIONAL

Con Cristo estoy juntamente crucificado, y ya no vivo yo, mas vive Cristo en mí; y lo que ahora vivo en la carne, lo vivo en la fe del Hijo de Dios, el cual me amó y se entregó a sí mismo por mí. Gál. 2:20.

Dios no aceptará nada menos que una rendición incondicional. Los cristianos medio convertidos y pecadores nunca entrarán en el cielo. Allí no encontrarían felicidad; porque no saben nada de los principios elevados y santos que gobiernan a los miembros de la familia real.

El verdadero cristiano mantiene las ventanas del alma orientadas hacia el cielo. Vive en comunión con Jesús. Su voluntad está de acuerdo con la de Cristo. Su mayor deseo consiste en asemejarse cada vez más al Señor...

Debemos luchar ferviente e incansablemente para alcanzar el ideal de Dios para nosotros. No debemos hacerlo a título de penitencia, sino como la única manera de lograr la verdadera felicidad. El único modo de conseguir paz y alegría consiste en mantener una relación viviente con el que dio su vida por nosotros, que murió para que pudiéramos vivir, y que vive para unir su poder con los esfuerzos de los que están luchando para lograr la victoria.

La santidad consiste en estar permanentemente de acuerdo con Dios. ¿No lucharemos para ser lo que Cristo tanto desea que seamos, es a saber, cristianos en hechos y en verdad, para que el mundo pueda ver en nuestras vidas una revelación del poder salvador de la verdad? Este mundo es nuestra escuela preparatoria. Mientras estemos aquí tendremos que enfrentar pruebas y dificultades. El enemigo de Dios tratará continuamente de apartarnos de nuestra lealtad al Señor. Pero mientras nos aferremos al que se entregó por nosotros, estaremos seguros.

El abrazo de Cristo abarca a todo el mundo. Murió en la cruz para destruir al que tenía el poder de la muerte, y para erradicar el pecado de toda alma creyente. Nos invita a ofrecernos en el altar del servicio como holocausto viviente. Debemos consagrar sin reservas a Dios todo lo que tenemos y somos.

En esta escuela primaria de la tierra debemos aprender las lecciones que nos han de preparar para ingresar en la escuela superior, donde nuestra educación proseguirá bajo la dirección personal de Cristo. Entonces él nos explicará el significado de su Palabra.

Año bíblico: Dan. 4-6

PUNTO DE VISTA

Así como Cristo amó a la iglesia, y se entregó a sí mismo por ella... a fin de presentársela a sí mismo, una iglesia gloriosa, que no tuviese mancha ni arruga ni cosa semejante, sino que fuese santa y sin mancha. Efe. 5:25, 27.

Llevamos el nombre de cristianos. Seamos fieles a ese nombre. Ser cristianos significa ser semejantes a Cristo. Significa seguir a Cristo en abnegación, llevando en alto su estandarte de amor, honrándolo por medio de palabras y actos desinteresados. En la vida del verdadero cristiano el yo no existe: está muerto. No hubo egoísmo en la vida que Cristo vivió en esta tierra. Aunque asumió nuestra naturaleza, vivió una vida plenamente dedicada al bien de los demás...

Los seguidores de Cristo deben ser puros y leales en palabras y en hechos. En este mundo, un mundo de iniquidad y corrupción, los cristianos deben manifestar los atributos de Cristo. Todo lo que hagan y digan debe estar libre de egoísmo. Cristo desea presentarnos ante el Padre "sin mancha ni arruga ni cosa semejante", purificados por su gracia y llevando su semejanza.

Por su gran amor, Cristo se entregó a sí mismo por nosotros. Lo hizo para satisfacer las necesidades de las almas que luchan contra el mal. Debemos entregarnos a él. Cuando esta entrega es completa, Cristo puede terminar la obra que comenzó en nuestro favor al entregarse a sí mismo. Entonces nos puede restaurar totalmente.

Cristo se entregó a sí mismo por la redención de la especie, para que todos los que creen en él puedan tener vida eterna. Todos los que aprecien este gran sacrificio reciben del Salvador el más precioso de todos los dones: un corazón limpio. Obtienen una experiencia más valiosa que el oro, o la plata o las piedras preciosas. Se sientan con Cristo en lugares celestiales, para gozar en comunión con él la alegría y la paz que sólo él puede dar. Lo aman con el corazón, la mente, el alma y las fuerzas, pues comprenden que son su herencia adquirida con sangre. Su visión espiritual no está distorsionada por los procedimientos y los propósitos mundanos. Son uno con Cristo así como él es uno con el Padre.

¿No creen acaso que Cristo valora a los que viven plenamente para él? ¿No creen que visita a los que como el amado Juan se encuentran en dificultades por su causa? El acude junto a sus fieles, y tiene comunión con ellos para animarlos y fortalecerlos.

Año bíblico: Dan. 7-9

LA VERDAD TRIUNFARA

No andando con astucia, ni adulterando la palabra de Dios, sino por la manifestación de la verdad recomendándonos a toda conciencia humana delante de Dios. 2 Cor. 4:2.

No se deben minar las verdades fundamentales que el Señor nos ha revelado mediante tantas evidencias milagrosas. Se debe escuchar una voz que apoye definidamente la verdad, y contrarreste el escepticismo y las falacias que nos están llegando de parte del enemigo de la verdad. Se producirán reformas, y la obra de los principios de la verdad divina se manifestará mediante un crecimiento en la gracia, porque los instrumentos divinos son eficientes para iluminar y santificar el entendimiento humano.

La verdad tal como es en Jesús, tal como fue proclamada por él cuando se hallaba envuelto por la nube resplandeciente, es la misma verdad en nuestros días, y renovará ciertamente del mismo modo la mente de quien la reciba ahora, así como lo hizo en lo pasado. Cristo declaró: "Si no oyen a Moisés y a los profetas, tampoco se persuadirán aunque alguno se levantare de los muertos" (Luc. 16:31).

Como pueblo, debemos preparar el camino del Señor, bajo la dirección predominante del Espíritu Santo, para la diseminación del Evangelio en toda su pureza. La corriente de agua viva debe profundizarse y ampliarse a medida que avanza. En todos los territorios, de lejos y de cerca, se llamará a hombres de detrás del arado y de las actividades comerciales más comunes y que más distraen la mente, para que sean educados junto a hombres de experiencia que comprenden la verdad. Mediante las obras maravillosas de Dios, se moverán montañas de dificultades y se las arrojará al mar. Trabajemos como quienes hemos experimentado el poder de la verdad...

Los que predican la verdad se esforzarán por demostrarla mediante una vida ordenada y una piadosa conversación. Y al hacerlo, llegarán a ser poderosos para proclamar la verdad y darle la aplicación acertada que Dios le ha dado...

Se debe proclamar la invitación: "Hijo, ve hoy a trabajar a mi viña". Cuando esta invitación sea aceptada, será oído y entendido el mensaje que significa tanto para los moradores de la tierra. Los hombres sabrán qué es la verdad. La obra avanzará cada vez más. Y los notables acontecimientos de la Providencia se verán y se reconocerán tanto en juicios como en bendiciones. La verdad arrebatará la victoria.

Año bíblico: Dan. 10-12

AMOR INCOMPARABLE

La gloria que me diste, yo les he dado, para que sean uno, así como nosotros somos uno. Yo en ellos, y tú en mí, para que sean perfectos en unidad, para que el mundo conozca que tú me enviaste, y que los has amado a ellos como también a mí me has amado. Juan 17:22-23.

¡Oh, qué amor, qué amor incomparable! Los caídos seres humanos pueden llegar a estar tan íntimamente unidos con Cristo que sean glorificados con él. Han seguido sus pisadas en esta tierra, trabajando como él por las almas por las cuales murió, y cuando venga a buscar a los suyos entrarán en su gozo, y se sentarán junto a su mesa en su reino. "Donde yo estuviere —dice él—, allí también estará mi servidor" (Juan 12:26)...

¡Qué maravilloso pensamiento es que nosotros, pobres y caídos pecadores, podemos llegar a ser uno con Cristo, participantes de su naturaleza divina, refinados, purificados y glorificados! Podemos vencer y sentarnos con Cristo. Seremos hechos a su imagen. Nos ama, y nos ayudará. Debemos ser pasivos en sus manos.

Tenemos su promesa. Disponemos de los títulos de propiedad en el reino de gloria. Jamás fueron redactados títulos de propiedad tan estrictamente de acuerdo con la ley, o más cuidadosamente firmados, que los que le dan derecho al pueblo de Dios a las mansiones celestiales. "No se turbe vuestro corazón —dice Cristo—; creéis en Dios, creed también en mí. En la casa de mi Padre muchas moradas hay; si así no fuera, yo os lo hubiera dicho; voy, pues, a preparar lugar para vosotros. Y si me fuere y os preparare lugar, vendré otra vez, y os tomaré a mí mismo, para que donde yo estoy, vosotros también estéis" (Juan 14:1-3)...

Todos los que quieren pueden acogerse a las promesas del pacto. Enorme es el precio que se pagó por nuestra redención: la sangre del unigénito Hijo de Dios. Cristo fue puesto a prueba mediante aguda aflicción. Su naturaleza humana fue probada al máximo. Cargó con la pena de muerte que merecía la transgresión del hombre. Se convirtió en la garantía y el sustituto del pecador. Es capaz de mostrar el fruto de sus sufrimientos y su muerte mediante su resurrección de entre los muertos. Desde el sepulcro abierto de José resuena esta proclama: "Yo soy la resurrección y la vida. Los que creen en mí, y hacen las obras de justicia que yo hago, son justificados, santificados, emblanquecidos y probados. Han obtenido piedad y vida eterna".

Año bíblico: Ose. 1-4

UN PRONTO AUXILIO

Jehová es bueno, fortaleza en el día de la angustia; y conoce a los que en él confían. Nah. 1:7.

Tenemos ricas promesas en la Palabra de Dios, si sólo creemos y confiamos en él. Estamos en peligro de confiar en nuestros pobres esfuerzos humanos, y no poner nuestra confianza en Dios. Todos los que tengan algo que hacer en esta gran preparación de la obra de Dios para estos últimos días, deberían acercarse al Señor. Cuando Dios envía a sus obreros para que cumplan un cometido especial, ha prometido que será uno con ellos si están dispuestos a ser uno con él. Pero si se apartan de Dios, y tratan de hacer la obra mediante sus propias fuerzas, enfrentarán dificultades y desánimo a cada paso. Aquí tenemos la promesa de que al trabajar para el Señor él estará a nuestra diestra para ayudarnos y trabajar con nosotros

Sería la mayor insensatez del mundo si alguno se acreditara el éxito que podemos tener. Mientras más humildemente caminemos con Dios, más se manifestará él para ayudarnos. El Señor nunca quiso enviar a sus siervos a fin de que trabajaran para él frente a la oposición de Satanás y los ángeles impíos sin proporcionarles ayuda divina. La razón por la cual no tenemos más éxito en la obra consiste en que dependemos de nuestros propios esfuerzos en lugar de confiar en la ayuda que Dios nos quiere dar. Tenemos el privilegio de sentir nuestra debilidad, nuestra indignidad, y entonces solicitar la ayuda que Dios ha provisto para nosotros. Podemos recurrir a la Palabra en medio de nuestra angustia, y mientras sentimos el peso de las almas sobre nosotros, podemos decir: "¡Aquí, Señor: Tú lo has prometido y yo creo en tu Palabra!"

Debemos aprender a acudir a nuestro Padre celestial tal como un niño lo hace con sus padres terrenales. Nos dice: "¿Qué hombre hay de vosotros, que si su hijo le pide pan, le dará una piedra? ¿O si le pide un pescado, le dará una serpiente? Pues si vosotros, siendo malos, sabéis dar buenas dádivas a vuestros hijos, ¿cuánto más vuestro Padre que está en los cielos dará buenas cosas a los que le pidan?" (Mat. 7:9-11)...

Aunque cada obrero de Dios debe cultivar sus facultades al máximo posible, no debe poner su confianza en ellas. Hagan de ustedes mismos todo lo que sea posible hacer, pero confíen el resto al Señor.

Año bíblico: Ose. 5-9

EL DIVINO SUSTITUTO

Al que no conoció pecado, por nosotros lo hizo pecado, para que nosotros fuésemos hechos justicia de Dios en él. 2 Cor. 5:21.

"A otros salvó, a sí mismo no se puede salvar" (Mar. 15:31). Precisamente porque Cristo no se quiso salvar, el pecador tiene esperanza del perdón y el favor de Dios. Si al tratar de salvar al pecador Cristo hubiera fallado o se hubiera desanimado, habría concluido la última esperanza de cada hijo e hija de Adán. Toda la vida de Cristo estuvo señalada por la abnegación y el sacrificio, y la razón por la cual hay tan pocos cristianos a carta cabal se debe a que la complacencia propia ocupa el lugar de la abnegación y el sacrificio.

¡Oh, qué ansias tenía Cristo de salvar a los perdidos! El cuerpo crucificado en la cruz no claudicó de su divinidad, de su poder de salvar por medio del sacrificio humano a todos los que aceptaran su justicia. Al morir en la cruz, transfirió la culpa de la persona del transgresor a la del divino Sustituto si aquél ejercía fe en él como su Redentor personal. Los pecados de un mundo culpable, que en figura se presentan de color carmesí, fueron imputados al divino Representante...

La divinidad hacía su obra mientras la humanidad sufría el odio y la represalia de un pueblo que odiaba a Dios porque Cristo se había presentado como Hijo del Altísimo. Sólo él pudo responder al pobre y sufrido ladrón. Sólo él era libre para extender la garantía en favor del culpable criminal. El Redentor a punto de morir vio que el ladrón era mucho menos culpable que los que lo habían condenado a muerte, mucho menos culpable que los sacerdotes, escribas y dirigentes que habían tomado parte activa en reclamar la muerte del Hijo de Dios.

¡Qué fe tenía aquel ladrón que estaba por morir en la cruz! Aceptó a Cristo cuando en apariencia era totalmente imposible que fuera el Hijo de Dios, el Redentor del mundo. En la oración del pobre ladrón se escuchaba una nota diferente de la que estaba resonando por todas partes: era una nota de fe que llegó hasta Cristo. La fe del condenado era dulce música para los oídos de Jesús. Escuchó la alegre nota de la redención y la salvación en medio de su agonía. Dios fue glorificado en su Hijo y por medio de él.

Año bíblico: Ose. 10-14

CULTIVEMOS LA TERNURA EN EL HOGAR

Y ante todo, tened entre vosotros ferviente amor; porque el amor cubrirá multitud de pecados. 1 Ped. 4:8.

El joven que acudió a Jesús le preguntó acerca de qué podía hacer para heredar la vida eterna. Jesús le dijo que guardara los mandamientos y enumeró varios preceptos de la ley. El joven replicó: "Todo esto lo he guardado desde mi juventud. ¿Qué más me falta?" (Mat. 19:20). Los cuatro primeros mandamientos señalan el deber del hombre de amar a Dios sobre todas las cosas, y los últimos seis presentan el requisito de amar a nuestro prójimo como a nosotros mismos. ¿Cuántos lo están haciendo verdadera y sinceramente, y de todo corazón?

El Señor vendrá pronto, pero, ¿estamos cumpliendo los deberes que nos impone la justicia? El amor es la base de la piedad. Nadie ama a Dios, no importa cuán religioso pretenda ser, a menos que ame desinteresadamente a su hermano. Puesto que Dios nos amó antes que nosotros lo amáramos a él, amaremos a todos aquellos por quienes Cristo murió. No dejaremos que esa alma que está en gran peligro y padece mucha necesidad se vaya sin amonestar, sin que trabajemos ni nos preocupemos por ella. No abandonaremos a los que yerran, ni seremos criticones ni exigentes, ni los dejaremos para que se hundan en mayor desgracia y desánimo, ni que caigan en el campo de batalla de Satanás, porque Dios nos tratará tal como trata a nuestros hermanos o a los miembros menores de la familia del Señor.

Cultiven la ternura del corazón; rodeen su vida de hogar con la atmósfera del amor. El espíritu que ha prevalecido por mucho tiempo en la iglesia ofende a Dios. Pero todos los que se han sentido libres de condenar, descorazonar y desanimar a su prójimo, todos los que han dejado de manifestar ternura, bondad, simpatía y compasión a los tentados y probados, verificarán por experiencia propia que se los llevará al terreno donde otros ya pasaron, y sufrirán ellos mismos las consecuencias de su dureza de corazón. Padecerán lo que otros han sufrido por causa de su falta de simpatía, hasta que aborrezcan la dureza de su corazón y abran la puerta para que Jesús pueda entrar.

El poder de Dios, que es capaz de convertir, debe entrar en cada alma que tiene alguna relación con la obra y la causa del Señor, para que cada cual sea lleno del amor y la compasión de Cristo, pues en caso contrario algunos nunca verán el reino de los cielos.

Año bíblico: Joel

ECHEN MANO DE LA FORTALEZA DIVINA

Entonces hablaste en visión a tu santo, y dijiste: He puesto el socorro sobre uno que es poderoso. Sal. 89:19.

El Señor los ama. El Señor es tierno y compasivo. Su promesa es la siguiente: "Acercaos a Dios, y él se acercará a vosotros" (Sant. 4:8). Cuando el enemigo se aproxime como una inundación, el Espíritu del Señor levantará bandera contra él y en favor de ustedes. Recuerden que Jesucristo es nuestra esperanza. En medio de las circunstancias tristes y desanimadoras que les pueden sobrevenir en cualquier momento, Cristo les dice: "Haga[n] conmigo paz; sí, haga[n] paz conmigo" (Isa. 27:5).

La tarea de ustedes consiste en echar mano de la fortaleza que es tan firme como el trono eterno. Crean en Dios. Confíen en él. Manténganse alegres en toda circunstancia. Aunque sufran pruebas, sepan que Cristo padeció estas aflicciones en favor de su herencia. Nada es tan querido para Dios como su iglesia. El Señor mira el corazón. Sabe quiénes son los suyos. Probará a toda alma viviente. "Muchos serán limpios, y emblanquecidos y purificados; los impíos procederán impíamente, y ninguno de los impíos entenderá, pero los entendidos comprenderán" (Dan. 12:10).

Entonen himnos de alabanza y gratitud los que aman a Dios y obedecen su Palabra, en lugar de pronunciar acusaciones, de criticar y murmurar. El Señor bendecirá a los pacificadores.

Confíen en el Señor. No permitan que los depriman ni los sentimientos, ni los discursos, ni las actitudes de ningún ser humano. Tengan cuidado que ni sus palabras ni sus actos les den a los demás la ventaja de herirlos. Mantengan la vista fija en Jesús. El es la fortaleza de ustedes. Al contemplarlo, se transformarán a su semejanza; será la salud del rostro de ustedes, y su Dios.

La iglesia los necesita, y ustedes necesitan suavizar y someter sus propios sentimientos por causa de Cristo. El quiere que su Santo Espíritu obre en ustedes. Entonces estarán en condiciones de impartir vida y consuelo a la iglesia. Elijan bien sus palabras de manera que sean una bendición para ella. No se aflijan por las inconsecuencias de los demás. Preocúpense de ustedes mismos, y sean consecuentes en todo.

Año bíblico: Amós 1-4

EN EL MUNDO, PERO SIN SER DEL MUNDO

¡Oh almas adúlteras! ¿No sabéis que la amistad del mundo es enemistad contra Dios? Cualquiera, pues, que quiera ser amigo del mundo, se constituye enemigo de Dios. Sant. 4:4.

El gran día del Señor está cerca. Cuando Cristo aparezca en las nubes de los cielos, los que no lo han buscado de todo corazón, los que han permitido que se los engañe, ciertamente perecerán. Nuestra única seguridad consiste en ser hallados en Cristo por medio del arrepentimiento y la confesión y debido a que nuestros pecados han sido borrados. Los que quieran buscar hoy al Señor fervientemente, dispuestos a humillar sus corazones ante él, y a abandonar sus pecados, serán preparados para formar parte de la familia real y ver al Rey en su hermosura, por medio de la santificación de la verdad...

Cualquiera sea su nivel de educación, sólo el que comprende su responsabilidad ante Dios, y se deja conducir por el Espíritu Santo, puede ser un maestro eficiente o tener éxito en ganar para Dios a los que se encuentran bajo su influencia. ¿Se podrá reconocer como dirigentes en las instituciones de Dios a los que no prestan atención al consejo divino? De ninguna manera. ¿Cómo se puede considerar guías seguros a los que manifiestan un espíritu de incredulidad y que, mediante sus palabras y su carácter, dejan de poner en evidencia una verdadera piedad?

"De cierto os digo, que si no os volvéis y os hacéis como niños, no entraréis en el reino de los cielos" (Mat. 18:3).

El yo tiene que ser sometido al yugo de Cristo. El gran Maestro invita a todos a aprender de él... "El Hijo del Hombre ha venido para salvar lo que se había perdido" (Mat. 18:11). Pero los que quieran ser salvados deben estar dispuestos a hacerlo de acuerdo con el método del Señor, y no con el propio. La gratuita gracia de Dios es la única esperanza del hombre. Dios se interesa en cada uno de nosotros...

Hemos sido invitados a ser el pueblo especial del Señor en un sentido mucho más elevado de lo que muchos comprenden. El mundo yace en maldad y el pueblo de Dios tiene que salir de él y mantenerse separado. Tiene que estar libre de las costumbres y los hábitos mundanos. No debe concordar con los sentimientos del mundo; por el contrario, los suyos deben ser distintos, como pueblo peculiar del Señor que es, manifestando fervor en todos sus servicios. No tiene que comulgar con las obras de las tinieblas.

Año bíblico: Amós 5-9

LA GRACIA DIVINA ES
NUESTRA MAYOR NECESIDAD

**Pues si anuncio el evangelio, no tengo por qué gloriarme.
1 Cor. 9:16.**

La conversión genuina nos pone cada día en comunión con Dios. Habrá tentaciones que enfrentar y una fuerte tendencia a apartarnos de Dios para sumirnos en nuestra antigua indiferencia y en un pecaminoso olvido del Señor. No hay corazón humano que pueda permanecer fuerte desprovisto de la gracia divina. Nadie podrá seguir siendo convertido a menos que se cuide y que el Maestro lo cuide. A menos que el corazón se aferre firmemente de Dios, y Dios se aferre firmemente de él, asumirá confianza propia y se exaltará, y ciertamente tropezará y caerá. El poder de Dios recibido por fe era la confianza de Pablo. "Ya no vivo yo —declaró con humildad—, mas vive Cristo en mí" (Gál. 2:20). "Así que, yo de esta manera corro, no como a la ventura; de esta manera peleo, no como quien golpea el aire, sino que golpeo mi cuerpo, y lo pongo en servidumbre, no sea que habiendo sido heraldo para otros, yo mismo venga a ser eliminado" (1 Cor. 9:26-27).

Pablo tenía constantemente el temor de que sus malas inclinaciones lograran la supremacía. Por eso estaba continuamente combatiendo y resistiendo firmemente los apetitos y pasiones que trataban de manifestarse. Si el gran apóstol temblaba al considerar sus debilidades, ¿con qué razón nos vamos a sentir nosotros confiados y dispuestos a vanagloriarnos?...

Nuestra única defensa segura contra los pecados que nos asedian es la oración, la oración de cada día y de cada hora. No debemos estar un día llenos de celo para sumirnos el siguiente en la negligencia, sino como resultado de la vigilancia y el fervor debemos revitalizarnos gracias a nuestra comunión con Dios. La oración es necesaria, y no debiéramos esperar que se manifiesten los sentimientos sino orar, fervorosamente, ya sea que sintamos algo o que no sintamos nada. El cielo está abierto para recibir nuestras oraciones. La oración es el canal que conduce hasta el trono de Dios nuestra gratitud y los ardientes deseos de nuestra alma por recibir la bendición divina, y que nos llega en retribución como la lluvia refrescante de la gracia divina... ¡Oh, cuánto deseo que dediquemos más tiempo a permanecer sobre nuestras rodillas, y menos a planificar por nosotros mismos y a pensar que podemos hacer grandes cosas!

Año bíblico: Abd.; Jon.

EL BANQUETE DE LA PALABRA DE DIOS

Yo soy el pan vivo que descendió del cielo... y el pan que yo daré es mi carne, la cual yo daré por la vida del mundo. Juan 6:51.

La única seguridad para cualquiera de nosotros consiste en plantar firmemente nuestros pies sobre la Palabra de Dios y estudiar las Escrituras, para hacer de ellas nuestra constante meditación. Díganle a la gente que no acepten las opiniones de nadie con respecto a los *Testimonios*, sino que los lean y los estudien por sí mismos, y entonces verificarán que concuerdan con la verdad. La Palabra de Dios es la verdad. Acerca del hombre bueno el salmista afirma: "En la ley de Jehová está su delicia, y en su ley medita de día y de noche" (Sal. 1:2). Quien aplique la mente y el corazón a esta tarea obtendrá una experiencia sólida y valiosa. El Espíritu Santo está en la Palabra de Dios. Aquí encontramos el elemento viviente e inmortal presentado en forma tan definida en el sexto capítulo de Juan...

Creamos en la Palabra de Dios. Quien se alimente de ese modo del Pan del cielo, y se nutra así todos los días, sabrá qué significan las palabras: "No necesita que nadie le enseñe". Disponemos de lecciones puras procedentes de los labios de nuestro Dueño, que nos ha comprado por el precio de su propia sangre. La preciosa Palabra de Dios es un fundamento sólido sobre el cual podemos construir. Cuando aparezcan los hombres con sus suposiciones, díganles que el gran Maestro les ha dejado su Palabra, que es de incalculable valor, y que ha enviado un Consolador en su propio nombre, es a saber, el Espíritu Santo. "El os enseñará todas las cosas, y os recordará todo lo que yo os he dicho" (Juan 14:26).

Aquí se nos presenta un rico banquete, del cual pueden participar todos los que creen que Cristo es su Salvador personal. Es el árbol de la vida para todos los que sigan alimentándose de él...

Todos los que estudian estas preciosas declaraciones recibirán gran consuelo. Si desean participar del banquete de la Palabra de Dios, obtendrán una experiencia del más alto valor. Verán que en comparación con la Palabra de Dios, la del hombre es como paja con respecto al trigo.

La Palabra de Dios me dice que sus promesas son para mí y para cada hijo del Señor. El banquete está servido delante de nosotros. Se nos invita a alimentarnos de la Palabra de Dios, que fortalecerá músculos y tendones espirituales.

Año bíblico: Miq. 1-4

LA BATALLA FINAL

He aquí, yo vengo como ladrón. Bienaventurado el que vela, y guarda sus ropas, para que no ande desnudo, y vean su vergüenza. Apoc. 16:15.

Un terrible conflicto está delante de nosotros. Nos acercamos a la batalla del gran día del Dios todopoderoso. Lo que está bajo control ahora, entonces quedará suelto. El ángel de la misericordia está plegando sus alas, preparándose para retirarse del trono de oro, para dejar el mundo bajo el dominio de Satanás, el rey que éste se ha escogido, asesino y destructor desde el principio.

Los principados y potestades de la tierra están en amarga revuelta contra el Dios del cielo. Están llenos de odio contra todos los que sirven a Dios, y pronto, muy pronto, se librará la última gran batalla entre el bien y el mal. La tierra será el campo del combate: el escenario del final conflicto y de la victoria final. Aquí, donde por tanto tiempo Satanás ha dirigido a los hombres contra Dios, la rebelión será extirpada para siempre.

Cristo vino a esta tierra en forma humana para poder ser el Capitán de nuestra salvación, de manera que no fuéramos vencidos por el poder de Satanás. Y cuando parecía que el enemigo estaba ganando victorias señaladas contra la justicia, Dios estaba obrando con misericordia y poder para contrarrestar sus designios.

Decidido a borrar la imagen de Dios en el hombre, Satanás trabaja con intenso esfuerzo para ocultar al Señor. No obra abiertamente, sino en secreto, mezclando lo humano con lo divino, lo espurio con lo genuino, para tratar de introducir confusión y calamidades. Pero la misericordia divina se manifiesta con poder proporcional para contrarrestar esa obra impía, y para desenmascarar los ocultos propósitos del enemigo. El pueblo de Dios ha de dar un decidido testimonio en favor de la verdad, por medio de la pluma y la voz, para poner en evidencia los propósitos del Señor. Ha de proclamar de lugar en lugar el mensaje de la Palabra de Dios, para que los hombres y mujeres puedan comprender la verdad...

Hay una consistencia innegable en la sana doctrina. No es un vapor que se disipa. La luz debe emanar de la Palabra de Dios. El Señor invita a su pueblo para que se acerque a él. Nadie debe interponerse entre él y su pueblo. Cristo está llamando a la puerta del corazón para solicitar entrada. ¿Lo dejarán entrar ustedes?

Año bíblico: Miq. 5-7

LO QUE HACE LA ORACION

Acerquémonos con corazón sincero, en plena certidumbre de fe. Heb. 10:22.

No puede haber verdadera oración sin verdadera fe. "Sin fe es imposible agradar a Dios" (Heb. 11:6). La oración y la fe son los brazos por medio de los cuales el alma se abraza del amor infinito, y se toma de la mano del poder celestial. Dios no acepta hijos mudos, en lo que a su experiencia con respecto a la verdad se refiere. La fe es un poder activo y dinámico. La fe en Cristo, cuando comienza a manifestarse, se revela mediante la oración y la alabanza. La oración es un alivio y un consuelo para el alma perturbada. El alma sincera y humilde que suplica ante el trono de la gracia, puede saber que está en comunión con Dios por medio de los instrumentos divinamente señalados, y tiene el privilegio de comprender qué es Dios para el creyente. Debemos entender cuáles son nuestras necesidades. Debemos tener hambre y sed de la vida en Cristo y por medio de Cristo. Entonces acudiremos a él con humildad y sinceridad, y nos otorgará la fe que obra por el amor y purifica el alma...

Cristo se entregó a sí mismo voluntaria y alegremente para cumplir el propósito de Dios "haciéndose obediente hasta la muerte, y muerte de cruz" (Fil. 2:8). En vista de que ha hecho todo esto, ¿nos costará mucho negarnos a nosotros mismos? ¿Evitaremos participar de los sufrimientos de Cristo? Su muerte debiera sacudir cada fibra de nuestro ser, disponiéndonos a consagrar a su obra todo lo que tenemos y somos.

Al pensar en lo que ha hecho por nosotros, nuestros corazones se debieran llenar de gratitud y amor, y debiéramos renunciar a todo egoísmo y pecado. ¿Qué deber podría dejar de cumplir el corazón, si toma en cuenta la influencia constrictiva del amor a Dios y a Cristo? "Con Cristo estoy juntamente crucificado, y ya no vivo yo, mas vive Cristo en mí; y lo que ahora vivo en la carne, lo vivo en la fe del Hijo de Dios, el cual me amó y se entregó a sí mismo por mí" (Gál. 2:20).

Relacionémonos con Dios mediante una obediencia señalada por la abnegación y el sacrificio. La fe en Cristo siempre conduce a una obediencia voluntaria y alegre. Murió para redimirnos de toda iniquidad, y purificar para sí mismo un pueblo peculiar, celoso de buenas obras. Debe haber perfecta conformidad en pensamientos, palabras y obras, a la voluntad de Dios. El cielo es sólo para los que han purificado su alma mediante la obediencia a la verdad.

Año bíblico: Nah.

VENTAJAS PRESENTES
Y BENEFICIOS FUTUROS

Puestos los ojos en Jesús, el autor y consumador de la fe, el cual por el gozo puesto delante de él sufrió la cruz, menospreciando el oprobio, y se sentó a la diestra del trono de Dios. Heb. 12:2.

Siempre debiéramos albergar sentimientos de gratitud por los que nos han hecho favores en momentos de necesidad. Pero esos sentimientos que con tanta prontitud expresamos ante la amabilidad y el desinterés de nuestros amigos, debieran responder al amor y la compasión de nuestro bondadoso Amigo celestial... La amistad manifestada por el más cercano y querido pariente o amigo, es tan insignificante si la comparamos con la revelación de Jesucristo, que se reduce a una manifestación muda e inexpresiva...

Permítanme llevarlos al escenario de la crucifixión y mostrarles al Hijo de Dios mientras muere en lugar de ustedes. ¿No despierta sentimientos de gratitud el espectáculo de la cruz de Cristo? ¿No disipa la frialdad y la indiferencia que endurecen los sentidos hacia el sacrificio realizado en nuestro favor?...

Satanás, el adversario de las almas, trabaja constantemente con sus argucias y encantamientos, para adormecer los sentidos y anestesiar los sentimientos que tienen que ver con nuestros más altos intereses. Para todas las cosas insignificantes de la vida los afectos ejercen plena libertad, pero para los intereses eternos están trabados, atados, como si lo fuera por cuerdas mágicas...

Hay muchos que padecen privaciones y se someten a grandes sacrificios para emprender algo que les promete ventajas en el futuro. Cambian la comodidad del presente por una futura ganancia, pero aquí Jesús nos presenta la vida eterna como recompensa de la obediencia, y si las cosas insignificantes de las ganancias terrenales pueden ser sacrificadas para obtener cosas mejores en el futuro, con cuánta mayor razón podemos sacrificar la comodidad, el placer y las actuales ventajas que nos ofrece el mundo, por las incomparables riquezas y la gloria de la futura vida inmortal. No permitamos que el hechizo de los encantos terrenales aparte nuestros afectos de Dios, y endurezca nuestro corazón para los intereses eternos. Miremos las cosas que no se ven. Entronicemos a Jesús en el corazón. Amémoslo con toda el alma.

Año bíblico: Hab.

EL ESPIRITU SANTO, EL MAYOR DE LOS DONES

Y estando en la condición de hombre, se humilló a sí mismo, haciéndose obediente hasta la muerte, y muerte de cruz. Fil. 2:8.

La exaltación de Cristo será directamente proporcional a su humillación. Para poder ser el Salvador, el Redentor, tenía que pasar primero por el sacrificio. ¡Qué misterios encontramos en la piedad de Cristo! Después de magnificar la ley y engrandecerla, al aceptar sus condiciones para salvar a un mundo de la ruina, Cristo se apresuró a ir al cielo para perfeccionar su obra y cumplir su misión al enviar el Espíritu Santo a sus discípulos. De ese modo aseguró a sus creyentes que no los había olvidado, aunque se encontrara ahora en la presencia de Dios, donde hay plenitud de gozo para siempre.

El Espíritu Santo debía descender sobre los que amaban a Cristo en este mundo. De ese modo se los capacitaría, por medio de la glorificación de Aquel que era su cabeza, para recibir todo don necesario para el cumplimiento de su misión. El Dador de la vida poseía no sólo las llaves de la muerte, sino un cielo lleno de ricas bendiciones. Todo el poder del cielo y de la tierra estaba a su disposición, y al tomar su lugar en las cortes celestiales podía prodigar esas bendiciones a todos los que lo recibieran. Cristo dijo a sus discípulos: "Os conviene que yo me vaya; porque si no me fuese, el Consolador no vendría a vosotros; mas si me fuere, os lo enviaré" (Juan 16:7). Este era el mayor de los dones. El Espíritu Santo descendió como el tesoro más precioso que el hombre podía recibir. La iglesia fue bautizada con el poder del Espíritu. Los discípulos fueron preparados para salir y proclamar a Cristo primero en Jerusalén, donde se había llevado a cabo la vergonzosa obra de deshonrar al verdadero Rey, y a partir de allí debían ir hasta los confines de la tierra...

¡Cuán plenas y amplias son las bendiciones que se derraman sobre los que quieren acudir a Dios en nombre de su Hijo! Si están dispuestos a cumplir las condiciones señaladas en su Palabra, les abrirá las ventanas de los cielos y derramará sobre ellos bendición hasta que sobreabunde... Si el pueblo de Dios está dispuesto a santificarse mediante la obediencia a sus preceptos, el Señor obrará en su medio. Regenerará las almas humildes y contritas para que sus caracteres sean puros y santos.

Año bíblico: Sof.

LA FILOSOFIA DEL SEÑOR

¡A la ley y al testimonio! Si no dijeren conforme a esto, es porque no les ha amanecido. Isa. 8:20.

La filosofía del Señor, claramente bosquejada en su Palabra, debe ser la regla de nuestra vida. Todo el ser debe estar bajo la dirección de Aquel que conoce el fin desde el principio. La Biblia y sólo la Biblia debe ser nuestra guía. Debemos seguir y obedecer los principios vivificadores del cielo, no sólo nuestras inclinaciones. La sabiduría y el poder de Dios, al obrar sobre el corazón susceptible, pone la mente y el carácter en armonía con las leyes y los requerimientos del cielo. Cada uno de nosotros debe estar sometido a la dirección del Espíritu Santo para comunicar al mundo los grandes hechos relativos a la verdad y la justicia...

Se nos intima a que toquemos alarma para que el pueblo oiga. Los vigías no deben fallar ahora. Deben velar y orar, para poder tener una clara noción de sus obligaciones hacia Aquel que, aunque era el unigénito de Dios, vino a este mundo para librar a hombres y mujeres de la dirección de Satanás.

Debemos instruir y guiar a las almas para que vean en Cristo su ejemplo, y comprendan sus obligaciones hacia Aquel a quien pertenecen por creación y por redención. El es Dueño de todo hombre, mujer y niño que viene a este mundo. Llegó a serlo cuando pagó el precio de la redención. Si los seres humanos caídos quieren llegar a ser hijos e hijas de Dios mediante su obediencia voluntaria, serán uno con Cristo. El Salvador los ha comprado al dar su vida para pagar la deuda del pecado... Los que están verdaderamente convertidos revelarán la gracia salvadora de Cristo al trabajar por esas almas enceguecidas por Satanás. Los obreros de Dios deben manifestar mediante su propia vida el poder de la verdad y la justicia. El mundo pronto tendrá que comparecer delante del gran Legislador para responder por el quebrantamiento de su ley...

Tenemos que enarbolar el estandarte que lleva esta inscripción: "Los mandamientos de Dios y la fe de Jesús". Este es el gran asunto. No lo perdamos de vista. Debemos luchar para despertar a los miembros de la iglesia y a los que no hacen profesión de fe, para que vean los requerimientos de la ley del cielo y los obedezcan. Tenemos que magnificar la ley y engrandecerla. Tenemos que despertar a los que están sumidos en un sopor espiritual.

Año bíblico: Hag.

CUANDO LA VERDAD CONTROLA LA VIDA

El que me sigue, no andará en tinieblas, sino que tendrá la luz de la vida. Juan 8:12.

El Señor Jesús asumió la forma del hombre pecador, y revistió su divinidad con humanidad. Pero era santo, tal como Dios es santo. Si no hubiera sido sin mancha de pecado, no podría haber sido el Salvador de la humanidad. Era el Portador del pecado; no necesitaba expiación. Puesto que era uno con Dios en pureza y santidad de carácter, podía presentarse como propiciación por los pecados de todo el mundo.

Cristo es la luz del mundo. Por medio de él la luz resplandece entre las tinieblas morales. Si no fuera la luz, las tinieblas no se notarían, porque la luz las pone de manifiesto. Mientras más clara es la luz, más nítidamente se percibe el contraste que existe entre la luz y las tinieblas. Si eliminamos la luz, todo lo que queda es tinieblas.

Cristo ha declarado cuál es su posición. "El que me sigue, no andará en tinieblas, sino que tendrá la luz de la vida". Es la estrella resplandeciente de la mañana. Es el Sol de justicia, el resplandor de la gloria del Padre. Es la "luz verdadera, que alumbra a todo hombre" que viene a este mundo (Juan 1:9). Como médico, vino a restaurar en el hombre la imagen moral de Dios, que se había perdido debido a la transgresión.

Cuando Cristo mora en el alma por la fe, hace del que lo ama una luz para el Señor. Es verdad que muchos de los que dicen que creen la verdad sólo tienen una fe nominal. No son hacedores de la Palabra. Profesan creer, pero su profesión de fe no los convierte...

Cuando Cristo mora en el corazón, su presencia es evidente. Mediante palabras y actos buenos y agradables, manifiestan el espíritu de Cristo. Ponen en evidencia suavidad de carácter. No hay ira, ni testarudez ni malas sospechas. No hay odio en el corazón porque... los demás no aceptan ni aprecian... sus ideas y métodos...

Cuando la verdad controla la vida, hay pureza y liberación del pecado. La gloria y la plenitud del plan evangélico se cumplen en la vida. La luz de la verdad irradia desde el templo del alma. El entendimiento se aferra de Cristo.

Año bíblico: Zac. 1-4

CAMINEMOS EN LAS HUELLAS DE JESUS

A uno dio cinco talentos, y a otro dos, y a otro uno, a cada uno conforme a su capacidad. Mat. 25:15.

Estudiemos las instrucciones que se encuentran en Mateo 25:14-46. Comparemos esas instrucciones con el registro de nuestra vida. Cada cual debe dejar a un lado la vanagloria...

Caminemos en las huellas de Cristo con toda la humildad de la fe verdadera. Pongamos a un lado la confianza propia, consagrándonos al Salvador día tras día y hora tras hora, para recibir e impartir constantemente su gracia. Ruego a los que profesan creer en Cristo que caminen humildemente delante de Dios. El orgullo y la exaltación propia lo ofenden. "Si alguno quiere venir en pos de mí, niéguese a sí mismo, y tome su cruz, y sígame" (Mat. 16:24). Sólo a los que obedecen esta orden reconocerá él como sus creyentes. "A todos los que le recibieron, a los que creen en su nombre, les dio potestad de ser hechos hijos de Dios; los cuales no son engendrados de sangre, ni de voluntad de carne, ni de voluntad de varón, sino de Dios" (Juan 1:12-13).

"Y aquel Verbo fue hecho carne, y habitó entre nosotros" (vers. 14). ¡Qué maravillosa condescendencia! El Príncipe del cielo, el Comandante de las huestes celestiales, abandonó su elevada posición, depuso su atuendo real y su corona, y revistió su divinidad de humanidad para convertirse en Maestro divino de todos los hombres, y para vivir entre los hombres una vida libre de egoísmo y pecado, con el fin de dar un ejemplo de lo que podrían llegar a ser mediante su gracia.

"Y aquel Verbo fue hecho carne, y habitó entre nosotros (y vimos su gloria, gloria como del unigénito del Padre), lleno de gracia y de verdad" (vers. 14). Alabemos a Dios por esta maravillosa declaración. Las posibilidades que presenta nos parecen demasiado grandes para que las podamos entender, y nos avergüenzan por nuestra debilidad y nuestra incredulidad. Alabo a Dios porque por fe puedo ver a mi Salvador. Mi alma se apropia de ese gran don. Nuestra única esperanza en esta vida consiste en levantar la mano de la fe para estrechar la mano extendida para salvar. "He aquí el Cordero de Dios, que quita el pecado del mundo" (Juan 1:29). Si quisiéramos apartar nuestra vista del yo para enfocarla en Jesús, con el fin de hacer de él nuestro Guía, el mundo vería en nuestras iglesias un poder que ahora no ve.

Año bíblico: Zac. 5-8

LA NECESIDAD DE UNA REFORMA

Mas ahora que habéis sido libertados del pecado y hechos siervos de Dios, tenéis por vuestro fruto la santificación, y como fin, la vida eterna... en Cristo Jesús Señor nuestro. Rom. 6:22-23.

Necesitamos estar convencidos de la malignidad de una enfermedad antes de sentir la necesidad de ser curados. Aquellos que no captan la pecaminosidad del pecado no están en condiciones de apreciar el valor de la expiación y la necesidad de ser limpiados de todo pecado. El pecador se mide a sí mismo por sí mismo y por aquellos que, como él, son pecadores. No contempla la pureza y la santidad de Cristo. Pero, cuando la ley de Dios impone convicción a su corazón, dice con Pablo: "Y yo sin la ley vivía en un tiempo; pero venido el mandamiento, el pecado revivió y yo morí" (Rom. 7:9)...

Dios creó al hombre para su gloria. No soportará, no puede soportar la presencia del pecado en su dominio. Si en la iglesia hay individuos que están pecando voluntariamente contra Dios, hay que echar mano de todo medio posible para llevarlos al arrepentimiento. Si no se hace esto se deshonra el nombre de Dios. El es demasiado puro para aprobar la iniquidad...

El pecado de Adán podría ser considerado por las iglesias de hoy como un simple error, que debería ser perdonado inmediatamente y no pensarse más en él. Pero la norma de Dios es elevada y su Palabra inmutable, y por eso todas las prácticas egoístas y codiciosas son una abominación ante su vista. Los corazones de los creyentes necesitan ser purificados, santificados, refinados, ennoblecidos...

Miren hacia arriba, mis hermanos. ¿Ha perdido el Evangelio su poder para impresionar los corazones? ¿Es debido a que la influencia regeneradora del Espíritu de Cristo ha muerto, que los corazones no son purificados, santificados y preparados por el Espíritu Santo? No, la espada del Espíritu, la Palabra del Dios viviente, está todavía con nosotros; pero debe ser esgrimida con ahínco. Usémosla como lo hicieron antaño los santos de Dios...

El Señor nos invita a realizar una reforma en nuestras vidas... Cuando la iglesia despierte, se harán cambios decididos. Los hombres y las mujeres se convertirán y estarán de tal manera llenos del Espíritu de Dios que irán de país en país, de ciudad en ciudad, proclamando el mensaje de verdad. Con los corazones rebosando de ferviente amor por las almas abrirán sus Biblias y presentarán la Palabra.

Año bíblico: Zac. 9-11

SOY UN HIJO DE DIOS

Y si hijos, también herederos; herederos de Dios y coherederos con Cristo, si es que padecemos juntamente con él, para que juntamente con él seamos glorificados. Rom. 8:17.

Recordemos continuamente que el manso y humilde Jesús tuvo el espíritu y la ambición de un conquistador. Los vastos dominios sobre los cuales los potentados terrenales ejercen señorío no constituyen un escenario adecuado para el ejercicio de su gracia, la expresión de su amor y la manifestación de su gloria. Quien ama al Señor Jesucristo en verdad y con sinceridad, amará a aquellos por los cuales Cristo murió para salvarlos, y aprovechará toda oportunidad de servir a Cristo en la persona de sus discípulos.

Debemos considerarnos hijos e hijas de Dios, obreros juntamente con Jesucristo, que vivimos con un propósito noble. Somos representantes de Cristo en carácter y debemos servirle con afectos indivisos. No solamente revelaremos que amamos a Dios, sino que, en armonía con su carácter santo, viviremos vidas puras y perfectas. Debemos vivir la perfección puesto que al contemplar a Jesús vemos en él la encarnación de la perfección; y el gran Centro sobre el cual converge nuestra esperanza de vida y felicidad eterna nos conducirá a la unidad y a la armonía...

La vida que ahora vivimos debemos vivirla por la fe en Jesucristo. Si somos seguidores de Cristo nuestras vidas no consistirán en pequeñas y superficiales acciones espasmódicas de acuerdo con las circunstancias y el ambiente: acciones intermitentes, que revelan que los sentimientos son el amo, indulgencia al dar rienda suelta a pequeñas irritaciones, una envidiosa búsqueda de faltas, celos y vanidad egoísta. Estas cosas nos colocan a todos en discrepancia con la armoniosa vida de Jesucristo, y no podremos llegar a ser vencedores si retenemos estos defectos...

Cuando se vea expuesto a las diversas circunstancias de la vida, y se hablen palabras que están calculadas para zaherir y lastimar el alma, dígase a sí mismo: "Soy un hijo de Dios, un heredero con Cristo, un colaborador de Dios. No debo tener, por lo tanto, una mente vulgar que se ofenda fácilmente, no debo pensar siempre en mí, porque esto producirá un carácter falto de armonía. Es indigno de mi noble vocación. Mi Padre celestial me ha encomendado una obra, por lo tanto seré digno de su confianza".

Año bíblico: Zac. 12-14

SEGURIDAD INFALIBLE

Los entendidos resplandecerán como el resplandor del firmamento; y los que enseñan la justicia a la multitud, como las estrellas a perpetua eternidad. Dan. 12:3.

Muchos, muchísimos, serán terriblemente sorprendidos cuando el Señor venga súbitamente como ladrón en la noche. Velemos y oremos, no sea que venga de repente y nos encuentre durmiendo...

La salvación de las almas debiera ser nuestro primer interés. Me siento perturbada cuando veo a muchos regocijándose en la prosperidad temporal, porque los que poseen el tesoro mundanal raramente buscan con fervor asegurarse el celestial. Están en peligro de caer en tentación y trampa, y en muchas codicias necias y dañosas que hunden al hombre en la destrucción. A los que buscan el tesoro celestial se les presenta una perspectiva más gozosa y animadora...

Necesitamos desarrollar una firme confianza en el "Así dice el Señor". Cuando la tengamos, no confiaremos en los sentimientos ni seremos gobernados por ellos. Dios nos pide que descansemos en su amor. Es nuestro privilegio conocer la Palabra de Dios como guía confiable y probada, una seguridad infalible. En este asunto pongámonos del lado de la fe. Creamos, confiemos y expresémonos en términos de fe, de esperanza y valor. Que la alabanza de Dios esté en nuestros corazones y en nuestros labios más a menudo. "El que sacrifica alabanza me honrará" (Sal. 50:23)...

Es nuestro privilegio descansar en una fe activa y viviente en Cristo como dador de la vida. Es nuestro privilegio comprender con todos los santos cuál sea la anchura, la longitud, la profundidad y la altura, y conocer el amor de Dios que excede a todo conocimiento y ser llenos de toda la plenitud de Dios. Contemplemos a Cristo como el Unico en quien habita toda la plenitud. Contemplándole como nuestro Salvador apreciaremos el valor de su gracia salvadora. Debiéramos pensar en Jesús más de lo que lo hacemos. Debiéramos permitir que su alabanza esté en nuestros corazones. Debiéramos hablar del amor que se ha expresado tan abundantemente por nosotros. Ciertamente tenemos toda razón para alabar a Dios con corazón, alma y cuerpo, diciendo: Alabaré al Señor por el gran amor con el cual me ha amado...

Ensalcen al Cristo del Calvario, elévenlo de tal forma que el mundo pueda contemplarlo. Hablen de su bondad, canten de su amor y tribútenle el agradecimiento de sus corazones.

Año bíblico: Mal. 1-2

LOS PLANES DE DIOS SON PERFECTOS

Por la fe habitó como extranjero en la tierra prometida como en tierra ajena, morando en tiendas con Isaac y Jacob, coherederos de la misma promesa; porque esperaba la ciudad que tiene fundamentos, cuyo arquitecto y constructor es Dios. Heb. 11:9-10.

Jesús ascendió al Padre como representante de la raza humana, y Dios hará que aquellos que reflejan su imagen lo contemplen y compartan con él su gloria. Hay hogares para los peregrinos de la tierra. Hay mantos para los justos, coronas de gloria y palmas de victoria. Las providencias de Dios que ahora nos producen perplejidad serán entonces aclaradas. Las cosas difíciles de comprender encontrarán una explicación. Los misterios de la gracia se abrirán delante de nosotros. Donde nuestras mentes finitas descubrieron solamente confusión y propósitos frustrados, veremos la armonía más perfecta y hermosa. Sabremos que un amor infinito ordenó las experiencias que nos parecieron más penosas y difíciles de sobrellevar. Al comprender el tierno cuidado de quien hace que todas las cosas obren para nuestro bien, nos regocijaremos con un gozo indescriptible y pleno de gloria.

El dolor no puede existir en la atmósfera del cielo. En el hogar de los redimidos no habrá lágrimas, cortejos fúnebres ni símbolos de luto. "No dirá el morador: Estoy enfermo; al pueblo que more en ella le será perdonada la iniquidad" (Isa. 33:24). Una rica corriente de felicidad fluirá y se profundizará a medida que la eternidad transcurra. Piensen en esto; díganselo a los que sufren y están tristes, y estimúlenlos a regocijarse en la esperanza. Cuanto más nos acerquemos a Jesús, tanto más claramente veremos la pureza y grandeza de su carácter, y menos inclinados nos sentiremos a exaltar al yo. El contraste entre nuestros caracteres y el suyo conducirá a la humillación del alma y a un profundo escudriñamiento del corazón. Cuanto más amemos a Jesús, más cabalmente nos humillaremos y nos olvidaremos del yo...

El manso de espíritu, el que es más puro y más semejante a un niño, será fortalecido para la batalla con poder por medio del Espíritu de Dios en el hombre interior...

Nuestro Dios es una ayuda siempre presente en tiempo de necesidad. Conoce los pensamientos más secretos de nuestros corazones y todas las intenciones y los propósitos que abrigan nuestras almas. Cuando estamos en perplejidad, aun antes que le contemos nuestras angustias, él está tomando las providencias para nuestra liberación.

Año bíblico: Mal. 3-4

CRISTO VIVIO UNA VIDA
DE HUMILDE OBEDIENCIA

**Y aunque era Hijo, por lo que padeció aprendió la obedien-
cia; y habiendo sido perfeccionado, vino a ser autor de eterna
salvación para todos los que le obedecen. Heb. 5:8-9.**

Cristo vino a nuestro mundo y vivió en un hogar de aldeanos. Vistió
las mejores ropas que sus padres pudieron proveerle, pero fueron ropas
de campesino. Anduvo por ásperos senderos y escaló las pronunciadas
laderas de las colinas y montañas. Cuando caminaba por las calles estaba aparentemente solo, porque los ojos humanos no podían contemplar a sus asistentes celestiales. Aprendió el oficio de carpintero, para
poder señalar como honorable y ennoblecedora toda labor honesta realizada por los que trabajan con la mira puesta en la gloria de Dios...

Cristo, el Señor de toda la tierra, fue un humilde artesano. No fue
comprendido, y se lo trató con desdén y desprecio. Pero había recibido
su comisión y autoridad del poder más elevado, del Soberano del cielo.
Los ángeles fueron sus servidores, porque Cristo estaba ocupado en los
negocios de su Padre tanto cuando trabajaba junto al banco de carpintero como cuando realizaba milagros para las multitudes. Pero ocultó
el secreto de la vista del mundo. No antepuso títulos elevados a su
nombre a fin de que su posición fuera comprendida, sino que vivió la
ley real de Dios. Su obra comenzó al ennoblecer el humilde oficio del
artesano que debía esforzarse por lograr su pan cotidiano... Si la vida
de Cristo hubiera transcurrido entre los grandes y los ricos, el mundo
de los que debían trabajar duramente se habría visto privado de la
inspiración que el Señor quería que tuviera.

La vida de Cristo fue mansa y humilde. Eligió esa vida a fin de
poder ayudar a la familia humana. No se colocó sobre un trono como
el Comandante de toda la tierra. Dejó a un lado su manto real, se quitó
la corona regia para ser uno de los componentes de la familia humana.
No tomó sobre sí la naturaleza de los ángeles. Su obra no fue el oficio
sacerdotal de acuerdo con las designaciones de los hombres. Era imposible para éstos comprender su exaltada posición a menos que el Espíritu Santo la hiciera conocer. En nuestro favor revistió su divinidad con
humanidad y descendió del trono real. Renunció a su posición de Comandante de las cortes celestiales... De esta manera, ocultó su gloria
bajo la apariencia de la humanidad para poder tocar a la humanidad
con su poder divino y transformador.

Año bíblico: Mat. 1-4

EL MINISTERIO DE LOS ANGELES

Y oró Eliseo, y dijo: Te ruego, oh Jehová, que abras sus ojos para que vea. Entonces Jehová abrió los ojos del criado, y miró; y he aquí que el monte estaba lleno de gente de a caballo, y de carros de fuego alrededor de Eliseo. 2 Rey. 6:17.

¡Cuán pocos consideran la obra de los agentes invisibles! Los hombres desempeñan su parte en favor de Dios o de Satanás; del Príncipe de la luz o del príncipe de las tinieblas. Todo el cielo está intensamente interesado en los seres humanos que parecen estar llenos de actividad, pero que no dedican pensamiento alguno a las cosas invisibles. Sus pensamientos no se centran en la Palabra de Dios y en sus instrucciones. Si se compenetraran de las Sagradas Escrituras, se asombrarían al comprender que hay agentes invisibles, tanto buenos como malos, que observan cada palabra y acción. Están presentes en toda reunión donde se realizan transacciones comerciales, en concilios y en reuniones dedicadas a la adoración a Dios. Hay más oyentes en esas asambleas públicas que los que pueden ser vistos con los ojos, y todo hombre tiene una obra para hacer. Estos instrumentos invisibles colaboran con Dios o con Satanás, y actúan más poderosa y constantemente de lo que lo hace el hombre...

Esos seres son ángeles ministradores que frecuentemente se presentan bajo la forma de seres humanos. Como si fueran extraños, conversan con quienes están ocupados en la obra de Dios. En lugares solitarios han sido compañeros de un viajero en peligro. En barcos sacudidos por la tempestad, ángeles bajo la forma humana han dirigido palabras de ánimo para disipar el temor e inspirar esperanza en la hora de peligro, y los pasajeros pensaron que se trataba de alguno de ellos con quien no habían hablado antes.

Muchos, bajo diferentes circunstancias, han escuchado las voces de los habitantes de otros mundos que vinieron a desempeñar una parte en esta vida. Estos seres han hablado en asambleas; han realizado obras que hubiera sido imposible que las hicieran instrumentos humanos. Vez tras vez se desempeñaron como generales de ejércitos. Fueron enviados para eliminar pestilencias. Comieron en las mesas de familias humildes. A menudo se presentaron como viajeros cansados que necesitaban abrigo para pasar la noche.

Necesitamos comprender mejor de lo que lo hemos hecho la obra de estos visitantes angelicales.

Año bíblico: Mat. 5-7

PODEMOS VENCER COMO CRISTO VENCIO

Fue tentado en todo según nuestra semejanza, pero sin pecado. Heb. 4:15.

Cristo asumió la humanidad a un costo infinito mediante un proceso penoso y misterioso tanto para los ángeles como para los hombres. Ocultando su divinidad y dejando a un lado su gloria, nació como un niño de Belén. En carne humana vivió la ley de Dios, a fin de condenar el pecado en la carne, y confirmar ante las inteligencias celestiales que la ley fue establecida para proporcionar vida y asegurar la felicidad, la paz y el bien eterno de todos los que obedecen...

Este es el misterio de la piedad, que alguien igual al Padre revistiera su dignidad con humanidad, y colocando a un lado toda la gloria correspondiente a su oficio como Comandante del cielo, descendiera paso a paso en el sendero de la humillación, soportando un oprobio cada vez mayor. Sin pecado ni contaminación, compareció ante el tribunal para ser juzgado, para que su caso fuera investigado y sentenciado por la misma nación a la cual había venido a librar de la esclavitud. Se rechazó y condenó al Señor de la gloria, y aún más, se escupió sobre él. Manifestando desprecio por lo que consideraban ser pretensiones, hubo hombres que lo golpearon en el rostro...

Pilato declaró a Cristo inocente, manifestando que no había encontrado falta en él. Con todo, a fin de agradar a los judíos, ordenó que lo azotaran y entonces lo entregó, lastimado y sangrante, para sufrir la cruel muerte por crucifixión. La Majestad del cielo fue conducida como cordero al matadero, y entre burlas, escarnio y acusaciones ridículas y falsas, fue clavado en la cruz. La multitud, en cuyos corazones el sentimiento de humanidad parecía haber muerto, trató de agravar los crueles sufrimientos del Hijo de Dios mediante injurias. Pero así como una oveja permanece muda delante de sus trasquiladores, de la misma manera él no abrió su boca. Estaba dando su vida por la vida del mundo, para que todo aquel que creyera en él no pereciera...

Cristo cargó sobre sí los pecados del mundo entero. Soportó nuestro castigo, la ira de Dios contra la transgresión. Su prueba implicó la tremenda tentación de pensar que Dios lo había abandonado. Su alma se sintió torturada por el peso del horror de una gran oscuridad... No podría haber sido tentado en todas las cosas como el hombre es tentado si no hubiera existido la posibilidad de que cayera. Fue un agente libre, puesto a prueba, tal como lo fue Adán y como lo es el hombre.

Año bíblico: Mat. 8-10

ESFORZANDONOS POR LA SANTIFICACION

Por tanto, yo te aconsejo que de mí compres oro refinado en fuego, para que seas rico, y vestiduras blancas para vestirte, y que no se descubra la vergüenza de tu desnudez; y unge tus ojos con colirio, para que veas. Yo reprendo y castigo a todos los que amo; sé, pues, celoso, y arrepiéntete. Apoc. 3:18-19.

Nuestra conciencia debe ser purificada de obras muertas a fin de servir al Dios viviente. La santificación significa amor perfecto, obediencia perfecta, conformidad plena con la voluntad de Dios. Si nuestras vidas están en armonía con la vida de Dios, si nuestras vidas son semejantes a la vida de Cristo mediante la santificación de la mente, el alma y el cuerpo, nuestro ejemplo tendrá una influencia poderosa sobre el mundo. No somos perfectos, pero es nuestro privilegio separarnos de los enredos con el yo y el pecado, y avanzar hacia la perfección...

Al alcance de todo aquel que tiene fe verdadera hay grandes posibilidades, logros elevados y santos. ¿No ungiremos nuestros ojos con el colirio celestial a fin de poder discernir las cosas maravillosas colocadas delante de nosotros? ¿Por qué no avanzamos hacia adelante y hacia arriba, con fervorosa perseverancia, cumpliendo esta oración del Señor, a fin de alcanzar la norma de la santidad?...

Al Señor no le agrada vernos espiritualmente débiles. "Porque Dios, que mandó que de las tinieblas resplandeciese la luz, es el que resplandeció en nuestros corazones, para iluminación del conocimiento de la gloria de Dios en la faz de Jesucristo" (2 Cor. 4:6). Tenemos que enfrentar conflictos y pruebas pero no necesitamos fracasar ni desanimarnos...

Dios es honrado sólo cuando los que profesan creer en él son amoldados a su imagen. Debemos representar ante el mundo la belleza de la santidad, porque nunca entraremos a través de las puertas de la ciudad de Dios hasta que perfeccionemos un carácter como el de Cristo. Si nosotros, con confianza en Dios, nos esforzamos por lograr la santificación, la recibiremos. Entonces, como testigos de Cristo, daremos a conocer lo que la gracia de Dios ha producido en nosotros.

Lo que puede causarnos más desasosiego es la falta de certidumbre. La aceptación de las bendiciones de Dios trae justicia y paz. El fruto de la justicia es quietud y seguridad para siempre. Debemos tener la sencillez y sinceridad de Dios. Debemos tener esa sabiduría que desciende de lo alto. Nuestra experiencia cristiana debe ser reanimada por medio de la piedad e impulsada por la vida divina.

Año bíblico: Mat. 11-13

EL AMOR DE CRISTO UNE LOS CORAZONES

Con toda humildad y mansedumbre, soportándoos con paciencia los unos a los otros en amor. Efe. 4:2.

Dios es amor. El amor del Padre y del Hijo es atributo de cada creyente. La Palabra de Dios es el canal a través del cual el amor divino llega al hombre. La verdad de Dios es el medio por el cual se alcanza el intelecto humano. Se da el Espíritu Santo al instrumento humano que trabaja en cooperación con los instrumentos divinos. Transforma la mente y el carácter, capacitando al hombre para poder contemplar a Aquel que es invisible. El amor perfecto solamente puede ser gozado mediante la aceptación de la verdad y la recepción del Espíritu Santo...

Cristo oró para que sus discípulos pudieran darse cuenta de la importancia del amor que él había expresado al dar su vida por el mundo. Anheló que comprendieran algo en relación con su sacrificio infinito. Si ellos hubieran entendido más plenamente su amor abnegado, nunca se habrían trabado en lucha y desunión.

Insto a todos los que pretenden creer la verdad presente que practiquen esa verdad. Si lo hacen, tendrán una influencia más fuerte y poderosa para el bien. El mundo verá que el amor expresado por los creyentes es el principio central controlador en los seguidores de Cristo. Un amor como el de Cristo une corazón con corazón. La verdad atrae a los hombres entre sí. Introduce armonía y unidad en todos los que tienen una fe ferviente y viva en el Salvador. Es el plan de Cristo que aquellos que creen en él se desarrollen y lleguen a ser fuertes al unirse el uno con el otro...

Aunque un grupo de cristianos que actúan en una iglesia no tienen todos los mismos talentos, sin embargo, cada uno tiene el deber de trabajar. Los talentos difieren, pero a cada hombre se asigna su tarea. Todos deben depender de Cristo en Dios. El es la Cabeza gloriosa de todos los niveles y clases de personas que se asocian mediante la fe en la Palabra de Dios. Vinculados por una creencia común en los principios celestiales, todos dependen del Autor y Consumador de su fe. El es quien creó los principios que producen unidad universal, amor universal. Sus seguidores debieran meditar en su amor. No debieran contentarse con alcanzar un nivel inferior al que está colocado delante de Dios. Si se viven los principios del cristianismo, éstos producirán armonía universal y perfecta paz.

Año bíblico: Mat. 14-16

COSAS QUE NO CONOCES

Clama a mí, y yo te responderé, y te enseñaré cosas grandes y ocultas que tú no conoces. Jer. 33:3.

No siempre nos damos cuenta de que la santificación, que tan fervorosamente deseamos y por la cual oramos tan fervientemente, se produce mediante la verdad, y por la providencia de Dios, en la manera que menos esperamos. Cuando buscamos gozo, he aquí tristeza. Cuando esperamos paz, frecuentemente tenemos desconfianza y duda debido a que nos encontramos sumergidos en tribulaciones que no podemos evitar. En estas pruebas estamos recibiendo las respuestas a nuestras oraciones. A fin de ser purificados, el fuego de la aflicción debe encenderse sobre nosotros, y nuestra voluntad debe ser puesta en conformidad con la voluntad de Dios...

Las oraciones en las que pedimos semejanza a la imagen de Cristo pueden no ser contestadas exactamente como quisiéramos. Puede ocurrir que seamos examinados y probados, porque Dios puede ver que lo mejor es colocarnos bajo una disciplina que es esencial para nosotros antes que seamos súbditos idóneos de las bendiciones que anhelamos. No debiéramos desanimarnos ni dar lugar a la duda ni pensar que nuestras oraciones no han sido advertidas. Debemos descansar más seguramente sobre Cristo y dejar nuestro caso con Dios para que él responda nuestras oraciones en la forma que crea más conveniente. Dios no ha prometido otorgar sus bendiciones a través de los medios que nosotros establecemos. Dios es demasiado sabio para equivocarse y demasiado solícito por nuestro bien como para permitirnos elegir por nosotros mismos.

Los planes de Dios son siempre los mejores aunque no siempre podamos discernirlos. La perfección del carácter puede obtenerse solamente mediante trabajo, conflicto y abnegación...

Cuán inestimablemente preciosos son los dones de Dios —las gracias de su Espíritu— y cómo debiéramos desechar la idea de huir del proceso de examen y prueba, no importa cuán penoso o humillante nos resulte. ¡Qué fácil sería el camino al cielo si no fuera por la abnegación o la cruz! ¡Cómo correrían los mundanos por ese camino y cómo lo transitarían en innumerable cantidad los hipócritas! Gracias a Dios por la cruz, por la abnegación. La ignominia y la vergüenza que nuestro Salvador soportó por nosotros no es de ningún modo demasiado humillante para los que son salvados por su sangre.

Año bíblico: Mat. 17-20

NUESTRA GUIA ES LA PALABRA DE DIOS

Lámpara es a mis pies tu palabra, y lumbrera a mi camino. Sal. 119:105.

"Dejad de hacer el mal; aprended a hacer el bien". Esta es la lección que todos debiéramos aprender día tras día. Nuestra preparación personal está en primer lugar. La influencia que ejerce una vida de estricta integridad constituirá una enseñanza continua para otros. Los que son controlados y guiados por los principios morales y religiosos claramente establecidos en la Palabra de Dios, caminan en armonía con la mente y la voluntad de Dios, quien es demasiado sabio para equivocarse y demasiado bueno para hacernos daño.

Si usted quiere caminar sabiamente, transite en los caminos de los mandamientos de Dios. Mantenga la Palabra de Dios a su alcance, al alcance de su mano. Esta Palabra es tan clara que nadie tiene por qué extraviarse a menos que permita que sus tendencias heredadas y cultivadas lo lleven a hacer el mal. Su Redentor enfrentó los arteros ataques con las palabras: "Escrito está", y con el mandato imperativo: "Vete, Satanás". Le aconsejo que con mansedumbre reciba la Palabra injertada, que es capaz de salvar su alma. La Palabra de Dios es su refugio. Es una torre de fortaleza, en la que puede refugiarse y estar seguro...

El investigador ferviente y sincero de la verdad no confundirá la verdad con el error... El error es falsedad y engaño. Los que participan de él deben sufrir las consecuencias, como ocurrió con Adán y Eva en el Edén. Es privilegio de todos escudriñar la verdad con oración y ávido interés. La verdad es el árbol de vida, cuyas hojas pueden ser comidas por la familia humana para vivir. Los que tratan de interpretar la Palabra de acuerdo con sus propias ideas, los que la leen ajustándola a sus propias opiniones, nunca verán la verdad y morirán en sus pecados. Los que comen del árbol prohibido aceptan los engaños de Satanás en lugar del "así dijo el Señor", y a menos que se arrepientan, nunca ganarán esa vida que se mide con la vida de Dios...

Estamos viviendo en medio de los solemnes acontecimientos del juicio. Nuestras almas debieran estar llenas de temor reverente, porque estamos continuamente en la presencia de Dios. Cada uno debe decidir por sí mismo si obedecerá y vivirá o desobedecerá y perecerá.

Para los que obedecen, la Palabra de Dios es el árbol de la vida. Es la palabra de salvación, que se recibe para vida eterna.

Año bíblico: Mat. 21-23

CRISTO DEMANDA UNIDAD

Para que todos sean uno; como tú, oh Padre, en mí, y yo en ti, que también ellos sean uno en nosotros; para que el mundo crea que tú me enviaste. Juan 17:21.

Todos necesitamos la ayuda que podemos recibir de otros. Dios obrará en otras mentes además de las nuestras. Los diversos dones entregados a diferentes individuos deben combinarse para "perfeccionar a los santos para la obra del ministerio, para la edificación del cuerpo de Cristo" (Efe. 4:12)...

El Señor Jesús sanará nuestras flaquezas y debilidades. Somos pertenencia suya. Somos suyos por creación y por redención. Todos debemos estar unidos a él. Es la única Fuente de sanidad. Todo poder restaurador procede de él... No confiemos en nosotros mismos, sino en Jesús.

Siempre habrá obstáculos delante de nosotros pero hemos de seguir a nuestro Líder y enfrentar nuestras dificultades en forma unida, tomados de la mano. Hay un solo camino al cielo. Debemos caminar en las huellas de Jesús, haciendo sus obras en la misma forma en que él hizo las obras de su Padre. Debemos estudiar sus caminos, no los caminos del hombre; debemos obedecer su voluntad, no la nuestra; debemos caminar cuidadosamente. No se adelanten a Cristo. No hagan ningún movimiento sin consultar a su Comandante. Pidan humildemente en oración y recibirán. El es "el camino, y la verdad, y la vida" (Juan 14:6).

Lean y estudien cuidadosamente la oración que Cristo elevó justamente antes de su enjuiciamiento, y que se registra en el capítulo 17 de San Juan. Sigan sus enseñanzas y obtendrán la unidad. Nuestra única esperanza de alcanzar el cielo está en ser uno con Cristo. Entonces, y a través de Cristo, lograremos la unidad. Ninguno es llamado a caminar solo. En Cristo salen a luz la vida y la inmortalidad. El abrió el camino al reino de los cielos a los que creen en él, pero no asigna a nadie un sendero diferente de aquel que todos deben transitar. Demanda unidad y debemos tener unidad. Dios nos pide que sumerjamos nuestro yo en Cristo. Para el hombre natural esto no es fácil. Pero mediante el poder de la encarnación de Cristo —Dios manifestado en la carne— la fortaleza de Dios se revela en bondad y belleza. "A todos los que le recibieron... les dio potestad de ser hechos hijos de Dios" (Juan 1:12). Mediante este poder podemos vencer nuestras malas tendencias y modificar así nuestras disposiciones imperfectas, de tal manera que la voluntad de Dios pueda cumplirse en nosotros.

Año bíblico: Mat. 24-26

¿ESTA PREPARANDOSE PARA EL CIELO?

Cosas que ojo no vio, ni oído oyó, ni han subido en corazón de hombre, son las que Dios ha preparado para los que le aman. 1 Cor. 2:9.

Qué obra tenemos por delante. Necesitamos una fe mayor en Cristo y en el Padre. Ciertamente, debemos tenerla, de otro modo seremos contados entre los no creyentes. Vemos grandes oportunidades y una gran cantidad de trabajo por realizar. Deseamos que el Espíritu Santo nos santifique. No podemos permitirnos el lujo de errar el blanco del galardón del supremo llamamiento en Cristo Jesús...

Unidos con la Fuente de todo poder, perseverando en el deber, aumentando la comprensión del amor de Dios demostrado en Cristo Jesús, llegarán a ser uno con Cristo, hasta que sean perfeccionados con Cristo en Dios.

Las glorias que esperan a los fieles vencedores están por encima de cualquier descripción. El Señor los honrará y exaltará grandemente. Crecerán como el cedro y su entendimiento sin duda irá en aumento. Y a medida que vayan avanzando en las etapas del conocimiento, sus expectativas quedarán por debajo de la realidad. "Cosas que ojo no vio, ni oído oyó, ni han subido en corazón de hombre, son las que Dios ha preparado para los que le aman" (1 Cor. 2:9). Nuestra tarea ahora es alistarnos para aquellas mansiones que Dios está preparando para los que lo aman y guardan sus mandamientos...

El tiempo es corto. Use el poco tiempo que tiene para su bien presente y eterno por medio del servicio cristiano activo, haciendo todo el bien posible. Redima el tiempo que ha perdido; busque primero el reino de Dios y su justicia. Entonces tendrá algo para impartir en buenas obras, en una influencia alegre y consagrada...

¿Qué preparación ha hecho usted para el futuro mundo eterno?... Usted desea algo más elevado y mejor de lo que tiene actualmente. Debe ejercer una influencia consciente e inconsciente en favor del bien. Dios merece algo mejor de usted como súbdito, que lo que usted le ha dado. Considere cuidadosamente esto: ¿Se encuentra bajo la bandera del Príncipe Emanuel o bajo la bandera negra del príncipe de las tinieblas? Sobre usted descansa la obligación de devolver la influencia y el dinero que le ha sido prestado por el Señor para el avance de su causa y para glorificar su nombre.

El Señor lo llama: "Dame, hijo mío, tu corazón" (Prov. 23:26).

Año bíblico: Mat. 27-28

CRISTO INTERCEDE POR NOSOTROS

Tenemos tal sumo sacerdote, el cual se sentó a la diestra del trono de la Majestad en los cielos, ministro del santuario, y de aquel verdadero tabernáculo que levantó el Señor, y no el hombre. Heb. 8:1-2.

El ojo natural no puede nunca contemplar la gracia y la belleza de Cristo. La iluminación interior, obra del Espíritu Santo, que revela al alma su real impotencia, su condición desesperada, desprovista de la misericordia y el perdón del que cargó con el pecado —de la total suficiencia de Cristo—, es lo único que puede capacitar al hombre para discernir la infinita misericordia, el inconmensurable amor, la benevolencia y la gloria de Jesús.

Jamás vino alguien al mundo con un mensaje de gracia, de infinita compasión y de amor inefable como el de nuestro Salvador; y nunca recibió alguien un tratamiento tal de manos del hombre caído. "No sois vuestros;... habéis sido comprados por precio". (Véase 1 Cor. 6:19-20.) Somos de Cristo por creación, somos suyos por redención. El es el único ser sin pecado que soportó por nosotros el sufrimiento, la vergonzosa humillación y el rechazo...

Por lo tanto, ¿cómo deberían conducirse delante del universo celestial aquellos que han llegado a ser nuevas criaturas en Cristo, salvados por sus méritos? ¿Se quejarán? ¿Se acusarán el uno al otro? ¿No sería mucho más apropiado manifestar un espíritu manso y sumiso? "Aprended de mí —dijo el gran Maestro—, que soy manso y humilde de corazón; y hallaréis descanso para vuestras almas; porque mi yugo es fácil, y ligera mi carga" (Mat. 11:29-30). ¿Revelaremos este espíritu en nuestros caracteres? ¿Llevaremos su yugo, sostendremos sus cargas?...

Si todos pudieran ver a Cristo delante del trono, esperando sus oraciones, anhelando que le entreguen su voluntad, que cesen en la rebelión y que retornen a su alianza con Dios, orarían al Padre con profundo arrepentimiento, pidiéndole perdón por la transgresión de su ley y por la influencia que ejercieron al hacer que otros la despreciaran. Las confederaciones del ejército del enemigo triunfan por la dilación de ellos. ¿Continuarán aún por más tiempo bajo la condenación de la ley o permanecerán en el bando de Cristo para ayudar con su influencia y experiencia personal a la raza traicionada y rebelde? ¿Llegarán a ser colaboradores con Cristo, quien intercede personalmente en su favor ante el Padre?

Año bíblico: Mar. 1-3

LA MANO DE DIOS EN EL TIMON

Por lo demás, hermanos míos, fortaleceos en el Señor, y en el poder de su fuerza. Efe. 6:10.

El futuro está delante de nosotros y ocurrirán hechos imprevistos que cambiarán el estado actual de las cosas del mundo. La lujuria y la codicia están luchando para lograr la supremacía. Se ejercerán opresión y odio con propósitos destructivos. Inspirados por un poder maligno, los instrumentos de Satanás obrarán activamente para cumplir su voluntad. "Los impíos procederán impíamente, y ninguno de los impíos entenderá, pero los entendidos comprenderán" (Dan. 12:10). Cada alma verdaderamente convertida se revestirá con toda la armadura de Dios y enfrentará con bravura al enemigo invisible. Los siervos de Dios comprenderán la necesidad de participar de la naturaleza divina...

Vivimos en tiempos de peligro. Nuestra única seguridad está en caminar en las huellas de Cristo y llevar su yugo. Tiempos turbulentos están delante de nosotros. En muchos casos los amigos se enemistarán. Sin causa alguna, los hombres llegarán a ser nuestros enemigos. Los motivos del pueblo de Dios serán tergiversados no solamente por el mundo, sino también por los propios hermanos. Los siervos del Señor serán colocados en situaciones difíciles. A fin de justificar la conducta egoísta e injusta de los hombres, se hará una montaña de una insignificancia.

La obra que los hombres han hecho fielmente será desacreditada y desestimada, debido a que sus esfuerzos no son acompañados por una aparente prosperidad. Por medio de tergiversaciones estos hombres serán vestidos con los oscuros ropajes de la deshonestidad debido a que circunstancias que están más allá de su control, confundieron su obra. Se los señalará como hombres en quienes no se puede confiar. Y esto lo harán los miembros de la iglesia. Los siervos de Dios deben armarse con la mente de Cristo. No deben esperar que escaparán del insulto y la tergiversación. Se los tildará de excéntricos y fanáticos. Pero nadie debe desanimarse. La mano de Dios está sobre el timón de su providencia, guiando su obra para la gloria de su nombre.

Dios exhorta a su pueblo a ser una brillante luz en el mundo; una luz que brille en medio de las tinieblas del pecado. Vivir la vida del Dador de la vida tiene su recompensa. El anduvo haciendo bienes. Esto es lo que hará todo verdadero seguidor de Cristo, imbuido de un sentido sagrado de lealtad a Dios y de deber hacia sus prójimos.

Año bíblico: Mar. 4-6

PERMITAN QUE DIOS OBRE EN USTEDES

Y el Dios de paz... os haga aptos en toda obra buena para que hagáis su voluntad, haciendo él en vosotros lo que es agradable delante de él por Jesucristo; al cual sea la gloria por los siglos de los siglos. Amén. Heb. 13:20-21.

Estudiando la Palabra de Dios y practicando sus preceptos en todas sus transacciones comerciales, los hombres pueden discernir claramente el espíritu que controla las acciones. En lugar de seguir los impulsos humanos y la inclinación natural, pueden aprender, mediante un estudio diligente, los principios que debieran controlar a los hijos e hijas de Adán.

La Biblia es el Libro Guía que debe resolver los muchos problemas difíciles que aparecen en las mentes dominadas por el egoísmo. Es un reflejo de la sabiduría de Dios, y no solamente proporciona principios grandes e importantes, sino que también provee lecciones prácticas para la vida y la conducta del hombre en su relación con su prójimo. Da detalles precisos que determinan nuestra relación con Dios y del uno para con el otro. Es una revelación completa de los atributos y de la voluntad de Dios en la persona de Jesucristo, y en ella se especifica la obligación del instrumento humano de rendir a Dios un servicio de todo corazón, y de preguntarse a cada paso: "¿Es éste el camino del Señor?"...

La voluntad de Dios expresada en su Palabra debe ser introducida hasta lo más recóndito del alma. Si así lo queremos, Dios identificará su voluntad con todos nuestros pensamientos y propósitos, armonizando de tal manera nuestros corazones y mentes con su Palabra, que cuando obedezcamos su voluntad estaremos tan sólo ejecutando nuestros propios impulsos. Los tales no poseerán una disposición no santificada y egoísta, lista para llevar a cabo sus propios deseos, sino que manifestarán un celo ferviente y decidido por la gloria de Dios. No querrán hacer nada con sus propias fuerzas, y se guardarán estrictamente contra el peligro de promover el yo.

Todos los que quieran perfeccionar el carácter cristiano deberán llevar el yugo de Cristo. Si han de sentarse en los lugares celestiales con Cristo Jesús, deben aprender de él mientras estén sobre esta tierra. Nuestra naturaleza necesita disciplina. Debe conformarse a la naturaleza de Jesús, a fin de que él pueda cumplir el bien que quiere hacer por todos aquellos que se someten para ser modelados, mediante la entrega de su naturaleza a su autoridad. El gran Maestro se unirá en yugo con toda alma que esté dispuesta a llevar el yugo suyo.

Año bíblico: Mar. 7-9

EL INCONMENSURABLE AMOR DE CRISTO

Por lo cual estoy seguro de que ni la muerte, ni la vida, ni ángeles, ni principados, ni potestades, ni lo presente, ni lo por venir, ni lo alto, ni lo profundo, ni ninguna otra cosa creada nos podrá separar del amor de Dios, que es en Cristo Jesús Señor nuestro. Rom. 8:38-39.

Cristo podría haberse apartado de nosotros a causa de nuestra culpabilidad. Pero en vez de hacerlo, vino y habitó entre nosotros, lleno de toda la plenitud de la Deidad, para ser uno con nosotros, a fin de que por medio de su gracia pudiéramos obtener la perfección. Por medio de una muerte de vergüenza y sufrimiento pagó el rescate del hombre. ¡Qué amor abnegado! Descendió de la excelsitud, revistió su divinidad con humanidad, y fue bajando paso a paso a las profundidades mismas de la humillación. No hay sonda que pueda medir la profundidad de este amor.

Cristo nos mostró cuánto puede amar Dios y cuánto sufrió nuestro Redentor para asegurar nuestra completa restauración. Desea que sus hijos revelen su carácter y ejerzan su influencia a fin de que otras mentes puedan ser puestas en armonía con su mente.

Cristo, nuestro Salvador, en quien moraba la perfección absoluta, fue hecho pecado en favor de la raza caída. No cometió falta alguna, pero llevó el terrible peso de la culpabilidad de todo el mundo. Llegó a ser nuestra propiciación, a fin de que todos los que lo recibieran pudieran llegar a ser hijos de Dios. Se levantó la cruz para salvar al hombre. La elevación de Cristo sobre la cruz fue el medio ideado por el cielo para despertar en el alma arrepentida el sentido de la pecaminosidad del pecado. Mediante la cruz, Cristo trata de atraer a todos a sí mismo. Murió como la única esperanza de salvación para los que, por causa del pecado, estaban en la hiel de amargura. Mediante la obra del Espíritu Santo había de introducirse un nuevo principio de poder mental y espiritual en el hombre, para que, mediante la asociación con la divinidad, llegara a ser uno con Dios...

Me asombro de que quienes profesan ser cristianos no echan mano de los recursos divinos; de que no ven con más claridad la cruz como el medio de misericordia y perdón, el medio de poner al corazón orgulloso y egoísta del hombre en contacto directo con el Espíritu Santo a fin de que las riquezas de Cristo puedan ser derramadas en la mente, y el instrumento humano sea adornado con las gracias del Espíritu y que Cristo pueda ser ensalzado en aquellos que no lo conocen.

Año bíblico: Mar. 10-12

VIVAMOS POR PRINCIPIOS

¡Oh, cuánto amo yo tu ley! Todo el día es ella mi meditación. Sal. 119:97.

Que los que hablan de principios, como si ellos bajo ninguna circunstancia se desviarían de los mismos, se aseguren de que comprenden los principios delineados en la Palabra de Dios para nuestra guía. Hay algunos que siguen principios falsos. Su concepto de éstos es engañoso. Ajustarse a principios correctos significa poner en práctica fielmente los primeros cuatro y los últimos seis mandamientos. En obediencia a estos mandatos divinos comemos la carne y bebemos la sangre de Cristo, apropiándonos de todo lo que incluye la expiación llevada a cabo en el Calvario. Cristo permanecerá al lado de todos los que lo reciban como Salvador. A ellos les dará poder para convertirse en hijos de Dios. "Y aquel Verbo fue hecho carne, y habitó entre nosotros (y vimos su gloria, gloria como del unigénito del Padre), lleno de gracia y de verdad" (Juan 1:14).

El que se menciona aquí como el Verbo es el Hijo de Dios, el Comandante de las cortes celestiales y el que vino a este mundo para revelar los asuntos celestiales a los seres humanos caídos. El es el camino, la verdad y la vida. Es el Verbo que estuvo con Dios antes que el mundo fuese. Al revestir su divinidad de humanidad, llegó a poseer ambas naturalezas, la divina y la humana...

Comenzó su existencia terrenal como lo hacen los seres humanos, llegando a este mundo como un bebé indefenso. Y mientras estuvo aquí, vivió la vida que todo ser humano puede vivir si recibe el don excelso que el Señor proveyó para nuestro mundo al enviar a su Hijo a cumplir el plan de salvación.

Cristo soportó la pena del pecado, el golpe de la justicia divina, para que los seres humanos no fuesen abandonados a perecer. El sufrió en su cuerpo la sentencia pronunciada contra los pecadores. Esta es la ciencia de la salvación, la que puede ser escudriñada sin peligro, y será beneficioso que nos esforcemos por entenderla...

Quienes persistan en la transgresión serán juzgados según su rechazo de la luz. Escogen estar del lado del príncipe de las tinieblas para convertirse en su mano ayudadora. El, si fuese posible, engañaría aun a los escogidos. Rehúsan la maravillosa dádiva del cielo, y aunque profesen la justicia y hablen de "apego a los principios", están al mismo tiempo siguiendo normas opuestas a las nobles normas del cielo, y enseñan a otros a poner en práctica los mismos principios corruptores.

Año bíblico: Mar. 13-14

NUESTRA DOCTRINA SOBRE EL SANTUARIO

Hasta dos mil trescientas tardes y mañanas; luego el santuario será purificado. Dan. 8:14.

Mis hermanos, ubíquense en el puesto que el Señor les asigna. Apártense de los que, después de haber recibido luz reiteradamente, se colocan del lado opuesto... Emprendan el trabajo que nos ha sido encomendado. Con la Palabra de Dios como su mensaje, estén de pie en la plataforma de la verdad y proclamen el pronto regreso de Cristo. La verdad, la verdad eterna, prevalecerá.

Durante más de medio siglo [desde 1844], los temas principales de la verdad presente han sido cuestionados y combatidos. Se han presentado nuevas teorías como verdaderas, las cuales no constituían la verdad, y el Espíritu de Dios reveló su error. Cuando los grandes pilares de nuestra fe fueron presentados, el Espíritu Santo dio testimonio de ellos, especialmente en lo concerniente a las verdades de la cuestión del Santuario. Una y otra vez el Espíritu Santo apoyó en forma notable la predicación de esta doctrina. Pero hoy, como en el pasado, algunos serán impulsados a elaborar nuevas teorías y a negar las verdades a las cuales el Espíritu de Dios ha dado su aprobación.

Cualquier hombre que procure presentar teorías que nos apartarían de la luz que nos ha llegado acerca del ministerio en el Santuario celestial, no debería ser aceptado como maestro. La verdadera comprensión del tema del Santuario significa mucho para nosotros como pueblo. Cuando buscamos fervientemente al Señor para recibir luz sobre este asunto, la luz vino. En visión se me mostró una escena tal del Santuario celestial y del ministerio relacionado con el Lugar Santo, que por muchos días no pude hablar de ello.

Por la luz que el Señor me ha otorgado sé que debería haber un reavivamiento de los mensajes que se han dado en el pasado, porque los hombres procurarán introducir nuevas teorías y tratarán de probar que éstas son bíblicas. En cambio son errores que, si se les da cabida, socavarán la fe en la verdad. No debemos aceptar estas suposiciones y hacerlas circular como si fueran verdad...

Siempre existirán los que buscan algo nuevo, los que exageran y fuerzan la Palabra de Dios para obligarla a fundamentar sus ideas y teorías. Hermanos, tomemos las cosas que Dios nos ha concedido y las que su Espíritu nos ha enseñado en verdad y creamos en ellas, abandonando esas especulaciones que su Espíritu no ha aprobado.

Año bíblico: Mar. 15-16

COMAMOS LAS HOJAS
DEL ARBOL DE LA VIDA

En medio de la calle de la ciudad, y a uno y otro lado del río, estaba el árbol de la vida, que produce doce frutos, dando cada mes su fruto; y las hojas del árbol eran para la sanidad de las naciones. Apoc. 22:2.

¿Debemos esperar hasta que seamos trasladados para comer de las hojas del árbol de la vida? El que recibe en su corazón las palabras de Cristo sabe qué significa comer de las hojas del árbol de vida...

La sabiduría que proviene de Dios es el pan de vida. Son las hojas del árbol de la vida las que se usan para la sanidad de las naciones. La corriente de vida espiritual estremece el alma cuando las palabras de Cristo se creen y se ponen en práctica. Así es como somos hechos uno con Cristo. La experiencia débil y enfermiza se vuelve fuerte. Significa la vida eterna para nosotros, si mantenemos nuestra confianza firme desde el comienzo hasta el final.

Toda verdad ha de recibirse como la vida de Jesús. Ella nos purifica de toda impureza y prepara el alma para la presencia de Jesús. Cristo, la esperanza de gloria, se forma en el interior...

Es fundamental que los que aseguran guardar los mandamientos de Dios posean un conocimiento inteligente de las Escrituras. De ese modo aprendemos a negar el yo y a ser estrictamente honestos con Dios al usar sus beneficios. A fin de que pudiéramos comprender la voluntad divina, Dios nos dio la Biblia. No podemos obedecer sus mandamientos antes que sepamos que existen.

Los padres no tienen excusa si fracasan en obtener una comprensión clara de la voluntad de Dios para poder obedecer las leyes del reino. Sólo así pueden guiar a sus hijos al cielo. Mis hermanos y hermanas, es deber de ustedes conocer los requerimientos de Dios. ¿Cómo pueden educar a sus hijos en las cosas de Dios, a menos que sepan primeramente qué está bien y qué está mal, a menos que se den cuenta de que la obediencia significa vida eterna y la desobediencia muerte eterna?

Comprender la voluntad de Dios debe ser la tarea de nuestra vida. Solamente al hacer esto podremos instruir a nuestros hijos correctamente. Cada palabra y acción de ustedes ha de estar de acuerdo con la voluntad del Señor, independientemente de las opiniones y prácticas de quienes rehúsan obedecer a Dios.

Año bíblico: Luc. 1-2

SOLO UNA LUZ PARA ILUMINAR LA SENDA

Mas la senda de los justos es como la luz de la aurora, que va en aumento hasta que el día es perfecto. Prov. 4:18.

El amor de Cristo en el corazón, que revela por medio de la vida su maravilloso poder, es el mayor milagro que puede realizarse ante el mundo caído y contencioso. Tratemos de obrar este milagro, no con nuestro propio poder sino en el nombre del Señor Jesucristo, de quien somos y a quien servimos. Llenémonos de Cristo, y el poder milagroso de su gracia será tan plenamente revelado en la transformación del carácter que el mundo se convencerá de que Dios envió a su Hijo al mundo para que los hombres sean como ángeles en carácter y vida.

Los que verdaderamente creen en Cristo se sientan junto a él en los lugares celestiales. Aceptemos la insignia del cristianismo. No es un distintivo externo, no es usar una cruz o una corona, sino algo que revela la unión del hombre con Dios. Despojémonos "del viejo hombre con sus hechos, y... [revistámonos] del nuevo, el cual conforme a la imagen del que lo creó se va renovando hasta el conocimiento pleno" (Col. 3:9-10). La belleza de la santidad se revela a medida que los cristianos se unen, fusionándose en el amor de Cristo.

"Así que, hermanos, teniendo libertad para entrar en el Lugar Santísimo por la sangre de Jesucristo, por el camino nuevo y vivo que él nos abrió a través del velo, esto es, de su carne, y teniendo un gran sacerdote sobre la casa de Dios, acerquémonos con corazón sincero, en plena certidumbre de fe, purificados los corazones de mala conciencia, y lavados los cuerpos con agua pura. Mantengamos firme, sin fluctuar, la profesión de nuestra esperanza, porque fiel es el que prometió. Y considerémonos unos a otros para estimularnos al amor y a las buenas obras; no dejando de congregarnos, como algunos tienen por costumbre, sino exhortándonos; y tanto más, cuando veis que aquel día se acerca" (Heb. 10:19-25).

Existe sólo una verdadera religión, sólo un camino al cielo, sólo una luz para iluminar la senda a medida que los peregrinos avanzan de prisa. En tanto prosigamos en el conocimiento del Señor, reconoceremos a cada paso que Cristo es la "Luz del mundo", que él es "el Camino, la Verdad, y la Vida"; y veremos que la senda por la que nos pide que transitemos es "como la luz de la aurora, que va en aumento hasta que el día es perfecto" (Prov. 4:18)...

Cuán bendecido, cuán doblemente bendecido, es el hogar en el cual el padre, la madre y los hijos están consagrados al servicio de Cristo.

Año bíblico: Luc. 3-5

CRISTO TIENE PODER PARA NOSOTROS

Y vosotros estáis completos en él, que es la cabeza de todo principado y potestad. Col. 2:10.

Hemos de vivir bajo los rayos templados y suaves del Sol de justicia. Nada sino su amorosa compasión, su gracia divina, su excelso poder, pueden capacitarnos para frustrar al implacable enemigo y dominar la oposición del corazón humano. ¿Cuál es nuestra fortaleza? El gozo del Señor. Dejemos que el amor enternecedor de Cristo colme el corazón y seamos suavizados y subyugados, preparados para recibir el poder que él tiene para nosotros.

Agradezcamos a Dios todos los días por las bendiciones que nos da. Si el agente humano se humilla ante Dios, reconociendo cuán impropio es abrigar sentimientos de autosuficiencia, reconociendo su total incapacidad para hacer la obra que es necesario realizar a fin de que su alma sea purificada, desechando su propia justicia, Cristo grabará su propia imagen en su alma. Aplicará su mano a la tarea de crearlo de nuevo, y la continuará hasta que esté "completo en él".

Cristo nunca descuidará la obra que se ha dejado en sus manos. Inspirará al discípulo resuelto con un sentido de la perversidad, de la condición mancillada por el pecado, de la depravación del corazón sobre el cual él está trabajando. El verdadero penitente ha aprendido la inutilidad de la autosuficiencia. Mirando a Jesús, comparando su carácter defectuoso con el carácter perfecto del Salvador, puede decir:

En mi mano nada traigo;
Simplemente a tu cruz me aferro...

Contemplando a Cristo..., el escudriñador de la verdad ve la perfección de los principios de la ley de Dios, y nada más que la perfección lo satisface. Ocultando su vida en la vida de Cristo, comprende que la santidad de la ley divina se revela en el carácter de Cristo, y cada vez se esfuerza más fervientemente por ser como él. En cualquier momento puede presentarse una guerra, puesto que el tentador ve que está perdiendo a uno de sus súbditos. Debe librarse una batalla con los atributos que Satanás ha estado fortaleciendo para su propio uso.

El agente humano ve con qué tiene que luchar: un extraño poder que se opone a la idea de alcanzar la perfección que Cristo presenta. Pero con Cristo hay poder salvador, que obtendrá la victoria por él en el conflicto. El Salvador lo fortalecerá y lo ayudará cuando se acerque suplicando gracia y eficiencia.

Año bíblico: Luc. 6-8

AYUDA PROMETIDA PARA EL CONFLICTO

Ahora, así dice Jehová, Creador tuyo, oh Jacob, y Formador tuyo, oh Israel: No temas, porque yo te redimí; te puse nombre, mío eres tú. Isa. 43:1.

Todo obstáculo para la redención del pueblo de Dios ha de ser erradicado abriendo la Palabra de Dios y presentando un simple "Así dice el Señor". La verdadera luz ha de resplandecer, puesto que tinieblas cubren la tierra y densa oscuridad a los pueblos. La verdad del Dios viviente debe aparecer en marcado contraste con el error. Proclamen las buenas nuevas: Tenemos un Salvador que dio su vida para que todo aquel que en él cree, no se pierda, mas tenga vida eterna.

Aparecerán trabas para impedir el progreso de la obra del Señor, pero no teman. A la omnipotencia del Rey de reyes, nuestro Dios —observador del pacto—, une la bondad y el cuidado de un tierno pastor. Nada puede obstruir su camino. Su poder es absoluto y es la garantía inamovible del cumplimiento de sus promesas a su pueblo...

La iglesia de Cristo es el instrumento de Dios para la proclamación de la verdad. Está autorizada por él para efectuar una labor especial, y si es fiel a Dios y obediente a todos sus mandamientos, morará en ella la excelencia del poder divino. Si honra al Señor Dios de Israel ningún poder podrá oponérsele. Si mantiene su fidelidad, las fuerzas del enemigo ya no podrán subyugarla más de lo que puede la paja resistir al remolino de viento.

Se halla ante la iglesia el amanecer de un día glorioso y brillante si se viste con el manto de la justicia de Cristo, apartándose de toda alianza con el mundo. Los miembros de la iglesia necesitan ahora confesar sus errores y unirse. Mis hermanos y hermanas, no permitan que nada se introduzca y los separe entre sí y de Dios. No hablen de diferencias de opiniones sino únanse en el amor de la verdad según es en Cristo Jesús. Acudan a Dios e imploren por la sangre derramada del Salvador como razón para recibir ayuda en la contienda contra el mal. Les aseguro que no suplicarán en vano. A medida que se acerquen a Dios, con sincera contrición y en total certidumbre de fe, el enemigo que procura destruirlos será vencido.

Regresen al Señor, prisioneros de la esperanza. Procuren la fortaleza de Dios, del Dios vivo. Muestren una fe humilde y firme en su poder y en su disposición para salvar. De Cristo está fluyendo el torrente viviente de salvación.

Año bíblico: Luc. 9-11

EL SERVICIO A DIOS
COMIENZA EN LA TIERRA

Para que sometida a prueba vuestra fe, mucho más preciosa que el oro, el cual aunque perecedero se prueba con fuego, sea hallada en alabanza, gloria y honra cuando sea manifestado Jesucristo. 1 Ped. 1:7.

"Y no habrá más maldición". En todas partes podemos ver las consecuencias de la maldición. Alabemos al Señor porque en la Tierra Nueva "no habrá más maldición; y el trono de Dios y del Cordero estará en ella, y sus siervos le servirán" (Apoc. 22:3). Algunos saben muy poco acerca del significado del verdadero servicio. Los cantantes que van a actuar en un espectáculo dedican tiempo para practicar, para familiarizarse con la música y la letra. Para que aprendamos a servir al Señor en el cielo, debemos participar en su servicio ahora, para ir conociéndolo y para aprender a ser siervos fieles...

Es nuestro privilegio comprender la bendita Palabra de Dios. Hemos caído, es cierto, pero no permaneceremos siempre en el pecado. Se nos ha colocado en terreno ventajoso. El Señor Dios del cielo "de tal manera amó... al mundo, que ha dado a su Hijo unigénito, para que todo aquel que en él cree, no se pierda, mas tenga vida eterna" (Juan 3:16). ¡Qué preciosa esperanza tenemos en Cristo!...

Sobrevendrán tentaciones. Pero cuando Satanás arroja su sombra infernal ante nosotros, debemos atravesar por fe las tinieblas hacia la Luz de la vida; hacia el que no sólo creó al hombre, sino que lo redimió por su propia sangre. Somos propiedad estimada de Cristo. Con fe viva debemos colaborar con él en nuestra propia salvación. Quienes descansan en Cristo Jesús nunca están inquietos o ansiosos. El Señor es totalmente sincero cuando nos invita a entregarle la custodia de nuestras almas, como a un fiel Creador.

Los que mantengan su fe firme hasta el fin saldrán del horno de prueba como oro fino siete veces purificado. Acerca de esta obra, el profeta Isaías declara: "Haré más precioso que el oro fino al varón, y más que el oro de Ofir al hombre" (Isa. 13:12). Cuando estén en dificultades, recuerden que la fe probada en el horno de la aflicción es más preciosa que el oro purificado en el fuego. Recuerden que hay uno que vela en todo momento, para ver cuándo la última partícula de impureza es erradicada de su carácter.

Año bíblico: Luc. 12-14

EL SIGNIFICADO DE LA COMUNION CON DIOS

Lo que hemos visto y oído, eso os anunciamos, para que también vosotros tengáis comunión con nosotros; y nuestra comunión verdaderamente es con el Padre, y con su Hijo Jesucristo. 1 Juan 1:3.

La comunión con Dios es la vida del alma. No es algo que no podamos entender, o que podamos adornar con hermosas palabras, sino algo que nos da la genuina experiencia que le otorga a nuestras palabras el valor real. La comunión con Dios nos brinda una experiencia diaria que en verdad hace que nuestro gozo sea completo.

Los que tienen esa unión con Cristo lo manifestarán en espíritu, en palabras y en obras. La profesión no es nada a menos que de palabra y de hecho se revele el buen fruto. La unidad, comunión de unos con otros y con Cristo: ése es el fruto que lleva cada pámpano de la vid viviente. El alma purificada, nacida de nuevo, tiene un testimonio claro y distinto para dar...

Conocer a Dios significa, en el sentido bíblico del término, ser uno con él en corazón y mente, conociéndolo por experiencia propia, manteniendo una comunión reverente con él como Redentor. Sólo a través de una sincera obediencia puede obtenerse esa comunión. Donde ésta falta, el corazón no es en ningún sentido un templo de Dios, sino que es dirigido por el enemigo, que está llevando a cabo sus propios propósitos por medio del agente humano. Dicho individuo, cualesquiera sean su profesión y sus pretensiones, no es un templo del Espíritu Santo.

La experiencia se perfecciona llevando frutos. El que no da buenos frutos en palabras y en hechos, en la fortaleza de un principio elevado, ennoblecedor, es un mal árbol. El fruto que éste lleva es desabrido para Dios. El conocimiento de Cristo que profesa es una falsedad, un engaño...

Por la luz que Dios me ha otorgado, sé que el mayor peligro de los hombres se encuentra en el autoengaño. Satanás está aguardando su oportunidad. Vendrá a los hombres en forma humana, y les hablará las palabras más fascinantes. Los acosará con las mismas tentaciones con que acosó a Cristo. A menos que sus mentes y corazones estén llenos del amor puro, desinteresado y santificado que Cristo reveló, caerán presa del poder de Satanás, y realizarán, dirán y escribirán cosas extrañas, para engañar, si fuese posible, a los mismos escogidos.

Año bíblico: Luc. 15-17

EL CIELO: EL VERANO DEL CRISTIANO

Aguardando la esperanza bienaventurada y la manifestación gloriosa de nuestro gran Dios y Salvador Jesucristo. Tito 2:13.

Cristo pronto vendrá por segunda vez. De ello deberíamos conversar frecuentemente. Debería ser el pensamiento predominante en nuestras mentes. Vendrá con poder y gran gloria, y todo ojo lo verá. Todos los santos ángeles lo acompañarán. Acerca de esta compañía, Juan escribe: "Y miré, y oí la voz de muchos ángeles alrededor del trono, y de los seres vivientes, y de los ancianos; y su número era millones de millones" (Apoc. 5:11).

La trompeta aún no ha sonado. Quienes han descendido a la tumba todavía no han exclamado: "¿Dónde está, oh muerte, tu aguijón? ¿Dónde, oh sepulcro, tu victoria?" (1 Cor. 15:55). Los justos muertos aún no han sido arrebatados con los santos vivos para encontrarse con su Señor en el aire. Pero se aproxima el tiempo en que las palabras pronunciadas por el apóstol Pablo se cumplirán: "Porque el Señor mismo con voz de mando, con voz de arcángel, y con trompeta de Dios, descenderá del cielo; y los muertos en Cristo resucitarán primero. Luego nosotros los que vivimos, los que hayamos quedado, seremos arrebatados juntamente con ellos en las nubes para recibir al Señor en el aire, y así estaremos siempre con el Señor" (1 Tes. 4:16-17).

Para ser semejantes al Salvador, debemos ser transformados (véase Fil. 3:20-21). Ahora es el tiempo de introducir en nuestra vida diaria las virtudes de la vida de Cristo. No hay tiempo que perder...

Todos los que deseen pueden ser vencedores. Esforcémonos fervientemente por alcanzar el nivel que se nos indica. Cristo conoce nuestras debilidades, y podemos recurrir a él diariamente en busca de ayuda. No es necesario que obtengamos fortaleza con un mes de anticipación. Hemos de triunfar día a día.

Esta tierra es el lugar de preparación para el cielo. El tiempo que pasamos aquí es el invierno del cristiano. Los vientos fríos de la aflicción soplan sobre nosotros, y las olas de los problemas nos arrollan. Pero en un futuro cercano, cuando Cristo venga, las penas y los lamentos habrán desaparecido para siempre. Entonces será el verano del cristiano. Todas las pruebas habrán concluido, y no habrá más enfermedad ni muerte. "Enjugará Dios toda lágrima de los ojos de ellos; y ya no habrá muerte, ni habrá más llanto, ni clamor, ni dolor; porque las primeras cosas pasaron" (Apoc. 21:4).

Año bíblico: Luc. 18-20

BENDITA SEGURIDAD

No te desampararé, ni te dejaré. Heb. 13:5.

Tenemos sólo una vida para vivir, y por medio de nuestra comunión diaria con Dios, y por los méritos de nuestro Señor Jesucristo, tenemos apoyo constante al hacer las cosas que representarán a Cristo ante el mundo. Podemos no disponer de todas las comodidades que algunos tienen en cuanto a facilidades y bienes materiales, pero tenemos la bendita seguridad que Cristo dio a sus discípulos... Les dijo: "No se turbe vuestro corazón; creéis en Dios, creed también en mí. En la casa de mi Padre muchas moradas hay; si así no fuera, yo os lo hubiera dicho; voy, pues, a preparar lugar para vosotros. Y si me fuere y os preparare lugar, vendré otra vez, y os tomaré a mí mismo, para que donde yo estoy, vosotros también estéis" (Juan 14:1-3).

¡Benditas palabras! Podemos recibir a Cristo en nuestros corazones, y será para nosotros esperanza, valor y gracia sustentadora. El Señor desea que confiemos completamente en él. Entonces, en la sencillez de nuestra fe, creeremos que Cristo hará por nosotros todo lo que ha prometido. Acudan todos al Salvador con la completa seguridad de que hará todo lo que ha prometido.

No hay mejor manera de agradar al Salvador que teniendo fe en sus promesas. Su misericordia puede llegar a ti, y tus oraciones llegarán a él. Nada puede interrumpir esta línea de comunicación. Debemos aprender a llevar todas nuestras perplejidades a Jesucristo, porque él nos ayudará, escuchará nuestros pedidos. Podemos acudir a él, sin ninguna duda, en completa seguridad de fe, porque él es el camino viviente...

Cuanto más insistimos en las peticiones que hacemos llegar a su trono, tanto más seguros estamos de recibir constantemente la abundante gracia de nuestro Señor Jesucristo. Tú no fortaleces el camino que recorres por [tener] fe. Pero creces en fuerza y seguridad porque tienes un Guía a tu lado...

Confía, entonces, en el Señor Jesús para que te guíe paso a paso en el sendero recto. Puedes obtener seguridad y fuerza en cada paso que das, porque puedes tener la seguridad de que tu mano está en la suya. Puedes "correr y no cansarte", puedes "caminar y no desmayar", porque puedes ver por fe que tienes tu mano en la de Cristo. No te hundirás en el desaliento, porque a medida que sigas conociendo al Señor, confiando en él, tendrás la seguridad de que Aquel que nunca abandona a quienes confían plenamente en él, es tu constante Ayudador.

Año bíblico: Luc. 21-22

DEJEMOS EL YO EN LAS MANOS DE DIOS

Mi Padre que me las dio, es mayor que todos, y nadie las puede arrebatar de la mano de mi Padre. Juan 10:29.

Debemos elevarnos a un grado más alto en el tema de la fe. Tenemos tan poca fe. La Palabra de Dios es nuestro respaldo. Debemos tomarla, creyendo sencillamente cada palabra. Con esta seguridad podemos pedir grandes cosas, y de acuerdo con nuestra fe nos serán concedidas... Si humillamos nuestros corazones delante de Dios; si buscamos morar en Cristo, tendremos una experiencia más santa y elevada...

La verdadera fe consiste en hacer precisamente las cosas que Dios ha ordenado, no las que no ha mandado. Los frutos de la fe son la justicia, la verdad y la misericordia. Necesitamos caminar a la luz de la ley de Dios; y entonces las buenas obras serán el fruto de nuestra fe, los resultados de un corazón renovado cada día...

De ninguna manera debemos convertir el yo en nuestro dios. Dios se dio a sí mismo para morir por nosotros, a fin de purificarnos de toda iniquidad. El Señor llevará a cabo esta obra de perfección en nosotros si le permitimos que nos controle...

La obra de justificación no puede ser realizada a menos que ejercitemos una fe implícita... Por medio de la unión con él, por medio de la fe viviente, tenemos el privilegio de gozar de la virtud y la eficacia de su mediación. En consecuencia, somos crucificados, muertos y resucitados con Cristo, para caminar en novedad de vida con él.

No debemos sostenernos con nuestras propias manos. Debemos abandonar el yo en las manos de Dios... Nuestra falta de fe es la razón por la cual no hemos visto más del poder de Dios. Ejercitamos más fe en nuestras propias obras que en la obra de Dios por nosotros. Dios dispuso que se hiciera todo lo posible para que pudiéramos estar corazón con corazón, mente con mente, hombro con hombro. La falta de amor y confianza entre nosotros debilita nuestra fe en Dios.

Necesitamos orar como nunca hemos orado por el bautismo del Espíritu Santo, porque, si hubo alguna vez un tiempo cuando necesitamos ese bautismo, es ahora. No hay nada que el Señor nos haya dicho más frecuentemente que nos concedería, ni nada por lo que su nombre sería más glorificado al dárnoslo, que el Espíritu Santo. Cuando participemos de este Espíritu, los hombres y las mujeres nacerán de nuevo... Las almas que una vez estuvieron perdidas, serán encontradas y traídas de regreso.

Año bíblico: Luc. 23-24

QUE SIGNIFICA PERFECCION CRISTIANA

Todo lo puedo en Cristo que me fortalece. Fil. 4:13.

¿Qué requiere Dios? Perfección; nada menos que la perfección. Pero si hemos de ser perfectos, no pondremos nuestra confianza en el yo. Diariamente necesitamos comprender que no debemos confiar en nosotros mismos. Necesitamos aferrarnos con fe firme de las promesas de Dios. Necesitamos implorar la ayuda del Espíritu Santo, conscientes de nuestra impotencia. Entonces, cuando el Espíritu Santo obre, no daremos la gloria al yo. El Espíritu tomará nuestro corazón bajo su cuidado, haciendo que le lleguen los brillantes rayos del Sol de justicia. Debemos ser guardados por el poder de Dios mediante la fe.

Cuando estemos diariamente bajo el control del Espíritu de Dios, seremos el pueblo que guarda los mandamientos. Podemos mostrar al mundo que la obediencia de los mandamientos de Dios trae recompensa en esta vida y también felicidad eterna en la vida futura. A pesar de nuestra profesión de fe, el Señor, que pesa nuestras acciones, no ve sino una representación imperfecta de Cristo. El ha declarado que una condición tal no puede glorificarlo.

Significa mucho entregar la custodia del alma a Dios. Significa que hemos de vivir y caminar por fe, no confiando y glorificando al yo, sino mirando a Jesús, nuestro Abogado, el Autor y Consumador de nuestra fe. El Espíritu Santo hará su obra sobre el corazón contrito, pero nunca podrá obrar sobre un alma presumida y autosuficiente. Una persona tal tratará de mejorar por su propia sabiduría. Se interpone así entre su alma y el Espíritu Santo, y le impide obrar...

El Espíritu Santo desea cooperar con todos los que le reciban y estén dispuestos a ser enseñados por él. Los que se aferran de la verdad y son santificados mediante ella, están tan unidos a Cristo que pueden representarlo en palabra y acción. Están revestidos de Jesús y poseen un poder que los capacita para revelar la verdad a otros. Quiera el Espíritu Santo hablar a los corazones de los integrantes del pueblo de Dios para que sus palabras puedan ser tan escogidas como el oro, al dar el pan de vida a quienes están en transgresión y pecado...

Es la voluntad de Dios que las bendiciones otorgadas al hombre sean dadas en plenitud. El hizo provisión para que toda dificultad pueda ser superada, para que cada necesidad pueda ser suplida mediante su Espíritu. Es su designio que el hombre perfeccione un carácter cristiano.

Año bíblico: Juan 1-3

RESPLANDECER CON BRILLO VIVIENTE

Y serán para mí especial tesoro, ha dicho Jehová de los ejércitos, en el día en que yo actúe; y los perdonaré, como el hombre que perdona a su hijo que le sirve. Mal. 3:17.

Los cristianos son las gemas de Cristo, comprados a un precio infinito. Deben resplandecer brillantemente para él, reflejando la luz de su hermosura. Y han de recordar siempre que todo el lustre que posee el carácter cristiano proviene del Sol de justicia. El lustre de las joyas de Cristo depende del pulido que reciban. Dios no nos obliga a ser pulidos. Se nos deja en libertad de elegir ser pulidos o permanecer sin pulir. Pero todo el que sea declarado digno de un lugar en el templo de Dios debe someterse al proceso del pulimento. Debe dar su consentimiento para que se corten los bordes ásperos de su carácter, a fin de que pueda ser simétrico y hermoso, idóneo para representar la perfección del carácter de Cristo.

Se deshonra al Señor cuando su pueblo no vive en la luz del Sol de justicia ni refleja más luz que la de los guijarros comunes. Se lo deshonra cuando el servicio que se le presta está empañado con la lepra del egoísmo.

El divino Artífice dedica poco tiempo al material sin valor. Solamente pule las joyas preciosas para que sean dignas de un palacio. Con el martillo y el cincel elimina los bordes ásperos, preparándonos para ocupar un lugar en el templo de Dios. El proceso es severo y doloroso. Lastima el orgullo humano. Cristo corta profundamente en la experiencia que el hombre, en su autosuficiencia, considera como completa, y elimina el enaltecimiento propio del carácter. Quita las superficies excedentes, y aplicando la piedra a la rueda esmeril, la presiona a fin de que toda aspereza sea desgastada. Entonces, sosteniendo la joya ante la luz, el Maestro contempla en ella un reflejo de su propia imagen y la declara digna de un lugar en su templo.

¡Bienaventurada sea la experiencia, aunque severa, que da nuevo valor a la piedra, capacitándola para brillar con un resplandor viviente!

[El Señor] tiene obreros a los cuales llama de la pobreza y la oscuridad. Ocupados en los deberes cotidianos de la vida, y vestidos con ropas comunes, son considerados como de poco valor por los hombres. Pero Cristo ve en ellos posibilidades infinitas, y en sus manos llegarán a ser joyas preciosas, que resplandecerán brillantemente en el reino de Dios.

Año bíblico: Juan 4-6

SOMOS OBJETO DEL AMOR INFINITO

Pero Dios, que es rico en misericordia, por su gran amor con que nos amó, aun estando nosotros muertos en pecados, nos dio vida juntamente con Cristo. Efe. 2:4-5.

El corazón que se rinda a la sabia disciplina de Dios, habrá de confiar en cada manifestación de su providencia... La tentación procurará desalentarnos, pero, ¿qué se logra al ceder a la tentación? ¿Obtendrá, acaso, el alma algo mejor murmurando y quejándose de aquello que es la única fuente de poder? ¿Está el ancla echada dentro del velo? ¿Soportaremos la enfermedad? ¿Cuál será nuestro testimonio en los instantes finales de la vida, cuando los labios estén temblorosos por la muerte? ¡El ancla está firme! Yo sé que mi Redentor vive...

Oh Jesús precioso, amoroso, longánime, clemente ¡cuánto te adora mi alma! ¡Que un alma pobre, indigna, contaminada por el pecado pueda estar de pie delante del Dios santo, perfecta en justicia, sólo lo debemos a quien es nuestro Sustituto y Garantía! Maravíllense los cielos y asómbrese la tierra, que la raza caída sea objeto de su infinito amor y gozo. El Creador se regocija por ellos con cánticos celestiales, mientras el hombre que fuera contaminado por el pecado, ha venido a ser limpio por la justicia de Cristo, para presentarse ante el Padre libre de mácula pecaminosa; sin "mancha ni arruga ni cosa semejante" (Efe. 5:27). "¿Quién acusará a los escogidos de Dios? Dios es el que justifica" (Rom. 8:33).

Que toda alma débil y sacudida por la tempestad de las pruebas pueda anclarse en Jesucristo, y no centrarse tanto en sí misma como para pensar sólo en sus pequeños fracasos y en la interrupción de sus planes y esperanzas. ¿Acaso el plan de salvación no lo abarca todo? Si es el Dios infinito que me justifica, "¿quién es el que condenará? Cristo es el que murió" (Rom. 8:34). ¡El es quien, al morir por el hombre, demostró que lo ama tanto como para morir por él! La ley condena al pecador y nos lleva hasta Cristo. Dios es quien justifica y perdona.

Satanás nos acusará y pedirá destruirnos, pero es Dios quien abrirá la puerta al refugio. Y es Dios el que justifica a quien traspasa el umbral de esa puerta. Entonces, si Dios es por nosotros, ¿quién podrá estar contra nosotros? ¡Oh, qué verdad gloriosa, brillante! ¿Por qué los hombres no pueden discernirla?...

Dios vive y reina. Todos los salvados deben luchar virilmente como soldados de Jesucristo; entonces sus nombres serán registrados en los libros del cielo como fieles y verdaderos.

Año bíblico: Juan 7-9

LA ILIMITADA COMPASION DE CRISTO

Para que se cumpliese lo dicho por el profeta Isaías, cuando dijo: El mismo tomó nuestras enfermedades, y llevó nuestras dolencias. Mat. 8:17.

Nuestro Señor Jesucristo vino a este mundo para ministrar incansablemente a la necesidad del hombre. "Tomó nuestras enfermedades, y llevó nuestras dolencias", a fin de poder ministrar a toda necesidad de la humanidad. Vino para quitar la carga de enfermedad, miseria y pecado. Era su misión traer completa restauración a los hombres; vino para darles salud, paz y perfección de carácter.

Diversas eran las circunstancias y necesidades de aquellos que solicitaban su ayuda, y ninguno de los que acudían a él se iba sin haber recibido ayuda. De él fluía un raudal de poder sanador, y los hombres eran sanados en cuerpo, mente y alma.

La obra del Salvador no se limitaba a lugar o tiempo alguno. Su compasión no conocía límites. Verificaba su obra de curación y enseñanza en tan grande escala que no había en toda Palestina edificio bastante amplio para contener las multitudes que acudían a él. En las verdes laderas de las colinas de Galilea, en los caminos, a orillas del mar, en las sinagogas, y en todo lugar donde se le podía llevar enfermos, encontraba su hospital. En toda ciudad, todo pueblo, toda aldea donde pasara, imponía las manos a los afligidos, y los sanaba. Dondequiera que hubiese corazones listos para recibir su mensaje, él los consolaba con la seguridad del amor de su Padre celestial...

Jesús llevaba el peso aterrador de la responsabilidad por la salvación de los hombres. El sabía que a menos que hubiese un cambio radical en los principios y propósitos de la especie humana, todo se perdería. Tal era la carga de su alma, y nadie podía apreciar el peso que descansaba sobre él. En la niñez, en la juventud y en la edad viril, anduvo solo...

Día tras día hacía frente a pruebas y tentaciones; día tras día se hallaba en contacto con el mal, y presenciaba su poder sobre aquellos a quienes él trataba de bendecir y salvar. Sin embargo, no desmayaba ni se desalentaba...

Siempre se mostró paciente y gozoso, y los afligidos lo saludaban como un mensajero de vida y paz. Veía las necesidades de hombres y mujeres, de niños y jóvenes, y a todos daba la invitación: "Venid a mí"...

Mientras pasaba por los pueblos y las ciudades, era como una corriente vital que difundía vida y gozo.

Año bíblico: Juan 10-11

CRISTO, EJEMPLO PERFECTO PARA TODOS

Y Jesús crecía en sabiduría y en estatura, y en gracia para con Dios y los hombres. Luc. 2:52.

El hombre ha caído. La imagen de Dios en él se ha distorsionado. Por la desobediencia sus inclinaciones se han depravado y sus poderes se han debilitado, y es incapaz, aparentemente, de esperar otra cosa que no sea tribulación e ira. Pero Dios, por medio de Cristo, ha provisto una vía de escape y dice a cada uno: "Sed, pues, vosotros perfectos" (Mat. 5:48). Dios se propone que el hombre vuelva a ser recto y noble, y él no será frustrado. Envió a su Hijo a este mundo para cargar con la penalidad del pecado y mostrar al hombre cómo vivir una vida sin pecado.

Cristo es nuestro ideal. Ha dejado un ejemplo perfecto para la niñez, la juventud y la madurez... En su vida no se halló lugar para el pecado. Desde el comienzo hasta el fin de su vida terrenal conservó incólume su lealtad a Dios. La Palabra dice de él: "Y el niño crecía y se fortalecía, y se llenaba de sabiduría; y la gracia de Dios era sobre él" (Luc. 2:40). "Crecía en sabiduría y en estatura, y en gracia para con Dios y los hombres".

El Salvador no vivió para agradarse... No tuvo un hogar en este mundo, sólo el que le proveyeron la bondad de sus amigos, y sin embargo, estar en su presencia era el cielo. Día tras día afrontó pruebas y tentaciones, pero no cayó ni se desanimó. Siempre era paciente y alegre, y los afligidos lo saludaban como un mensajero de vida y paz...

La promesa de Dios dice: "Seréis santos, porque yo soy santo" (Lev. 11:44). La santidad es el reflejo de la gloria de Dios. Pero para reflejar esta gloria debemos cooperar con Dios. El corazón y la mente deben vaciarse de todo lo que conduce al mal. Debemos leer y estudiar la Palabra de Dios con un sincero deseo de obtener fuerza espiritual. Esta Palabra es el pan del cielo. Los que la reciben y la hacen parte de su vida se fortalecerán con el poder de Dios. El objeto de todo lo que Dios hace por nosotros es nuestra santificación. El nos escogió desde la eternidad para que seamos santos. Cristo declara: "La voluntad de Dios es vuestra santificación" (1 Tes. 4:3). ¿Es también la voluntad de ustedes que sus deseos e inclinaciones sean conformados a la voluntad divina?...

Vivir la vida del Salvador, vencer cada deseo egoísta, cumplir valerosa y alegremente nuestro deber hacia Dios y los que nos rodean, nos hará más que vencedores, y nos preparará para estar ante el gran trono blanco sin mancha ni arruga, con las ropas lavadas en la sangre del Cordero.

Año bíblico: Juan 12-13

JESUS PROVEE UN MODELO DE CARACTER

Porque habéis muerto, y vuestra vida está escondida con Cristo en Dios. Cuando Cristo, vuestra vida, se manifieste, entonces vosotros también seréis manifestados con él en gloria. Col. 3:3-4.

Hagan brillar la luz con buenas obras. Cristo dijo: "Vosotros sois la sal de la tierra; pero si la sal se desvaneciere, ¿con qué será salada? No sirve más para nada, sino para ser echada fuera y hollada por los hombres" (Mat. 5:13). Me temo que haya muchos en esta condición. No todos tienen la misma obra; circunstancias y talentos diferentes capacitan a las personas para diferentes tipos de trabajo en la viña del Señor. Hay algunos que tienen cargos de mayor responsabilidad que otros; pero a cada uno le fue dada su tarea, y si la realiza con fidelidad y celo, será un fiel administrador de la gracia de Dios.

No es la intención de Dios que la luz de ustedes brille de modo que las palabras o las obras les traigan la alabanza de los hombres, sino que ellos exalten y glorifiquen al Autor de todo bien. Jesús, en su vida, presentó a los hombres un modelo de carácter. ¡Cuán poco poder tuvo el mundo para moldearlo de acuerdo con sus normas! Toda esa influencia fue desechada. El declaró: "Mi comida es que haga la voluntad del que me envió, y que acabe su obra" (Juan 4:34). Si tuviésemos esa devoción a la obra de Dios, y la hiciéramos sinceramente para su gloria, podríamos decir con Cristo: "Yo no busco mi gloria" (Juan 8:50). Su vida estuvo llena de buenas obras, y es nuestro deber vivir como vivió nuestro gran Ejemplo. Nuestra vida tiene que estar escondida con Cristo en Dios, y así la luz de Cristo se reflejará sobre nosotros y la reflejaremos sobre los que nos rodean, no simplemente en palabras o profesión, sino en buenas obras y en la revelación del carácter de Cristo. Los que reflejan la luz de Dios mostrarán una disposición amante. Serán alegres, dispuestos, obedientes a todos los requerimientos de Dios. Serán mansos y abnegados y trabajarán con amor dedicado a la salvación de las almas...

Todos los verdaderos portaluces iluminarán el sendero de otros. Apártense de iniquidad todos los que escogieron el nombre de Cristo. Si ceden a las demandas de Dios y se impregnan de su amor y se llenan de su plenitud, los niños, los adolescentes y los jóvenes los observarán para ver qué constituye la piedad práctica; y así podrán ser el medio para conducirlos por el sendero de la obediencia a Dios. Estarán ejerciendo una influencia que soportará la prueba de Dios, y esa obra será comparada con el oro, la plata y las piedras preciosas, pues serán imperecederas.

Año bíblico: Juan 14-15

LOS VERDADEROS SEGUIDORES OBEDECEN LA LEY DE DIOS

El pecado es infracción de la ley. 1 Juan 3:4.

El deseo de llevar una religión fácil, que no exija luchas, ni desprendimiento, ni ruptura con las locuras del mundo, ha hecho popular la doctrina de la fe, y de la fe sola; ¿pero qué dice la Palabra de Dios? El apóstol Santiago escribe: "Hermanos míos, ¿de qué aprovechará si alguno dice que tiene fe, y no tiene obras? ¿Podrá la fe salvarle?... ¿Mas quieres saber, hombre vano, que la fe sin obras es muerta? ¿No fue justificado por las obras Abraham nuestro padre, cuando ofreció a su hijo Isaac sobre el altar? ¿No ves que la fe actuó juntamente con sus obras, y que la fe se perfeccionó por las obras?... Veis, pues, que el hombre es justificado por las obras, y no solamente por la fe" (Sant. 2:14-24).

El testimonio de la Palabra de Dios se opone a esta doctrina seductora de la fe sin obras. No es fe pretender el favor del cielo sin cumplir las condiciones necesarias para que la gracia sea concedida. Es presunción, pues la fe verdadera se funda en las promesas y disposiciones de las Sagradas Escrituras...

Un pecado cometido deliberadamente acalla la voz atestiguadora del Espíritu y separa al alma de Dios. "El pecado es infracción de la ley". Y "todo aquel que peca [o sea, infringe la ley], no le ha visto, ni le ha conocido" (1 Juan 3:6). Aunque San Juan habla mucho del amor en sus epístolas, no vacila en poner de manifiesto el verdadero carácter de esa clase de personas que pretenden ser santificadas y seguir transgrediendo la ley de Dios. "El que dice: Yo le conozco, y no guarda sus mandamientos, el tal es mentiroso, y la verdad no está en él; pero el que guarda su palabra, en éste verdaderamente el amor de Dios se ha perfeccionado" (1 Juan 2:4-5). Esta es la piedra de toque de toda profesión de fe...

Y la aserción de estar sin pecado constituye de por sí una prueba de que el que tal asevera dista mucho de ser santo. Es porque no tiene un verdadero concepto de lo que es la pureza y santidad infinita de Dios, ni de lo que deben ser los que han de armonizar con su carácter; es porque no tiene un verdadero concepto de la pureza y perfección supremas de Jesús ni de la maldad y el horror del pecado, por lo que el hombre puede creerse santo.

Fue la justicia revelada en su vida [de Cristo] lo que lo diferenció del mundo y provocó su odio.

Año bíblico: Juan 16-18

POR MEDIO DE LA JUSTICIA DE CRISTO PODEMOS GUARDAR LA LEY DE DIOS

Gloria y hermosura es su obra, y su justicia permanece para siempre. Sal. 111:3.

Un rayo de la gloria de Dios, un destello de la pureza de Cristo que penetra en el alma, muestra cada mancha de contaminación con dolorosa claridad, y deja desnuda la deformidad y los defectos del carácter humano. ¿Cómo puede alguno que es traído ante la santa norma de la ley de Dios, la que pone en evidencia los motivos malos, los deseos no santificados, la infidelidad del corazón, la impureza de labios, y que desnuda la vida, jactarse de santidad? Sus actos de deslealtad al anular la ley de Dios son expuestos a su vista, y su espíritu es sacudido y afligido bajo las escrutadoras influencias del Espíritu de Dios. Se detesta a sí mismo al ver la grandeza, la majestad, la pureza sin mancha del carácter de Jesucristo.

Cuando el Espíritu de Cristo conmueve el corazón con su maravilloso poder despertador, hay un sentido de deficiencia en el alma que lleva a la contrición de la mente y a la humillación del yo, antes que a la orgullosa jactancia de lo que se ha logrado. Cuando Daniel fue testigo de la gloria y de la majestad que rodeaba al mensajero celestial que fue enviado a él, exclamó al describir la maravillosa escena: "Quedé, pues, yo solo, y vi esta gran visión, y no quedó fuerza en mí, antes mi fuerza se cambió en desfallecimiento, y no tuve vigor alguno" (Dan. 10:8).

El alma que es así tocada nunca se envolverá en justicia propia o en una pretenciosa apariencia de santidad; antes odiará su egoísmo, aborrecerá su amor a sí misma y buscará, por medio de la justicia de Cristo, esa pureza de corazón que está en armonía con la ley de Dios y el carácter de Cristo...

Exclamará, con humilde semblante y labio vacilante: "El me amó. Se dio a sí mismo por mí. Se hizo pobre para que yo, por su pobreza, pudiera ser hecho rico. El varón de dolores no me despreció, sino que derramó su amor inagotable y redentor para que mi corazón pudiera ser hecho limpio; y me ha traído de vuelta a la lealtad y la obediencia a todos sus mandamientos. Su condescendencia, su humillación, su crucifixión, son los milagros culminantes de la maravillosa manifestación del plan de salvación... Todo lo hizo para que sea posible impartirme su propia justicia, para que yo pueda cumplir la ley que he transgredido. Por esto lo adoro. Y proclamaré de él a todos los pecadores".

Año bíblico: Juan 19-21

EL PECADOR ARREPENTIDO
ES ACEPTADO EN CRISTO

Porque no entró Cristo en el santuario hecho de mano, figura del verdadero, sino en el cielo mismo para presentarse ahora por nosotros ante Dios. Heb. 9:24.

Cristo es nuestro sacrificio, nuestro sustituto, nuestra garantía, nuestro intercesor divino; él fue hecho por nosotros justificación, santificación y redención. "Porque no entró Cristo en el santuario hecho de mano, figura del verdadero, sino en el cielo mismo para presentarse ahora por nosotros ante Dios".

La intercesión de Cristo en nuestro favor presenta sus méritos divinos al ofrecerse a sí mismo al Padre como nuestro sustituto y garante; pues ascendió a lo alto para expiar nuestras transgresiones... "En esto consiste el amor: no en que nosotros hayamos amado a Dios, sino en que él nos amó a nosotros, y envió a su Hijo en propiciación por nuestros pecados" (1 Juan 4:10). "Por lo cual puede también salvar perpetuamente a los que por él se acercan a Dios, viviendo siempre para interceder por ellos" (Heb. 7:25).

De estos pasajes resulta claro que no es la voluntad de Dios que usted desconfíe y torture su alma con el temor de que Dios no lo aceptará por ser pecador e indigno... Presente su caso ante él, invocando los méritos de la sangre vertida en la cruz del Calvario en su favor. Satanás lo acusará de ser un gran pecador, y usted tendrá que admitir que lo es, pero puede decir: "Sé que soy un pecador, y por eso necesito un Salvador. Jesús vino al mundo a salvar pecadores. 'La sangre de Jesucristo nos limpia de todo pecado'... No tengo méritos o bondad con que reclamar la salvación, pero presento delante de Dios la sangre plenamente expiatoria del inmaculado Cordero de Dios que quita el pecado del mundo. Ese es mi único argumento. El nombre de Jesús me da acceso al Padre... y él satisface mis necesidades más profundas"...

La justicia de Cristo hace que el pecador penitente sea aceptable ante Dios y obra su justificación. No importa cuán pecadora haya sido su vida, si cree en Jesús como su Salvador personal, se halla delante de Dios vestido con el manto inmaculado de la justicia imputada de Cristo.

El pecador que estaba hace tan poco tiempo muerto en transgresiones y pecados revive por la fe en Cristo. Por la fe ve que Jesús es su Salvador, que vive para siempre y que puede salvar hasta lo sumo a todos los que se acercan a Dios por medio de él.

Año bíblico: Hech. 1-3

LAS ALMAS JUSTIFICADAS
ANDAN EN LA LUZ

A [Cristo Jesús] quien Dios puso como propiciación por medio de la fe en su sangre... con la mira de manifestar en este tiempo su justicia, a fin de que él sea el justo, y el que justifica al que es de la fe de Jesús. Rom. 3:25-26.

"Siendo justificados gratuitamente por su gracia —dice el apóstol— mediante la redención que es en Cristo Jesús, a quien Dios puso como propiciación por medio de la fe en su sangre, para manifestar su justicia, a causa de haber pasado por alto, en su paciencia, los pecados pasados, con la mira de manifestar en este tiempo su justicia, a fin de que él sea el justo, y el que justifica al que es de la fe de Jesús".

Aquí está la verdad presentada con toda claridad. Esta misericordia y bondad son totalmente inmerecidas. La gracia de Cristo ha de justificar gratuitamente al pecador sin mérito ni pretensión de parte de él. La justificación es el perdón total y completo del pecado. En el momento en que el pecador acepta a Cristo por la fe, es perdonado. La justicia de Cristo le es imputada, y ya no ha de dudar de la gracia perdonadora de Dios.

No hay nada en la fe que la convierta en nuestro salvador. La fe no puede eliminar nuestra culpa. Cristo es el poder de Dios para salvación a todos los que creen. La justificación nos alcanza por los méritos de Jesucristo. El pagó el precio de la redención del pecador. Pero sólo mediante la fe en su sangre puede Jesús justificar al creyente.

El pecador no puede depender de sus propias buenas obras como medio de justificación. Debe llegar a la situación de renunciar a todos sus pecados y abrazar una luz tras otra, a medida que brillen sobre su sendero. Simplemente acepta por fe la gratuita y amplia provisión hecha por la sangre de Cristo. Cree las promesas de Dios, que por medio de Cristo son hechas para él santificación y justificación y redención.

Y si sigue a Jesús, caminará humildemente en la luz, gozándose en ella, y difundiéndola a otros. Estando justificado por fe, lleva consigo la alegría al obedecer en toda su vida. La paz con Dios es el resultado de lo que Cristo es para él. Las almas que se someten a Dios, que lo honran y que son hacedoras de su Palabra, recibirán iluminación divina. En la preciosa Palabra de Dios hay una pureza, una elevación y una belleza tales que, a menos que sean auxiliados por Dios, los poderes más exaltados del hombre no pueden alcanzar.

Año bíblico: Hech. 4-6

SANTIFICADOS POR LA FE Y LA OBEDIENCIA

En esto es glorificado mi Padre, en que llevéis mucho fruto, y seáis así mis discípulos. Juan 15:8.

Muchos se apartan de una vida tal como la que vivió nuestro Salvador. Sienten que requiere un sacrificio demasiado grande imitar al Modelo, llevar frutos en buenas obras, y luego soportar pacientemente las podas de Dios para poder llevar más frutos. Cuando el cristiano se considera a sí mismo sólo como un humilde instrumento en las manos de Cristo, y trata de realizar con fidelidad todos los deberes, descansando en la ayuda que Dios ha prometido, entonces llevará el yugo de Cristo y lo encontrará liviano; llevará cargas por Cristo, y las hallará ligeras. Alzará su vista con valor y confianza y dirá: "Yo sé a quién he creído, y estoy seguro que es poderoso para guardar mi depósito para aquel día" (2 Tim. 1:12).

Si hacemos frente a obstáculos en nuestra senda, y los vencemos fielmente; si hallamos oposición y vituperio, y en el nombre de Cristo obtenemos la victoria; si llevamos responsabilidades y cumplimos nuestros deberes con el espíritu de nuestro Maestro, entonces, por cierto, obtenemos un precioso conocimiento de su fidelidad y poder...

Cuanto más contemplemos el carácter de Cristo, y cuanto más experimentemos su poder salvador, más agudamente nos daremos cuenta de nuestra propia debilidad e imperfección, y más fervientemente consideraremos a Cristo como nuestra fortaleza y nuestro Redentor... Por fe en Cristo, y por la obediencia de la ley de Dios, podemos ser santificados, y así obtener la preparación para asociarnos con los santos ángeles y con los redimidos de mantos blancos en el reino de gloria.

No es solamente el privilegio sino también el deber de todo cristiano mantener una íntima unión con Cristo, y tener una rica experiencia en las cosas de Dios. Entonces su vida será fructífera en buenas obras... Cristo murió por todos; y se nos asegura en su Palabra que él está más dispuesto a dar su Espíritu Santo a los que se lo piden que los padres terrenales a dar buenas dádivas a sus hijos. Los profetas y apóstoles no perfeccionaron caracteres cristianos por milagro. Ellos utilizaron los medios que Dios había colocado a su alcance; y todos los que desean aplicar el mismo esfuerzo obtendrán los mismos resultados.

Año bíblico: Hech. 7-9

11—D.N.C.

UNA FE QUE OBRA

Fíate de Jehová de todo tu corazón, y no te apoyes en tu propia prudencia. Prov. 3:5.

Cuando hablamos de la fe debemos tener siempre presente una distinción. Hay una clase de creencia enteramente distinta de la fe. La existencia y el poder de Dios, la verdad de su Palabra, son hechos que aun Satanás y sus huestes no pueden negar de corazón. La Biblia dice que "los demonios creen, y tiemblan" (Sant. 2:19), pero ésta no es fe. Donde no sólo hay una creencia en la Palabra de Dios, sino una sumisión de la voluntad a él; donde se le da a él el corazón y los afectos se fijan en él, allí hay fe, fe que obra por el amor y purifica el alma. Mediante esta fe, el corazón se renueva conforme a la imagen de Dios...

Hay quienes han conocido el amor perdonador de Cristo y desean realmente ser hijos de Dios; sin embargo, reconocen que su carácter es imperfecto y su vida defectuosa, y están propensos a dudar de que sus corazones hayan sido regenerados por el Espíritu Santo. A los tales quiero decirles que no se abandonen a la desesperación. Tenemos a menudo que postrarnos y llorar a los pies de Jesús por causa de nuestras culpas y errores; pero no debemos desanimarnos. Aun si somos vencidos por el enemigo, no somos arrojados, ni abandonados, ni rechazados por Dios. No; Cristo está a la diestra de Dios e intercede por nosotros. Dice el discípulo amado: "Estas cosas os escribo para que no pequéis; y si alguno hubiere pecado, abogado tenemos para con el Padre, a Jesucristo el justo" (1 Juan 2:1). Y no olvidemos las palabras de Cristo: "Pues el Padre mismo os ama" (Juan 16:27). El quiere que se reconcilien con él, quiere ver su pureza y santidad reflejadas en ustedes. Y si tan sólo quieren entregarse a él, el que comenzó en ustedes la buena obra la perfeccionará hasta el día de Jesucristo. Oren con más fervor; crean más plenamente...

Mientras menos cosas dignas de estima veamos en nosotros, más encontraremos que estimar en la pureza y santidad infinitas de nuestro Salvador. Una idea de nuestra pecaminosidad nos puede guiar a Aquel que nos puede perdonar; y cuando, comprendiendo nuestra impotencia, nos esforcemos en seguir a Cristo, él se nos revelará con poder. Cuanto más nos guíe la necesidad a él y a la Palabra de Dios, tanto más elevada visión tendremos de su carácter y más plenamente reflejaremos su imagen.

Año bíblico: Hech. 10-12

LA VERDADERA RELIGION PROMUEVE LA SALUD

Sus caminos [de la sabiduría] son caminos deleitosos, y todas sus veredas paz. Prov. 3:17.

Este mundo no consiste sólo en tristeza y miseria. "Dios es amor" esta escrito en cada capullo que se abre, en los pétalos de toda flor y en cada tallo de hierba. Aunque la maldición del pecado ha hecho que la tierra produzca espinas y cardos, hay flores en los cardos, y las espinas son ocultadas por las rosas. Todas las cosas de la naturaleza atestiguan el cuidado tierno y paternal de nuestro Dios, y su deseo de hacer felices a sus hijos...

La opinión prevaleciente en algunas clases de la sociedad, de que la religión no favorece el logro de la salud o de la felicidad en esta vida, es uno de los errores más perniciosos. La Sagrada Escritura dice: "El temor de Jehová es para vida, y con él vivirá lleno de reposo el hombre" (Prov. 19:23). "¿Quién es el hombre que desea vida, que desea muchos días para ver el bien? Guarda tu lengua del mal, y tus labios de hablar engaño. Apártate del mal, y haz el bien; busca la paz, y síguela" (Sal. 34:12-14). Las palabras de la sabiduría "son vida a los que las hallan, y medicina a todo su cuerpo" (Prov. 4:22).

La verdadera religión pone al hombre en armonía con las leyes de Dios, físicas, mentales y morales. Enseña el dominio de sí mismo, la serenidad y la templanza... Hace al alma participante de la pureza del cielo. La fe en el amor de Dios y en su providencia soberana alivia las cargas de ansiedad y cuidado. Llena de regocijo y de contento el corazón de los encumbrados y los humildes. La religión tiende directamente a fomentar la salud, alargar la vida y realzar nuestro goce de todas sus bendiciones. Abre al alma una fuente inagotable de felicidad.

¡Ojalá que todos aquellos que no han escogido a Cristo se dieran cuenta de que él tiene algo que ofrecerles que es mucho mejor de lo que ellos buscan!...

Hay una estrecha relación entre la mente y el cuerpo, y para alcanzar un alto nivel de dotes morales e intelectuales, debemos acatar las leyes que gobiernan nuestro ser físico. Para alcanzar un carácter fuerte y bien equilibrado, deben ejercitarse y desarrollarse nuestras fuerzas, tanto mentales como corporales. ¿Qué estudio puede ser más importante... que el de este maravilloso organismo que Dios nos ha encomendado y de las leyes por las cuales ha de conservarse en buena salud?

Año bíblico: Hech. 13-15

ILUMINADO HASTA EL PLENO RESPLANDOR

Y conoceremos, y proseguiremos en conocer a Jehová; como el alba está dispuesta su salida. Ose. 6:3.

Estamos viviendo en medio de los peligros de los últimos días y debemos limpiarnos de toda impureza y vestirnos con el manto de la justicia de Cristo. La obra de Dios debe llevarse adelante con constancia. Hemos de poner nuestro cuerpo, alma y espíritu en sujeción a Cristo. A menos que hagamos esto, estará en peligro la salud tanto del cuerpo como del alma.

Dios desea que cada día sus obreros comprendan cómo razonar lógicamente de causa a efecto, llegando a conclusiones sabias y seguras. Desea que ellos fortalezcan la memoria. No podemos permitirnos cometer errores. Hemos de sentarnos como niñitos a los pies de Cristo, aprendiendo de él cómo trabajar exitosamente. Hemos de pedir a Dios juicio sano y luz para impartir a otros...

La educación más elevada consistirá en adiestrar la mente para avanzar día a día. La finalización de cada día debería hallarnos una jornada más cerca del galardón del vencedor. Nuestro entendimiento ha de madurar día tras día. Día tras día hemos de llegar a conclusiones que producirán una rica recompensa en esta vida y en la vida venidera. Al contemplar diariamente a Jesús, en vez de mirar lo que nosotros mismos hemos realizado, haremos decididos progresos en el conocimiento tanto temporal como espiritual.

El fin de todas las cosas está a las puertas. No debemos permitir que lo que hemos realizado ponga el punto final a nuestro trabajo. El Capitán de nuestra salvación dice: Avancen. "La noche viene, cuando nadie puede trabajar" (Juan 9:4). Hemos de crecer constantemente en utilidad. Nuestras vidas han de estar siempre bajo el poder de Cristo. Hemos de mantener nuestras lámparas alumbrando brillantemente.

La oración es la herramienta del éxito establecida por el cielo. Exhortaciones, peticiones y ruegos entre hombre y hombre, mueven a los hombres y desempeñan una parte en el control de los asuntos de las naciones. Pero la oración mueve al cielo. Sólo ese poder que viene en respuesta a la oración hará a los hombres sabios en la sabiduría del cielo y los capacitará para trabajar en la unidad del Espíritu, unidos por el vínculo de la paz. La oración, la fe y la confianza en Dios ponen en juego un poder divino que coloca las maquinaciones humanas en su verdadero valor: cero.

Año bíblico: Hech. 16-18

EL TEMPLO DE DIOS

Por todos murió, para que los que viven, ya no vivan para sí, sino para aquel que murió y resucitó por ellos. 2 Cor. 5:15.

El hombre es hechura de la mano de Dios, su obra maestra, creado con un propósito elevado y santo; y Dios desea escribir su ley en cada parte del tabernáculo humano. Cada nervio y músculo, cada prenda mental y física, han de guardarse puros.

Dios tiene el propósito de que el cuerpo sea un templo para su Espíritu. ¡Cuán solemne es, entonces, la responsabilidad que se confía a cada alma! Si contaminamos nuestros cuerpos, estamos produciendo un daño no solamente a nosotros mismos, sino a muchos otros...

Cristo murió para que la imagen moral de Dios pudiera ser restaurada en la humanidad, a fin de que hombres y mujeres pudiesen ser partícipes de la naturaleza divina, habiendo escapado de la corrupción que existe en el mundo por la concupiscencia. No hemos de usar facultad alguna de nuestro ser para la gratificación egoísta; porque todas nuestras facultades pertenecen a él, y han de ser usadas para su gloria...

La morada humana, el edificio de Dios, requiere tutela estrecha y vigilante. Con David podemos exclamar: "Porque tú formaste mis entrañas; tú me hiciste en el vientre de mi madre. Te alabaré; porque formidables, maravillosas son tus obras" (Sal. 139:13-14). La hechura de Dios ha de ser preservada, para que el universo celestial y la raza apóstata puedan ver que somos templos del Dios viviente.

La perfección del carácter que Dios requiere es la preparación del ser entero como un templo para que en él more el Espíritu Santo. El Señor reclama el servicio del ser entero. Desea que hombres y mujeres lleguen a ser todo lo que él ha hecho posible que sean. No es suficiente que sean usadas algunas partes de la maquinaria humana. Todas las partes deben ser puestas en acción, o el servicio es deficiente...

La vida física ha de ser cuidadosamente educada, cultivada y desarrollada, para que en los hombres y las mujeres la naturaleza divina pueda manifestarse en su plenitud. Dios espera que los hombres usen el intelecto que él les ha dado. Espera que usen para él cada facultad de razonar. Deben dar a la conciencia el lugar de supremacía que le ha sido asignado. Las facultades mentales y físicas, con los afectos, han de ser cultivados de tal manera que puedan alcanzar la más alta eficiencia. Así Cristo es representado ante el mundo.

Año bíblico: Hech. 19-21

UN ARGUMENTO QUE LOS INCREDULOS NO PUEDEN RESISTIR

Entre tanto que tenéis la luz, creed en la luz, para que seáis hijos de luz. Juan 12:36.

Un hogar cristiano bien ordenado es un argumento que el incrédulo no puede resistir, porque no encuentra lugar para la búsqueda de faltas triviales. Y los hijos de un hogar así están preparados para enfrentar los sofismas de la incredulidad. Han aceptado la Biblia como base de su fe, y tienen un firme fundamento que no puede ser removido por el embate del escepticismo.

Dijo Cristo: "Vosotros sois la luz del mundo" (Mat. 5:14).

El ha confiado talentos a nuestro cuidado. ¿Qué estamos haciendo con los dones que nos ha confiado? ¿Estamos dejando brillar nuestra luz usándolos para su gloria y el beneficio de nuestros prójimos, o los estamos usando para hacer progresar nuestros propios intereses egoístas? Muchos los están usando egoístamente. No parecen ser conscientes de que todos estamos en camino al juicio, y de que pronto hemos de dar cuenta del uso que hemos hecho de las oportunidades dadas por Dios para hacer el bien...

Necesitamos ayuda divina si hemos de mantener nuestras luces brillando. Pero Jesús murió para proveer esa ayuda. El extiende la invitación: "Que se acojan a mi amparo, que hagan la paz conmigo, que conmigo hagan la paz" (Isa. 27:5, BJ). Aférrense a los brazos del poder infinito; entonces encontrarán que él es precioso para su alma, y todo el cielo estará a su servicio. "Si andamos en luz, como él está en luz", tendremos la compañía de los ángeles santos. A Josué le fue dicho: "Así dice Jehová de los ejércitos: Si anduvieres por mis caminos, y si guardares mi ordenanza... entre éstos que aquí están te daré lugar" (Zac. 3:7). ¿Y quiénes son "éstos que aquí están"? Son ángeles de Dios. Josué debía tener una confianza viviente en Dios cada día; y entonces los ángeles caminarían con él, y el poder de Dios descansaría sobre él en todas sus labores.

Entonces, amigos cristianos, padres y madres, ¿dejarán que su luz pierda fuerza? ¡No, nunca! Y pronto los portales de la ciudad celestial se abrirán a ustedes; y podrán presentarse a sí mismos y presentar a sus hijos ante el trono diciendo: "He aquí, yo y los hijos que me dio Jehová" (Isa. 8:18). ¡Y qué recompensa a la fidelidad será aquélla, ver a sus hijos coronados con la vida inmortal en la maravillosa ciudad de Dios!

Año bíblico: Hech. 22-23

EL CULTO FAMILIAR
NO DEBE DESCUIDARSE

Pongan la esperanza... en el Dios vivo, que nos da todas las cosas en abundancia para que las disfrutemos. 1 Tim. 6:17.

Seríamos mucho más felices y más útiles si nuestra vida de hogar y nuestras relaciones sociales fueran gobernadas por los principios de la religión cristiana, e ilustraran la humildad y la sencillez de Cristo... Que los visitantes vean que tratamos de hacer felices a los que nos rodean con nuestra alegría, simpatía y amor.

Mientras procuramos asegurar el bienestar y la felicidad de nuestros invitados, no pasemos por alto nuestras obligaciones para con Dios. La hora de la oración no debiera ser descuidada por ninguna razón... A temprana hora de la noche, cuando se puede orar sin prisa y con entendimiento, presenten sus súplicas y eleven sus voces en alabanza feliz y agradecida. Que todos los que visiten a los cristianos vean que la hora de la oración es la más sagrada, la más preciosa y la más feliz del día. Un ejemplo tal no quedará sin efecto.

Estos momentos de devoción ejercen una influencia refinadora y elevadora sobre todos los que participan en ellos. Se despertarán pensamientos correctos y deseos nuevos y mejores en los corazones de los más descuidados. La hora de adoración trae paz y descanso agradecidos al espíritu cansado; porque la misma atmósfera del hogar cristiano es de paz y reposo...

Nueve de cada diez pruebas y perplejidades que preocupan a tantos son imaginarias o traídas sobre sí mismos por su propio camino equivocado. Deberían dejar de hablar de estas pruebas y de magnificarlas. El cristiano puede confiar a Dios cada preocupación, cada cosa que lo perturba. Nada es demasiado pequeño como para que nuestro compasivo Salvador no lo note; nada es demasiado grande como para que él no pueda llevarlo.

Entonces pongamos nuestros corazones y hogares en orden; enseñemos a nuestros hijos que el temor del Señor es el principio de la sabiduría; y expresemos, por medio de una vida alegre, feliz y bien ordenada, nuestra gratitud y amor a quien nos da "todas las cosas en abundancia para que las disfrutemos". Pero por sobre todas las cosas, fijemos nuestros pensamientos y los afectos de nuestros corazones en el querido Salvador que sufrió por el hombre culpable, y que así abrió el cielo para nosotros.

Año bíblico: Hech. 24-26

LAS FAMILIAS HAN DE REFLEJAR LA BONDAD DE DIOS

Como el padre se compadece de los hijos, se compadece Jehová de los que le temen. Sal. 103:13.

Traiga la luz del cielo a su conversación. Hablando palabras que animan y enriquecen, usted revelará que la luz de la justicia de Cristo mora en su alma. Los niños necesitan palabras agradables. Es esencial para su felicidad sentir que la aprobación descansa sobre ellos. Luchen por superar la dureza de expresión, y cultiven tonos suaves. Capten la belleza contenida en las lecciones de la Palabra de Dios, y atesórenla como esencial para la felicidad y el éxito de su hogar. En un ambiente feliz los niños desarrollarán disposiciones dulces y luminosas.

La auténtica belleza de carácter no es algo que brilla sólo en ocasiones especiales; la gracia de Cristo que mora en el alma se revela en todas las circunstancias. El que atesora esta gracia como una presencia permanente en la vida revelará belleza en el carácter, tanto en circunstancias penosas como fáciles. En el hogar, en el mundo, en la iglesia, hemos de vivir la vida de Cristo...

En las cortes celestiales está ocurriendo una solemne revista. El pensamiento de las decisiones que ahora se hacen en el cielo debería estimular a los padres a ser diligentes en educar a sus hijos en el temor y el amor de Dios. No con palabras y castigos severos por el mal hacer se logrará lo mejor, sino por la vigilancia y la oración, no sea que sean atrapados por los lazos del enemigo...

Toda familia que tiene conocimiento de la verdad para este tiempo ha de hacerlo conocer a otros... Los niños así como los miembros mayores de la familia deben hacer su parte en buscar salvar a los que están pereciendo. Desde su juventud Cristo fue, para aquellos con quienes se asociaba, una influencia que los atraía a cosas más elevadas. De la misma forma, los jóvenes de hoy pueden ejercer un poder para el bien que atraerá las almas a Dios.

Los padres necesitan apreciar más plenamente la responsabilidad y el honor que Dios ha puesto sobre ellos al hacerlos, para el niño, los representantes de él. El carácter revelado en el contacto de la vida diaria interpretará para el niño, para bien o para mal, estas palabras de Dios: "Como el padre se compadece de los hijos, se compadece Jehová de los que le temen". "Como aquel a quien consuela su madre, así os consolaré yo a vosotros" (Isa. 66:13).

Año bíblico: Hech. 27-28

SER UNO COMO CRISTO Y EL PADRE SON UNO

Y ya no estoy en el mundo; mas éstos están en el mundo, y yo voy a ti. Padre santo, a los que me has dado, guárdalos en tu nombre, para que sean uno, así como nosotros. Juan 17:11.

¿Dónde encontraremos la pureza, la bondad y la santidad a fin de estar seguros? ¿Dónde está el redil al que no entrarán los lobos? Les digo... El Señor tiene un cuerpo organizado mediante el cual obrará. Puede haber más de una veintena de Judas entre ellos; puede haber un impetuoso Pedro, que bajo circunstancias de prueba niegue a su Señor; puede haber personas representadas por Juan, a quien Jesús amaba, pero que tengan un celo que destruiría las vidas de los hombres pidiendo fuego del cielo para vengar un insulto a Cristo y a la verdad. Sin embargo, el gran Maestro busca dar lecciones de instrucción para corregir estos males existentes. Y hoy está haciendo lo mismo con su iglesia. Está señalando sus peligros. Está presentando delante de ellos el mensaje laodicense.

El les muestra que todo egoísmo, todo orgullo, toda autoexaltación, todo prejuicio e incredulidad que conduzca a la resistencia a la verdad y aleje de la verdadera luz, son peligrosos, y a menos que medie arrepentimiento, quienes acaricien estas cosas serán dejados en la oscuridad así como lo fue la nación judía. Busque ahora cada alma responder a la oración de Cristo. Cada alma imite esa oración en silencio, en peticiones, en exhortaciones, a fin de que todos puedan ser uno como Cristo es uno con el Padre, y obre según este objetivo. En lugar de volver las armas de combate contra sus propias filas, permitan que sean apuntadas contra los enemigos de Dios y de la verdad. Imiten la oración de Cristo con todo el corazón: "Padre santo, a los que me has dado, guárdalos en tu nombre, para que sean uno, así como nosotros... No ruego que los quites del mundo, sino que los guardes del mal" (Juan 17:11, 15).

La puerta del corazón debe estar abierta al Espíritu Santo, pues él es el santificador, y la verdad es el instrumento. Debe haber una aceptación de la verdad tal como es en Jesús. Esta es la única santificación genuina: "Tu palabra es verdad" (vers. 17). Oh, lean la oración de Cristo buscando la unidad: "A los que me has dado, guárdalos en tu nombre, para que sean uno, así como nosotros". La oración de Cristo no es sólo para quienes eran entonces sus discípulos, sino para todos los que creerían en Cristo gracias a las palabras de sus discípulos, incluso hasta el fin del mundo.

Año bíblico: Rom. 1-4

EL CAMINO HACIA UNA MAYOR VIDA ESPIRITUAL

No te maravilles de que te dije: Os es necesario nacer de nuevo. Juan 3:7.

Con frecuencia se hace la pregunta: ¿Por qué no hay más poder en la iglesia? ¿Por qué no hay más piedad vital? La razón es que las demandas de la Palabra de Dios no son satisfechas de hecho y en verdad; no se ama a Dios por sobre todo, ni a nuestro prójimo como a nosotros mismos. Esto abarca todo. De estos dos mandamientos dependen toda la ley y los profetas. Sean estos dos mandamientos de Dios obedecidos explícitamente, y no habrá discordia en la iglesia, ni desarmonía en la familia. En muchos la obra es demasiado superficial. Las formas exteriores ocupan el lugar de la obra interior de la gracia... La teoría de la verdad ha convertido la cabeza, pero el templo del alma no ha sido limpiado de sus ídolos.

La verdadera convicción de pecado, la aflicción real del corazón por causa de la maldad, la muerte del yo, la superación diaria de los defectos de carácter y el nuevo nacimiento, representan las cosas antiguas que Pablo dice que han pasado, y he aquí todas son hechas nuevas. De esta obra muchos no saben nada. Injertaron la verdad en sus corazones naturales, y luego siguieron como antes, manifestando los mismos desdichados rasgos de carácter. Lo que ahora se necesita es el claro testimonio llevado con amor por labios tocados con fuego viviente.

Los miembros de la iglesia no muestran esa conexión viva con Dios que deben tener para llevar almas de la oscuridad a la luz... La obra del Espíritu de Dios en el corazón es esencial para la piedad. Debe ser recibido en los corazones de quienes aceptan la verdad, y crear en ellos corazones limpios, antes que uno de ellos pueda guardar sus mandamientos y ser hacedor de la Palabra. "No te maravilles", dijo el gran Maestro al asombrado Nicodemo, "no te maravilles de que te dije: Os es necesario nacer de nuevo".

No se estudia la Biblia tanto como se debiera; no se convierte en la regla de la vida. Si se siguieran concienzudamente sus preceptos, y fueran la base del carácter, habría un propósito firme sobre el cual ninguna especulación comercial o asunto mundanal podría influir seriamente. Un carácter así formado, y sostenido por la palabra de Dios, soportará el día de la prueba, de las dificultades y de los peligros. La conciencia debe ser iluminada y la vida santificada por el amor de la verdad recibida en el corazón, antes que la influencia sea salvadora para el mundo.

Año bíblico: Rom. 5-7

REFLEJEMOS LA LUZ DEL SOL DE JUSTICIA

Y nosotros somos testigos suyos de estas cosas, y también el Espíritu Santo, el cual ha dado Dios a los que le obedecen. Hech. 5:32.

Dios quiere que todo miembro de la iglesia permanezca fielmente en su puesto del deber, que lleve a cabo su responsabilidad, y que cree una atmósfera celestial alrededor de su alma al recoger continuamente los brillantes rayos del Sol de justicia para esparcirlos en el camino de quienes lo rodean...

Hemos de ser los representantes de Cristo, así como Cristo fue el representante del Padre. Deseamos poder atraer las almas a Jesús, señalarles al Cordero del Calvario que quita el pecado del mundo. Cristo no reviste el pecado con su justicia, sino que elimina el pecado, y en su lugar imputa su propia justicia...

Cuando usted recuerda que Cristo ha pagado el precio de su redención con su propia sangre, y también el de la redención de los demás, usted será impulsado a capturar los brillantes rayos de su justicia, a fin de que pueda esparcirlos en el camino de quienes lo rodean. No tiene que mirar hacia el futuro, pensando que algún día lejano habrá de ser santo; es ahora cuando usted es santificado por la verdad... Jesús dice: "Pero recibiréis poder, cuando haya venido sobre vosotros el Espíritu Santo, y me seréis testigos... hasta lo último de la tierra" (Hech. 1:8). Hemos de recibir el Espíritu Santo... El Espíritu Santo es el Consolador, el cual Cristo prometió a sus discípulos que les enseñaría todas las cosas, y les recordaría todo lo que él había dicho.

Dejemos de mirarnos a nosotros mismos, y miremos hacia él, de quien provienen todas las virtudes. Nadie puede mejorarse a sí mismo, sino que hemos de acudir a Jesús como somos, deseando fervientemente ser limpiados de toda mancha y suciedad de pecado, y recibir el don del Espíritu Santo. Por medio de la fe viviente debemos asirnos de su promesa, pues él ha dicho: "Si vuestros pecados fueren como la grana, como la nieve serán emblanquecidos; si fueren rojos como el carmesí, vendrán a ser como blanca lana" (Isa. 1:18).

Hemos de ser testigos de Cristo, reflejando sobre los demás la luz que el Señor permite que brille sobre nosotros. Hemos de encontrarnos como fieles soldados marchando bajo la bandera manchada de sangre del príncipe Emanuel... El Capitán de nuestra salvación conoce el plan de batalla, y saldremos más que vencedores gracias a él.

Año bíblico: Rom. 8-10

LA ALABANZA A DIOS
TIENE UN PODER IRRESISTIBLE

Entonces los que temían a Jehová hablaron cada uno a su compañero; y Jehová escuchó y oyó, y fue escrito libro de memoria delante de él para los que temen a Jehová, y para los que piensan en su nombre. Mal. 3:16.

Al cristiano se otorga el gozo de reunir los rayos de luz eterna del trono de gloria, y de reflejar esos rayos no sólo sobre su propio camino, sino sobre los senderos de las personas con quienes él se relaciona. Al hablar palabras de esperanza y estímulo, de agradecida alabanza y bondadoso aliento, puede esforzarse por ayudar a quienes lo rodean a ser mejores, a elevarlos, a señalarles el camino al cielo y la gloria, y conducirlos a buscar, por sobre todas las cosas terrenales, la sustancia eterna, las riquezas que son imperecederas.

"Regocijaos en el Señor siempre —dice el apóstol—. Otra vez digo: ¡Regocijaos!" (Fil. 4:4). Doquiera vayamos, debemos llevar una atmósfera de esperanza y gozo cristianos; entonces quienes están separados de Cristo verán atractivo en la religión que profesamos; los incrédulos verán la consistencia de nuestra fe...

No sólo en la asociación diaria con los creyentes y los incrédulos hemos de glorificar a Dios al hablar a menudo unos a otros palabras de gratitud y regocijo. Como cristianos, se nos exhorta a no dejar de reunirnos, para nuestro propio refrigerio y para impartir el consuelo que hemos recibido. En estas reuniones, celebradas semana tras semana, debemos espaciarnos en la bondad y las muchas misericordias de Dios, en su poder para salvar del pecado...

Nuestras reuniones de oración y de sociabilidad deberían ser de especial ayuda y aliento... Esto puede ser hecho de mejor manera si tenemos una nueva experiencia diaria en las cosas de Dios, y no vacilamos en hablar de su amor en las asambleas de su pueblo...

Si pensáramos y habláramos más de Jesús, y menos de nosotros mismos, tendríamos mucho más de su presencia. Si permanecemos en él, seremos tan llenos de paz, fe y valor, y tendremos tan victoriosas experiencias para relatar cuando vengamos a las reuniones, que otros serán refrescados por nuestro testimonio claro y decidido por Dios. Estos preciosos reconocimientos de alabanza a la gloria de su gracia, cuando son presentados por una vida semejante a la de Cristo, tienen un poder irresistible, que obra para la salvación de las almas.

Año bíblico: Rom. 11-13

JESUS ERA AMIGO DE TODOS
LOS SERES HUMANOS

Diciendo luego: He aquí que vengo, oh Dios, para hacer tu voluntad. Heb. 10:9.

La dignidad de Cristo como Maestro divino era de un poder superior a la de los sacerdotes y gobernantes. Era diferente de toda la pompa mundana, pues era divina. Hacía caso omiso a toda ostentación mundanal, y mostraba que consideraba los niveles sociales, fijados por la opulencia y el rango, como enteramente sin valor. El había descendido... de su alto puesto de comando para traer a los seres humanos el poder de llegar a ser hijos de Dios; y el rango terrenal no tenía el más mínimo valor para él. Podría haber traído consigo a diez mil ángeles si le hubieran podido ayudar en la obra de redimir a la raza caída.

Cristo dejó de lado los hogares de los ricos, las cortes de la realeza, los renombrados centros de educación, y se estableció en un hogar humilde y despreciado de Nazaret. Su vida, desde el principio hasta el fin, fue de humildad y modestia. La pobreza llegó a ser sagrada por su vida de pobreza. No quiso asumir una actitud de formalidad que hubiera impedido a los hombres y mujeres de condición más modesta que vinieran a su presencia y escucharan sus enseñanzas...

Ningún maestro honró de esa manera al hombre como lo hizo Jesucristo. Era conocido como amigo de publicanos y pecadores. Se mezclaba con todas las clases y sembraba la verdad en el mundo. En el mercado y la sinagoga proclamó su mensaje. Aliviaba toda suerte de sufrimiento, tanto físico como espiritual... Se entregó total y completamente a la obra de salvar almas...

Mientras andaba "haciendo bienes", la experiencia de cada día era una entrega de su vida. Sólo de una manera podía sostenerse esa vida. Jesús vivía en total dependencia de Dios y en comunión con él. Los hombres acuden de vez en cuando al lugar secreto del Altísimo, a la sombra del Omnipotente; permanecen allí por un tiempo, y los resultados se manifiestan en buenas obras; luego falla su fe, se interrumpe la comunión, y la obra de la vida se arruina. Pero la vida de Jesús fue de constante confianza, sostenida por una comunión continua; y su servicio para el cielo y la tierra no vio fracasos ni vacilaciones. Como hombre suplicaba al trono de Dios, hasta que su humanidad se cargaba con la corriente celestial que conectaba la humanidad con la divinidad. Recibía vida de Dios y la impartía a los hombres.

Año bíblico: Rom. 14-16

CUMPLIR LA VOLUNTAD DE DIOS AL ADVERTIR A LOS PERDIDOS

Como siervos de Cristo, de corazón haciendo la voluntad de Dios; sirviendo de buena voluntad, como al Señor y no a los hombres. Efe. 6:6-7.

Anoche se presentó una escena delante de mí. Tal vez nunca me sienta libre de revelarla completamente, pero revelaré una parte de ella.

Me parecía ver una inmensa bola de fuego que caía sobre el mundo, y que aplastaba grandes mansiones. De lugar en lugar se elevaba el clamor: "¡El Señor ha venido! ¡El Señor ha venido!" Muchos no estaban preparados para recibirlo, pero unos pocos decían: "¡Alabado sea Dios!"

"¿Por qué están alabando a Dios?", les preguntaban los que sentían que la destrucción venía sobre ellos.

"Porque ahora vemos lo que hemos estado esperando".

"Si ustedes creían que estas cosas vendrían, ¿por qué no nos lo dijeron?", fue la terrible respuesta que recibieron. "No sabíamos nada de esto. ¿Por qué nos dejaron en la ignorancia? Todo el tiempo nos veían; ¿por qué no vinieron a visitarnos y a hablarnos del juicio que había de venir, y que debíamos servir a Dios para no perecer? ¡Ahora estamos perdidos!"

Cada miembro de la iglesia debe educar su intelecto para que pueda tener una clara comprensión de la voluntad de Dios con respecto a él; cada uno ha de educar su voz para poder comunicar el conocimiento de las Escrituras a los que las ignoran. Que Dios nos ayude a levantarnos, como Daniel, para recibir nuestra heredad durante los días de preparación que nos quedan.

Padres, enseñen a sus hijos acerca de las cosas que ocurrirán sobre la tierra, y condúzcanlos a prepararse para encontrar a su Señor en paz. Obtengan un conocimiento de las Escrituras. No llenen su cabeza con novelas insensatas... Nunca podemos permitirnos el lujo de usar tabaco o licores alcohólicos o cualquier otra sustancia dañina; pues debemos esforzarnos por mantener la claridad de nuestra mente para la obra de ganar almas...

En este gozoso día... los rescatados exclamarán: "¡Digno, digno es el Cordero que fue inmolado, y vive, Conquistador triunfante!" Qué gozo sentirá entonces el obrero, al acercarse a aquellos a quienes había hablado con temor y temblor, abriendo ante ellos las Escrituras y orando con ellos, inclinando la balanza del lado correcto.

Año bíblico: 1 Cor. 1-4

LA ETERNA RECOMPENSA
DEL TRABAJO POR OTROS

Mas cuando hagas banquete, llama a los pobres, los mancos, los cojos y los ciegos; y serás bienaventurado; porque ellos no te pueden recompensar, pero te será recompensado en la resurrección de los justos. Luc. 14:13-14.

Es la recompensa de los obreros de Cristo entrar en su gozo. Ese gozo, que Cristo mismo espera con ansias, se presenta en el pedido que hace a su Padre: "Aquellos que me has dado, quiero que donde yo estoy, también ellos estén conmigo" (Juan 17:24).

Al ascender después de su resurrección, los ángeles estaban esperando para dar la bienvenida a Jesús. La hueste celestial anhelaba saludar otra vez a su amado Comandante, devuelto a ellos de la casa de la muerte... Pero él les pidió que se apartaran. Su corazón acompañaba al grupo solitario y afligido de discípulos que había dejado en el monte de los Olivos. Todavía está con sus hijos que luchan sobre la tierra, que enfrentan todavía una batalla con el destructor. "Padre —dice—... quiero que donde yo estoy, también ellos estén conmigo".

Los redimidos por Cristo son sus joyas, su tesoro precioso y especial. "Como piedras de diademas serán" (Zac. 9:16), "las riquezas de la gloria de su herencia en los santos" (Efe. 1:18). En ellos "verá el fruto de la aflicción de su alma, y quedará satisfecho" (Isa. 53:11).

¿Y no se regocijarán también sus obreros cuando vean el fruto de sus labores?...

Maravillosa será la revelación cuando se pueda ver la acción de la santa influencia con sus preciosos resultados. ¡Cuánta será la gratitud de las almas que nos saldrán al encuentro en las cortes celestiales cuando comprendan el interés y la amante simpatía que los ha conducido a la salvación! Toda la alabanza, el honor y la gloria serán dados a Dios y al Cordero por nuestra redención, pero no disminuirá la gloria de Dios el expresar la gratitud a los instrumentos que él empleó en la salvación de las almas que estaban a punto de perecer.

Los redimidos se encontrarán con aquellos cuya atención dirigieron al Salvador ensalzado, y los reconocerán. ¡Qué benditas conversaciones tendrán con esas almas! "Yo era un pecador —se dirá—... y tú viniste a mí, llamaste mi atención al precioso Salvador como mi única esperanza. Y yo creí en él"... ¡Qué gozo habrá cuando estos redimidos se encuentren y saluden a los que se preocuparon por ellos!

Año bíblico: 1 Cor. 5-7

LA ESTRICTA INTEGRIDAD
CARACTERIZA AL CRISTIANO

Pesa exacta y justa tendrás; efa cabal y justo tendrás, para que tus días sean prolongados sobre la tierra que Jehová tu Dios te da. Deut. 25:15.

En todos los detalles de la vida, los cristianos han de seguir los principios de la estricta integridad. Estos no son los principios que gobiernan el mundo; pues allí Satanás es el señor, y sus principios de engaño y opresión conllevan esa inclinación. Pero los cristianos sirven a un Señor diferente, y sus acciones deben ser forjadas en Dios. Deben poner a un lado todo deseo de ganancia egoísta.

Para algunos, la desviación de la perfecta honestidad en los tratos de negocios les podría parecer asunto de poca importancia, pero nuestro Salvador no lo ve así. Sus palabras en este punto son explícitas y claras: "El que es fiel en lo muy poco, también en lo más es fiel; y el que en lo muy poco es injusto, también en lo más es injusto" (Luc. 16:10). Un hombre que se propasa en los asuntos menores, si la tentación lo acosa se excederá en los grandes asuntos...

En cada acción de la vida el verdadero cristiano se comporta tal como desearía que quienes lo rodean pensaran que es. Es guiado por la verdad y la rectitud. No aparenta, puesto que no tiene nada que esconder. Puede ser criticado, puede ser probado; pero a través de todo ello, su inflexible integridad resplandece como oro puro. Es amigo y benefactor de todos los que se conectan con él; y sus compañeros confían en él, porque es digno de confianza.

¿Emplea trabajadores para reunir su cosecha? No les retiene el dinero que tan arduamente ganaron. ¿Tiene medios para los cuales no tiene destino inmediato? Alivia las necesidades de sus hermanos menos afortunados. No busca aumentar sus posesiones sacando ventaja de las circunstancias externas de su prójimo. Acepta sólo el precio justo por lo que vende. Si hay defectos en los artículos que vende, se lo dice francamente al comprador, aun cuando al hacerlo así pueda parecer que trabaja contra sus propios intereses.

Un hombre puede no tener una apariencia agradable; pero si tiene reputación de trato honesto y justo, es respetado... Un hombre que se adhiere sinceramente a la verdad gana la confianza de todos. No sólo confían en él los cristianos; los mundanos se sienten forzados a reconocer el valor de su carácter.

Año bíblico: 1 Cor. 8-10

HEMOS DE REFLEJAR EL AMOR DE CRISTO

Entonces Jesús les dijo otra vez: Paz a vosotros. Como me envió el Padre, así también yo os envío. Juan 20:21.

Deberíamos procurar fervientemente conocer y apreciar la verdad, para poder presentarla a otros así como es en Jesús. Necesitamos tener una correcta valoración de nuestras propias almas; entonces no seríamos tan descuidados en relación con nuestro curso de acción como lo somos actualmente... Es al mirar a Jesús y contemplar su encanto, teniendo nuestros ojos constantemente fijos en él, como somos transformados a su imagen. El dará gracia a todos los que guardan su camino, y hacen su voluntad, y caminan en la verdad...

Ruego a los que tienen sus nombres registrados en el libro de la iglesia como miembros dignos, que sean verdaderamente dignos mediante la virtud de Cristo. Se promete la misericordia y la verdad y el amor de Dios al alma humilde y contrita...

Todo el cielo se llena de asombro al ver que, cuando ese amor tan amplio, tan profundo, tan rico y pleno, se presenta a los hombres que han conocido la gracia de nuestro Señor Jesucristo, ellos son tan indiferentes, tan fríos e impasibles...

Los infinitos tesoros de la verdad se han ido acumulando de siglo en siglo. Ninguna ilustración podría impresionarnos adecuadamente con la extensión y la riqueza de estos vastos recursos... Estas gemas de verdad han de ser recogidas por el pueblo remanente de Dios, para ser dadas al mundo; pero la suficiencia propia y la dureza de corazón desechan el tesoro bendito. "De tal manera amó Dios al mundo, que ha dado a su Hijo unigénito, para que todo aquel que en él cree, no se pierda, mas tenga vida eterna" (Juan 3:16). Tal amor no puede ser medido, ni puede ser expresado. Juan insta al mundo a mirar "cuál amor nos ha dado el Padre, para que seamos llamados hijos de Dios" (1 Juan 3:1). Es un amor que sobrepuja todo entendimiento.

En la plenitud del sacrificio, nada se rehusó. Jesús se dio a sí mismo. Dios desea que sus hijos se amen los unos a los otros como Cristo nos amó. Han de educar y adiestrar el alma para ese amor. Han de reflejar ese amor en su propio carácter, para proyectarlo sobre el mundo. Cada uno debería considerar ésta su tarea. La plenitud de Cristo ha de ser presentada al mundo por quienes han llegado a ser partícipes de su gracia. Han de hacer por Cristo lo que Cristo hizo por el Padre: representar su carácter.

Año bíblico: 1 Cor. 11-13

EL CARACTER ES PODER

Tenemos paz para con Dios por medio de nuestro Señor Jesucristo; por quien también tenemos entrada por la fe a esta gracia en la cual estamos firmes, y nos gloriamos en la esperanza de la gloria de Dios. Rom. 5:1-2.

Cristo no nos ha dado la seguridad de que sea asunto fácil lograr la perfección del carácter. Un carácter noble, cabal, no se hereda. No lo recibimos accidentalmente. Un carácter noble se obtiene mediante esfuerzos individuales, realizados por los méritos y la gracia de Cristo. Dios da los talentos, las facultades mentales; nosotros formamos el carácter. Lo desarrollamos sosteniendo rudas y severas batallas contra el yo. Hay que sostener conflicto tras conflicto contra las tendencias hereditarias. Tendremos que criticarnos a nosotros mismos severamente, y no permitir que quede sin corregir un solo rasgo desfavorable...

Un carácter formado a la semejanza divina es el único tesoro que podemos llevar de este mundo al venidero. Los que en este mundo andan de acuerdo con las instrucciones de Cristo, llevarán consigo a las mansiones celestiales toda adquisición divina...

Los seres celestiales obrarán con el agente humano que con determinada fe busque esta perfección de carácter que alcanzará la perfección en la acción. Cristo dice a cada uno de los que se ocupan en su obra: Estoy a tu mano derecha para ayudarte.

Cuando la voluntad del hombre coopera con la voluntad de Dios, llega a ser omnipotente. Cualquier cosa que debe hacerse por orden suya, puede llevarse a cabo con su fuerza. Todos sus mandatos son habilitaciones...

El carácter es poder. El testimonio silencioso de una vida sincera, abnegada y piadosa, tiene una influencia casi irresistible. Al revelar en nuestra propia vida el carácter de Cristo, cooperamos con él en la obra de salvar almas. Solamente revelando en nuestra vida su carácter, podemos cooperar con él.

Y cuanto más amplia es la esfera de nuestra influencia, mayor bien podemos hacer. Cuando los que profesan servir a Dios sigan el ejemplo de Cristo practicando los principios de la ley en su vida diaria; cuando cada acto dé testimonio de que aman a Dios más que todas las cosas y a su prójimo como a sí mismos, entonces la iglesia tendrá poder para conmover al mundo.

Año bíblico: 1 Cor. 14-16

JESUS NOS MUESTRA COMO VIVIR

Pero por esto fui recibido a misericordia, para que Jesucristo mostrase en mí el primero toda su clemencia, para ejemplo de los que habrían de creer en él para vida eterna. 1 Tim. 1:16.

El Hijo unigénito del Dios infinito ha dejado, por sus palabras y por su ejemplo práctico, un modelo que hemos de copiar. Mediante sus palabras, Jesús nos ha educado para obedecer a Dios, y por su mismo ejemplo nos mostró cómo hacerlo. Esta es la obra que él quiere que cada hombre haga: obedecer inteligentemente a Dios, y por precepto y ejemplo enseñar a otros lo que deben hacer para ser hijos obedientes de Dios.

Jesús contribuyó para que todo el mundo tenga un conocimiento inteligente de su misión. Vino a nuestro mundo a representar el carácter del Padre, y a medida que estudiamos la vida, las palabras y las obras de Cristo, somos auxiliados de toda forma en la educación de la obediencia a Dios; y a medida que reproducimos su ejemplo, nos transformamos en epístolas vivientes conocidas y leídas por todos. Somos agentes vivos que representan el carácter de Jesucristo ante el mundo.

Cristo no sólo dio reglas explícitas para mostrarnos cómo podemos llegar a ser hijos obedientes, sino que también nos demostró en su vida y en su carácter cómo hacer las cosas que son justas y aceptables para Dios; por tanto, no hay excusa para que no hagamos lo que es agradable a sus ojos...

El gran Maestro vino a este mundo para ponerse al frente de la humanidad, para así elevarla y santificarla por su obediencia santa a todo requisito divino, demostrando que es posible obedecer todos los mandamientos de Dios. Demostró que es posible la obediencia de toda la vida. Por eso dio al mundo, como el Padre nos lo dio a él, hombres elegidos y representativos, para que ejemplificaran en sus vidas la vida de Jesucristo.

En él se hallaba el ideal perfecto. Cristo vino al mundo para revelar este ideal como el único y verdadero blanco de nuestros esfuerzos; para mostrar lo que todo ser humano debiera ser, lo que llegarían a ser, por medio de la morada de la Divinidad en la humanidad, todos los que lo recibieran. Vino a mostrar de qué manera deben ser educados los hombres como conviene a hijos de Dios; cómo deben practicar en la tierra los principios, y vivir la vida del cielo.

Año bíblico: 2 Cor. 1-4

LA ABUNDANTE COSECHA
DE UN PEQUEÑO ACTO

Y vino una viuda pobre, y echó dos blancas... Entonces llamando a sus discípulos, les dijo: De cierto os digo que... todos han echado de lo que les sobra; pero ésta, de su pobreza echó todo lo que tenía, todo su sustento. Mar. 12:42-44.

Según las leyes de Dios que rigen en la naturaleza, el efecto sigue a la causa con invariable seguridad. La siega es un testimonio de la siembra. Aquí no hay simulación posible. Los hombres pueden engañar a sus semejantes y recibir alabanza y compensación por un servicio que no han prestado. Pero en la naturaleza no puede haber engaño. La cosecha dicta sentencia de condenación para el agricultor infiel. Y en un sentido superior, esto se aplica también al campo de lo espiritual. El mal triunfa aparentemente, pero no en realidad. El niño que por jugar falta a clase, el joven perezoso para estudiar, el empleado o aprendiz que no cuida los intereses de su patrón, el hombre que en cualquier negocio o profesión es infiel a sus responsabilidades más elevadas, puede jactarse de que mientras la falta permanezca oculta obtiene ciertas ventajas. Pero no es así; se engaña a sí mismo. El carácter es la cosecha de la vida, y determina el destino tanto para esta vida como para la venidera.

La cosecha es la reproducción de la semilla sembrada. Toda semilla da fruto "según su género". Lo mismo ocurre con los rasgos de carácter que fomentamos. El egoísmo, el amor propio, el engreimiento, la complacencia propia, se reproducen, y el final es desgracia y ruina... El amor, la simpatía y la bondad dan fruto de bendición, una cosecha imperecedera.

¡Qué actos de amor ha inspirado, a través de los siglos, el recuerdo del vaso de alabastro roto para ungir a Cristo! ¡Cuántas ofrendas ha ganado para la causa del Salvador la contribución de "dos blancas, o sea un cuadrante" (Mar. 12:42), hecha por una pobre viuda anónima!...

"El que siembra generosamente, generosamente también segará" (2 Cor. 9:6). Al esparcir la semilla, el sembrador la multiplica. Del mismo modo, al compartir con otros, aumentamos nuestras bendiciones. La promesa de Dios asegura abundancia, para que podamos seguir dando.

Más aún: al impartir bendiciones en esta vida, la gratitud del que las recibe prepara el corazón para recibir la verdad espiritual y se produce una cosecha para vida eterna.

Año bíblico: 2 Cor. 5-7

LOS QUE REGRESAN
A LAS SENDAS ANTIGUAS

Y los redimidos de Jehová volverán, y vendrán a Sion con alegría; y gozo perpetuo será sobre sus cabezas; y tendrán gozo y alegría, y huirán la tristeza y el gemido. Isa. 35:10.

El mundo está lleno de hombres y mujeres que no sienten hacia Dios ninguna obligación por los dones que les fueron confiados. No son conscientes de que Dios concedió esos talentos, no para la glorificación propia, sino para la gloria del nombre divino. Pero ellos anhelan el honor...

Hay hombres a los que Dios concedió cualidades superiores a las comunes. Estos son pensadores profundos, enérgicos y concienzudos. Muchos de ellos están empeñados en la consecución de sus propios fines egoístas, sin reparar en el honor y la gloria de Dios. Algunos han visto la luz de la verdad, pero por honrarse a sí mismos, y no haber hecho de Dios lo primero, lo último y lo mejor en todo, se alejaron de la verdad bíblica hacia el escepticismo y la infidelidad. Cuando son detenidos por la corrección divina, y la aflicción los conduce a preguntar por las sendas antiguas, la bruma del escepticismo se aleja de sus mentes. Algunos se arrepienten y vuelven al antiguo amor, y se encaminan por el sendero preparado para que los redimidos del Señor anden por él. Nunca más actúan por amor al dinero, ni por ambición egoísta. Valoran la operación del Espíritu de Dios en sus corazones más que el oro y que la alabanza de los hombres. Cuando se produce este sorprendente cambio, los pensamientos son dirigidos por el Espíritu de Dios hacia nuevos canales, el carácter es transformado y las aspiraciones del alma se elevan hacia las cosas celestiales.

La verdadera religión tiene poder hoy. Capacita a los hombres para vencer la tozuda influencia del orgullo, del egoísmo y de la incredulidad, y con la sencillez de la verdadera piedad revela un vínculo eficaz con el cielo. Las gracias que Cristo imparte hacen posible a los hombres elevarse por encima de todas las artimañas y tentaciones de Satanás. Los conducirán a la cruz de Cristo como obreros activos, devotos y leales para el avance de la verdad del cielo.

Hoy hay hombres y mujeres que son héroes morales; que practican vidas de nobleza y abnegación. No ambicionan fama mundanal. Su voluntad está subordinada a la voluntad de Dios y el amor de Dios inspira su ministerio. El más alto ideal que tienen es hacer el bien y servir al prójimo.

Año bíblico: 2 Cor. 8-10

DIOS CUIDA TIERNAMENTE DE SU PUEBLO

Los ojos de Jehová están sobre los justos, y atentos sus oídos al clamor de ellos. Sal. 34:15.

No debes sucumbir al desaliento. El corazón débil será fortalecido; el abatido tendrá esperanza. Dios cuida tiernamente de su pueblo. Sus oídos están abiertos a su clamor. No tengo temores por la causa de Dios. El cuidará de su causa. Nuestro deber es cumplir con nuestra parte, en nuestro lugar, y vivir... con humildad al pie de la cruz y ser fieles, viviendo píamente delante de él. Al hacerlo no seremos avergonzados, sino que nuestras almas confiarán en Dios con santa osadía.

Dios nos ha liberado de las cargas; nos ha dado libertad... Nuestros enemigos pueden triunfar. Pueden hablar palabras mentirosas, y sus lenguas calumniadoras pueden idear fraudes, calumnias y estratagemas; pero no lograrán movernos. Sabemos a quién hemos creído. No hemos trabajado ni corrido en vano. Jesús nos conoce... El día del ajuste de cuentas se aproxima y todos serán juzgados de acuerdo con las obras que se han hecho en el cuerpo...

Es cierto que el mundo está en tinieblas. La oposición puede acrecentarse. Los frívolos y los escarnecedores pueden envalentonarse y endurecerse en sus iniquidades. Pero nada de esto nos conmoverá. No hemos andado en la incertidumbre. No, no. Mi corazón está determinado en su confianza en Dios. Tenemos un Salvador poderoso. Podemos regocijarnos en su rica plenitud...

A menudo a la religión se la coloca en una caja de hierro. La religión pura e inmaculada nos conduce a vivir tan sencillamente como niños. Queremos orar y hablar con humildad, buscando sólo la gloria de Dios. Se ha manifestado demasiado una forma de piedad carente de poder. El derramamiento del Espíritu de Dios nos conducirá hacia un agradecido reconocimiento; y mientras percibimos el maravilloso amor de Dios, no nos quedaremos quietos, sino que ofreceremos a Dios un sacrificio de agradecimiento y haremos canción a su nombre con nuestros corazones y voces. Pongamos nuestros pies sobre la Roca de la eternidad, y allí obtendremos apoyo y consuelo permanentes. Nuestras almas descansarán en Dios con una confianza inconmovible.

¿Por qué acudimos tan pocas veces a la fuente abundante y gratuita? Nuestras almas necesitan beber a menudo de la fuente para ser refrescadas y para florecer en el Señor. Debemos permitir la profunda operación del Espíritu de Dios.

Año bíblico: 2 Cor. 11-13

LOS CRISTIANOS DEBEN REFLEJAR LA LUZ DEL CIELO

Una ciudad asentada sobre un monte no se puede esconder. Ni se enciende una luz y se pone debajo de un almud, sino sobre el candelero, y alumbra a todos los que están en casa. Mat. 5:14-15.

Dijo Jesús a los discípulos: "Vosotros sois la luz del mundo". Así como el sol avanza por los cielos, disipando las sombras de la noche y llenando de brillo al mundo, así también los seguidores de Jesús deben brillar para disipar la oscuridad moral de un mundo entregado al pecado. Pero ellos no tienen luz en sí mismos; deben reflejar sobre el mundo la luz del cielo...

El cristiano es un representante de Cristo. Ha de mostrar al mundo el poder transformador de la gracia divina. Es una epístola viva de la verdad de Dios, conocida y leída por todos los hombres. La regla que dio Cristo para determinar quiénes son sus verdaderos seguidores es: "Por sus frutos los conoceréis" (Mat. 7:16, 20)...

La vida cristiana piadosa y la santa conversación son un testimonio diario contra el pecado y los pecadores. Pero debe manifestar a Cristo y no al yo. Cristo es el gran remedio para el pecado. Nuestro compasivo Redentor nos ha provisto la ayuda que necesitamos. El está esperando imputar su justicia al penitente sincero, y encender en su corazón el amor divino que sólo nuestro gracioso Redentor puede inspirar. Los que profesamos ser sus testigos en la tierra, sus embajadores de la corte del cielo, hemos de glorificar a Aquel que representamos siendo fieles portaluces en el mundo.

Todo aquel que al fin obtenga la vida eterna, manifestará aquí celo y devoción en el servicio a Dios. No abandonará el puesto del deber ante la prueba, la tribulación o el vituperio. Será un diligente estudiante de las Escrituras, y seguirá la luz a medida que ésta brilla en su camino. Cuando se le presente una clara demanda bíblica, no se detendrá a preguntar: ¿Qué dirán mis amigos si me uno con el pueblo de Dios? Cuando conozca su deber lo cumplirá de corazón y con valor.

Jesús dice que no se avergüenza de llamar hermanos a estos seguidores íntegros. El Dios de verdad estará de su lado y nunca los abandonará. Toda aparente pérdida por causa de Cristo les será contada como una ganancia infinita.

Año bíblico: Gál. 1-3

LA NOTA TONICA DE LAS ESCRITURAS

Yo sé que mi Redentor vive, y al fin se levantará sobre el polvo. Job 19:25.

Una de las verdades más solemnes y más gloriosas que revela la Biblia, es la de la segunda venida de Cristo para completar la gran obra de la redención. Al pueblo peregrino de Dios, que por tanto tiempo hubo de morar "en región y sombra de muerte", le es dada una valiosa esperanza inspiradora de alegría en la promesa de la venida de Aquel que es "la resurrección y la vida" para hacer "volver al hogar a sus hijos exiliados". La doctrina del segundo advenimiento es verdaderamente la nota tónica de las Sagradas Escrituras. Desde el día en que la primera pareja se alejara apesadumbrada del Edén, los hijos de la fe han esperado la venida del Prometido que había de aniquilar el poder destructor de Satanás y volverlos a llevar al paraíso perdido... Enoc, que se contó entre la séptima generación descendiente de los que moraran en el Edén y que por tres siglos anduvo con Dios en la tierra, pudo contemplar desde lejos la venida del Libertador. "He aquí que viene el Señor, con las huestes innumerables de sus santos ángeles, para ejecutar juicio sobre todos" (Jud. 14-15, VM). El patriarca Job, en la lobreguez de su aflicción, exclamaba con confianza inquebrantable: "Pues yo sé que mi Redentor vive, y que en lo venidero ha de levantarse sobre la tierra;... aun desde mi carne he de ver a Dios; a quien yo tengo de ver por mí mismo, y mis ojos le mirarán; y ya no como a un extraño" (Job 19:25-27, VM).

Quiera el Dios de toda gracia iluminar de tal manera vuestro entendimiento que podáis discernir las cosas eternas, para que por medio de la luz de la verdad, vuestros propios errores, que son numerosos, puedan verse tales como son, para que podáis hacer los esfuerzos necesarios para abandonarlos, a fin de que en lugar de este fruto malo y amargo, podáis producir un fruto precioso para vida eterna.

Humillad delante de Dios vuestro corazón pobre, orgulloso y lleno de justicia propia; humillaos muy profundamente a sus pies, plenamente quebrantados en vuestra pecaminosidad. Dedicaos a la obra de preparación. No descanséis hasta que podáis decir: Mi Redentor vive, y puesto que él vive, yo también viviré.

Si perdéis el cielo, lo perdéis todo; si obtenéis el cielo, lo obtenéis todo. Os ruego que no os equivoquéis en esto. Hay intereses eternos en juego.

Año bíblico: Gál. 4-6

REINARA PARA SIEMPRE

El séptimo ángel tocó la trompeta, y hubo grandes voces en el cielo, que decían: Los reinos del mundo han venido a ser de nuestro Señor y de su Cristo; y él reinará por los siglos de los siglos. Apoc. 11:15.

La venida de Cristo, que ha de inaugurar el reino de la justicia, ha inspirado los más sublimes y conmovedores acentos de los escritos sagrados... El salmista cantó el poder y la majestad del Rey de Israel... "Alégrense los cielos, y gócese la tierra... delante de Jehová; porque viene, sí, porque viene a juzgar la tierra. ¡Juzgará al mundo con justicia, y a los pueblos con su verdad!" (Sal. 96:11-13, VM)... "Destruirá a la muerte para siempre; y enjugará Jehová el Señor toda lágrima de todos los rostros; y quitará la afrenta de su pueblo de toda la tierra; porque Jehová lo ha dicho" (Isa. 25:8)...

Cuando el Señor estuvo a punto de separarse de sus discípulos, los consoló en su aflicción asegurándoles que volvería: "No se turbe vuestro corazón... En la casa de mi Padre muchas moradas hay;... voy, pues, a preparar lugar para vosotros. Y si me fuere y os preparare lugar, vendré otra vez, y os tomaré a mí mismo" (Juan 14:1-3).

Los ángeles que estuvieron en el monte de los Olivos después de la ascensión de Cristo, repitieron a los discípulos la promesa de volver que él les hiciera: "Este mismo Jesús, que ha sido tomado de vosotros al cielo, así vendrá como le habéis visto ir al cielo" (Hech. 1:11). Y el apóstol Pablo, hablando por inspiración, asegura: "El Señor mismo con voz de mando, con voz de arcángel, y con trompeta de Dios, descenderá del cielo" (1 Tes. 4:16). El profeta de Patmos dice: "He aquí que viene con las nubes, y todo ojo le verá" (Apoc. 1:7).

En torno de su venida se agrupan las glorias de "la restauración de todas las cosas, de que habló Dios por boca de sus santos profetas que han sido desde tiempo antiguo" (Hech. 3:21). Entonces será quebrantado el poder del mal que tanto tiempo duró: "los reinos del mundo" vendrán "a ser de nuestro Señor y de su Cristo; y él reinará por los siglos de los siglos" (Apoc. 11:15).

Año bíblico: Efe. 1-3

JESUS, EL CENTRO DE TODO

Yo soy la raíz y el linaje de David, la estrella resplandeciente de la mañana. Apoc. 22:16.

Los peligros de los últimos días están sobre nosotros, y en nuestro trabajo hemos de amonestar a la gente acerca del peligro en que está. No se dejen sin tratar las solemnes escenas que la profecía ha revelado. Si nuestros hermanos estuvieran despiertos aunque fuera a medias, si se dieran cuenta de la cercanía de los sucesos descritos en el Apocalipsis, se realizaría una reforma en nuestras iglesias, y muchos más creerían el mensaje. No tenemos tiempo que perder... Presentad nuevos principios, y haced entrar apretadamente la clara verdad. Ella será como espada de doble filo. Pero no os manifestéis demasiado dispuestos a asumir una actitud polémica. Hay ocasiones en que hemos de quedar quietos para ver la salvación de Dios. Dejad que hablen Daniel y el Apocalipsis, y digan cuál es la verdad. Pero sea cual fuere el aspecto del tema que se presente, ensalzad a Jesús como el centro de toda esperanza, "la raíz y el linaje de David, la estrella resplandeciente de la mañana".

No cavamos en forma suficientemente profunda para escudriñar la verdad. A todo creyente en la verdad presente se le requerirá en algún momento que dé razón de la esperanza que hay en él. Los hijos de Dios han de ser llamados a la presencia de reyes, príncipes, gobernantes y grandes hombres de la tierra, y éstos deben saber que ellos conocen cuál es la verdad. Deben ser hombres y mujeres convertidos. Dios puede enseñaros en un momento, por su Espíritu Santo, más de lo que podríais aprender de los grandes hombres de la tierra. El universo está observando el conflicto que se desarrolla sobre la tierra. A un costo infinito, Dios le ha proporcionado a todo hombre una oportunidad para que conozca lo que ha de hacerlo sabio para la salvación. ¡Cuán ávidamente miran los ángeles para ver quiénes aprovecharán esta oportunidad! Cuando se presenta un mensaje a los hijos de Dios, éstos no deben levantarse en oposición a él; deben ir a la Biblia, comparándolo con la ley y el testimonio, y si no soporta esta prueba, no es verdad. Dios quiere que nuestras mentes se expandan. Desea colocar su gracia sobre nosotros. Podemos tener un banquete de cosas buenas todos los días, pues Dios puede abrir todo el tesoro del cielo para nosotros.

Año bíblico: Efe. 4-6

LOS JUICIOS DE DIOS SOBRE LA TIERRA

Desfalleciendo los hombres por el temor y la expectación de las cosas que sobrevendrán en la tierra. Luc. 21:26.

¡Oh, si el pueblo de Dios tuviera conciencia de la inminente destrucción de miles de ciudades ahora casi entregadas a la idolatría!

No hace mucho tiempo, una escena muy impresionante pasó delante de mí. Vi un inmenso globo de fuego cayendo entre algunas hermosas mansiones y causando su instantánea destrucción. Escuché a alguien decir: "Nosotros sabíamos que los juicios de Dios vendrían sobre la tierra, pero no sabíamos que vendrían tan pronto". Otros dijeron: "¿Vosotros lo sabíais? Entonces, ¿por qué no nos lo dijisteis? Nosotros no lo sabíamos". En todo lugar escuché que se hablaban tales palabras...

Pronto penosas aflicciones sobrevendrán entre las naciones: una angustia que no cesará hasta la venida de Jesús. Como nunca antes necesitamos apresurarnos a servir juntos a Aquel que ha preparado su trono en los cielos y cuyo reino gobierna sobre todos. Dios no ha desamparado a su pueblo, y nuestra fuerza depende de no separarnos de él.

Los juicios de Dios están en la tierra. Las guerras y los rumores de guerras, la destrucción por fuego e inundación, dicen claramente que el tiempo de angustia, el cual irá en aumento hasta el fin, está cerca, a las puertas. No tenemos tiempo que perder. El mundo está perturbado por el espíritu de la guerra. Las profecías del capítulo once de Daniel casi han alcanzado su cumplimiento final.

El viernes pasado, de mañana, justamente antes de levantarme, se presentó delante de mí una escena muy impresionante. Me parecía que me había despertado de dormir, pero no en mi hogar. Por las ventanas yo podía observar una terrible conflagración. Grandes esferas de fuego se desplomaban sobre las casas, y desde esas bolas de fuego, saetas ígneas volaban en toda dirección. Era imposible dominar los incendios que se iniciaban y muchos lugares estaban siendo destruidos.

Las ciudades de las naciones serán tratadas con estrictez, y sin embargo, no serán visitadas con la extrema indignación de Dios, porque algunas almas renunciarán a los engaños del enemigo, y se arrepentirán y convertirán, mientras que las masas estarán atesorando ira para el día de la ira.

Año bíblico: Fil.

UNA NORMA ELEVADA

Habéis, pues, de serme santos, porque yo Jehová soy santo, y os he apartado de los pueblos para que seáis míos. Lev. 20:26.

Muchos ignoran lo que deben ser a fin de vivir a la vista del Señor durante el tiempo de angustia, cuando no haya Sumo Sacerdote en el santuario. Los que reciban el sello del Dios vivo y sean protegidos en el tiempo de angustia deben reflejar plenamente la imagen de Jesús.

Vi que muchos descuidaban la preparación tan necesaria, esperando que el tiempo del "refrigerio" y la "lluvia tardía" los preparase para sostenerse en el día del Señor y vivir en su presencia. ¡Oh! ¡Y a cuántos vi sin amparo en el tiempo de angustia! Habían descuidado la necesaria preparación, y por lo tanto no podían recibir el refrigerio que todos deben tener para poder vivir en la presencia de un Dios Santo. Quienes... no purifiquen sus almas mediante la obediencia a toda la verdad... llegarán al tiempo de las plagas, y entonces echarán de ver que les hubiera sido necesario ser tallados y escuadrados para la edificación. Pero entonces no habrá ya tiempo para ello ni tampoco Mediador que abogue por ellos ante el Padre. Antes de ese tiempo se habrá promulgado la solemne declaración que dice: "El que es injusto, sea injusto todavía; y el que es inmundo, sea inmundo todavía; y el que es justo, practique la justicia todavía; y el que es santo, santifíquese todavía" (Apoc. 22:11). Vi que nadie podía participar del "refrigerio" a menos que venciera todas las tentaciones y triunfara contra el orgullo, el egoísmo, el amor al mundo y toda palabra y obra mala. Por lo tanto, debemos nosotros acercarnos más y más al Señor y buscar anhelosamente la preparación necesaria que nos habilite para permanecer firmes en la batalla, el día del Señor. Recuerden todos que Dios es santo y que únicamente seres santos podrán morar alguna vez en su presencia.

Hemos de velar hoy para no ofender ni en palabras ni en hechos... Debemos buscar a Dios hoy, y estar resueltos a no permanecer satisfechos sin su presencia. Debemos velar, obrar y orar como si éste fuese el último día que se nos concede. ¡Qué intenso fervor habría entonces en nuestra vida! ¡Cuán estrechamente seguiríamos a Jesús en todas nuestras palabras y acciones!

Año bíblico: Col.

¿GIGANTES O ENANOS ESPIRITUALES?

**Así que, amados, puesto que tenemos tales promesas, limpié-
monos de toda contaminación de carne y de espíritu, perfeccionando la santidad en el temor de Dios. 2 Cor. 7:1.**

El Señor reprende y corrige a los que profesan observar su ley. Señala sus pecados y presenta su iniquidad, porque desea separar de
ellos todo pecado y perversidad, a fin de que perfeccionen la santidad
en su temor, y estén preparados para morir en el Señor, o ser trasladados al cielo. Dios los reprende y corrige, a fin de que sean refinados,
santificados, elevados, y finalmente exaltados a su propio trono.

Dios no aceptará nada que no sea pureza y santidad; una mancha,
una arruga, un defecto de carácter, nos apartarán del cielo para siempre, con todas sus glorias y sus tesoros.

La mayoría de los que profesan ser cristianos no tienen idea de la
fuerza espiritual que podrían tener si fuesen tan ambiciosos, celosos y
perseverantes para alcanzar el conocimiento de las cosas divinas como
lo son para obtener las miserables y perecederas cosas de esta vida.
Las masas que profesan ser cristianas se satisfacen con su condición
de enanos espirituales. No están dispuestas a buscar primeramente el
reino de Dios y su justicia; de ahí que la piedad sea para ellas un
misterio oculto e incomprensible. No conocen a Cristo por experiencia.

Se ha hecho amplia provisión para todos los que sincera, ferviente
y meditativamente se dedican a la tarea de perfeccionar la santidad en
el temor de Dios. Fuerza, gracia y gloria han sido provistas por medio
de Cristo, para que los ángeles ministradores las lleven a los herederos
de la salvación. Nadie es tan miserable, corrompido y vil, que no pueda
encontrar en Jesús, que murió por él, fortaleza, pureza y justicia, si
quiere abandonar sus pecados, dejar la senda de la iniquidad y volverse con plena decisión del corazón al Dios viviente. El espera para quitarles sus vestiduras, manchadas y contaminadas por el pecado, para
revestirlos de las blancas y resplandecientes túnicas de justicia; y los
intima a vivir, no a morir. En él pueden florecer. Sus ramas no se
secarán ni serán infructíferas. Si moran en él, podrán extraer savia y
nutrición de él, e imbuidos de su Espíritu, caminar como él anduvo,
vencer como él venció, y ser exaltados a su diestra.

Año bíblico: 1 Tes.

ENFRENTAMOS UNA CRISIS

¡Hay del día! porque cercano está el día de Jehová, y vendrá como destrucción por el Todopoderoso. Joel 1:15.

Al unir un eslabón con otro en la cadena de los acontecimientos, desde la eternidad pasada a la eternidad futura, las profecías que el gran YO SOY dio en su Palabra nos dicen dónde estamos hoy en la procesión de los siglos y lo que puede esperarse en el tiempo futuro. Todo lo que la profecía predijo como habiendo de acontecer hasta el momento actual, se lee cumplido en las páginas de la historia, y podemos tener la seguridad de que todo lo que falta por cumplir se realizará en su orden.

Hoy las señales de los tiempos declaran que estamos en el umbral de acontecimientos grandes y solemnes. En nuestro mundo, todo está en agitación. Ante nuestros ojos se cumple la profecía por la cual el Salvador anunció los acontecimientos que habían de preceder su venida: "Y oiréis de guerras y rumores de guerras... Se levantará nación contra nación, y reino contra reino; y habrá pestes, y hambres, y terremotos en diferentes lugares" (Mat. 24:6-7).

El momento actual es de interés abrumador para todos los que viven. Los gobernantes y los estadistas, los hombres que ocupan puestos de confianza y autoridad, los hombres y mujeres pensadores de todas las clases, tienen la atención fija en los acontecimientos que se producen en derredor nuestro. Observan la intensidad que se apodera de todo elemento terrenal, y reconocen que algo grande y decisivo está por acontecer, que el mundo se encuentra en vísperas de una crisis estupenda.

La Biblia, y tan sólo la Biblia, presenta una visión correcta de estas cosas. En ella se revelan las grandes escenas finales de la historia de nuestro mundo... cuya aproximación hace temblar la tierra y desfallecer de temor los corazones de los hombres.

Hoy los hombres y las naciones son probados por la plomada que está en la mano de Aquel que no comete error. Por su propia elección, cada uno decide su destino, y Dios lo rige todo para cumplir sus propósitos.

Los cristianos deben prepararse para lo que pronto ha de estallar sobre el mundo como sorpresa abrumadora, y deben hacerlo estudiando diligentemente la Palabra de Dios y esforzándose por conformar su vida con sus preceptos.

Año bíblico: 2 Tes.

ENSEÑANDO DE CASA EN CASA

Nada que fuese útil he rehuido de anunciaros y enseñaros, públicamente y por las casas. Hech. 20:20.

Los miembros de nuestras iglesias deben hacer más trabajo de casa en casa, dando estudios bíblicos y repartiendo impresos... Al sembrar junto a todas las aguas, experimentaremos que "el que siembra generosamente, generosamente también segará" (2 Cor. 9:6).

El ejemplo de Cristo debe ser seguido por los que dicen ser sus hijos. Socorred a los desvalidos; su agradecimiento derribará las barreras y os permitirá alcanzar su corazón...

Las mujeres, tanto como los hombres, pueden sembrar la verdad... Pueden realizar en las familias una obra que los hombres no pueden hacer, una obra que penetra hasta la vida interior. Pueden acercarse a los corazones de personas a las cuales los hombres no pueden alcanzar. Su cooperación es necesaria. Las mujeres discretas y humildes pueden hacer una obra buena al explicar la verdad en los hogares. Así explicada, la Palabra de Dios obrará como una levadura, y familias enteras serán convertidas...

En el círculo de la familia, en el hogar de vuestro vecino, a la cabecera del enfermo, podéis con serenidad leer las Escrituras y decir una palabra en favor de Jesús y de la verdad. Así será sembrada la preciosa semilla que brotará y dará fruto...

Debe hacerse obra misionera en muchos lugares que aparentemente prometen poco resultado. El espíritu misionero debe posesionarse de nuestras almas e impulsarnos a alcanzar cierta clase de personas en las que no habíamos pensado, y a trabajar en lugares y con recursos que no hubiésemos imaginado siquiera. El Señor tiene su plan para esparcir la semilla del Evangelio. Sembrando según su voluntad, multiplicaremos la semilla en tales proporciones que su Palabra podrá alcanzar a millones de personas que aún no han oído la verdad.

Miríadas y miríadas de ángeles están listos para colaborar con los miembros de nuestras iglesias para comunicar la luz que Dios impartió generosamente para preparar a un pueblo para la venida de Jesús.

Nuestras hermanas, las jóvenes, las de edad madura y las ancianas, pueden desempeñar una parte en la terminación de la obra para este tiempo; y al hacerlo, a medida que tienen oportunidad, obtendrán una experiencia del valor más alto. Al olvidarse del yo crecerán en la gracia.

Año bíblico: 1 Tim.

UN CARACTER QUE EL MUNDO RECONOZCA

Para que seáis irreprensibles y sencillos, hijos de Dios sin mancha en medio de una generación maligna y perversa, en medio de la cual resplandecéis como luminares en el mundo. Fil. 2:15.

Es el propósito de Dios manifestar por medio de su pueblo los principios de su reino. A fin de que en su vida y su carácter se revelen estos principios, desea separarlos de las costumbres, los hábitos y las prácticas del mundo... Al contemplar la bondad, la misericordia y el amor de Dios revelados en su iglesia, el mundo ha de tener una representación de su carácter. Cuando la ley de Dios quede así ejemplificada en la vida, el mundo mismo reconocerá la superioridad de los que aman, temen y sirven a Dios, con respecto a cualquier otro pueblo del mundo.

Los adventistas del séptimo día, por sobre todos los pueblos, deben ser modelos de piedad, santos en su corazón y su conversación. A ellos han sido confiadas las verdades más solemnes que se hayan dado alguna vez a los mortales. Toda dotación de gracia, poder y eficiencia ha sido provista liberalmente. Ellos esperan el pronto regreso de Cristo en las nubes de los cielos. El que den al mundo la impresión de que su fe no es una fuerza dominante en sus vidas, deshonra grandemente al Señor.

Debido al creciente poder de las tentaciones de Satanás, los tiempos en los cuales vivimos están llenos de peligros para los hijos de Dios, y necesitamos aprender constantemente del gran Maestro, a fin de que podamos dar todo paso con seguridad y justicia. Nos esperan escenas maravillosas; y en este tiempo debe manifestarse en la vida del profeso pueblo de Dios un testimonio vivo, a fin de que el mundo pueda ver que en estos tiempos en que el mal reina por todos lados, hay todavía un pueblo que pone a un lado su voluntad, y procura hacer la de Dios, un pueblo en cuyo corazón y vida está escrita la ley divina...

Sus pensamientos han de ser puros, sus palabras nobles y elevadoras. La religión de Cristo se ha de entretejer con todo lo que hagan y digan. Han de ser un pueblo santificado, purificado, santo, que comunique la luz a todos aquellos con quienes lleguen a tratar. Es propósito de Dios que, ejemplificando la verdad en sus vidas, sean una alabanza en la tierra. La gracia de Cristo basta para producir esto.

Año bíblico: 2 Tim.

PROBAD TODAS LAS COSAS

Guardaos de los falsos profetas, que vienen a vosotros con vestidos de ovejas, pero por dentro son lobos rapaces. Mat. 7:15.

En la obra a la que mi esposo y yo fuimos llamados por disposición de Dios, aun desde el mismo comienzo en 1843 y 1844, hemos tenido al Señor para que idease y planease por nosotros y él ha llevado a cabo sus planes mediante sus instrumentos vivientes. Las sendas falsas nos han sido señaladas con tanta frecuencia, y los caminos verdaderos y seguros han sido definidos tan claramente en todas las empresas relacionadas con la obra que se nos ha confiado, que puedo decir con certeza que no ignoro los artificios de Satanás, ni tampoco los caminos y las obras de Dios.

Hemos tenido que imponer intenso ejercicio a las facultades de la mente, y hemos debido confiar en la sabiduría procedente de Dios en la dirección de nuestras investigaciones, cuando hemos tenido que repasar las diferentes teorías que se nos han presentado, y hemos tenido que analizar sus méritos y sus defectos a la luz brillante de la Palabra de Dios y de las cosas que Dios me ha revelado por medio de su Palabra y de los testimonios, para no ser engañados ni engañar a otros...

Muchos años de laboriosa experiencia en relación con la obra de Dios me han familiarizado con toda clase de movimientos espurios. Muchas veces el siguiente mensaje me ha enviado a diferentes lugares: "Tengo una obra que tú debes hacer en ese lugar; yo estaré contigo". Cuando llegó el momento debido, el Señor me dio un mensaje para quienes tenían sueños y visiones falsos, y yo, mediante la fortaleza de Cristo, di mi testimonio como el Señor me había indicado...

Durante los 45 años pasados, he tenido que hacer frente a las pretensiones de quienes afirmaban haber recibido de parte de Dios mensajes de reproche destinados a otros. Esta fase del fanatismo religioso ha surgido una vez tras otra desde 1844. Satanás ha trabajado en muchas formas para afirmar el error. Algunas de las cosas anticipadas en esas visiones se cumplieron; pero muchas otras —concernientes al tiempo de la venida de Cristo, el fin del tiempo de gracia y los acontecimientos que debían ocurrir— resultaron completamente falsas.

"Mirad, pues, cómo oís" (Luc. 8:18), es la amonestación de Cristo... "Examinadlo todo" (1 Tes. 5:21)... Este es el consejo de Dios; ¿le prestaremos atención?

Año bíblico: Tito

ALISTEMONOS

Lo verán los oprimidos, y se gozarán. Buscad a Dios, y vivirá vuestro corazón. Sal. 69:32.

Tenéis el privilegio de estar gozosos en el Señor y de regocijaros en el conocimiento de su gracia sustentadora. Que su amor se posesione de la mente y el corazón. Cuidad de no fatigaros en exceso, de no agobiaros por la inquietud, de no estar deprimidos. Dad un testimonio elevador. Apartad vuestros ojos de lo que es oscuro y de lo que produce desánimo, y contemplad a Jesús, nuestro gran Dirigente, bajo cuya supervisión vigilante la causa de la verdad presente —a la cual estamos dando nuestras vidas y todo lo que somos—, está destinada a un triunfo glorioso...

Dejad que se vea que Jesús mora en el corazón, que sustenta, fortalece y reconforta. Tenéis el privilegio de recibir cada día una abundante medida de su Espíritu Santo, y de tener una visión más amplia de la importancia y el alcance del mensaje que estamos proclamando al mundo. El Señor está dispuesto a revelaros cosas maravillosas de su ley. Esperad delante de él con humildad de corazón. Orad fervorosamente pidiendo una comprensión de los tiempos en que vivimos, solicitando una concepción más plena de sus propósitos y rogando por una mayor eficacia en la tarea de salvar a las almas...

Este no es un tiempo para dedicarlo a las cosas frívolas o a las satisfacciones egoístas. Si los tiempos en que vivimos no logran impresionar de veras nuestras mentes, ¿qué otra cosa podría realizar un impacto en nosotros?...

Ahora se necesitan hombres de claro entendimiento. Dios pide que los que están dispuestos a dejarse dirigir por el Espíritu Santo señalen el camino hacia una obra de reforma cabal... Cada alma debería encontrarse ahora en una posición donde manifieste una consagración a Dios más profunda y verdadera que en los años pasados...

He quedado profundamente impresionada por ciertas escenas que contemplé durante la noche. Parecía efectuarse un gran movimiento, una obra de reavivamiento, en muchos lugares. Nuestro pueblo se alistaba y respondía al llamamiento de Dios... ¿No escucharemos su voz? ¿No aprestaremos nuestras lámparas y obraremos como hombres que esperan la venida del Señor? El tiempo en que vivimos exige que se haga brillar la luz y que se pongan las manos a la obra.

Año bíblico: File.

PREPARACION PARA LO QUE NOS ESPERA

Buscad a Jehová todos los humildes de la tierra, los que pusisteis por obra su juicio; buscad justicia, buscad mansedumbre; quizás seréis guardados en el día del enojo de Jehová. Sof. 2:3.

La transgresión casi ha llegado a su límite. La confusión llena el mundo y pronto ha de sobrecoger a los seres humanos un gran terror. El fin está muy cerca. El pueblo de Dios debiera estarse preparando para lo que ha de sobrevenir al mundo como una sorpresa abrumadora.

El "tiempo de angustia, cual nunca fue desde que hubo gente" se iniciará pronto; y para entonces necesitaremos tener una experiencia que hoy por hoy no poseemos y que muchos no pueden lograr debido a su indolencia. Sucede muchas veces que los peligros que se esperan no resultan tan grandes como uno se los había imaginado; pero éste no es el caso respecto de la crisis que nos espera. La imaginación más fecunda no alcanza a darse cuenta de la magnitud de tan dolorosa prueba. En aquel tiempo de tribulación, cada alma deberá sostenerse por sí sola ante Dios. "Si Noé, Daniel y Job estuvieren" en el país, "¡vivo yo! dice Jehová el Señor, que ni a hijo ni a hija podrán ellos librar por su justicia; tan sólo a sus propias almas librarán" (Eze. 14:20, VM).

El último gran conflicto entre la verdad y el error no es más que la última batalla de la controversia que se viene desarrollando desde hace tanto tiempo con respecto a la ley de Dios. En esta batalla estamos entrando ahora; es la que se libra entre las leyes de los hombres y los preceptos de Jehová, entre la religión de la Biblia y la religión de las fábulas y de la tradición.

Deberíamos estudiar los grandes hitos que nos señalan los tiempos en que vivimos... Deberíamos orar fervientemente para estar listos para las luchas del gran día que Dios está preparando.

Los que se colocan bajo el control de Dios para ser guiados y dirigidos por él, captarán la marcha firme de los sucesos que él ordenó. Inspirados por el Espíritu de Aquel que dio su vida por la vida del mundo, no continuarán inactivos en la impotencia, señalando lo que no pueden hacer. Colocándose la armadura del cielo, avanzarán hacia la batalla deseosos de hacer cosas osadas en favor de Dios, sabiendo que la omnipotencia divina suplirá su necesidad.

Año bíblico: Heb. 1-3

ALIVIO DEL SUFRIMIENTO FISICO

Y yendo, predicad, diciendo: El reino de los cielos se ha acercado. Sanad enfermos, limpiad leprosos, resucitad muertos, echad fuera demonios; de gracia recibisteis, dad de gracia. Mat. 10:7-8.

Tiempos peligrosos nos esperan. Todo el mundo será envuelto en perplejidad y angustia; enfermedades de todas clases se manifestarán en el seno de la familia humana, y la ignorancia que prevalece actualmente acerca de las leyes de la salud producirá gran sufrimiento y la pérdida de muchas vidas que podrían haberse salvado...

A medida que la agresión religiosa destruya las libertades de nuestra nación, los que abogan por la libertad de conciencia quedarán en posición desfavorable. Por su propio bien, mientras tienen oportunidad, debieran adquirir conocimientos con respecto a las enfermedades, sus causas, su prevención y su curación. Y los que lo hagan tendrán oportunidad de trabajar en todas partes. Habrá pacientes en abundancia que necesitarán ayuda, no sólo entre los de nuestra fe, sino más aún entre los que no conocen la verdad.

La obra médica hecha en relación con la predicación del mensaje del tercer ángel, ha de producir resultados maravillosos. Debe ser una obra santificadora y unificadora, en consonancia con la obra que el gran Jefe de la iglesia encargó a sus primeros discípulos.

Al reunir a esos discípulos, Cristo les dio su comisión:... "Y yendo, predicad, diciendo: El reino de los cielos se ha acercado. Sanad enfermos, limpiad leprosos, resucitad muertos, echad fuera demonios; de gracia recibisteis, dad de gracia... He aquí, yo os envío como a ovejas en medio de lobos; sed, pues, prudentes como serpientes, y sencillos como palomas" (Mat. 10:7-8, 16).

Es bueno que leamos este capítulo a fin de que sus instrucciones nos preparen para nuestras labores. Los primeros discípulos estaban saliendo para cumplir el mandato de Cristo, de acuerdo con su cometido. Su Espíritu les iba a preparar el camino. Debían comprender que con semejante mensaje que dar y semejantes bendiciones que impartir, serían bienvenidos en los hogares de la gente.

Dios alcanza los corazones mediante el alivio del sufrimiento físico. Se deja caer una semilla de verdad en la mente, que es regada por Dios. Se necesitará tal vez mucha paciencia antes que esta semilla dé señales de vida, pero finalmente brotará y llevará fruto para vida eterna.

Año bíblico: Heb. 4-6

LA CORRUPCION DE LA VERDAD

Entonces, si alguno os dijere: Mirad, aquí está el Cristo, o mirad, allí está, no lo creáis. Mat. 24:23.

Antes que ocurran los acontecimientos finales de la obra de la apostasía, habrá una gran confusión en lo que concierne a la fe. No habrá conceptos claros y definidos con respecto al misterio de la Divinidad. Una verdad tras otra se irá corrompiendo.

Después que la verdad haya sido proclamada por testimonio a todas las naciones, comenzará a actuar todo medio concebible de maldad, y las mentes serán confundidas por muchas voces que clamarán: "¡He aquí el Cristo! ¡Helo allí! ¡Esta es la verdad! Yo tengo el mensaje de Dios; él me ha enviado con gran luz". Entonces se removerán los hitos y se tratará de derribar las columnas de nuestra fe. Se hará un esfuerzo más decidido al reemplazar el día que él bendijo y santificó. Se pondrá en vigencia la observancia de este falso día de reposo mediante una ley opresiva.

En el futuro surgirán engaños de toda clase, y necesitaremos tierra firme para nuestros pies. Necesitamos sólidas columnas para el edificio. Ni un alfiler ha de quitarse de lo que el Señor ha establecido. El enemigo introducirá falsas teorías, como la doctrina de que no existe santuario. Este es uno de los puntos en que algunos se apartarán de la fe.

Habrá sueños falsos y visiones espurias, que tendrán una parte de verdad, pero que alejarán de la fe original. El Señor ha dado una regla para detectarlos: "¡A la ley y al testimonio! Si no dijeren conforme a esto, es porque no les ha amanecido" (Isa. 8:20).

A medida que nos acerquemos al tiempo del fin, el error estará tan mezclado con la verdad que sólo los que cuenten con la dirección del Espíritu Santo podrán distinguir al uno de la otra. Debemos hacer todo esfuerzo que sea necesario para mantenernos en el camino del Señor. En ningún caso debemos apartarnos de su conducción para depositar nuestra confianza en el hombre. Los ángeles del Señor tienen orden de vigilar estrictamente a los que confían en el Señor, y ellos han de ser nuestro especial auxilio en todo tiempo de necesidad. Cada día debemos ir al Señor en plena certidumbre de fe y acudir a él por sabiduría... Los que sean guiados por la Palabra de Dios discernirán con seguridad entre el error y la verdad, entre el pecado y la justicia.

Año bíblico: Heb. 7-9

EL TIEMPO DEL ZARANDEO

Y por haberse multiplicado la maldad, el amor de muchos se enfriará. Mat. 24:12.

Tan pronto como el pueblo de Dios sea sellado en la frente (no se trata de un sello o marca visible, sino de una afirmación intelectual y espiritual en la verdad, del cual será imposible desviarlos), tan pronto como el pueblo de Dios sea sellado y preparado para el zarandeo, éste se producirá. En realidad, ya ha comenzado. Los juicios de Dios se hallan ya sobre la tierra para darnos advertencia a fin de que podamos saber lo que nos espera.

Se están aproximando rápidamente los días en los cuales habrá gran perplejidad y confusión. Satanás, vestido de ángel de luz, engañará, si fuese posible, a los escogidos. Habrá entonces muchos dioses y muchos señores. En ese tiempo soplará todo viento de doctrina.

Se procurará imponernos la observancia del falso día de reposo... Los que hayan cedido paso a paso a las exigencias mundanales y se hayan conformado a las costumbres del mundo, cederán a las autoridades, antes que someterse al ridículo, los insultos, las amenazas de encarcelamiento y la muerte... La contienda será entre los mandamientos de Dios y los de los hombres.

En ese tiempo, el oro será separado de la escoria en la iglesia. La verdadera piedad se distinguirá claramente de la apariencia y del oropel. Más de una estrella que hemos admirado por su brillo, se apagará entonces en las tinieblas. Como una nube, el tamo será llevado por el viento, aun en lugares donde vemos sólo eras de rico trigo. Todos los que llevan los ornamentos del santuario, pero no están vestidos de la justicia de Cristo, aparecerán en la vergüenza de su desnudez.

Sin embargo, hay hombres que recibirán la verdad y ocuparán los sitios que dejen vacíos los que se consideren agraviados y abandonen la verdad... Su lugar será ocupado por hombres de verdaderos principios cristianos que llegarán a ser mayordomos fieles y dignos de confianza que presentarán la Palabra de Dios en su sencillez y en su marco verdadero. El Señor obrará de tal manera que los desconformes se separarán de los fieles... Las filas no se reducirán. Los que son firmes y fieles cubrirán el vacío dejado por quienes se disgusten y apostaten.

Año bíblico: Heb. 10-11

EL SELLAMIENTO Y LA LLUVIA TARDIA

Pero el fundamento de Dios está firme, teniendo este sello: Conoce el Señor a los que son suyos; y: Apártese de iniquidad todo aquel que invoca el nombre de Cristo. 2 Tim. 2:19.

Antes que sea completamente terminada la obra y finalice el sellamiento del pueblo de Dios, recibiremos el derramamiento del Espíritu Santo de Dios. Angeles del cielo estarán en nuestro medio.

Nuestro Padre celestial no exige de nuestras manos lo que no podemos realizar. Desea que su pueblo trabaje fervientemente para cumplir el propósito que le ha asignado. Han de orar en busca de poder, esperar poder y recibir poder, a fin de que puedan crecer hasta la plena estatura de hombres y mujeres en Cristo Jesús.

No todos los miembros de la iglesia están cultivando la piedad personal; por lo tanto, no comprenden su responsabilidad personal. No comprenden que es su privilegio y su deber alcanzar la alta norma de la perfección cristiana... ¿Estamos esperando la lluvia tardía, aguardando confiadamente un día mejor en que la iglesia ha de ser dotada con poder de lo alto y habilitada así para la obra? La lluvia tardía nunca refrigerará y vigorizará a los indolentes que no usen las facultades que Dios les ha concedido.

Nos hallamos en gran necesidad de la atmósfera pura y vivificadora que nutre y fortifica la vida espiritual. Necesitamos un fervor cada vez mayor. El solemne mensaje que se nos ha entregado para darlo al mundo ha de ser proclamado con mayor ardor, con una intensidad que conmoverá a los incrédulos, induciéndolos a ver que el Altísimo está obrando con nosotros, que él es la Fuente de nuestra eficiencia y fortaleza...

¿Estáis empleando todas vuestras facultades en un esfuerzo por traer las ovejas perdidas al redil? Hay miles y miles sumidos en la ignorancia que podrían ser advertidos. Orad como nunca habéis orado antes por el poder de Cristo. Orad por la inspiración de su Espíritu, a fin de que podáis ser henchidos con el deseo de salvar a los que perecen.

Ascienda al cielo la oración: "Dios tenga misericordia de nosotros, y nos bendiga; haga resplandecer su rostro sobre nosotros; para que sea conocido en la tierra tu camino, en todas las naciones tu salvación" (Sal. 67:1-2).

Año bíblico: Heb. 12-13

AQUI Y AHORA

Porque dice: En tiempo aceptable te he oído, y en día de salvación te he socorrido. He aquí ahora el tiempo aceptable; he aquí ahora el día de salvación. 2 Cor. 6:2.

Creemos sin duda alguna que Cristo va a venir pronto. Esto no es una fábula para nosotros; es una realidad. No tenemos la menor duda, ni la hemos tenido durante años, de que las doctrinas que sostenemos son la verdad presente, y que nos estamos acercando al juicio. Nos estamos preparando para encontrar a Aquel que aparecerá en las nubes de los cielos escoltado por una hueste de santos ángeles, para dar a los fieles y justos el toque final de la inmortalidad. Cuando él venga, no lo hará para limpiarnos de nuestros pecados, quitarnos los defectos de carácter, o curarnos de las flaquezas de nuestro temperamento y disposición. Si es que se ha de realizar en nosotros esta obra, se hará antes de aquel tiempo.

Cuando venga el Señor, los que son santos seguirán siendo santos. Los que han conservado su cuerpo y espíritu en pureza, santificación y honra, recibirán el toque final de la inmortalidad. Pero los injustos, inmundos y no santificados permanecerán así para siempre. No se hará en su favor ninguna obra que elimine sus defectos y les dé un carácter santo. El Refinador no se sentará entonces para proseguir su proceso de refinación y quitar sus pecados y su corrupción. Todo esto debe hacerse en las horas del tiempo de gracia. Ahora debe realizarse esta obra en nosotros.

Abrazamos la verdad de Dios con nuestras diferentes facultades, y al colocarnos bajo la influencia de esta verdad, ella realizará en nosotros la obra que nos dará idoneidad moral para formar parte del reino de gloria y para departir con los ángeles celestiales. Estamos ahora en el taller de Dios. Muchos de nosotros somos piedras toscas de la cantera. Pero cuando echamos mano de la verdad de Dios, su influencia nos afecta. Nos eleva, y elimina de nosotros toda imperfección y pecado, cualquiera que sea su naturaleza. Así quedamos preparados para ver al Rey en su hermosura y unirnos finalmente con los ángeles puros y santos, en el reino de gloria. Aquí es que se completará esta obra a nuestro favor. Es aquí que nuestro cuerpo y nuestro espíritu han de quedar dispuestos para la inmortalidad.

Año bíblico: Sant.

ALCANCEMOS UN ELEVADO NIVEL ESPIRITUAL

Aquel que es poderoso para guardaros sin caída, y presentaros sin mancha delante de su gloria con gran alegría. Jud. 24.

Cristo fue obediente a todo requerimiento de la ley... Por su perfecta obediencia ha hecho posible que cada ser humano obedezca los mandamientos de Dios. Cuando nos sometemos a Cristo, el corazón se une con su corazón, la voluntad se fusiona con su voluntad, la mente llega a ser una con su mente, los pensamientos se sujetan a él; vivimos su vida. Esto es lo que significa estar vestidos con el manto de su justicia. Entonces, cuando el Señor nos contempla, él ve no el vestido de hojas de higuera, no la desnudez y la deformidad del pecado, sino su propio manto de justicia, que es la perfecta obediencia a la ley de Jehová.

Mediante el plan de redención, Dios ha provisto medios para vencer cada rasgo pecaminoso y resistir cada tentación, no importa cuán poderosa sea.

La tentación más poderosa no puede excusar el pecado. Por intensa que sea la presión ejercida sobre el alma, la transgresión es un acto nuestro. Ni la tierra ni el infierno tienen poder para obligar a nadie a pecar. Debe haber consentimiento de la voluntad, sometimiento del corazón, pues de otro modo la pasión no puede vencer a la razón, ni la iniquidad triunfar sobre la justicia.

Si permanecéis bajo el estandarte ensangrentado del Príncipe Emanuel, haciendo fielmente su servicio, nunca tendréis que ceder a la tentación, pues estará a vuestro lado Aquel que es poderoso para guardaros sin caída.

No tenemos motivo para conservar nuestras tendencias pecaminosas... A medida que nos hagamos partícipes de la naturaleza divina, se irán eliminando del carácter las tendencias al mal hereditarias y cultivadas, y nos iremos transformando en un poder viviente para el bien. Al aprender constantemente del Maestro divino, al participar diariamente de su naturaleza, cooperamos con Dios en vencer las tentaciones de Satanás. Dios y el hombre obran de común acuerdo a fin de que éste pueda ser uno con Cristo así como Cristo es uno con Dios. Entonces nos sentaremos juntamente con Cristo en los lugares celestiales, y nuestra mente reposará en paz y seguridad en Jesús.

Año bíblico: 1 Ped.

¿QUIENES RECIBEN EL SELLO?

En sus bocas no fue hallada mentira, pues son sin mancha delante del trono de Dios. Apoc. 14:5.

El sello del Dios vivo será puesto únicamente sobre los que tienen en su carácter la semejanza de Cristo. Así como la cera recibe la impresión del sello, así también el alma debe recibir la impresión del Espíritu de Dios y conservar la imagen de Cristo. Muchos no recibirán el sello de Dios porque no guardan sus mandamientos, es decir, no producen frutos de justicia.

La gran masa de cristianos profesos sufrirá una amarga desilusión en el día del Señor. No tienen en sus frentes el sello del Dios vivo. Por ser tibios e indiferentes deshonran a Dios mucho más que el incrédulo declarado. Se mueven a tientas, en tinieblas, cuando podrían andar en la claridad meridiana de la Palabra, guiados por Aquel que jamás se equivoca.

Aquellos a quienes el Cordero conducirá hacia fuentes de agua viva, y de cuyos ojos enjugará toda lágrima, son los que ahora están recibiendo el conocimiento y la sabiduría revelados en la Biblia, la Palabra de Dios...

No hemos de imitar a ningún ser humano. No existe ningún hombre suficientemente sabio que pueda servirnos de ejemplo. Debemos contemplar al Hombre Cristo Jesús, en quien habita plenamente la perfección de la justicia y la santidad. El es el Autor y el Consumador de nuestra fe. El es el Hombre modelo. Su experiencia es la medida de la experiencia que nosotros debemos obtener. Su carácter es nuestro modelo. Por lo tanto, apartemos nuestra mente de las perplejidades y las dificultades de esta vida, y fijémosla en él, para que mediante la contemplación podamos ser transformados a su semejanza. Podemos contemplar a Cristo con un fin elevado. Podemos volvernos a él con seguridad pues es omnisapiente. A medida que lo contemplemos y pensemos en él, él se formará en nosotros, la esperanza de gloria.

Esforcémonos con todo el poder que Dios nos ha dado para hallarnos entre los ciento cuarenta y cuatro mil. Unicamente los que reciban el sello del Dios vivo obtendrán el salvoconducto para entrar por las puertas de la Santa Ciudad.

Año bíblico: 2 Ped.

TIEMPO DE ANGUSTIA CUAL NUNCA FUE

En aquel tiempo se levantará Miguel, el gran príncipe que está de parte de los hijos de tu pueblo; y será tiempo de angustia, cual nunca fue desde que hubo gente hasta entonces; pero en aquel tiempo será libertado tu pueblo, todos los que se hallen escritos en el libro. Dan. 12:1.

Cuando termine el mensaje del tercer ángel la misericordia divina no intercederá más por los habitantes culpables de la tierra. El pueblo de Dios habrá cumplido su obra; habrá recibido la "lluvia tardía", el "refrigerio de la presencia del Señor", y estará preparado para la hora de prueba que le espera. Los ángeles se apuran, van y vienen de acá para allá en el cielo. Un ángel que regresa de la tierra anuncia que su obra está terminada; el mundo ha sido sometido a la prueba final, y todos los que han resultado fieles a los preceptos divinos han recibido "el sello del Dios vivo". Entonces Jesús dejará de interceder en el santuario celestial. Levantará sus manos y con gran voz dirá: "Hecho es"...

Cuando él abandone el santuario, las tinieblas envolverán a los habitantes de la tierra. Durante ese tiempo terrible, los justos deben vivir sin intercesor, a la vista del santo Dios. Nada refrena ya a los malos y Satanás domina por completo a los impenitentes empedernidos. La paciencia de Dios ha concluido. El mundo ha rechazado su misericordia, despreciado su amor y pisoteado su ley. Los impíos han dejado concluir su tiempo de gracia; el Espíritu de Dios, al que se opusieron obstinadamente, acabó por apartarse de ellos. Desamparados ya de la gracia divina, están a merced de Satanás, el cual sumirá entonces a los habitantes de la tierra en una gran tribulación final. Cuando los ángeles de Dios dejen ya de contener los vientos violentos de las pasiones humanas, todos los elementos de contienda se desencadenarán. El mundo entero será envuelto en una ruina más espantosa que la que cayó antiguamente sobre Jerusalén.

Unicamente los que tengan manos limpias y corazones puros subsistirán en aquel tiempo de prueba... Ahora, mientras los cuatro ángeles están reteniendo los cuatro vientos, es el momento en que debemos asegurar nuestra vocación y elección.

Año bíblico: 1 Juan

PROTEGIDOS POR LOS ANGELES

Anda, pueblo mío, entra en tus aposentos, cierra tras ti tus puertas; escóndete un poquito, por un momento, en tanto que pasa la indignación. Isa. 26:20.

En el día de la dura prueba [Cristo] dirá: "Anda, pueblo mío, entra en tus aposentos, cierra tras ti tus puertas; encóndete un poquito, por un momento, en tanto que pasa la indignación". ¿Cuáles son las cámaras en las cuales habrán de esconderse? Son la protección de Cristo y sus ángeles. El pueblo de Dios no estará en ese tiempo en un solo lugar. Formará grupos esparcidos por toda la tierra.

Vi a los santos abandonar las ciudades y los pueblos, y juntarse en grupos para vivir en los lugares más apartados. Los ángeles les proveían comida y agua, mientras que los impíos sufrían hambre y sed.

Durante la noche pasó ante mí una escena sumamente impresionante. Parecía haber gran confusión y lucha de ejércitos. Un mensajero del Señor se paró ante mí y dijo: "Llama a tu familia. Yo os conduciré; seguidme". Me llevó por un oscuro pasaje a través de un bosque; luego por un desfiladero de las montañas, y dijo: "Aquí estarás segura". Había otros que habían sido llevados a aquel retiro. El mensajero celestial dijo: "El tiempo de prueba vendrá como ladrón en la noche, como el Señor anunció que vendría".

En el período final de la historia de esta tierra, el Señor obrará poderosamente en favor de los que se mantengan firmemente por lo recto... En medio del tiempo de angustia cual nunca hubo desde que existiese nación, sus escogidos permanecerán inconmovibles. Satanás con toda la hueste del mal, no puede destruir al más débil de los santos de Dios. Los protegerán ángeles excelsos en fortaleza, y Jehová se revelará en su favor como "Dios de dioses", que puede salvar hasta lo sumo a los que ponen su confianza en él.

En el tiempo de angustia que vendrá inmediatamente antes de la venida de Cristo, los justos serán resguardados por el ministerio de los santos ángeles; pero no habrá seguridad para el transgresor de la ley de Dios. Los ángeles no podrán entonces proteger a los que estén menospreciando uno de los preceptos divinos.

Año bíblico: 2 y 3 Juan; Jud.

LA LIBERACION DEL PUEBLO DE DIOS

Así dice Jehová: Ciertamente el cautivo será rescatado del valiente, y el botín será arrebatado al tirano; y tu pleito yo lo defenderé, y yo salvaré a tus hijos. Isa. 49:25.

Cuando los que honran la ley de Dios hayan sido privados de la protección de las leyes humanas, empezará en varios países un movimiento simultáneo para destruirlos. Conforme vaya acercándose el tiempo señalado en el decreto, el pueblo conspirará para extirpar la secta aborrecida. Se convendrá en dar una noche el golpe decisivo, que reducirá completamente al silencio la voz disidente y represora.

El pueblo de Dios —algunos en las celdas de las cárceles, otros escondidos en ignorados escondrijos de bosques y montañas— invocan aún la protección divina, mientras que por todas partes grupos de hombres armados, instigados por legiones de ángeles malos, se disponen a emprender la obra de muerte. Entonces, en la hora de supremo apuro, el Dios de Israel intervendrá para librar a sus escogidos...

Multitudes de hombres perversos, profiriendo gritos de triunfo, burlas e imprecaciones, están a punto de arrojarse sobre su presa, cuando de pronto densas tinieblas, más sombrías que la oscuridad de la noche, caen sobre la tierra. Luego un arco iris, que refleja la gloria del trono de Dios, se extiende de un lado a otro del cielo, y parece envolver a todos los grupos en oración. Las multitudes encolerizadas se sienten contenidas en el acto. Sus gritos de burla expiran en sus labios. Olvidan el objeto de su ira sanguinaria. Con terribles presentimientos contemplan el símbolo de la alianza divina, y ansían ser amparadas de su deslumbradora claridad.

Los hijos de Dios oyen una voz clara y melodiosa que dice: "Enderezaos" y, al levantar la vista al cielo, contemplan el arco de la promesa. Las nubes negras y amenazadoras que cubrían el firmamento, se han desvanecido, y como Esteban, clavan las miradas en el cielo, y ven la gloria de Dios y al Hijo del hombre sentado en su trono.

Mientras todo el mundo esté sumido en tinieblas, habrá luz en toda morada de los santos. Percibirán la primera vislumbre de su segunda aparición.

Año bíblico: Apoc. 1-3

SE ANUNCIA EL DIA Y LA HORA

Pero del día y la hora nadie sabe, ni aun los ángeles de los cielos, sino sólo mi Padre. Mat. 24:36.

Desde el cielo se oye la voz de Dios que proclama el día y la hora de la venida de Jesús, y promulga a su pueblo el pacto eterno. Sus palabras resuenan por la tierra como el estruendo de poderosos truenos.

Pronunciaba una frase y se detenía mientras las palabras de la frase retumbaban por toda la tierra. El Israel de Dios permanecía con la mirada fija en lo alto, escuchando las palabras según iban saliendo de labios de Jehová y resonaban por toda la tierra con el estruendo de retumbantes truenos. Era un espectáculo pavorosamente solemne. Al final de cada frase los santos exclamaban: " Gloria! ¡Aleluya!"

Los 144.000 santos vivientes reconocieron y entendieron la voz; pero los malvados se figuraron que era el fragor de los truenos y el terremoto.

El Israel de Dios escucha con los ojos elevados al cielo. Sus semblantes se iluminan con la gloria divina y brillan cual brillara el rostro de Moisés cuando bajó del Sinaí. Los malos no los pueden mirar. Y cuando la bendición es pronunciada sobre los que honraron a Dios santificando su sábado, se oye un inmenso grito de victoria.

Entonces comenzó el jubileo, durante el cual la tierra debía descansar.

[A los santos] los iluminaba una luz refulgente. ¡Cuán hermosos parecían entonces! Se había desvanecido toda huella de inquietud y fatiga, y cada rostro rebosaba salud y belleza. Sus enemigos, los paganos que los rodeaban, cayeron como muertos porque no les era posible resistir la luz que iluminaba a los santos redimidos. Esta luz y gloria permanecieron sobre ellos hasta que se vio a Jesús en las nubes del cielo.

Y vi una nube resplandeciente que llegaba hasta donde estaba Jesús. Entonces Jesús... se ubicó en la nube que lo llevó hacia el este, desde donde apareció primeramente a los santos que estaban sobre la tierra: La pequeña nube negra que era la señal del Hijo del hombre. Mientras la nube pasaba del lugar santísimo hacia el este, lo que requirió cierto número de días, la sinagoga de Satanás adoró a los pies de los santos.

Año bíblico: Apoc. 4-5

LA RESURRECCION GENERAL
DE LOS JUSTOS

¡Despertad y cantad, moradores del polvo! porque tu rocío es cual rocío de hortalizas, y la tierra dará sus muertos. Isa. 26:19.

El Rey de reyes desciende en la nube, envuelto en llamas de fuego. El cielo se recoge como un libro que se enrolla, la tierra tiembla ante su presencia, y todo monte y toda isla se mueven de sus lugares...

Entre las oscilaciones de la tierra, las llamaradas de los relámpagos y el fragor de los truenos, el Hijo de Dios llama a la vida a los santos dormidos. Dirige una mirada a las tumbas de los justos, y levantando luego las manos al cielo, exclama: "¡Despertaos, despertaos, despertaos, los que dormís en el polvo y levantaos!" Por toda la superficie de la tierra, los muertos oirán esa voz; y los que la oigan, vivirán. Y toda la tierra repercutirá bajo las pisadas de la multitud extraordinaria de todas las naciones, tribus, lenguas y pueblos. De la prisión de la muerte sale revestida de gloria inmortal gritando: "¿Dónde está, oh muerte, tu aguijón? ¿Dónde, oh sepulcro, tu victoria?" (1 Cor. 15:55.) Y los justos vivos unen sus voces a las de los santos resucitados en prolongada y alegre aclamación de victoria.

Todos salen de sus tumbas de igual estatura que cuando fueron depositados en ellas... Pero todos se levantan con la lozanía y el vigor de la eterna juventud... La forma mortal y corruptible, desprovista de gracia, manchada en otro tiempo por el pecado, se vuelve perfecta, hermosa e inmortal. Todas las imperfecciones y deformidades quedan en la tumba...

Los justos vivos son mudados "en un momento, en un abrir y cerrar de ojos" (vers. 52). A la voz de Dios fueron glorificados; ahora son hechos inmortales, y juntamente con los santos resucitados son arrebatados para recibir a Cristo, su Señor, en los aires. Los ángeles "juntarán a sus escogidos, de los cuatro vientos, desde un extremo del cielo hasta el otro" (Mat. 24:31).

Cuando los niñitos salen dotados de inmortalidad de sus lechos de polvo, inmediatamente vuelan hacia los brazos de sus madres.

Amigos, a quienes la muerte tenía separados desde largo tiempo, se reúnen para no separarse más, y con cantos de alegría suben juntos a la ciudad de Dios.

Año bíblico: Apoc. 6-7

NOS RECONOCEREMOS UNOS A OTROS

Entonces conoceré como fui conocido. 1 Cor. 13:12.

Conoceremos a nuestros amigos, como los discípulos conocieron a Jesús. Pueden haber estado deformados, enfermos o desfigurados en esta vida mortal, y levantarse con perfecta salud y simetría; sin embargo, en el cuerpo glorificado su identidad será perfectamente conservada. Entonces conoceremos así como somos conocidos. En la luz radiante que resplandecerá del rostro de Jesús, reconoceremos los rasgos de aquellos a quienes amamos.

Los redimidos se encontrarán y reconocerán a las personas por ellos conducidos al Salvador. ¡Qué bienaventurada plática sostendrán con esos seres! "Yo era pecador —dirá uno—; sin Dios y sin esperanza en el mundo; tú te acercaste a mí y me diste a conocer al precioso Salvador como mi única esperanza"... Otros dirán: "Yo era un pagano que vivía en un país pagano también. Y tú dejaste a tus amigos y tu cómodo hogar para ir a enseñarme cómo descubrir a Jesús y creer en él como el único Dios verdadero. Yo derribé todos mis ídolos y adoré a Dios, y ahora lo veo cara a cara. Estoy salvado para siempre, y podré contemplar eternamente al que amo"...

Algunos expresarán su gratitud hacia los que alimentaron a los hambrientos y cubrieron al desnudo. "Cuando la desesperación cegó mi alma con incredulidad, el Señor te envió a mí —dirán—, para que hablaras palabras de esperanza y consuelo. Me trajiste alimento para suplir mis necesidades físicas, y me abriste la Palabra de Dios, haciéndome comprender mis necesidades espirituales... En medio de mi ignorancia me enseñaste pacientemente que tenía un Padre celestial que velaba por mí. Me leíste las preciosas promesas de la Palabra de Dios. Me inspiraste confianza en el hecho de que Cristo me salvaría. Mi corazón se suavizó y ablandó hasta quebrantarse, al contemplar el sacrificio que Jesús había hecho por mí... Y aquí me tienes, salvado eternamente para vivir siempre en su presencia y alabar al que entregó su vida por mí".

¡Qué regocijo sentirán esos redimidos al encontrarse y saludar a los que se preocuparon por su salvación!... ¡Cuánto gozo y satisfacción sentirán palpitar en su corazón aquellos que han vivido, no para complacerse a sí mismos, sino para ser una bendición para los desafortunados que tienen tan pocas bendiciones!

Año bíblico: Apoc. 8-9

LAS FAMILIAS SE REUNIRAN

Así ha dicho Jehová: Reprime del llanto tu voz, y de las lágrimas tus ojos; porque salario hay para tu trabajo, dice Jehová, y volverán de la tierra del enemigo. Esperanza hay también para tu porvenir, dice Jehová, y los hijos volverán a su propia tierra. Jer. 31:16-17.

Cristo va a venir en las nubes y con grande gloria. Le acompañará una multitud de ángeles resplandecientes. Vendrá para resucitar a los muertos y para transformar a los santos vivos de gloria en gloria. Vendrá para honrar a los que le amaron y guardaron sus mandamientos, y para llevarlos consigo. No los ha olvidado ni tampoco ha olvidado su promesa. Volverán a unirse los eslabones de la familia.

El día de Dios revelará cuánto debe el mundo a las madres piadosas...

Cuando el Juez se siente, y se abran los libros; cuando el gran Juez pronuncie el "bien, buen siervo y fiel", y la corona de gloria inmortal se coloque sobre la cabeza del vencedor, muchos levantarán sus coronas a la vista de todo el universo y se las colocarán a sus madres diciendo: "Ella hizo de mí lo que soy por la gracia de Dios. Su instrucción, sus oraciones, fueron bendecidas para mi salvación eterna".

Con indecible gozo, los padres contemplan la corona, la vestimenta, el arpa, dados a sus hijos. Los días de esperanza y temor han pasado. La semilla sembrada con lágrimas y oraciones puede haber parecido que se esparcía en vano, pero su cosecha se levanta con gozo al final. Sus hijos habrán sido redimidos.

¡Oh, maravillosa redención, tan descrita y tan esperada, contemplada con anticipación febril, pero jamás enteramente comprendida!

Cristo ha sido un compañero diario y un amigo familiar para sus fieles seguidores. Estos han vivido en contacto íntimo, en constante comunión con Dios. Sobre ellos ha nacido la gloria del Señor. En ellos se ha reflejado la luz del conocimiento de la gloria de Dios en la faz de Jesucristo. Ahora se regocijan en los rayos no empañados por la refulgencia y la gloria del Rey en su majestad. Están preparados para la comunión del cielo, pues tienen el cielo en sus corazones.

Año bíblico: Apoc. 10-11

BIENVENIDOS A LA CIUDAD DE DIOS

Su señor le dijo: Bien, buen siervo y fiel; sobre poco has sido fiel, sobre mucho te pondré; entra en el gozo de tu señor. Mat. 25:23.

Con amor inexpresable, Jesús admite a sus fieles "en el gozo de su Señor". El Salvador se regocija al ver en el reino de gloria las almas que fueron salvadas por su agonía y humillación. Y los redimidos participarán de este gozo, al contemplar entre los bienvenidos a aquellos a quienes ganaron para Cristo por sus oraciones, sus trabajos y sacrificios de amor. Al reunirse en torno del gran trono blanco, indecible alegría llenará sus corazones cuando noten a aquellos a quienes han conquistado para Cristo, y vean que uno ganó a otros, y éstos a otros más, para ser todos llevados al puerto de descanso donde depositarán sus coronas a los pies de Jesús y lo alabarán durante los siglos sin fin de la eternidad.

Cuando se da la bienvenida a los redimidos en la ciudad de Dios, un grito triunfante de admiración llena los aires. Los dos Adanes están a punto de encontrarse. El Hijo de Dios está en pie con los brazos extendidos para recibir al padre de nuestra raza; al ser que él creó, que pecó contra su Hacedor, y por cuyo pecado el Salvador lleva las señales de la crucifixión. Al distinguir Adán las cruentas señales de los clavos, no se echa en los brazos de su Señor, sino que se arroja humildemente a sus pies, exclamando: "¡Digno, digno es el Cordero que fue inmolado!" El Salvador lo levanta con ternura, y lo invita a contemplar nuevamente la morada edénica de la cual ha estado desterrado por tanto tiempo.

Después de su expulsión del Edén, la vida de Adán en la tierra estuvo llena de pesar. Cada hoja marchita, cada víctima ofrecida en sacrificio, cada ajamiento en el hermoso aspecto de la naturaleza, cada mancha en la pureza del hombre, le volvían a recordar su pecado...

Con paciencia y humildad soportó, por cerca de mil años, el castigo de su transgresión. Se arrepintió sinceramente de su pecado y confió en los méritos del Salvador prometido, y murió con la esperanza de la resurrección. El Hijo de Dios reparó la culpa y caída del hombre, y ahora, merced a la obra de propiciación, Adán es restablecido a su primitiva soberanía.

Año bíblico: Apoc. 12-14

PENSAD EN LAS COSAS DEL CIELO

Estos son los que han salido de la gran tribulación, y han lavado sus ropas, y las han emblanquecido en la sangre del Cordero. Apoc. 7:14.

Mientras estaba en visión, Juan vio a un grupo de personas vestidas con ropas blancas... Estaban en el templo de Dios. Allí llegarán todos los que recurran a los méritos de Cristo y laven sus ropas en su sangre. Se ha hecho provisión para que podamos sentarnos con Cristo en su trono, pero la condición es que estemos en armonía con la ley de Dios...

No podemos permitirnos perder el cielo. Debemos conversar acerca de las cosas celestiales. Allí no habrá muerte ni dolor. ¿Por qué somos tan remisos para hablar de esas cosas? ¿Por qué nos referimos siempre a las cosas terrenales?... Pronto vendrá Cristo a reunir a los que estén preparados para llevarlos a ese glorioso lugar. "Así también Cristo fue ofrecido una sola vez para llevar los pecados de muchos; y aparecerá por segunda vez, sin relación con el pecado, para salvar a los que le esperan" (Heb. 9:28).

¿Nos agrada pensar en ese acontecimiento o preferimos ignorarlo?... Cuanto más hablamos de Jesús, tanto más reflejaremos su divina imagen. Mediante la contemplación somos transformados. Necesitamos que Cristo forme parte de nuestra experiencia religiosa. Cuando os reunís, sea Cristo y su salvación el motivo de vuestra conversación... Mientras más hablemos de Jesús, más de sus incomparables encantos lograremos contemplar.

Los que no hallan placer en pensar y hablar de Dios en esta vida, no gozarán de la vida venidera, donde Dios estará siempre presente, habitando con su pueblo. Pero los que se deleitan en pensar en Dios, estarán en su elemento respirando la atmósfera del cielo. Los que en esta tierra aman los pensamientos relacionados con el cielo, se sentirán felices con las compañías y los placeres santos... "Y no habrá más maldición; y el trono de Dios y del Cordero estará en ella, y sus siervos le servirán, y verán su rostro, y su nombre estará en sus frentes" (Apoc. 22:3-4).

Año bíblico: Apoc. 15-16

EL UNICO RECUERDO DEL PECADO

Ciertamente el justo será recompensado en la tierra; ¡cuánto más el impío y el pecador! Prov. 11:31.

Los impíos reciben su recompensa en la tierra (Prov. 11:31). "Serán estopa; aquel día que vendrá los abrasará, ha dicho Jehová de los ejércitos" (Mal. 4:1). Algunos son destruidos como en un momento, mientras otros sufren muchos días. Todos son castigados "conforme a sus hechos". Habiendo sido cargados sobre Satanás los pecados de los justos, tiene éste que sufrir no sólo por su propia rebelión, sino también por todos los pecados que hizo cometer al pueblo de Dios. Su castigo debe ser mucho mayor que el de aquellos a quienes engañó. Después de haber perecido todos los que cayeron por sus seducciones, el diablo tiene que seguir viviendo y sufriendo. En las llamas purificadoras quedan por fin destruidos los impíos, raíz y rama: Satanás la raíz, sus secuaces las ramas.

Satanás y todos los que se han unido con él en la rebelión serán cortados... Entonces "no existirá el malo; observarás su lugar, y no estará allí"; "serán como si no hubieran sido" (Sal. 37:10; Abd. 16).

La justicia de Dios ha sido satisfecha, y los santos y toda la hueste angélica dicen en alta voz: Amén.

Mientras el fuego de la venganza de Dios envuelve la tierra, los justos moran seguros en la santa ciudad. La segunda muerte no tiene poder sobre los que han participado de la primera resurrección (Apoc. 20:6). En tanto que para los impíos Dios es fuego consumidor, para su pueblo es un sol y un escudo (Sal. 84:11).

El fuego que consume a los impíos purifica la tierra. Desaparece todo rastro de la maldición. Ningún infierno que arda eternamente recordará a los redimidos las terribles consecuencias del pecado.

Sólo queda un recuerdo: Nuestro Redentor llevará siempre las señales de su crucifixión... Todo lo que se había perdido por el pecado, ha sido restaurado... El propósito primitivo que Dios tenía al crear la tierra se cumple al convertirse ésta en la morada eterna de los redimidos. "Los justos heredarán la tierra, y vivirán para siempre sobre ella" (Sal. 37:29).

Año bíblico: Apoc. 17-18

LA HERENCIA INMORTAL

Dando gracias al Padre que nos hizo aptos para participar de la herencia de los santos en luz. Col. 1:12.

El rescate ha sido pagado. Todos pueden acercarse a Dios y obtener la eternidad mediante una vida de obediencia. Cuán triste es, entonces, que el hombre se aparte de la herencia inmortal y viva para satisfacer el orgullo, el egoísmo y el afán de ostentación, y... pierda la bendición que podría recibir en esta vida y en la venidera. [Los hombres] podrían entrar en los palacios celestiales y alternar con libertad y en igualdad de condiciones con Cristo, los ángeles celestiales y los príncipes de Dios. Y aun así, por increíble que parezca, rechazan los atractivos celestiales.

El Creador de todos los mundos se propone amar a los que creen que su Hijo unigénito es su Salvador personal así como ama a su Hijo. Aun aquí y ahora nos concede en grado máximo su gracia y su favor. Ha dado a los hombres el don de la Luz y la Majestad del cielo, y con él les ha concedido todos los tesoros celestiales. Por mucho que sea lo que nos ha prometido para la vida venidera, también en esta vida nos concede magníficos dones, y como objetos de su gracia, permitirá que gocemos de todo lo que ennoblezca, expanda y eleve nuestros caracteres. Es su propósito prepararnos para las cortes celestiales.

Pero Satanás está contendiendo por las almas de los hombres... No quiere que tengan una vislumbre del futuro honor y de las glorias eternas preparadas para los que serán habitantes del cielo, ni que prueben la experiencia que les daría un anticipo de la felicidad del cielo...

Los que aceptan a Cristo como su Salvador personal tienen la promesa de la vida presente; y también de la venidera... El más humilde discípulo de Cristo puede llegar a ser un habitante del cielo, heredero de Dios, de una herencia incorruptible que jamás se marchitará. ¡Oh, que cada cual se decida a aceptar el don celestial, para que llegue a ser heredero de Dios, de esa herencia cuyo título está fuera del alcance de todo destructor, y que es un mundo sin fin! ¡Oh, no elijáis el mundo; elegid la herencia mejor! Apresuraos y esforzaos para alcanzar la meta que es el premio de vuestra elevada vocación en Cristo Jesús.

Año bíblico: Apoc. 19-20

EL MAYOR HONOR DE NUESTRO SALVADOR

Y le preguntarán: ¿Qué heridas son estas en tus manos? Y él responderá: Con ellas fui herido en casa de mis amigos. Zac. 13:6.

"Vi un cielo nuevo y una tierra nueva; porque el primer cielo y la primera tierra han pasado" (Apoc. 21:1, VM). El fuego que consume a los impíos purifica la tierra. Desaparece todo rastro de maldición...

Sólo queda un recuerdo: nuestro Redentor llevará siempre las señales de su crucifixión. En su cabeza herida, en su costado, en sus manos y en sus pies se ven las únicas huellas de la obra cruel efectuada por el pecado. El profeta, al contemplar a Cristo en su gloria, dice: "Su resplandor es como el fuego, y salen de su mano rayos de luz; y allí mismo está el escondedero de su poder" (Hab. 3:4, VM). En sus manos, y su costado heridos, de donde manó la corriente purpurina que reconcilió al hombre con Dios, allí está la gloria del Salvador, "allí mismo está el escondedero de su poder"... Y las marcas de su humillación son su mayor honor; a través de las edades eternas, las llagas del Calvario proclamarán su alabanza y declararán su poder.

La cruz de Cristo será la ciencia y el canto de los redimidos durante toda la eternidad. En el Cristo glorificado contemplarán al Cristo crucificado. Nunca olvidarán que Aquel cuyo poder creó los mundos innumerables y los sostiene a través de la inmensidad del espacio, el Amado de Dios, la Majestad del cielo, Aquel a quien los querubines y los serafines resplandecientes se deleitan en adorar, se humilló para levantar al hombre caído; que llevó la culpa y el oprobio del pecado, y sintió el ocultamiento del rostro de su Padre, hasta que la maldición de un mundo perdido quebrantó su corazón y le arrancó la vida en la cruz del Calvario. El hecho de que el Hacedor de todos los mundos, el Arbitro de todos los destinos, dejase su gloria y se humillase por amor al hombre, despertará eternamente la admiración y la adoración del universo. Cuando las naciones de los salvos miren a su Redentor y vean la gloria eterna del Padre brillar en su rostro; cuando contemplen su trono, que es desde la eternidad hasta la eternidad, y sepan que su reino no tendrá fin, entonces prorrumpirán en un cántico de júbilo: "¡Digno, digno es el Cordero que fue inmolado, y nos ha redimido para Dios con su propia preciosísima sangre!"

Año bíblico: Apoc. 21-22

APENDICE

Elena G. de White, 1827-1915

Los primeros años, 1827-1860

Aunque nació en una casa de campo próxima a Gorham, Maine (Estados Unidos), Elena Harmon pasó su infancia y juventud en un pueblo cercano llamado Portland. Se casó con Jaime White en 1846, y la joven pareja vivió en diversos lugares de Nueva Inglaterra mientras trataba de animar e instruir a otros creyentes adventistas a través de la predicación, la visitación personal y las publicaciones. Después de publicar en forma irregular once números de *The Present Truth* (La Verdad Presente), en 1850 lanzaron a la existencia la revista *Second Advent Review and Sabbath Herald* (Revista del Segundo Advenimiento y Heraldo del Sábado)* en Paris, Maine. De ahí en adelante se trasladaron sistemáticamente a diferentes lugares ubicados más hacia el oeste: Saratoga Springs, y luego Rochester, en el Estado de Nueva York, a comienzos de la década de 1850, y finalmente, en 1855, Battle Creek, Michigan, donde residieron durante los siguientes veinte años.

1827, noviembre 26	Nace en Gorham, Maine.
1836 (c.)	Sufre la fractura de la nariz y conmoción cerebral en Portland, Maine.
1840, marzo	Por primera vez oye a Guillermo Miller presentar el mensaje adventista.
1842, junio 26	Es bautizada y aceptada en la Iglesia Metodista.
1844, octubre 22	Experimenta el chasco cuando Cristo no vino.
1844, diciembre	Primera visión.
1845, primavera**	Viaja a la zona este de Maine para visitar a creyentes; encuentro con Jaime White.
1846, agosto 30	Casamiento con Jaime White.
1846, otoño	Acepta la verdad de que el día de reposo es el sábado.
1847-1848	Los White se instalan en Topsham, Maine.
1847, agosto 26	Nacimiento del primer hijo, Henry Nichols.

*Ahora conocida como la *Adventist Review* (Revista Adventista), una de las revistas religiosas más antiguas publicadas ininterrumpidamente en los Estados Unidos.

**La mención de las diferentes estaciones del año se refiere al hemisferio norte. La primavera, el verano, el otoño, el invierno del hemisferio norte corresponden al otoño, el invierno, la primavera y el verano del hemisferio sur, respectivamente.

1848, abril 20-24	Asiste a la primera convención de adventistas observadores del sábado en Rocky Hill, Connecticut.
1848, noviembre 18	Visión para comenzar la obra de publicaciones.
1849, julio	Aparece el primero de los once números de *The Present Truth,* publicado como resultado de la visión de noviembre del año anterior.
1849, julio 28	Nacimiento de Jaime Edson, el segundo hijo.
1849-1852	Se traslada de un lugar a otro con su esposo, quien está dedicado de lleno a tareas editoriales.
1851, julio	Aparece su primer libro, *A Sketch of Experience and Views* (Notas sobre experiencia y opiniones).
1852-1855	Se radica en Rochester, Nueva York, donde su esposo publica la *Review and Herald* (Revista Adventista) y *Youth's Instructor* (El Instructor de la Juventud).
1854, agosto 29	Nace su tercer hijo, William Clarence.
1855, noviembre	Junto con la planta publicadora, se trasladan a Battle Creek, Michigan.
1855, diciembre	Se publica *Testimony for the Church* (Testimonio para la iglesia), número 1, un folleto de 16 páginas.
1856, primavera	Se trasladan a su casita de campo en Wood Street.
1858, marzo 14	Tiene la visión sobre "El gran conflicto" en Lovett's Grove, Ohio.
1860, septiembre 20	Nace el cuarto hijo, John Herbert.
1860, diciembre 14	Fallecimiento de John Herbert a los tres meses.

Años del desarrollo de la iglesia, 1860-1868

La década de 1860 vio a Elena G. de White y a su esposo en el frente de lucha para organizar la Iglesia Adventista del Séptimo Día como una institución estable. Esta década también fue decisiva porque en su transcurso nuestro movimiento comenzó a destacar la importancia de la salud. Respondiendo a una apelación de la Sra. White, la iglesia empezó a ver el valor que tiene una vida sana en la experiencia cristiana. En respuesta a su "Visión de Navidad" de 1865, al año siguiente se abrió nuestra primera institución de salud, el Instituto Occidental de Reforma de la Salud. Dicho instituto más tarde se convirtió en el Sanatorio de Battle Creek.

1860, septiembre 29	Se escoge para la iglesia el nombre de Adventista del Séptimo Día.
1861, octubre 8	Se organiza la Asociación de Michigan.
1863, mayo	Organización de la Asociación General de los Adventistas del Séptimo Día.

1863, junio 6	Visión sobre la reforma pro salud, en Otsego, Michigan.
1863, diciembre 8	Fallecimiento del hijo mayor, Henry Nichols, en Topsham, Maine.
1864, verano	Publicación de *Spiritual Gifts* (Dones espirituales), tomo 4, con un artículo de treinta páginas sobre la salud.
1864, agosto-septiembre	Visita a la institución médica de James C. Jackson, "Nuestro Hogar en la Ladera", en Dansville, Nueva York, en ruta a Boston, Massachusetts.
1865	Publicación de seis folletos titulados *Health: or How to Live* (Salud, o cómo vivir).
1865, agosto 16	Jaime White sufre un ataque de parálisis.
1865, diciembre 25	Tiene una visión en la que se insta a crear una institución médica.
1865, diciembre	La Sra. White lleva a su esposo al norte de Michigan para facilitar su recuperación.
1866, septiembre 5	Inauguración del Instituto Occidental de Reforma de la Salud, precursor del Sanatorio de Battle Creek.
1867	Los White compran una granja en Greenville, Michigan, construyen una casa, y se dedican al trabajo de campo y a escribir.

Los años de los congresos, 1868-1881

Mientras residía en Greenville y Battle Creek, Michigan, hasta fines de 1872, y luego dividiendo su tiempo entre Michigan y California, Elena de White dedicó sus inviernos a escribir y publicar sus escritos. Durante el verano asistía a congresos de la iglesia; algunos años, aunque parezca increíble, asistió a 28. Durante estos años fueron publicados los números 14-30 de *Testimonies*, que ahora se encuentran en *Testimonies*, tomos 2-4.

1868, septiembre 1-7	Asiste al primer congreso de la Iglesia Adventista, celebrado en el bosque de arces del Hno. Root, en Wright, Michigan.
1870, julio 28	Su segundo hijo, Jaime Edson, se casa en el día cuando cumple 21 años.
1870	Se publica *The Spirit of Prophecy* (El espíritu de profecía), tomo 1, precursor de *Patriarchs and Prophets* (Patriarcas y profetas).
1872, julio-septiembre	En las montañas Rocallosas, descansando y escribiendo durante su viaje a California.
1873-1874	Con su tiempo distribuido entre Battle Creek y California, asiste a congresos, pasa algunos meses

	de 1873 en Colorado, descansando y escribiendo.
1874, abril 1	Visión abarcante del avance de la causa en California, en Oregon, y en países de ultramar.
1874, junio	Con Jaime White en Oakland, California, cuando él funda la Pacific Press Publishing Association y la revista *Signs of the Times* (Señales de los Tiempos).
1875, enero 3	En Battle Creek para asistir a la dedicación del Colegio de Battle Creek. Visión de casas publicadoras en otros países.
1876, febrero 11	William Clarence, tercer hijo y gerente de la Pacific Press, se casa a la edad de 21 años.
1876, agosto	Habla a 20.000 personas en un congreso realizado an Groveland, Massachusetts.
1877	Se publica el tomo 2 de *The Spirit of Prophecy*, precursor de *The Desire of Ages* (El Deseado de todas las gentes).
1877, julio 1	Habla a 5.000 personas en Battle Creek sobre temperancia.
1878	Se publica el tomo 3 de *The Spirit of Prophecy*, precursor de la última parte de *The Desire of Ages* (El Deseado de todas las gentes) y de *The Acts of the Apostles* (Los hechos de los apóstoles).
1878, noviembre	Pasa el invierno en Texas.
1879, abril	Deja Texas para asistir a los congresos celebrados en el verano.
1881, agosto 1	Con su esposo en Battle Creek cuando él fue llevado enfermo.
1881, agosto 6	Muerte de Jaime White.
1881, agosto 13	Habla durante diez minutos en el funeral de Jaime White, en Battle Creek.

La década de 1881-1891

Después de la muerte de su esposo, Elena de White residió en California, a veces en Healdsburg y otras en Oakland. Allí se ocupó en escribir y hablar en diferentes lugares, hasta que partió a Europa en agosto de 1885 en respuesta a un pedido de la Asociación General. Durante los dos años que pasó en Europa residió en Basilea, Suiza, excepto mientras efectuó tres extensas visitas a los países escandinavos, a Inglaterra y a Italia. Tras regresar a los Estados Unidos en agosto de 1887, pronto se dirigió al oeste del país, a su casa de Healdsburg. Asistió al congreso de la Asociación General de 1888 en Minneapolis, en octubre y noviembre; tras el congreso, mientras residía en Battle Creek, trabajó entre las iglesias del centro y del este del país. Después de estar un año en el este, regresó a California, pero se le pidió que asistiera a la sesión del congreso de la Asociación General efectuado en Battle Creek en octubre de 1889. Permaneció en los alrededores de Battle Creek hasta que partió hacia Australia en septiembre de 1891.

1881, noviembre	Asiste al congreso de California celebrado en Sacramento, y participa en los planes para establecer un colegio en el oeste del país, el cual se abrió en 1882 en Healdsburg.
1882	Se publica *Early Writings* (Primeros escritos), incorporando en él tres de sus primeros libros.
1884	Tiene la última visión en público de la que haya registro, en un congreso en Portland, Oregon.
1884	Se publica el tomo 4 de *The Spirit of Prophecy,* precursor de *The Great Controversy* (El conflicto de los siglos).
1885, verano	Abandona California para viajar a Europa.
1887, verano	Se publica *The Great Controversy* (El conflicto de los siglos).
1888, octubre-noviembre	Asiste al congreso de la Asociación General en Minneapolis.
1889	Se publica el tomo 5 de *Testimonies* (746 páginas), incorporando los *Testimonies,* números 31-33.
1890	Se publica *Patriarchs and Prophets* (Patriarcas y profetas).
1891, septiembre 12	Viaja en barco a Australia, vía Honolulú.

Los años en Australia, 1891-1900

Respondiendo a un pedido de la Asociación General de visitar a Australia para ayudar a establecer la obra educativa, Elena de White llegó a Sydney el 8 de diciembre de 1891. Aceptó la invitación un tanto reticentemente, porque quería avanzar en la redacción de un libro más grande sobre la vida de Cristo. Poco después de su llegada se enfermó de reumatismo inflamatorio, lo que la obligó a pasar en cama unos ocho meses. Aunque sufriendo intensamente, persistió en escribir. A comienzos de 1893 fue a Zelanda, donde trabajó hasta el fin del año. Tras regresar a Australia a fines de diciembre, asistió al primer congreso en Australia. En esta oportunidad se trazaron planes para la creación de una escuela rural; esto resultó en el establecimiento de lo que con el tiempo llegó a ser el Colegio Avondale, en Cooranbong, a unos 150 km al norte de Sydney. Elena de White compró una propiedad en las cercanías y a fines de 1895 edificó su casa "Sunnyside". Fue aquí donde vivió durante el resto de su permanencia en Australia, dedicando su tiempo a escribir y a visitar las iglesias hasta que regresó a los Estados Unidos en agosto de 1900.

1892, junio	Habla en la inauguración de la Escuela Bíblica Australiana, en dos edificios alquilados en Melbourne.
1892	Se publican *Steps to Christ* (El camino a Cristo) y *Gospel Workers* (Obreros evangélicos).
1894, enero	Participa en los planes para establecer una escuela permanente en Australia.
1894, mayo 23	Visita el lugar donde se levantaría la escuela en Cooranbong.
1895, diciembre	Se traslada a su casa "Sunnyside" en Cooranbong, donde escribió gran parte de *The Desire of Ages* (El Deseado de todas las gentes).
1896	Se publica *Thoughts From the Mount of Blessing* (El discurso maestro de Jesucristo).
1898	Se publica *The Desire of Ages* (El Deseado de todas las gentes).
1899-1900	Exhorta a que se establezca un sanatorio en Sydney.
1900	Se publica *Christ's Object Lessons* (Palabras de vida del gran Maestro).
1900, agosto	Parte de Australia hacia los Estados Unidos.

Los años en Elmshaven, 1900-1915

Cuando Elena de White se estableció en Elmshaven, el nombre de su nueva casa ubicada cerca de Santa Elena en el norte de California, esperaba que podría dedicar la mayor parte de su tiempo a escribir sus libros. Tenía 72 años, y todavía había una cantidad de libros que deseaba completar. Poco se imaginaba que se le pediría también que dedicase mucho tiempo a viajar, aconsejar y hablar en público. La crisis creada por controversias en Battle Creek también le demandaría gran parte de su tiempo y energías. Aun así, escribiendo temprano por la mañana, pudo producir nueve libros durante este período.

1900, octubre	Se instala en Elmshaven.
1901, abril	Asiste al congreso en Battle Creek.
1902, febrero 18	Se incendia el Sanatorio de Battle Creek.
1902, diciembre 30	Se incendia la imprenta Review and Herald.
1903, octubre	Enfrenta la crisis del panteísmo.
1904, abril-septiembre	Viaja al este para colaborar con la iniciación de la obra en la ciudad de Washington, para visitar a su hijo Edson en Nashville, y para asistir a importantes reuniones.
1904, noviembre-diciembre	Participa en el establecimiento del Sanatorio Paradise Valley.

1905, mayo	Asiste al congreso de la Asociación General en la ciudad de Washington.
1905	Se publica *The Ministry of Healing* (El ministerio de curación).
1905, junio-diciembre	Participa en la iniciación del Sanatorio Loma Linda.
1906-1908	Ocupada en Elmshaven con trabajo literario.
1909, abril-septiembre	A los 81 años viaja a Washington para asistir al congreso de la Asociación General. Este fue su último viaje al este.
1910, enero	Participa en el establecimiento del Colegio de Médicos Evangelistas en Loma Linda.
1910	Dedica su atención a la terminación de *The Acts of the Apostles* (Los hechos de los apóstoles) y a la reedición de *The Great Controversy* (El conflicto de los siglos), hasta 1911.
1911-1915	Teniendo ya una edad avanzada, sólo hace unos pocos viajes al sur de California. En Elmshaven se ocupa en su trabajo literario, y termina *Prophets and Kings* (Profetas y reyes) y *Counsels to Parents, Teachers and Students* (Consejos para maestros, padres y alumnos).
1915, febrero 13	Sufre una caída en su casa de Elmshaven y se fractura una cadera.
1915, julio 16	Termina su fructífera vida a los 87 años. Sus últimas palabras fueron: "Sé en quién he creído".

INDICE DE REFERENCIAS BIBLICAS

383

384